한울사회학강좌

술의 사회학

음주공동체의 일상문화

박재환, 일상성·일상생활연구회 지음

최근 술에 관한 심층보도가 심심찮게 이어진다. 알코올 중독의 폐해가 텔레비전 특집으로 방송되는가 하면 대형 교통사고에는 언제나 음주운전이 그 결정적 원인으로 지목된다. 미성년자를 접대부로 고용하다 적발된 유흥업소에 대한 보도는 진부하기까지 하다. 어디 그뿐인가. 작년에 발생한 사상 초유의 법조계 비리사건에서는 100만 원 단위의 술대접이 그 회수만큼 곱해져 뇌물액으로 환산되었다. 그리하여 그동안 관행으로 이어 오던 술자리의 향응 때문에, 그 때까지 강력사건 해결의 베테랑으로 인정받고 있던 고위직 법조인이 중징계되었다. 이제는 말하기조차 지겨운 IMF 사태의 일차적 희생자가 술집주인과 술꾼이라는 풍자도 빛바랜 지 오래이다.

그러나 필자에게는 이러한 정황과 맞물려 떠오르는 몇 가지 인상적인 장면이 있다. 먼저, 15년 전 파리의 어느 한국 식당에서의 광경이다. 그 날 필자는 당시의 지도교수 내외와 그들의 프랑스인 친구를 저녁식사에 초대해 대접하고 있었다. 그들로서는 처음 맛보는 한국음식이며 한국식당이었다. 한 사회의 문화의 진수가 음식에 있다고 말한 프랑스의 고전 사회학자를 인용하면서 필자의 지도교수는 우리의 음식이 일본의 그것과 비교할 수 없을 정도로 정교하고 예술적이라고 극찬했다. 화기애애한 분위기 속에서 식사가 계속되고 있는데 안쪽 어느 자리에서 갑자기 누군가가 커다랗게 노래를 부르는 소리가 들렸다. 그러자 종업원이 급히 달려가서 그 손님에게 조용히 해달라고 부탁하고 그러면 한동안 잠잠했다가 다시 프랑스 노래가 크게 들리는 것이었다. 지도교수는 매우 흥미로워 하면서 큰 소리로 노래를 부르는 사람이 어떤 사람인지 알고 싶어 했다. 프랑스인으로서는 대중음식점에서 노래를 부른다는 것은 상상할 수 없는 일이기 때문이다. 필자가 종업원에게 탐문한 결과는 더 인상적이었다. 종업원에 의하면 노래를 계속해서 부르겠다고 고집하는 손님은 한국에서 몇 년 생활하고 왔던 프랑스인인데 한국이 그립고 특히 한국의 술자리에서 지내던 시절이 너무 그리워 한국 식당에 찾아 왔다는 것이다. 한국에서는 회식의 자리에서 아무렇지 않게 노래를 불렀는데, 식사하면서 곁들인 술 한 잔의 흥취로 파리에서 한국을 그리워하며 노래 한 자락 부르는 것이 왜 허용되지 않느냐고 항의한다는 것이다. 필자의 지도교수는 설명을 듣고 너무 재미있어 하면서 종업원에게 아무 부담 없이 그 손님이 노래를 부를 수 있게 하는 것이 다른 손님을 위해 훨씬 낫겠다고 말했다. 우리나라 사람들이 예로부터 가무를 즐기는 민족이었다는 필자의 부연설명을 들으면서 즐거워하던 지도교수 일행의 표정이 지금도 선명하게 떠오른다.

다음으로 필자의 뇌리에 떠나지 않는 장면은 봄 가을 행락객들의 모습이다. 자연 속에 앉아서 술잔을 나누는 풍경은 보기만 해도 흥겹다. 그 흥이 지나쳐 남의 눈살을 찌푸리게 하는 경우도 있지만 그 넘쳐나는 흥이 어디에서 나오는지 외국인의 관점에서는 도저히 이해하기 힘들 것이다. 더욱이 돌아 오는 관광버스 속에서의 춤과 술의 잔치는 다른 나라에서는 찾아 볼 수 없는 진풍경이다. 고속도로를 질주하는 버스 안에서의 가무 행위는 엄연히 법으로 금하는 사항이기도 하지만 그 자체가 대형사고로 이어져 목숨을 잃게 하는 경우가 있는데도 우리들은 그러한 위험에 별로 개의치 않는다. 오히려 마음 먹고 건네 준 술잔을 돌리지 않고 딴전을 부리고 있는 상대방이 얄미울 뿐이다.

참으로 술은 우리에게 무엇인가. 인류의 역사만큼 오래된 술은 널리 알려진 대로 때로는 독약으로 때로는 생명수로 평가되어 왔다. 어떤 의미에서 한 사회의 역사는 술의 궤적으로 추적될 수 있다. 그것은 술이 단순한 음식에 불과한 것이 아니라 구성원 전체가 하나로 통합되고 유지되는 커뮤니케이션의 상징적 매체이기 때문이다.

흔히 인간은 사회적 존재라 말한다. 그것은 인간이 고립무원의 개별적 존재가 아니라 '남과 더불어' 사는 것을 의미한다. 그리고 이렇게 더불어 사는 삶의 각종 활동들은 생산노동과 여가 속의 커뮤니케이션으로 압축된다. 생산노동이 인간의 생물학적 기초를 유지하기 위한 필수적 활동이라면 여가 속의 커뮤니케이션은 생산노동 그 자체를 가능하게 할 뿐 아니라 인간이 생물학적 한계를 넘어 자기의 유적 존재를 확인하게 되는 본질적 활동이다. 먹고 입고 자는 데 필요한 물자를 생산하지 않고서는 인간은 생존할 수 없다. 그러나 인간은 의식주의 생산을 넘어 의미의 세계 속에서 '생활'한다. 의식주의 생산도 의미의 채색 속에서 비로소 그 존재이유를 획득하게 된다. 이러한 인간의 커뮤니케이션 활동은 인간 존재의 유한성을 합일과 영원의 의미로 전환하기 위한 몸짓이라 할 수 있다. 그것은 때로 서로간의 분리와 간극을 메우는 대화로 나타나기도 하고 세속의 한계를 넘어 성스러운 영역으로 진입하기 위한 의례로 발현되기도 한다. 술은 이러한 커뮤니케이션의 상징적 매체이다.

이렇게 볼 때 한 사회의 특징은 생산노동과 커뮤니케이션의 성격에서 유추될 수 있다. 개인의 사회적 삶이 그가 영위하고 있는 직업활동과 타인과의 교류에서 그 특징이 나타나듯 전체 사회의 특성 또한 사

머리말

회구성원들이 일상적으로 수행하는 노동이나 커뮤니케이션의 일반적 성격에 의해 규정된다. 그렇기 때문에 그 동안 많은 경제학자들이 주요 산업이나 생산양식을 기준으로 특정 사회의 구성체적 성격을 추론해 왔으며 이니스(H. Innis)같은 커뮤니케이션 연구자는 커뮤니케이션 매체의 변화가 사회변동의 핵심적 동인이라고 주장하기도 했다. 사회가 점차 다양한 활동의 유기적 구성으로 특징지어지는 현대에서 사회변동의 단일 요인을 색출해내기는 불가능하다. 그러나 한 사회의 구성적 특성을 밝혀 낼 수 있는 주요 상징들은 존재한다. 우리는 술이 이러한 사회적 성격을 예각적으로 드러내는 중요한 바로미터라고 생각한다.

보통 술은 담배와 함께 개인의 대표적인 기호식품으로 알려져 왔다. 술을 마시고 안 마시고는 말할 것도 없고 어떤 종류의 술을 즐기는가 하는 것도 전적으로 개인의 생활습관이나 취향에 달린 것이라고 생각한다. 그러나 결론적으로 말해서 술은 결코 개인의 기호품에 그치는 것이 아니라 사회적 교류의 상징이다. 일찍이 뒤르켐이 당시의 통념을 깨고 자살을 개인적 사건으로서가 아니라 '사회적 사실'로 조명해야 한다고 역설했지만 이것보다 더 분명하게 술과 음주는 사회적 사실인 것이다.

무엇보다 술의 종류와 음주에 대한 태도는 우리가 태어나기 전에 이미 기존 사회의 물적 조건과 문화일반의 특성에 의해 규정된다. 그렇기 때문에 막걸리는 한국에만 있는 술이며 서양인들은 술잔을 바꾸지 않고 자작해서 마신다. 서양인들이 타인과의 대화에서 지속되는 침묵을 못견뎌 하듯이 우리는 주고 받지 않고 한곳에 머물고 있는 술잔들이 자칫하면 술자리 전체의 분위기를 식혀 버릴 수 있다고 걱정한다. 술과 음주 자체에 대한 사회전체의 허용정도도 나라에 따라 다르다. 서양에서도 이스라엘이나 아랍처럼 음주를 억제하는 문화권이 있는가 하면 남미의 아르헨티나, 브라질처럼 음주에 대해 지나칠 정도로 수용적인 나라가 있다. 같은 유교권인 중국과 일본과는 달리 유독 우리나라에서는 술잔을 상대방에게 권하는 것이 전통적인 주도로 되어 있다. 술취한 상태에 대한 사회적 허용 정도도 나라마다 다르다. 몽골에서는 우리나라와 비슷하게 손님으로 초대 받은 경우 권하는 술을 거절하지 않고 취할 정도로 마시는 것이 손님의 예의로 간주된다. 따라서 취중에 저지른 실수에 대해서는 너그럽게 이해하고 재론하지 않는다. 서양에서는 이러한 음주관행에 대해 비판적이다.

한편, 술의 종류와 음주관행은 시대에 따라 일정하게 변한다. 옛 문인들이 즐겨 나누던 풍류의 술자리는 아예 없어진 지 오래이고 점차 살벌해지고 사업적인 목적 달성을 위한 술판만이 난무한다는 푸념조차도 요즘은 드물다. 아울러 농경사회에서 마을 축제의 흥을 돋우고 조상에 정성으로 올리던 농주가 90년대의 신세대에게도 매력적일 수는 없다. 육체노동의 피로가 압도적이었던 2차산업 시대의 음주관행이, 매일 사람과 상징을 다루는 직업인구가 과반수를 넘는 오늘날에도 통용되리라 기대하기는 힘들다. 그런데도 우리에게는 끊임없이 지나친 음주량과 음주문화에 대한 우려가 계속되고 있다.

한 사회의 특성이 노동과 커뮤니케이션에 의해 규명될 수 있다면 술에 대한 분석은 그 사회의 실존적 상황을 밝혀 주는 가장 전략적인 출발점이라 할 수 있다. 우리는 인간사회의 기본적 필수요건으로서의 생산노동의 성격규명에서부터 한 사회의 모순을 간파할 수 있다는 주장에 동의한다. 그리하여 사회구성원 대다수가 매일 같이 소외된 노동 속에 허덕이고 있다면 그 사회는 비정상적인 소외의 사회라 할 수 있다. 마찬가지로 커뮤니케이션의 상징이라 할 수 있는 술과 음주에는 한 사회의 일상적 삶의 구체적 모습이 투영되어 있다. 널리 알려진 바와 같이 술은 유사 이래 명약과 독약이라는 엇갈리는 평가 속에 인류와 그 역사를 함께 해 왔다. 만약 우리사회에서 술이 전국민적 우려의 대상이 된다면 그것은 술의 위기라기보다 우리의 일상적 삶이 위기에 처

머리말

해 있다는 반증이 된다. 이러한 맥락에서 '술의 사회학'이 상재된다.

우리는 1984년에 이미 사회학에서 일상성과 일상생활의 연구가 얼마나 중요한가를 역설한 바 있으며 1994년에는 『일상생활의 사회학』을 단행본으로 출간한 바 있다. 사회학의 위기라는 말이 서구에서는 그전에 일반화되어 있었는 데도 불구하고 당시의 우리 사회학계는 전통적인 패러다임의 관성과 환상에서 여전히 벗어나지 못하고 있었다. 우리의 사회학자들이 전통의 '과학적 시각'을 고집하고 있는 동안 빠른 변화 속의 우리의 일상적 삶의 구체적 모습은 모두 간과되어 버리고 있었던 것이다. 따라서 우리는 일상생활의 연구가 단순히 사회학의 새로운 분야로서만이 아니라 사회를 바라보는 기본적인 관점으로 재조명될 필요가 있음을 강조했다. 이 책이 출간된 이후 우리가 받은 각계로부터의 과분한 격려와 관심은 우리의 그러한 작업이 갖는 적실성의 증거라고 감히 생각한다.

이제 그 과분한 격려에 대한 보답의 일환으로 이 책을 출간한다. 일상성과 일상생활에 대한 이론적 천착이나 철학적 논의는 앞으로도 정교화되어야겠지만 일상생활의 연구는 우선 구체적인 현실을 담아냄으로써 그 이론적 정당성을 입증할 수 있는 것이다. 그러기 위해 먼저 우리 사회의 일상적 삶을 드러내는 작업이 무엇보다 중요하다. 그리고 그것은 그동안 우리학계에서 무게 있게 다루어진 내용보다 일상생활처럼 진부하고 주변적인 것으로 폄하되어 온 주제가 더 적합하리라는 데 의견을 모았다. 술은 이 논의 중에서 자연스럽게 등장한 테마였던 것이다.

그러나 우리의 의욕과 현실적 여건 사이에는 언제나 커다란 거리가 있기 마련이다. 우선 술에 대한 기존의 연구가 너무나 한정되어 있고 그나마 편향되어 있다는 점이 발견되었다. 술을 체계적으로 다룬 사회학적 논의는 국내에는 전무했고 절대다수의 논문이 정신의학의 연구로서 알코올 중독을 중심으로 진행되어 왔다. 외국문헌 또한 근래에 국한된 것이 대부분이었으며 그 역시 병리학적 관점에서 논의된 것이었다. 이러한 한계를 극복하고 현실의 실태를 기술하는 데 초점을 맞추기로 한 결과 먼저 국내의 주요 일간지의 술과 음주에 관한 기사를 수집했다. 1991년부터 1998년까지 주요 일간지의 술에 관한 기사를 전부 컴퓨터 자료로 출력을 받아 인쇄하고 각자는 자기의 연구주제와 연결시켜 연구계획을 구체화시켜 나갔다. 신문보도 자료가 불충분한 경우 현장 방문에 더 의존할 수밖에 없는 주제는 주머니 사정을 감안하여 십시일반으로 재정적 도움을 주기도 했다. 정기적인 연구모임에서 각자의 연구진행사항이 보고되고 각자의 연구주제와 연결시켜 토론을 계속해 마지막 집필이 이루어졌다. 연구자의 절대다수가 시간강사이기 때문에 연구의 진행이 전임연구원과 같을 수가 없었다. 따라서 실제 예상했던 기간보다 훨씬 지체되고 토론이 밀도 있게 이루어지지 못한 부분이 발견될 수 있다. 이러한 미비점은 좌담식으로 엮은 에필로그에서 간파될 수 있는 각 필자의 문제의식으로 보완해서 읽어 주길 바랄 뿐이다.

모자라는 자식에 대한 애정이 유별나듯 부족한 작업을 내놓으면서 갖는 감회는 그만큼 깊다. 공동작업이 익숙하지 못한 우리의 문화에서 시간을 쪼개면서 생활해야 하는 시간강사들의 심적 부담과 고충은 남다르다. 전망이 안 보이는 직업이라 자조하면서도 끝까지 자기의 테마를 완성해낸 필자들에게 마음으로부터의 찬사와 감사를 보낸다. 특히 지방의 연구자들이 갖는 상대적 소외감을 아무런 현실적 보상 없이 공동의 연구라는 목표로 수렴한다는 것은 지난한 일이 아닐 수 없다. 갖가지 오해 속에 가장 어려운 시절을 보내면서도 1995년부터 이 책이 나오기까지 2기 회장으로서 연구회를 이끌어 온 임범식 박사의 노고는 그만큼 컸다.

원고를 모으는 데에서부터 출판을 위한 번잡한 일을 무난히 꾸려나간 김형균 박사, 주요 일간지의 술에 관한 기사를 일일이 검색해낸 오

머리말

재환 선생, 에필로그를 위해 녹취된 좌담내용을 활자화한 윤명희 양의 수고 또한 고맙다. 『일상생활의 사회학』에 이어 선뜻 이 책의 표지 구성을 해준 서연자 선생에게는 때늦은 감사의 말이 미안할 뿐이다. 아울러 국난이라는 경제위기 속에서 오히려 역설적인 주제의 이 책을 세상에 펼쳐내는 도서출판 한울의 여러분들께 그 예지를 높이 치하하고 깊은 감사의 마음을 보낸다.

1999년 봄이 오는 금정산 기슭에서
박재환 씀

12

차례

술, 노동, 커뮤니케이션

▌박재환

"몽롱하다는 것은 장엄하다" (천상병의 「주막에서」)

1. 펼치는 말

술은 인류의 역사만큼 오래되었다. 모든 신화에는 언제나 하늘과 인간이 만나는 얘기와 제의가 있고 여기에는 으레 술이 따랐다. 우리나라에서 술에 대한 문헌으로서 가장 오래된 『구삼국사』의 동명성왕의 건국담에는 다음과 같은 얘기가 있다. 어느 날, 하백의 세 딸 유화, 훤화, 위화가 더위를 피해 지금의 압록강 옹심연에서 놀고 있었는데 하늘의 아들 해모수가 그 아름다움에 취해 그녀들을 가까이 하려 해도 응하지 않자 신하의 말대로 커다란 궁궐을 짓고 그녀들을 초대했다. 초대에 응한 세 처녀가 술대접을 받고 만취한 후 돌아가려 하는 것을 해모수가 앞을 가로막고 하소연을 하자 세 처녀 모두 놀라 달아났는데 유화만이 해모수에 붙들려 궁전에서 잠을 자게 되어 뒤에 동명성왕이 된 주몽을 낳게 되었다는 것이다. 이처럼 고구려의 건국 자체가 술과의 인연으로 이루어졌다.

또한 이집트 신화에 의하면, 이시스 여신의 남편인 오시리스가 보리로 맥주를 만드는 법을 가르쳤다고 하고 피라미드의 부장품과 벽화에도 술 항아리가 출토되고 묘사되어 있다. 그리고 그리스 신화에 의하면, 디오니소스가 술의 시조라고 하고 술을 가리켜 흔히 '바커스'라고 하는 것도 나중에 디오니소스에 붙여진 '바커스'라는 그 이름에서 연유한 것이다. 지금도 그리스의 아티카에서 매년 12월에 '디오니소스제'라는 포도주 축제가 열리고 있다(유태종, 1993: 13-16).

어디 그뿐인가. 세속의 일상적인 통과의례에도 술은 빠지지 않고 등장한다. 아니 어떤 의미에서 우리의 삶의 주기는 음주에서 출발한다고 해도 과언이 아니다.

하나의 새로운 가족이 출발하는 결혼식에는 동서고금을 막론하고 음주의 축하연이 마련된다. 결혼식의 한 절차로서 음주의 예도 있다. 우리나라의 전통 혼례가 그 좋은 본보기이다. 신랑 신부가 서로 맞절을 하고 상대방과 술잔을 교환함으로써 평생의 사랑을 약속하는 합환주가 바로 그것이다. 새로운 생명을 잉태하는 합방의 절차에도 음주는 빼놓을 수 없는 역할을 해왔다. 왕가를 비롯해 양반 계급의 합방절차는 보다 정교하게 음양오행의 이치에 따라 과학적으로 택일을 하는 것이 상례이지만 이 경우에도 가벼운 음주의 절차는 있기 마련이었다. 하물며 시정의 상민에 있어서랴. 심한 경우, 오직 술기운으로 새로운 생명이 배태되는 사례는 현재에도 계속되고 있는 실정이다. 이렇게 볼 때, 우리의 생명이 술에서부터 출발했다는 주장이 과장이 아님을 확인할 수 있다. 출생 이후에도 일상의 중요 계기에는 반드시 술이 따랐다.

그런데도 이러한 사회적 삶의 필수적인 요소로서 기능하는 음주행위가 정상적인 궤도를 벗어나 사회적인 문제로 대두되는 경우가 허다하다. 예를 들어, 지난 1996년 1월 1일자 《조선일보》는 새해를 맞아 "....국민소득 1만 달러 시대에 걸맞는 시민이 됩시다"라는 캠페인 성격의 연중기획을 시작하면서 우리 생활문화 곳곳에 고질적으로 박혀 있는 구태들을 청산하지 않고서는 진정한 선진시민이 될 수 없다고 주장했다. 그러면서 조선일보는 시급히 바꿔야 할 청산대상 1호로 잔돌리기, 폭탄주, 그리고 낮술들기와 같은 음주문화의 병폐를 들면서 8단의 기획기사로 심층 보도했다.

우리나라에서 최고의 발행부수를 자랑하는 일간지가 연중기획물의 시리즈 제1호로 술의 문화를 다루었다는 사실은 결코 예사로운 일이 아니다. 그것은 단순히 술이 우리의 일상생활에 하나의 필수적인 품목으로 자리잡고 있다는 것을 의미하는 데 그치지 않고 술이 우리의 삶을 규제하고 지배할 정도로 압도적인 영향을 미친다는 것을 강변하고 있기 때문이다. 개인적인 풍류와 멋으로 연상되어 오던 술보다 이제는 사회전체적 수준에서 캠페인의 대상으로까지 변형된 음주문화는 술에 대해 소박한 문학적 이해만으로 접근할 수 없음을 시사한다. 그리고 그것은 술이 개인의 선호하는 단순한 음식이 아니라 사회전체가 그 영향의 파장 아래에 있는, 뒤르켐적 의미에서의 하나의 엄연한 '사회적 사실'임을 의미한다.

고전 사회학자 에밀 뒤르켐은 일찍이 자살이 개인의 사사로운 결단에 속하는 행위가 아니라 하나의 엄연한 '사회적 사실'임을 그의 『자살론』에서 밝혔다. 당시의 대부분의 학자들은 자살을 개인심리적 차원에서 다루거나 병리적이고 비정상적인 것으로 간주했다. 그러나 뒤르켐은 자살이 어느 사회에서나 일정한 비율로 발생되고 있다는 사실에 주목하여 그에 대한 도덕적 평가와는 무관하게 계속해서 일어나는 이유를 사회학적으로 규명하려고 했던 것이다. 결론적으로 말해서 어느 사회에서든 일정한 비율의 일탈행위가 '정상적으로' 발생하듯이 자살 또한 어느 사회에서나 일어나는 '정상적인' 사회적 사실이라는 것이다. 즉 뒤르켐에 의하면, 어떤 사회가 비정상적으로 되는 것은 자살이 발생한다는 사실 그 자체에 있는 것이 아니라 그 사회의 자살률과 자살 유형이 갑자기 변화하는 데에 있는 것이다. 그는 현대 사회가 아노미적 자살의 급속한 증가로 표상되는 무규범의 사회임을 강조했던 것이다.

술, 노동, 커뮤니케이션

마찬가지로, 우리는 술과 음주문화를 하나의 '사회적 사실'로서 재조명할 필요가 있음을 인식하게 된다. 술은 더 이상 낭만적 향수로 칭송될 수만 없듯이, 건전한 사회를 가로막는 악의 화신으로 낙인찍힐 수만도 없는 것이다. 소박한 도덕주의자의 관점에서는 사회구성원 모두가 공인된 규범 속에 생활하기를 바라고 어떠한 일탈도 일어나지 않는 사회를 동경하겠지만, 역사적으로 존재해 온 어떤 사회에서도 이러한 이상이 실현되지 않았다. 밝음과 어둠이 교차해서 하루를 이루듯 사회는 이른바 '악'과 '선'이 대립, 통합되면서 그 역사를 이어 왔던 것이다. 또한 '정상'과 '이상'은 하늘에서 갑자기 떨어진 것이 아니라 특정 사회의 구성원들이 역사 속에서 일구어 놓은 관념이라는 것을 인류학적 연구와 지식사회학은 웅변하고 있다.

2. 노동과 술과 여가의 변증법

인간이 생존하기 위한 생활필수품은 노동에 의해 마련된다. 물론 이러한 노동도 전체 사회의 생산단계에 따라 그 질과 강도가 다르다. 이른바 수렵채취에 의해 생필품을 확보하던 원시시대의 경우와 정착하여 땅을 경작하던 생산단계의 노동이 동일할 수 없다. 뿐만 아니라 하늘과 땅의 뜻에 순응하여 노동하던 농경사회를 지나 인간이 기계를 제작하여 원료를 가공하여 생산하는 산업혁명 이후의 생산노동이 그 질과 강도에 있어서 현격한 차이를 나타내었다는 것은 수많은 문헌에서 확인된 지 오래이다. 어디 그뿐이랴. 오늘날 첨단 정보시스템이 원용된 자동화공정에서의 버튼식 생산노동이 종래의 육체적 노동과는 아무런 관계가 없다는 사실은 진부한 상식이 되었다.

그러나 아직도 노동은 인간이 자아를 실현시키는 자발적 수단이기보다 기초적인 생필품 마련을 위한 강제적인 고역으로 간주된다. 그리고 이러한 성격이 강하면 강할수록 그에 대한 안티테제에 대한 필요가 증대된다. 술과 여가는 노동과의 이러한 변증법에 의해 먼저 조명될 수 있다. 삼라만상이 움직임과 정지함이 엇바뀜으로써 운행되듯이 인간의 삶은 노동과 여가로 점철된다. 이 경우 술은 어디에 위치하는가? 결론적으로 우리는 술이 노동과 여가의 가교임을 주장한다. 술 자체의 탐닉도 이러한 가교적 관계에서 비롯된다.

인간의 육체적 노동은 많은 양의 에너지를 필요로 한다. 이 에너지는 보통 음식물 섭취로써 충당된다. 사람이 직접 자연을 경작하는 전통적 농업노동의 경우, 도시에서의 사무노동과는 비교가 되지 않게 많은 양의 칼로리가 소비된다. 이를 위해 가장 손쉬운 방법이 식사의 양과 회수를 늘리는 것이다. 농번기 때, 새참의 질과 양이 풍성한 것은 바로 이러한 연유에서다. 술은 이 새참과 함께 필수적인 음료수가 된다. 새참 때 논두렁에 앉아 막걸리를 마시는 광경은 농촌의 전형적인 모습으로 각인되어 왔다. 뿐만 아니라 집을 짓는 목수들이 잠깐 일손을 놓고 마시는 소주도 마찬가지이다. 이 때의 술은 다른 음식과 같이 생산노동의 효율성을 높이는 중요한 에너지원으로서 기능한다. 즉 술은 생산노동의 중요한 원천이 된다. 따라서 그것은 유한계급이 풍류와 멋으로 즐기는 여가의 술과 본질적으로 다르다. 이른바 술의 생산적 기능을 여기에서 확인할 수 있는 것이다.

술의 이러한 생산적 기능 때문에 작업현장에서의 음주는 사무직 노동자의 커피 브레이크처럼 당연시되는 경우가 많았다. 우리나라에서는 앞에서 언급한 농사일이나 집짓는 일은 물론 갖가지 공사나 수리를 하는 기술자들 중에 아직도 잠깐의 휴식을 한두 잔의 술로 채우는 사람들이 있다. 그들에게 있어서 이러한 음주는 힘든 작업의 주기에서 크게 들이키는 긴 호흡과 같은 것이다. 미국에서도 18세기와 19세기 초의 노동자들은 음주를 작업에서 불가피하고 필수적이기까지 한 부분이라고 생각했다. 다음의 인용문이 그 좋은 본보기이다.

술, 노동, 커뮤니케이션

예를 들어, 1820년대 린(Lynn) 지방의 구두 가게에서는 반 파인트(약 0.47리터)의 '화이트 아이'라는 술값이 일당 속에 포함되었다. 같은 시기의 로체스터의 작업장에서도 음주는 보편적이었으며 불규칙적인 작업에서나 손쉬운 사교에 언제나 묻어들었다. 이러한 일과 술의 뒤섞임은 육체노동이나 장인노동의 똑같은 특징이었던 것이다. 1820년대 워체스터 읍의 읍사무소 건립에 관한 회계장부에는 '노임과 술값'의 지불기록이 나타나 있다. 마찬가지로, 해뜰 때부터 해질 때까지 운하와 철로 공사의 노역에 투입된 대부분 아일랜드계 비숙련 노동자들에게는, 극심한 작업 대열에서 오직 잠깐의 휴식을 위하여 매일 4회 내지 6회의 위스키 브레이크가 마련되었다. 브랙스톤 운하와 워체스터 철로 공사의 토건업자들은 아일랜드계 노동자들에게 위스키를 일당의 한 부분으로 나누어 주었다. 워체스터의 리처드 오프라인이라는 아일랜드계 골동품 수집가에 의하면 럼주 술통이 일하는 자리 바로 옆에 항상 놓여 있었고 필요하면 언제나 그 럼주를 나누어 주었는데 그것은 사람들을 온종일 열심히 일하게 하기 위한 수단이었다는 것이다(Rosenzweig, 1983: 36).

이처럼 작업장에서의 음주는 보편적 현상이었으며 사회생활의 다른 모든 영역에서도 일반화되어 있었다. 이 당시에 대한 한 연구에 의하면(Rorabaugh, 1979: ix), 1790년대와 1830년대 사이의 미국인들이 미국 역사상 가장 술을 많이 마셨으며 심지어 교회에서도 예배에 참석한 사람들을 위해 집에서 만든 술이 제공되었다. 또한 이를 위한 커다란 찬장이 설교단 아래에 마련되었던 경우도 있었다. 이와 같은 사실은 노동에서의 음주의 생산적 기능이 또 다른 사회적 가치로 발전하여 마침내는 여가의 중요 영역에서도 일정한 기능을 수행한다는 우리의 주장을 뒷받침해 준다.

노동과 술과 여가의 변증법적인 관계는 지금까지 생산적 기능을 수행하던 술을 바로 그 작업장에서 금지하는 각종 조처에서 예각적으로 나타난다. 그것은 노동과 여가의 분리과정과 대응을 이룬다. 널리 알려진 바와 같이, 농경사회에서의 노동은 그 절대량이 압도적으로 많아 매일의 생활에서 근대적 의미의 여가를 찾아 볼 수 없다. 해가 뜨기 전부터 해 지기까지 고역의 노동만이 압도했기 때문이다. 그야말로 휴식과 잠자는 시간이 유일한 자유시간이었다. 농사에서 다음의 노동을 위한 휴식은 작업의 현장인 논밭에서 해결할 수밖에 없었으며 작업과정에서의 부담을 덜기 위해 노동을 하면서 노래를 불렀다. 즉 노동과 여가가 분리되지 않고 혼재된 상태 속에서 작업의 능률을 도모할 수밖에 없었다. 따라서 작업의 주기에서 필수적인 휴식이나 작업도중의 음주도 당연히 그 현장에서 해결할 수밖에 없었던 것이다. 산업혁명 이후, 수공업단계에서도 매일의 노동은 그 절대시간에서 종전과 커다란 차이가 없었으며 작업장이 그대로 휴식의 장소이어서 작업도중의 음주도 거기에서 행해졌다. 또한 작업장 자체가 집과 인접해 있는 경우가 대부분이었다.

그러나 공장제가 발달함에 따라 작업장의 분위기가 달라지지 않을 수 없게 되었다. 수공업단계의 소규모의 작업장과는 달리 공장제가 본격적으로 도입되었을 경우, 한 장소에서 일하는 노동자의 숫자 자체가 종전과 비교할 수 없을 정도로 많아졌다. 이에 따라 작업장에서의 질서와 규율이 새로운 문제로 부각될 수밖에 없었다. 한눈에 전체의 분위기를 파악할 수 있는 도제식의 작업장과 2백 명씩이나 동시에 일하는 공장의 질서가 같은 방식으로 유지될 수는 없는 것이었다. 이러한 공장에서 휴식과 작업이 새로운 질서 속에 통제되지 않을 경우, 소기의 생산량 달성은 말할 것도 없고 노동자 개개의 업무평가가 불가능하게 된다. 공장주는 경제원리에 따라 최소의 임금으로 최대의 생산을 확보하는 것이 급선무였다. 그리하여 작업에 지장을 주는 사적인 영역의 문제를 작업현장에서 될 수 있는 대로 몰아내려고 했다. 19세기 말에 이르면 큰 규모의 공장에서는 으레 작업 도중 노동자 상호간의 불

필요한 신변잡담은 금지되고, 노래를 부르거나 내기 노름을 하는 광경은 찾아 볼 수 없게 된다. 특히 작업장에서의 음주는 가장 타기하는 대상이 되었다. 작업장은 문자 그대로 일하는 장소여야 했던 것이다.

이처럼 농업노동에서 수공업 단계를 거쳐 그동안 서로 혼재해 있었던 노동과 여가가 공장제의 본격화로 인해 점차 뚜렷하게 분리하게 되었다. 그것은 공적인 영역과 사적인 영역의 분화와 대응관계를 이룬다. 근대에서의 일반 민중들이 체험하는 공적인 영역과 사적인 영역의 분리는 투표권에 의한 형식적인 정치참여에서 이루어지기보다 생산노동의 이러한 공식적 규제에 의해 보다 확실하게 된다. 수공업 단계까지 잔존해 있던 봉건적 의존관계는 공장제의 성립과 함께 형식적인 자유계약에 의해 독립적 관계로 대체된다. 대신에 작업장은 명실공히 임금계약에 의한 공식적인 노동관계로 압축된다. 생산에 필요한 노동 이외의 활동은 따로 정해진 휴식시간이나 작업장 바깥에서만 허용될 뿐이다. 그 곳이 사적인 영역이기 때문이다. 거기에서 작업에 불필요한 개인적인 잡담이나 용무를 볼 뿐이다. 이렇게 여가는 노동의 영역에서 분리되어 사적인 자유시간의 몫으로 내동댕이쳐지게 된다.

그것은 먼저 술에 대한 추방운동으로부터 시작된다. 그리하여 미국의 경우에서도 1820년대 말부터 당시의 지나친 음주에 대한 반대운동이 일어나기 시작하여, 그 결과 1830년에서 1850년간의 1인당 연간 가구 소비량이 3.9갤런에서 1갤런(3.785리터)으로 급격히 감소했다고 한다. 또한 1831년 워체스터 금주협회의 보고에 의하면, 200명 이상의 노동자를 고용하고 있던 26개의 '기계공장'과 6개의 '수공업공장'에서는 작업시간 동안에는 음주가 금지되었을 뿐 아니라 술을 많이 마시는 사람은 채용되지도 않았던 것이다. 더욱이 1830년대부터 작업장에서의 금주와 평일의 금주 규칙이 수많은 도시로 확산되었던 것이다. 그 결과 19세기 후반에서는 대부분의 고용주들이 작업장에서의 음주를 지나간 시대의 것으로 간주하는 경향이 많았다(Rosenzweig,

1983: 37).

영국의 경우에도 절주운동은 음주에 제한을 가할 목적으로 1829~
30년에 중산계급 출신의 전도사식 선거법 개정론자들이 시작하였으
며 처음에는 독한 술을 금하는 데만 한정하였다. 그러나 1830년대 초
맥주와 포도주류는 허용하는 온건한 방책이 더 많은 수의 신설 맥주
집을 이용하게 한 역설적 결과로 인해, 모든 종류의 술을 삼가는 절대
금주서약이 도입되기에 이르렀다. 그리하여 1870년대에 이르면 어떤
형태로든 성인 절주활동을 하지 않는 비국교도 교회는 거의 없어졌다
(Harrison, 이영석 역, 1989: 218-219).

그러나 노동과 술의 분리가 언제나 일사불란하게 그리고 획일적으
로 달성되었던 것은 아니다. 그것은 마치 현대에도 봉건적 생산양식이
잔존해 있듯이 사무실의 커피 브레이크와 같이 '작업 도중의 음주관
행'은 남아 있는 것이다. 앞에서도 언급한 바와 같이, 노동과 술의 분
리는 이른바 근대적 공장제의 원리가 관철되는 작업장에서 우선적으
로 행해졌다. 반면에 전통적 생산방식이나 심한 육체 노동이 지배적인
작업장에서는 일반의 금주 운동과 무관하게 '음주관행'이 용인되고
지속될 수밖에 없었다. 예를 들어, 1898년에도 미국의 어떤 방적공장
에서는 점심 때 노동자들이 상당한 양의 맥주를 마시는 것을 허용하
였다. 그것은 노동자 당사자가 선택할 수 있는 권리로 인정되었을 뿐
아니라 그러한 점심시간의 음주관행을 강제로 금지하는 것이 작업의
생산성에도 아무런 도움이 되지 않는다고 생각했기 때문이다. 이렇게
볼 때, 작업장에서의 음주나 금주의 규칙이 모두 생산성 확보라는 원
칙에서 파생된 것임을 알 수 있다. 우리는 여기에서 이른바 도구적 이
성에 종속되어 가는 감성의 원형적 모습을 확인할 수 있다.

노동에서 여가가 분리된다고 해서 여가 그 자체가 사라지지 않듯이
노동현장에서 축출된 술은 먼저 작업장 바깥에 자리를 잡는다. 이것이
공장 주변의 선술집이다. 근로자들은 일을 마치고 집으로 돌아가기 전

이 선술집에서 작업의 먼지를 털듯 피로를 씻는다. 작업장에서 금지되었던 신변잡담이나 세상 돌아가는 얘기를 나누고 노동과 삶의 희노애락을 한 잔의 술로 달래는 것이다. 긴 노동시간의 피로는 단순한 휴식과 잠만으로 풀리기에는 너무 과중했다. 1820년대와 30년대 영국의 북부지역 섬유공장의 경우, 주당 72시간 노동이 정상적이었다. 물론 이것은 부인 및 아동의 노동시간을 줄이라는 압력으로 1880년대에 이르면 주당 54시간으로 감소한다. 나아가 1914년경 노조가 결성되어 있는 산업의 숙련 노동자들은 일반적으로 주당 52시간을 노동하였다. 이처럼 절대 노동시간이 감소하는 추세에 따라 노동 후의 여가에 대한 관심도 자연히 높아지게 되었다. 다음의 인용문은 근대적 여가가 태동하는 19세기 후반과 20세기 초에 선술집이 차지하는 사회적 비중을 잘 나타내고 있다.

절주운동을 주도한 노동자와 개혁가들이 노동자의 체통과 '이성적'인 레크리에이션을 증진시키는 데에 관심을 갖고 최상의 노력을 기울였음에도 불구하고 가장 인기 있는 여가활동의 '제도'는 술집이었다. 노동층이 선술집을 선호하였다는 것은 1920년대 호브(Hove)에서의 생활을 회상한 어느 하인의 증언에서도 분명하게 확인할 수 있다. '우리가 선술집에 들어가면 우리는 자신의 주재자가 됩니다. 예, 그렇고 말구요. 그게 일 주일간 써야 할 돈이라는 사실에도 불구하고 좌우지간 호주머니에 돈이 있으니까요. 그래서 선술집에 간답니다.' 도시에서나 시골에서나 일 끝난 후의 사교 중심지는 선술집이었다(Harrison, 이영석 역, 1989: 319).

작업장과 가정 사이에 노동의 무게를 덜어 내는 휴식공간으로서의 술집과 술의 이러한 기능은 여가의 발달과 함께 더욱 독특한 모습을 띠게 된다. 산업화와 자본주의가 촉진한 사회분화에 따라 술은 노동의 영역에서 점차 여가의 영역으로 편입되었을 뿐만 아니라 여가의 영역에서도 다른 형태의 여가활동과 결합하여 막대한 사회적 영향력을 갖게 된다. 술을 제조하는 양조업이 독자적인 산업으로 성립될 뿐만 아니라 음주를 다루는 일이 하나의 독립된 직업으로 등장하게 된다. 예를 들어 미국의 매사추세츠 주에서는 1865년과 1885년 사이에 음주산업의 자본화가 거의 10배나 늘어났고 기업의 수는 4배, 그 종업원 수는 3배나 증가했다(Rosenzweig, 1983: 47).

영국의 경우, '산업혁명의 진정한 소산'으로 간주되는 독주의 대량 소비가 이미 1720년과 1751년 사이에 최초의 진(jin) 유행병으로 나타나 그 소비가 1700년의 123만 갤런에서 1743년의 820만 갤런으로 절정에 이르렀으며 1751년에도 705만 갤런이 되었다. 이 시기에는 조그만 식료품 가게치고 진을 팔지 않는 데가 없었고 수많은 담배 장수, 심지어 좌판이나 손수레로 과일과 채소를 파는 사람들도 진을 팔았다. 진의 유행병은 전통적인 선술집, 맥주집을 압도하여 이른바 종래의 '맥주거리'에 대비되는 '진골목'을 만들어 냈다(Medick, 1982: 84-113). 또한 이 유행으로 그 동안 시장이나 작은 점포따위를 별도로 한다면 대중시장을 노리는 사적 기업의 유일한 형태였던 선술집이 1860년대와 1870년대에는 깔끔한 '진궁전'과 같은 유흥업소로 발전하게 되었던 것이다(홉스봄, 1983: 350).

노동과 여가가 분리되면서 나타나는 이러한 음주산업은 산업화의 정도가 심화될수록 그리고 그 산업화가 자본주의로 발현되면 될수록 눈에 띄게 성장한다. 새로운 형태의 술집은 노동현장에서 쌓인 각종의 스트레스를 해소하는 소극적 기능에서 벗어나 점차 위락의 여가산업으로 발전하게 되었다. 프랑스의 경우 카바레는 단순히 술을 마시는 공간에서 직업적 가수나 배우들이 공연하는 극장의 전신으로 바뀌게 되었고 술집에서 간단한 버라이어티 쇼가 벌어지는 것은 비일비재했다. 이에 따라 노동자들의 수입의 상당 부분이 이러한 술집을 신종 사업으로 번창하게 하는 재원이 되었으며 생산노동의 피로회복에서 출발

술, 노동, 커뮤니케이션

한 술집이 그 자체가 하나의 산업으로 변신하게 되었다. 그것은 공장에서 상품을 제조하는 것 외에 술시중하는 것이 하나의 새로운 노동으로 등장하게 되었다는 것을 의미하며 이러한 술시중과 관련하여 즐거움을 생산하고 판매하는 '서비스'가 독립된 직업으로 자리잡게 되었다는 것을 말해 주는 것이다. 우리나라의 경우, 국가가 주도한 제1차 경제개발 5개년 사업이 시작되던 1962년의 산업인구 분포에서 3차산업 종사자는 약 28%에 불과했던 데 비해 1996년 현재는 60% 이상이 3차산업에 취업하고 있다. 이 3차산업 중에 위락관련 유흥업소가 차지하는 비중이 이른바 3D 업종을 능가하여 그동안 사회문제로 지적될 정도이다. 특히 술이 매개된 유흥업소의 퇴폐풍조는 다른 사회적 범죄의 온상으로서 끊임없는 지탄의 대상이 되고 있다. 그리고 이것은 술이 더 이상 생산의 영역에만 머물지 않고 여가의 영역에서 새로운 쾌락의 견인차로서의 역할을 수행하게 되었다는 것을 보여준다.

오히려 현대의 접대문화는 술이 노동과 여가에 종속되는 종래의 한계를 넘어, 스스로의 작용원리로 노동과 여가의 영역 모두를 장악하기에 이르렀다고 해도 과언이 아니다. 왜냐하면 술이 노동의 피로를 푸는 전통적 휴식기능에만 한정되지 않고 또 다른 형태의 노동으로 전환되는 경우마저 일어나기 때문이다. 1997년 7월 5일자 《경향신문》의 7면에는 「'퇴근 후 상사와 술 한 잔'이 신입사원 '일의 연속'」이라는 제목으로 나고야 은행의 조사결과가 보도되었다. 즉 나고야 은행이 조사한 바에 의하며, 일본 신입사원 3명 중 1명은 퇴근 후 상사와 술을 마시는 게 일의 연속이라고 생각하는 것으로 조사되었다는 것이다. 나고야 은행이 최근 거래처 신입사원 402명과 교육담당 상사 107명을 상대로 조사한 결과 '오늘 저녁 한 잔'을 상사로부터 권유받았을 때, 이를 '일'로 생각해 이에 응한다는 신입사원이 33%에 이르렀다는 것이다.

술이 '일'의 영역에 침투한 전형적 예는 우리나라 기업에 새로운

술의 사회학적 의미

직종으로 자리잡았던 '술상무'의 죽음이 산업재해로 인정된 판례에서 예각적으로 드러난다. 1997년 4월 9일자 《조선일보》의 사회면에는 「'술상무' 하다 죽으면 산재/법원 '보상금 지급' 판결」이라는 제목으로 다음과 같은 가십 기사가 실렸다.

기업 술상무로 있으면서 거래처 접대로 과도한 음주를 하고 이로 인해 질병을 얻어 사망했다면 산업재해로 봐야 하며 보상금을 지급해야 한다는 판결이 나왔다. 부산 고법 제3특별부(재판장 이창구)는 8일 박정명 씨(여·부산 동구 좌천 2동)가 근로복지공단을 상대로 낸 유족 보상일시금 및 장의비 부지급취소 청구소송 선고공판에서 "피고는 유족보상일시금 및 장의비 부지급처분을 취소하라"고 원고 승소 판결을 내렸다. 재판부는 판결문에서 "원고의 남편이 94년 7월부터 한 달에 평균 6~7차례 전국으로 출장을 다니면서 불가피하게 거래처 직원들을 접대하기 위해 술을 마시는 속칭 '술상무' 역할을 했고 과도한 스트레스를 받은 점이 인정된다"고 밝혔다.

이처럼 노동의 영역에서 퇴각했던 술은 음주산업을 통해 여가의 영역을 장악한 후, 다시 노동의 영역을 재공략하기에 이른 것이다.

3. 커뮤니케이션과 의례로서의 음주

인간이 생존하기 위한 물질적 기반이 생산노동이라고 한다면 인간이 타인과 더불어 사회적 삶을 영위할 수 있는 것은 서로간의 교류가 있기 때문에 비로소 가능하다. 뿐만 아니라 사회 전체도 각 구성 부분 간의 원활한 소통과 교류가 전제되지 않는 한 그 체계와 골격을 유지할 수 없게 된다. 그렇기 때문에 일찍이 쿨리(C. Cooley)도 커뮤니케이션이 사회가 존속되는 기본적 메커니즘이라고 단언했던 것이다. 인간

술, 노동, 커뮤니케이션

이 생물유기체로서의 생명을 유지하는 데는 일정한 음식물을 섭취하는 것으로 충분하지만 사회적 존재로서 생활하는 데는 남과의 부단한 상호작용이 유지되지 않는 한 불가능하다. 우리는 그 극명한 실례를 고릴라 집단에서 생활하고 있던 '야생소년'에서 찾을 수 있다. 탐험대에서 잃어버린 아기는 몇 년 후 다행히 고릴라 가족에게서 양육되어 밀림의 생활에 적응하고 있었지만 이 '야생소년'은 인간의 언어를 습득하지 못했기 때문에 인간과의 어떠한 의사전달도 불가능했다. 오히려 그가 외부인에게 보낸 반응은 고릴라의 행태였다. 마찬가지로 유아기에 해외 입양한 한국의 입양아는 그 나라의 문화를 습득해서 성장하기 때문에 우리나라 사람과 다른 언어와 생활태도를 지니기 마련이다. 이렇게 성장한 입양아는 국적은 물론 생활문화에 있어서 결코 한국인일 수 없는 것이다. 우리는 여기에서 인간 상호간의 교류가 지니는 절대적 중요성을 확인할 수 있게 된다. 따라서 물질적 생산노동은 인간생존의 필요조건에 불과하며 사회적 존재로서의 인간은 남과의 커뮤니케이션에 의해서 비로소 가능하다는 명제가 성립되는 것이다.

  흔히 말하는 바에 의하면 인간 존재는 자연의 영역과 초자연의 영역이 교섭하는 중간자적 위치에 놓여져 있다고 한다. 그것은 인간이 육신을 가지고 영적인 삶을 도모한다는 것을 의미한다. 따라서 자연에 속한 인간의 물질적 욕구를 충족하기 위해서 의식주의 마련으로 상징되는 생산노동은 필수적이다. 그것은 자연에 대한 작용과 경작으로 대표된다. 그리고 이러한 생산노동은 과학 및 기계기술의 발달에 의해 그 효율성을 기하급수적으로 높일 수 있다. 베버(Weber) 식으로 말하면 인간의 도구적 합리성이 절대적 우위를 점하는 부분이 바로 이 영역이다. 그러나 인간은 감정과 가치 등과 같이 비이성적 요인에 의해 좌우되는 경우가 더 많다. 절대적 존재나 무기물처럼 그 자체로 완결되고 자족적인 존재이기는 커녕 끊임없이 다른 존재와의 교섭과 의존 속에서 현재를 도모하는 불완전한 존재이다. 여기에 커뮤니케이션의 함의

가 드러난다. 인간이 완결된 형태로 삶을 시작하는 존재가 아니라 출발부터 그 종결에 이르기까지 부단히 형성되는 존재라는 사실이 인간 존재를 커뮤니케이션적 존재로 규정하는 바탕이 된다.

필연의 고리에 얽매인 영역에서의 커뮤니케이션은 고전 역학의 작용과 반작용적 법칙과 같은 기계적 상호작용이지만, 필연의 바탕 위에서 자유의 영역을 꿈꾸는 인간 존재의 커뮤니케이션은 그 출발 자체가 이성의 울타리를 넘어서 독립적으로 진행되는 합일에의 지향이라 할 수 있다. 그것은 뿔뿔이 흩어진 개별 단자들의 비어 있는 공간을 채우는 안간힘으로 나타나기도 하고 현재의 질곡을 넘어 천상의 절대자와의 교류 속에서 본원적 통일을 추구하는 몸짓일 수도 있는 것이다.

이렇게 볼 때 맑스가 말하는 노동의 소외는 단순히 생산품으로부터의 소외나 노동과정에서의 소외라는 말로 고식적으로 인용될 것이 아니라, 그 자신도 다르게 표현한 '자연으로부터의 소외'에서 '자기자신으로부터의 소외'를 거쳐 종국에는 유적 존재로서의 '타인으로부터의 소외'가 나타나는 포괄적 맥락에서 해석되고 천착되어야 한다. 그것은 다시 말해 '커뮤니케이션의 소외'를 뜻하는 것이며 이전의 노동이 가질 수 있었던 소통적 의미가 자본주의적 상품생산단계에서 철저하게 차단되는 현실을 엄중하게 고발한 것에 불과하다. 베버 식으로 환언하면, 형식적 도구적 합리성이 실질적 가치적 합리성을 압도하여 인간이 전인격적 존재로서 생활하기는커녕 기껏해야 '가슴이 없는 전문인'으로 추락할 수밖에 없는 '합리화'의 필연적 결과인 것이다.

따라서 우리는 인간이 유적 존재로서 보유하는 특징을 단순히 노동에서 찾기보다 인간존재가 자기 자신과 타인, 그리고 사회전체나 그를 둘러싼 자연이나 초자연적 존재와 교류하는 커뮤니케이션에서 찾아야 한다고 생각한다. 엄밀하게 말하면 인간이 생존하기 위하여 도모하는 생산노동도 자연과 역사와 타인과의 커뮤니케이션의 한 형태에 불과하다. 과학이 철학에서 철학이 신학에서 분화하듯이, 그리고 경제가 정치에서 정치가 종교에서 분화하듯이, 태초의 도에서 말씀(커뮤니케이션)이 말씀에서 생산 노동이 분화되었던 것이다.

원래 커뮤니케이션(communication)이라는 말의 어원은 라틴어의 'communicare'에서 파생된 것인데 그 말은 '공통,' '공유'라는 뜻을 지녔다. 다시 말해 그것은 분리되고 개별적으로 존재하는 것이 아니라 큰 하나로 함께 됨을 뜻한다. 공유되고 함께 되어 있는 상태에서는 새삼스런 커뮤니케이션이 필요하지 않다. 거리를 채우기 위해 말이 있듯이 남과의 분리를 넘어서 공통의 장으로 통합되기 위해서 인간은 타인과 교류한다. 술과 음주는 이러한 커뮤니케이션의 가장 오래된 매체인 동시에 그 자체가 강력한 형식의 커뮤니케이션이며 의례인 것이다.

물론 어느 누구도 인간이 타인과 교류하는 일반적 형식으로 언어적 소통이 갖는 중요성을 부인할 수 없다. 언어에 의한 의사전달 방식이야말로 인간이 다른 동물과 구별되는 본질적 특성이기 때문이다. 그러나 언어 그 자체만으로 대인간의 의사전달이 이루어지는 것은 아니다. 언어가 중요한 매체가 되는 경우에도 언제나 비언어적 요소가 의사전달의 토대로서 작용하고 있다. 극단적인 경우, 명시된 말과 비언어적 맥락이 정반대인데도 바로 이 비언어적 맥락에 의해 의도된 뜻이 반어적으로 전달되기도 한다. 더욱이 말 한마디 하지 않고서도 몸짓과 눈짓 하나로 압축된 의미를 주고 받는 경우도 있는 것이다. 이렇게 볼 때, 비언어적 교류는 언어적 교류를 규정하는 전제조건임을 알 수 있다(박재환, 1978: 93-112). 실제로 어느 커뮤니케이션 연구자에 의하면 인간의 일상적 의사소통에 있어서 비언어적 교류가 차지하는 비중이 언어적 교류보다 훨씬 많아 60%를 넘는다고 한다. 이러한 양적인 비중의 기계적 비교를 넘어 사회 전체 수준에서의 질적인 측면을 감안한다면 인간사회에 있어서 비언어적 교류가 갖는 함의는 더욱 증대된다. 어떤 의미에서 인간사회의 언어적 소통은 빙산의 일각에 불과하고 수면 아래 감추어진 비언어적 교류방식이 사회관계에 절대적인 영향을 미친다고 할 수 있다. 술과 음주는 바로 이러한 비언어적 커뮤니케이션의 중요한 매체이며 양식인 것이다.

1) 일상 속의 커뮤니케이션과 음주

매일의 삶이 일과 여가로 이루어진 과정이라고 할 때, 술과 음주는 그 둘을 잇는 가교로서의 기능을 수행한다는 사실은 앞에서도 이미 언급한 바 있다. 그런데 이러한 가교의 구체적 모습은 어떤 것인가? 우리는 그것을 일상적 교류의 중요 매체가 술이라는 것을, 그리고 음주 그 자체가 하나의 강력한 커뮤니케이션이라는 점을 통해서 살펴볼 수 있다.

먼저, 술은 타인과의 교류에서 윤활유와 같은 역할을 한다. 널리 알려진 바와 같이, 술의 사회적 기능 중에서 제일 많이 인용되는 이러한 촉매적 기능은 술 자체가 갖는 생화학적 효과에서 비롯된다. 대부분의 사람들은 술이 약리적으로 자극제나 흥분제라고 생각한다. 술취한 사람들이 흥분하거나 쉽게 다투는 모습을 연상해 볼 때 이러한 생각이 경험적으로 의심의 여지가 없는 사실인 것처럼 보인다. 그러나 술은 단순히 흥분제나 자극제의 기능만 하는 것이 아니라 경우에 따라서 진정제의 일종으로 작용하기도 한다. 우리는 영화에서 극단적인 흥분이나 공포에 빠진 사람에게 서둘러 위스키를 마시게 하는 장면을 가끔 본다. 긴장을 풀게 하는 술의 이러한 작용에 대해 다음의 글은 인용할 만하다.

즉 술을 마시면 평소에 억눌려 있던 감정을 이완시켜 준다. 또 술은 공포감이나 경계심을 없애 주고 열등감도 완화시켜 준다. 누군가에 대한 증오심을 가지고 있는 사람이 술을 마시면 상대에 대한 미움의 감정이 느슨해져 화해를 하게 되기도 한다. 자기의 내면이 드러나는 것을 두려워하는 사

술, 노동, 커뮤니케이션

람이 술을 마시면 두려움이 눈 녹듯이 녹아 자신도 모르는 사이에 자기 본
연의 모습을 드러내게 될 것이다. 이러한 술의 진정작용이야말로 많은 사
람들이 술을 찾는 가장 큰 이유가 아닐까 싶다(이종기, 1997: 296).

인간의 가장 친밀한 교류인 '사랑의 행위'를 위해서 두 사람간의
긴장을 풀어 주는 '묘약'으로 술을 마시는 것은 널리 알려져 있는 상
식이다. 평소 가까운 친구 사이에도 거북스런 이야기나 까다로운 문제
에 대해 양해를 얻기 위한 자리에는 으레 술이 따른다. 술로써 상대방
의 경계심을 늦추고 난 후, 이쪽의 고충을 호소하면서 양해를 구하는
순서를 밟는 것이다. 뿐만 아니라 어려운 업무상의 상담에 '분위기를
부드럽게 하기 위하여' 술자리를 마련하는 관례는 그 정도가 지나쳐
서 앞에서도 지적한 바와 같이 사회문제로까지 인식되기도 한다. 그럼
에도 외국인은 물론 내국인간의 이러한 주연은 근절되지 않는다. 술 자
체가 인간의 가장 본질적인 욕구로서의 격의 없는 교류를 촉진하는 촉
매제로서 기능하기 때문이다.

심신의 긴장을 풀고 남과의 커뮤니케이션을 원활하게 하는 술의 작
용은 이처럼 특정한 목적이나 일을 위한 만남에서만이 아니라 정적인
교류 그 자체가 가치 있는 것으로 간주되는 술자리에서 예각적으로 드
러난다. 이른바 친목을 도모하기 위한 자리에서는 술은 단순히 긴장을
풀게 하는 소극적 기능을 넘어 여흥을 돋우고 사람들을 하나로 묶는
적극적 작용을 하게 된다. 술을 매개로 하여 새로운 공동체가 형성되
는 것이다.

물론 이 경우에도 술에 대한 규범이나[1] 사적 영역에 대한 사회 전체
수준의 문화적 특성에 따라 상당한 편차가 나타날 수 있다. 극단적인
예로, 종교적인 이유로 완전금주의 규범을 공식적으로 채택하고 있는
사회에서는 술을 매개로 하는 공동체 형성을 논의하는 자체가 넌센스
라 할 수 있다. 술이 친목을 돋우는 적극적 기능을 하는데도 사회 전

체의 생활문화가 개인주의적일 때와 집합주의적일 때는 음주 양태가 동일할 수 없다. 개인주의적 생활원리가 존중되는 사회에서는 술에 의한 정적인 유대도 일정한 한계를 넘어설 수 없다. 반면에 집합주의가 지배적인 생활문화의 경우, 술자리에서의 개인의 입장은 존중되기보다 전체의 화목을 위해 무시되기 마련이다. 따라서 우리나라의 만취형 술자리와 서양의 절제된 음주문화의 차이를 단순히 폐습과 건전문화의 발로라고 단정짓기보다 생활문화의 질적 차이에서 설명하는 것이 더 적실성이 강하다.

흔히 절제된 매너의 상징으로 부각되는 서양의 술자리는 어떤 의미에서는 개인적 영역에의 어떠한 침해도 용납될 수 없다는 강박관념의 발로일 수도 있는 것이다. 그것은 한편으로는 신성화된 개인주의를 의미하는 것이기도 하지만 다른 한편으로는 일상에서의 개별적 존재와 전체의 분리를 나타내는 것이기도 하다. 또한 그것은 커뮤니케이션에 있어서 도구적 합리성이 가치합리성을 압도한다는 것을 뜻한다. 그러나 이러한 개인주의적 생활문화가 인류의 역사에서 지배적인 원리로 나타난 것은 그 역사가 불과 3백 년이 채 되지 않을 뿐 아니라 그것도 거의 서양에 한정된 것이라 할 수 있다. 이마저도 오늘날에 와서는 포스트모더니즘의 논의와 함께 퇴색되고 새로운 '부족주의'로 대체된다는 전망이 제기되고 있는 실정이다.[3]

이렇게 볼 때, 개인주의보다 공동체 의식이 강조되는 사회에서는 술 취한 친목적 교류 자체가 가치 있는 것으로 간주될 가능성이 많다. 다음의 기사도 그 좋은 본보기이다.

… 몽골에서는 만취가 예의이다. 만취하지 않았더라도 취한 척해야만 한다. 특히 남의 집을 방문했을 때는 주인의 호의에 답하는 뜻으로 만취한 모습을 보여주어야 한다. … 만약 덜 취한 것 같으면 취할 때까지 술을 권한다. 당장 내일 아침 때거리가 없어도 보드카를 사서 손님을 대접하는 것이 몽

술, 노동, 커뮤니케이션

골인들의 음주문화이다. 만취해서 저지른 행동에 대해서는 아주 관대하다. 성질이 급한 몽골인들은 취중에 이상한 소리를 듣게 되면 곧장 치고 받는다. 주먹질이 오가고 욕설이 난무하고 술상이 엎어져도 막무가내이다. 재미있는 것은 다음날 두 사람이 다시 만나도 별다른 사과도 하지 않는다‥〈《세계일보》 1996. 3. 28, 13면 몽골기행 8).

술에 의한 이러한 커뮤니케이션은 합리적 논증과 설득에 근거한 이해보다 전인격적이고 심층적이다. 그것은 이성의 통제 아래 억압되어 있으면서도 끊임없이 이성의 작동에 영향을 미치는 감성의 교류이기 때문이다.

한편, 술은 그 자체가 특정한 사람이나 집단의 본질을 나타내는 커뮤니케이션적 매체이고 징표이다. 말과 글이 그것을 사용하는 사람들의 의사전달 수단인 동시에 바로 그 사람의 인격(personality)을 드러내는 징표이듯이, 술은 그것을 통해 교류하는 당사자들의 특징을 나타내는 상징이다. 그렇기 때문에 상대방의 특성을 가장 손쉽게 간파하는 방법은 그 사람의 논리정연한 말보다 술좌석에서 술취한 상태에서의 언행에서 찾아야 한다는 상식이 널리 통용되고 있는 것이다. 술버릇에 그 사람의 삶의 역사와 오늘이 드러난다. 술 몇 잔에 주정을 부리는 사람, 술만 마시면 눈물을 흘리는 사람, 고성방가를 일삼는 사람, 상대방의 못마땅한 점을 집요하게 따지는 사람, 말수가 오히려 줄어드는 사람, 큰소리 치는 사람, 모든 사람을 다 이해한다는 사람 등은 흔히 알려진 몇 가지 유형에 불과하다. 그 밖에도 술을 마시는 속도, 애호하는 술의 종류, 그리고 동반자의 수와 유형이 그 사람의 특성을 나타낸다. 술은 그 자체가 강력한 커뮤니케이션의 매체이며 메시지이기 때문에 술자리의 동석 여부가 특정 개인의 커뮤니케이션 연결망에서의 귀속과 배제를 알려 주는 단서가 된다. 이런 맥락에서 볼 때, 알코올 중독은 단순히 술 자체에의 병적인 탐닉이라기보다 술을 통한 교류가 남과 공유되지 못한 채 오직 자기 자신과의 자폐적 대화로 퇴각한 커뮤니케이션상의 굴절이라는 시각으로 접근할 필요가 있는 것이다.

하지만 이와 같은 사실은 비단 한 개인에만 국한된 것은 아니다. 작게는 소집단에서 크게는 사회전체의 특성이 술과 음주관행에 축약되어 있는 것이다. 일찍이 마르셀 모스(M. Mauss)가 말했듯이 한 사회의 문화적 특성은 그 사회의 음식문화에 압축되어 있다. 이 때 음식에 술이 중요한 위치를 차지한다는 것은 두말할 필요가 없다. 한 집단이나 사회가 술을 어떻게 규정하고, 어떠한 술을 애용하며 어떠한 방식으로 마시고 술에 취한 사람에 대해 어떻게 받아들이는가는 당시의 그 집단이나 사회의 본질을 가장 극명하게 드러내는 지표가 된다. 만약 현재의 한국 사회가 음주문화에서 국민적인 캠페인을 벌일 필요가 있다면 그것은 바로 우리 사회의 커뮤니케이션 방식이나 생활문화 전체가 새로운 시대 상황에 적절하지 못하거나 이른바 상식적인 궤도에서 벗어나 있다는 사실을 반증하는 것이다.

그러나 여기에서 명심해야 할 사항이 있다. 그것은 이러한 캠페인이 전제하고 있는 가치나 이데올로기가 모든 경우에 예외없이 통용되는 진리가 아니라는 사실이다. 더욱이 캠페인 그 자체도 시대적 상황에 따라 달라질 뿐만 아니라 극단적인 경우 처음 의도와 정반대의 결과를 가져 올 수 있는 것이다. 우리는 그 전형적인 예를 1920년 1월에 발효된 미국의 금주법에서 찾을 수 있다.

미국의 금주운동은 이미 남북전쟁 전부터 전국민적인 조직을 가지고 있었는데, 주법, 주헌법으로 주류의 제조 판매를 금지한 주의 수는 1차대전까지 10여 개 주에 이르렀다. 그러다 1919년 각계 각층의 반대에도 불구하고 미국 영토내에서 알코올 음료를 양조, 판매, 운반, 수출입하지 못하게 하는 미국 헌법수정 제18호가 연방의회를 통과, 각 주의 승인을 얻어 1920년 1월에 발효하게 되었던 것이다. 그런데 이 금주법은 결과적으로 보기드문 악법이 되었다. 이 법률 때문에 술을 밀

술, 노동, 커뮤니케이션

36

수, 밀송, 밀매하는 갱이 날뛰게 되었으며, 이른바 광란의 20년대, 또는 무법의 10년이라고 부르는 시대를 낳았다. 1920년에 시작되어 1933년에 공식적으로 끝난 이 금주법의 시대에 미국은 각종 독직사건으로 얼룩졌으며, 이 법을 비웃기라도 하듯이 대도시에서는 무허가 술집이 속출하였다. 또한 갱끼리 서로 죽이는 것은 말할 것도 없고 수많은 엽기적인 사건들이 발생했던 것이다(최문형, 1982: 40).

분명히 한 사회의 지나친 음주문화는 건전한 생활을 위한 절주운동을 촉발시키는 충분한 계기가 된다. 하지만 음주 그 자체를 금지하는 조처는 음주가 우리의 사회적 삶에 있어서 필수적인 비언어적 커뮤니케이션의 중요한 형식이라는 사실을 간과한 치졸하기 짝이 없는 대책에 불과하다. 사회적 일탈이 사회질서 유지의 입장에서 볼 때는 통탄스러울지는 몰라도 어느 누구도 일탈이 전무한 사회를 상정하지 않는다. 그것은 단지 그러한 사회가 현실적으로 불가능하기 때문에서가 아니라, 오히려 일탈 그 자체가 갖는 창조적이고 긍정적인 측면을 아무도 무시할 수 없기 때문이다.

2) 일상을 넘는 커뮤니케이션과 음주

우리의 삶은 그 시간 구조에 있어서 과거와 미래가 현재 속에 용해되고 다시 본래의 자리로 재투영되는 부단한 과정이다. 과거는 역사와 기억으로 현재에 재현되고 미래는 꿈으로 나타나 현재를 이끈다. 그 속에 매일 되풀이되는 일상생활이 있다. 낮과 밤이 교차되듯 우리의 일상생활은 어제와 오늘과 내일에 반복되는 자질구레한 일들로 이루어진다. 그 속에 남과 교류하면서 일하고 여가를 즐긴다.

그러나 우리의 사회적 삶은 언제나 이러한 일상적 일로만 채워져 있는 것은 아니다. 예기치 못한 사건이 삶의 길섶에 복병처럼 숨어 있다가 뛰어 든다. 일상의 고요한 수면은 이러한 사건으로 출렁이고 우리

술의 사회학적 의미

는 특유한 방식으로 그 사건을 새로운 일상으로 편입시킨다. 사회적 삶은 이 사건들의 흔적을 따라가면서 유사한 계기를 극복해 가는 과정이라 할 수 있다. 각 사회의 통과의례가 이를 웅변해 주고 있다. 생명의 탄생에서 죽음에 이르는 과정에 중요한 계기는 매듭처럼 발현되고 우리는 그 계기를 맞아 일상과 또 다른 교류의 방식으로 합일을 도모한다.

일상을 뛰어 넘는 '계기'는 적나라한 사건으로 발생하기도 하고 정해진 제의와 축제의 형식으로 다가오기도 한다. 일상의 궤도를 뒤흔들어 놓는 적나라한 사건은 보통 그 자체의 충격 때문에 개인이나 집단에게 정향감을 상실하게 한다. 그리고 그 속의 당사자들은 이러한 충격을 완화하기 위한 각종의 장치를 동원한다. 일종의 충격회피의 메커니즘이 개인이나 집단의 차원에서 창안된다. 동물들도 잔혹한 장면에는 고개를 돌리는 경우가 있는데 하물며 인간사회에 있어서랴.

술과 음주는 이러한 충격완화를 위한 가장 일반적인 수단이라 할 수 있다. 술의 마취적 효과를 원용한 응급처치는 말할 것도 없고 갑작스런 사고나 이별의 고통을 잊기 위해 우리는 혼자서도 술을 마신다. 어디 그뿐인가. 상궤에서 벗어난 고통의 당사자를 위로하기 위하여 주고받는 술잔이 어떤 그럴싸한 얘기보다 참된 '말'이 되고 메시지가 된다.

그러나 일상의 경계를 넘는 교류로서의 음주는 무엇보다 각종의 제의와 축제 속에서 극명하게 드러난다. 그리고 그 보편적인 양식은 초월적 존재와의 교류에서 찾아 볼 수 있다. 인간이 불완전한 존재로서 살아가면서 부딪히는 실존적 한계는 다양하게 나타난다. 그 중에서도 죽음은 건너 뛸 수 없는 원천적 불안으로 각인되어 왔다. 인간은 이 불안을 보다 영속적이고 초월적인 대상과의 합일적 교류에 의해 극복하려 한다. 이러한 대상은 때로는 추상적인 신일 수도 있고 인간보다 강한 자연물일 수도 있으며 뒤르켐이 분석한 대로 집단 그 자체일 수도 있다. 그러나 어떤 경우에서도 이러한 초월적 존재와의 커뮤니케이션

술, 노동, 커뮤니케이션

은 자의적으로 일어나는 것이 아니라 일정한 절차와 형식을 통해 행해진다. 그리고 그것은 보통 제의와 축제로 구성된다.

우리는 그 전형적인 예를 고대 사회의 제천의식에서 찾아 볼 수 있다. 흔히 우리나라 고대의 대표적인 제천의례로 손꼽히는 것이, 부여의 영고, 고구려의 동맹, 예의 무천, 삼한의 계절제이다(최광식, 1994: 141-164). 부여의 영고는 음력 12월에 하늘을 대상으로 일종의 수렵의례로 거국적으로 지낸 제사인데 이 제의에서는 북을 치며 천신을 맞이했다. 그리고 이 제의를 통해 그 동안의 죄수를 재판하는 법률을 집행하면서 왕권을 강화하기도 했다. 그런데 우리의 주목을 끄는 것은 이러한 제의기간중 모든 사람들이 며칠간 먹고 마시고 노래하고 춤을 추었다는 사실이다. 한편, 고구려의 동맹은 10월에 지낸 제천의례인데 이 또한 거국적인 대회였을 뿐 아니라 참석자들의 의복이 비단과 금은으로 장식되어 있어서 대단히 화려했던 것으로 보인다. 더욱이 동맹은 그 명칭이 고구려의 건국자인 동명과 관련이 있는 듯하여 제천의례인 동시에 국조신에 대한 제의라는 양면성을 가졌다고 할 수 있다. 또한 수혈이라는 큰 웅덩이로부터 신을 맞아들이고 신목을 세우는 등, 이른바 맞이굿, 오구굿의 원형처럼 보이는 제사였다. 예의 무천도 고구려와 같이 10월에 행해졌는데 무천(舞天)이라는 이름이 말해주듯 하늘에 춤을 추는 제사답게 밤낮으로 먹고 마시고 춤추었던 것이다.

고대 중국의 공식적인 제사에서도 술은 빠지지 않는다. 중국의 고대 경전에 언급되어 있는 신격인 존재는 그 이름을 다 열거하려면 지루할 정도로 그 수가 엄청나지만 이 모든 신들의 필두에는 공식적인 제사의 대상인 삼대신, 즉 천신인 상제, 토지신인 후토와 왕실의 조상신들이 위치했다. 그 중에서도 천신인 상제는 모든 신과 정령의 으뜸으로서 인간과 신을 지배했다. 그는 인간의 형상을 한 거인으로 보통은 하늘에서 살지만, 지상에도 거처가 있었는데, 평평한 바윗돌 위에서 주연을 베풀 때는 맑은 샘에서 퐁퐁 솟는 맛난 술을 손님에게 대접했다

술의 사회학적 의미

고 한다(마스페로, 1995: 116-118). 그럼에도 천신은 제사에서는 물만 마시는 것으로 생각되었다. 반면에 조상신에게는 언제나 소, 양, 돼지와 같은 기본적인 제물과 함께 발효되지 않은 감주, 붉은 술, 정화시킨 녹빛의 백주 등과 같은 각종 술을 진상했다(마스페로, 1995: 148).

오늘 날에도 각종 제의에는 술이 빠지지 않는다. 조상에 대한 제사는 말할 것도 없고 새로운 사업을 시작할 때 지내는 고사, 심지어 대학생들이 신입생환영회 때 지내는 고사에서도 술이 진상된다. 이와 관련하여 다음의 글은 인용할 만하다.

제례의 종류는 이처럼 여러 가지이지만 제물의 기본은 술과 과일과 포육이다. 비록 간략한 제의라 하더라도 주과포(酒果脯)는 갖추어야 한다. 그리고 격식을 갖춘 주례에는 초헌, 아헌, 종헌 등 삼헌(三獻)을 올린다. 이는 신위께 술잔을 세 차례 따라 올리는 의식이다. 제례가 끝나면 음복을 하는데 이는 제사를 지낸 다음 복을 탄다는 뜻으로 제물을 나누어 먹는 일이지만, 술 마시는 것을 위주로 생각한다. 이처럼 제례에 술은 필수적인 것으로, 이의 민속상의 뜻은 강신을 바라는 데에 있다(한국정신문화연구원, 1995: 404).

어디 그뿐인가. 천주교의 미사는 십자가상과 신부와 포도주가 없으면 지낼 수 없다. 말하자면 술이 없으면 미사를 지낼 수 없는 것이다. 이렇게 볼 때 술은 신과 자연과 조상께 제례를 지낼 때 반드시 갖추어야 하는 숭고한 음식이라는 것을 확인할 수 있다.

그러면 이처럼 각종 제의와 축제에 어김 없이 등장하는 술의 의미는 무엇인가. 그것은 다른 제물과 같은 하나의 음식에 불과한 것인가. 제례에 진상되는 음식물에도 금기되는 것이 있고 선택되는 연유도 있기 마련인데 술이 필수적으로 진상되는 까닭은 무엇인가. 우리는 먼저 그 이유를 술 자체가 갖는 탈일상적 효능에서 찾을 수 있다. 술이 일상생활에서 갖는 긍정적 기능은 일찍이 중국의 한서(漢書)에서 "술은

술, 노동, 커뮤니케이션

모든 약 중에서 으뜸이요, 즐거운 모임에 꼭 있어야 할 음식이다," "술은 하늘이 내린 아름다운 선물이다"라고 기록한 구절에서 전형적으로 제시된다. 뿐만 아니라 동서고금의 무수한 주당들이 술의 장점을 열거하기 바빴다. 심지어 우리는 술을 못 마시는 사람보다 애주가들이 본성에서 더 착하다고 단언하는 경우를 목격하기도 한다. 반면에 음주가 결과하는 사회적 병폐는 매일 매스컴의 보도로 알려지고 있다. 음주에 대한 학계의 논의도 알코올 중독과 같은 병리적 현상에 집중되어 있다. 사회관계에서도 술은 자칫하면 패가망신의 지름길로 인식되어 우리나라의 경우 일찍이 삼국시대에 벌써 금주령이 내려졌다. 또한 조선조의 세종은 그의 유명한 「계주교서」를 통해 옛적에 천지신명을 받들고 손님을 대접하고 늙은이를 봉양하던 향음의 예가 지금은 심지를 어지럽히고 위엄을 잃게 하여 혹은 부모공양을 소홀히 하고 혹은 남녀의 분별을 해쳐 사회의 풍속을 무너뜨리는 폐단을 통탄하고 이에 대한 경계를 강조했다(세종, 「계주교서」, 『장한대왕실록』, 제62권; 이경찬 편, 1993: 109-112에서 재인용). 다산 정약용은 그의 호에 걸맞게 "차를 마시는 민족은 흥하고, 술을 마시는 민족은 망한다"고 개탄했다(이병한, 1992: 448). 이 밖에도 수많은 사람들이 무너지는 주도를 우려한다.

그러나 우리는 술의 폐단으로 지적되는 음주의 이러한 부정적 효능에 오히려 주목한다. 분명히 지나친 음주는 기존의 사회적 위계와 질서를 무너뜨리는 부작용을 낳는다. 하지만 초월적 대상과의 교류는 일상의 커뮤니케이션 방식으로서는 불가능하다. 일상의 경계를 넘는 영역으로 들어가기 위해서는 특별한 절차와 매체가 필요하다. 여기에 초월적 커뮤니케이션으로서의 제의와 음주의 의미가 부각되는 것이다.

초월적 영역에서의 커뮤니케이션은 이성의 한계를 넘어서 이루어진다. 마찬가지로 술을 마신 세계는 초이성의 세계이다. 거기에는 현실의 이성적 판단기준이 설득력을 갖지 못한다. 술을 적게 마신 상태에

술의 사회학적 의미

서는 현실의 윤곽은 그대로 인식된다. 그러나 술의 세계에 깊이 들어 갈수록 현실의 긴장과 구속이 점차 이완되어 가기 시작한다. 술 속에 서의 우리의 의식은 현실의 질곡을 넘어 보다 자유로운 세계로 유영 한다. 술에 취하면 위 아래가 없이 호언장담하고 스스로 선택받은 존 재가 되며 비몽사몽간에 절대자도 만난다. 그렇기 때문에 술 취한 사 람의 언동은 그 정도가 심할 경우 '정신 나간' 것으로 폄하된다. 그 러나 초월적 존재와의 교류는 보통 '정신 나간' 상태에서 이루어진 다. 널리 알려진 바와 같이, 무당이 접신상태에서 행하는 언동은 일상 생활과는 전혀 다른 '정신 나간' 것이다. 만취한 상태와 접신상태의 이러한 유사성만으로도 술 속에서의 커뮤니케이션은 바로 초월적 교 류의 전형으로 간주될 수 있는 것이다.

또한 우리 인간은 범속한 일상의 경계를 넘어서 신성한 영역에 들 어 가기 위해서 언제나 일정한 정화의식을 거친다. 제의를 주재하는 제 사장은 상당 기간 동안 부정한 것들로부터 격리되어서 세속의 때를 벗 는다. 해마다 우리는 성스러운 새해를 맞기 위해서 묵은 때를 씻고 새 옷을 입는다. 몸의 때를 '물'로 씻는 것처럼 세속의 생각과 의식이 라는 누더기 옷을 '술'로써 정화하는 것이다. 이처럼 술은 우리가 일 상의 벽을 넘어 또 다른 세계로 들어가는 문턱이 되고 매체가 된다. 옛 부터 수많은 예술가들이 술을 통해 구태의연한 작풍의 각질을 벗고 새 로운 작품의 세계를 열었다. 심지어 평범한 사람들도 술을 마시면 시 인이 되고 예술가가 된다고 한다. 그것은 일상의 언어로서는 다다를 수 없는, 어떤 '존재'와의 합일이나 드러남이, 술을 매개로 범속한 사람 에게도 가능하게 된다는 것을 의미한다. 술의 이러한 초일상적 효능이 술을 다른 어떤 음식보다 초월적 존재와의 교류에서 필수적인 것으로 자리잡게 만들었다고 할 수 있다.

하지만 일상을 넘는 교류는 초월적 존재를 봉헌하는 제의에서만 일 어나는 것은 아니다. 천상의 신이나 조상신, 그리고 그 밖의 초인간적

술, 노동, 커뮤니케이션

인 대상을 위한 제사 못지 않게 한 집단의 축제는 초일상적인 커뮤니
케이션으로 넘쳐 난다. 집단 전체의 축제는 언제나 제의와 일정한 관
계를 갖는다. 제사와 축제 간의 상대적 비중은 경우에 따라 달라질 수
있지만 축제는 보통 제사를 지낸 다음 행해진다. 축제 자체가 목적인
경우에도 간략한 제사를 지낸다. 그것은 제사와 축제가 모두 종국적으
로는 집단의 결속과 유지를 위한 것이기 때문이다. 제사가 신성하고 외
경스런 초월적 존재로 수렴된 종적인 통일의 의식이라면 축제는 집단
성원 상호간의 일상적 위계를 넘어서 집단 전체의 결속을 확인하는 수
평적 합일의 마당이다.

집단 전체가 어우러지는 축제에는 보통 음주와 가무가 필수적이다.
한 개인이 일과의 피로를 풀어 버리는 데 술과 휴식이 가장 보편적인
방책이듯이, 한 집단이나 사회가 일상생활에서 누적되어 온 갖가지 긴
장과 분열을 극복하기 위한 장치로서 제의와 축제는 인류의 역사만큼
오래된 초일상적 교류방식인 것이다. 거기에는 구성원 각자의 개별성
보다 집단 전체의 공동체적 성격이 강조된다. 따라서 집단의 경계 밖
으로 흩어지는 에너지를 집단 내부로 수렴시키는 일이 무엇보다 중요
하다. 술과 가무는 이러한 목적에 가장 잘 부합한다. 축제에서의 술은
사업상 마시는 술과 본질적으로 다르다. 그것은 일상생활에서의 이해
타산을 초월하여 구성원 전체가 오랜만에 '하나가 됨'을 확인하는
계기가 된다. 이 때 술을 마시는 행위는 단순히 술이라는 음료수를 마
시는 것이 아니라 그것 자체가 잊어버린 공동체를 새로이 일구는 의
식이 된다. 그렇기 때문에 축제에서나 일상의 이와 유사한 술자리에서
건배만큼은 어느 누구도 사양할 수 없다. 술을 못 마시는 사람도 집단
전체를 위한 축원의 장면에서는 술잔이 아닌 다른 잔으로라도 건배에
동참하는 것이다.

보통 우리의 일상생활에는 개별적 존재들과의 만남만 난무하고 그
속에서 전체의 존재는 가려진다. 축제는 이처럼 실종된 전체를 복원하

는 작업이다. 술과 노래와 춤 속에서 각 구성원들은 망각하고 있던 그 전체가 바로 자기가 속해 있는 사회라는 사실을, 그리고 이 사회가 그들의 또 다른 초월적 존재라는 사실을 새삼 확인하게 되는 것이다.

4. 접는 말

어느 사회를 막론하고 그 사회가 존속하기 위해서는 최소한의 요건이 충족되어야 한다. 이러한 요건은 시대에 따라 그리고 관점에 따라 그 종류와 상대적 비중이 다를 수 있다. 그러나 어떠한 경우에도 사회 전체가 존속하기 위해서는 구성원 전체의 물질적 욕구를 충족시켜야 하는 생산노동은 계속되어야 하고 이러한 노동의 재생산을 보장해 주는 최소한의 휴식과 여가가 마련되어야 한다. 그러나 군집생활을 하는 인간에게는 이 두 가지 기본적 활동이 타인과의 유기적인 교류 속에서 행해진다는 데 그 특성이 있다. 커뮤니케이션이 사회존립의 기초가 되는 이유가 여기에 있다. 물론 커뮤니케이션이 인간에게만 고유한 것은 아니다. 무리를 짓고 살고 있는 모든 생명체의 존재조건이 커뮤니케이션이다. 그러나 우리 인간의 교류방식은 물적 자원의 재생산을 넘어 상징을 통해 '의미'를 창조하고 확인하는 고유한 특성을 갖는다. 인간만이 의미에 의해 삶과 죽음을 윤색하고 결정할 수 있기 때문이다. 더욱이 사회 속에 태어나 자기의 삶을 살아가는 인간에게는 자기 자신과 사회전체와의 분리와 합일이 언제나 이 '의미' 구성의 토대로 작용한다.

술은 이러한 의미구성에 중요한 역할을 담당하고 있는 비언어적 교류의 방식인 동시에 그 매체이다. 유사 이래로 인간은 때로는 하늘로 상징되는 초월적 대상과의 교류를 위하여, 때로는 타인과의 합일을 통해 자기의 실존적 한계를 극복하기 위하여 술을 마셨다. 인간사회의 수

술, 노동, 커뮤니케이션

많은 제의와 축제에서의 술이 이를 입증한다. 그것은 분리되어 있던 각자를 새로운 공동체로 융합하는 매체인 동시에 의식인 것이다.[3]

그러나 술이 갖는 초일상적 의미와 효능이 반드시 긍정적인 것만은 아니었다. 그렇기 때문에 고대 중국에서도 황제의 딸 의적이 빚은 술을 맛보고 우왕이 술로 나라를 망치는 자가 있을 것이라며 술을 끊고 의적을 멀리 했으며, 세종도 「계주교서」를 팔도에 공포하면서 신라는 포석정에서 망했고 백제는 낙화암에서 멸했다고 경고했던 것이다. 기독교와 불교, 특히 이슬람교에서는 음주가 백해무익함을 교리로써 역설해 왔다. 뿐만 아니라 노동현장에서 술을 추방하기 위해 19세기 전반부터 시작한 서양의 절주운동은 1933년 폐지된 미국의 금주법으로 절정에 달했다. 이러한 움직임은 현재 우리사회에서도 단주모임이나 언론의 공식적인 캠페인의 대상으로[4] 부상되고 있으며, 술에 대한 학술적 연구도 알코올 중독과 정신장애에 집중되고 있는 실정이다. 이렇게 볼 때, 술을 풍류와 낭만의 대명사로만 칭송한다는 것이 얼마나 소박한 발상인가를 감지하게 된다. 그렇다고 술에 대한 탐색이 편협한 도덕적 선입관으로 예단되어서도 안된다. 그것은 많은 사람들이 술을 신이 내린 가장 아름다운 선물이라고 칭송해 온 그 긍정적 기능을 완전히 무시하는 오류를 범하게 되기 때문이다. 따라서 술은 뒤르켐이 말한 하나의 객관적인 '사회적 사실'로 파악하는 것이 중요하다.

이런 맥락에서 우리는 술과 음주에 대한 연구가 인간사회의 필수적 활동인 노동과 여가와 커뮤니케이션의 변증법적 관계에서 조명되어야 한다고 생각한다. 그럴 때에야 비로소 우리는 우리사회의 말썽 많은 음주문화의 특성도 그 밑바탕으로부터 파악할 수 있을 것이기 때문이다. 우리의 이러한 전제가 틀리지 않는다면 앞으로 술에 대한 연구는 적어도 다음과 같은 사항들을 고려해야 할 것이다.

첫째, 이른바 만취형 술자리는 단순히 몰개성의적 집단주의의의 발로인가, 아니면 특유한 커뮤니케이션 문화가 굴절된 것인가. 만취형 술자리에서 도구적 음주와 친목적 음주의 동태는 어떻게 나타나는가.

둘째, 자연과의 교섭이 생산노동의 대부분을 점하는 사회에서의 음주는 상징과 인간을 다루는 직업이 과반수를 이루는 사회에서의 음주와 동일할 수 없을 것이다. 현재 우리사회의 산업인구는 60년대 초와 달리 3차산업 종사자가 60%가 넘는다. 이 사실이 음주양태의 변화에 미치는 영향은 없는가.

셋째, 사회관계에서 도구적 합리성이 지배적인 생활원리로 정착되었을 때, 음주는 정서적 교류의 방식으로서보다 특정한 목적을 달성하기 위한 수단이 될 수 있다. 특히 한 사회의 지배적 생활문화가 자본의 논리와 결과우선주의로 깊이 침윤되어 있을 경우, 이러한 성향은 배가될 것이다.

넷째, 공적인 영역과 사적인 영역의 경계가 엄격하게 구분될 경우, 또한 사적인 영역이 공적인 영역에 의해 압도당할 때, 음주관행에도 이에 상응하는 유의미한 변화가 일어날 수 있다. 알코올 중독은 폐쇄된 사적 영역에서의 자폐적 커뮤니케이션으로 발현하는 것은 아닌가.

다섯째, 현대사회의 도구적 합리성에 대한 반작용이 각종 매니아와 새로운 신비주의로 표출되고 있다면 음주문화에서의 변이는 어떤 모습으로 나타날 수 있는가. 다른 유형의 탐닉과 병행해서 일어나는가, 다른 유형의 탐닉에 의해 대체되는가.

여섯째, 일상을 넘는 초월적 교류로서의 음주는 현대사회에서는 어떤 형태로 발현되는가. 종래의 신이나 사회전체를 대신하는 공동체는 있는가. 있다면 그것은 어떤 것인가. 아울러 새로운 공동체를 위한 설계에서나, 혹은 공동체 상실의 경우에 술은 어떤 기능을 하는가.

이 밖에도 사회적 사실로서의 술은 그 정치경제학적 측면에서도 다양하게 접근할 수 있다. 문제는 모든 문화항목이 그러하듯 술은 그 자체의 특성 때문에 사회적 상황에 따라 그 평가가 달라진다는 것이다. 그리고 이 평가 자체가 해당 사회의 지배적 가치관과 이데올로기를 반

술, 노동, 커뮤니케이션

영한다. 자본주의가 득세했을 때, 노동에 대한 예찬이 지배적인 이데올로기로 자리잡았다. 그것은 구체제의 기생적인 유한계급을 기득권에서 축출하는 무기가 되었다. 그러나 그것은 동시에 불리한 조건의 노동자들의 잉여노동을 착취하는 통제수단이 되기도 했던 것이다. 이 때문에 맑스의 사위였던 라파르그(P. Lafargue)는 노동자의 인간적 삶을 회복하기 위하여 그의 유명한 저서 『게으를 수 있는 권리』를 1883년에 출판했던 것이다.

마찬가지로, 오늘날 우리사회가 언론에서 주도하는 캠페인의 주장처럼 '청산해야 할 음주문화' 때문에 병들어 있다면 그것은 단순히 술을 마시는 주도의 문제가 아니라 일상의 생활문화 전체가 병들어 있다는 것을 의미한다. 그리고 이 때의 '병들어 있다'는 것이 무엇을 말하는 것인지 되새겨 볼 필요가 있다. 한편으로, 그것은 현재의 음주문화가 전통적인 생활양식에서 크게 벗어나 있다는 것이기도 하고 다른 한편으로는, 생산성과 효율성으로 상징되는 현대의 도구적 합리성이나 개인주의적 생활원리에 부합되지 않는다는 것일 수도 있다. 그렇지 않으면, 이 떠들썩한 캠페인은 또 하나의 새로운 이데올로기로 변질되고 있는 건강지상주의나 장수주의의 속류 생명사상처럼, 현재 우리사회에서 일상생활의 현세적 가치가 초월적이고 초이성적인 가치를 일방적으로 압살하고 있는 극명한 증거일 수도 있는 것이다.

▶ 주

1) 음주규범을 사회문화적인 측면에서 설명한 베일레스(Bales)에 의하면 음주양태를 결정하는 음주규범에는 네 가지 유형이 있는데 완전금주 유형, 일종의 종교의식의 하나로 여기는 유형, 친목적 행위로 간주하는 유형, 그리고 실용적 목적으로 보는 유형이 그것이다. White(1982: 205-232).
2) 프랑스의 사회학자 미셸 마페졸리가 그 대표적 예이다. 그에 의하면 인류는

각 개인이 원자화된 상태로 살아 온 것이 아니라 언제나 타인과 '함께 하는' 삶을 영위해 왔다는 것이다. 오늘날 제3세계의 사람들이 닮아가려고 애쓰는 서양의 '개인주의'도 그 역사가 계몽주의 이래로 불과 3세기가 채 되지 않은 생활원리일 뿐 인류의 전체 역사를 통해 볼 때 무시할 정도로 짧은 시기에 국한된다는 것이다. 더욱이 새로운 세기가 시작되는 오늘날에는 새로운 형태의 '부족주의'가 사회 각 방면에서 확인되고 있다면서 개인주의의 쇠퇴를 예견한다. Maffesoli(1988) 참조.

3) 제의와 축제에서의 음주는 일종의 통합의례라 할 수 있다. 물론 이 통합의례는 원칙적으로는 분리의례와 전이의례가 일어난 후 행해지지만 경우에 따라서는 통합의례 과정 속에 혼재되어 있을 수도 있다. 반겐넵(1985: 27-44)을 참조할 것. 음주를 사회구성의 의례로 바라보는 관점으로는 Douglas(1987: 3-15)를 참조할 것.

4) 예를 들어 1996년 8월에서 11월까지 SBS가 기획보도한 프로그램 <음주문화, 이대로는 안된다>.

넘치는 술, 주본주의(酒本主義) 사회

▌고영삼

1. 마치 산모의 자궁과도 같은…

긴장된 일과가 끝나면 시작되는 발걸음. 도시의 삶이 너절해질 때면 떠오르는 것. 도시인에게 술은 일상의 스트레스를 해소하는 묘약이다. 비록 위장의 속쓰림에 헤맬지라도, 어이없는 지출에 생활상의 불균형을 느낄지라도, 술은 여전히 긴장을 완화하는 훌륭한 도구로 간주된다.

그런데 돌이켜보면, 우리사회에서 이른바 '술 한 잔'이라는 말로 대체되고 있는 흥청거림과 떠들썩함에는 단순히 긴장의 완화를 넘어선 어떤 것이 있는 것 같다. 확실히 '술 한 잔 하다'라는 글귀에는 단순히 알코올을 위장에 들어붓는다는 생물적 차원을 넘어선 사회문화적 차원이 있다. 즉 이 글귀에는 술 한 잔 하는 사람들간의 '장구(長久)한' 관계의 역사가 함축적으로 담겨 있다. 또 미래에 괜찮은 관계를 형성하려고 애쓰는 사람들의 '애절한' 염원이 배어 있기도 하다. 예를 들어 '으, 어제 그 술만 아니었으면…' 또는 '주과장! 그 자리만 어떻게 좀 만들어 봐!'라는 말 속에는 이른바 술자리를 통해서 일이 깨어지는 안타까움과 성사되는 환희가 들어 있다.

　이렇게 볼 때, 우리 문화권에서 '술자리'로 표현되는 술의 시·공간은 생활의 스트레스를 해소하는 방편 이상이다. 사업과 생활을 구성하는 원력(infrastructure)이 되고 있는 것이다. 주과장이 좋은 자리(?)를 꼭 만들어야 하는 사명은 기업의 회생과 몰락을 가름하는 기로의 자리일 수 있다. 이 시간은 작업시간보다 더 생산적이고, 이 공간은 불면의 철야 대책회의보다 더 중요한 자리일 수 있다. 특히 주요한 안건이 회의장에서 논의되어 결정되기보다는 회의 전날밤의 쑥덕공론으로 사전 조율되는 문화권에서 '술자리'는 산모의 자궁과 같은 것이며 '술'은 아기에게 모유와 같은 것이다.

2. 어제의 용사(勇士)들이 다시

　어떤 인종은 술 마시고 난 다음날 반드시 부하 직원보다 먼저 출근하는 식의 '술꾼의 도'를 보인다고 한다. 그런 금수같은 경우를 제외한다면 역시 술자리는 그 뒷날에도 화제거리이다. 이른바 쓰린 위장을 더불어 달래는 것은 어제 더불어 위장의 융기 털을 혹사하였던 무리들의 당연한 수순이다. 완전히 혼연일체가 되어 거리를 휩쓸었던 '어제의 용사(勇士)'들은 다음날 다시 뭉친다. 당연히 있을 수밖에 없었던 전날 밤 술자리의 기기묘묘한 행위와 돌출 사건을 다시 되새기며 폭탄 웃음을 터뜨린다. 우리사회에서 술과 술자리는 단순한 여흥 혹은 스트레스의 해소를 넘어 일의 성패에 절대적으로 관여하는 '조직의 생산 메커니즘' 혹은 '사회적 재생산 메커니즘'인 것이다.
　우리사회 음주습벽의 중요한 특징은 무엇보다 대작음주(對酌飮酒)이다. 대작음주는 아예 혼자 마신다든지, 여럿이서 마셔도 자신이 마시고 싶은 만큼 술잔에 따라 마시는 식의 자작음주(自酌飮酒)와는 다른 형태의 것이다. 반드시 여럿이서 마시면서, 인심을 쓰듯이 술잔을 돌

넘치는 술, 주본주의(酒本主義) 사회

리고, 나아가 '위하여'와 같은 분위기를 돋구는 식의 구호를 제창하면서 마시는 것을 말한다. 이 때 특히 '원샷(one shot)' 등의 구호로 술잔 속의 '피 같은' 술을 일각에 쏟아 넣는 것은 대작음주의 절정이라고 할 수 있다. 이러한 대작음주문화는 같이 술 마시는 이들에게 '한 배에 타고 있다는 느낌을 강하게 부여한다'는 점이 특징이다. 대작음주는 좋든 나쁘든 공동체 문화의 전형인 것이다. 술 분위기가 시나브로 익어가면서 처음에 약간은 어색하던 사람들의 관계가 점점 동화되어 한결같이 되는 그 분위기란 ….

필자는 연전에 어떤 이유로 술을 끊었던 적이 있다. 그러나 술 '자리'에 꼭 참여하여야 할 경우가 있곤 하였는데, 어쩔 수 없는 사정을 설명하면서 어렵사리 '안주파(按酒派)'가 되어 참여하곤 했다. 그것은 이제 말하건대 참으로 고통스런 일이었다. 무엇보다 술자리에 참여한 사람들의 동의를 얻기가 어려웠다. 그들은 나를 흡사 '계집애처럼 (아! 페미니스트들이여 용서하라) 째째하게?!' 뭐, 이런 식이었다. 어떤 때는 매우 강하여, 비유컨대 필자의 20대 끄트머리 철없던 시절 받았던 어떤 시선과 같은 것이었다.

객기를 용기로 간주하고, 프라이버시의 침범을 유친(有親)함의 징표로 여기고 있던 20대 말, 한 친구가 결혼을 하였다. 첫날 밤, 몇 녀석들과 함께 불가피하게 친구의 첫 밤을 같은 방에서 동침을 해야 했었다. 아! 그 첫날 밤, 신부에게서 받았던 시선의 느낌이란… 그런 정도였다. 독자들은 상상해 보시라. 결혼해 본 사람은 알겠지만, 대개 신혼의 첫 밤은 황홀하기보다 우인(友人)들과의 뒤풀이에 있었던 술로 말미암아 '재미'를 못 느끼고 '그냥 자는' 수가 많다. 그러나 뒤풀이의 걸쭉함 정도는 남편의 친구가 많은 까닭으로 이해될 수 있다지만, 첫날밤의 분홍빛 공간조차도 난봉꾼과 같은 녀석들에게서 훼방 받는 상황에 대한 신부의 심정은 어떠하며, 원망의 시선은 오죽한 것이었을까? 술자리의 신성한 의례에서 안주파에 대한 시선이 그 신부의 시선

술의 소비문화

과 오버랩된 것은 우연의 일치인가? 수년 전의 몇 개월 단주(斷酒)하였던 것을 두고, 어떤 사람들은 요즘도 만나면, '이젠 술 먹어?' 하고 물으니 우리사회의 대작습벽과 이를 일탈하는 사람에 대한 시선은 참으로 놀랍기 그지없다.

그 당시 술을 마시지 않으면서 술 '자리'에 참여할 때의 고통으로 또 다른 것이 있었다. 이것은 역설적으로 어떤 재미까지 준 것이기도 한데, 나는 이 때 음주라고 하는 '신성한 의례'에서 술꾼들이 점점 몰아지경에 빠져드는 상황을 관찰할 수 있었다. 편의상 몇 단계로 구분하여 본다. 처음에는 위에 말한 바와 같이 술을 하지 않는다는 거북한 시선을 느끼면서 술 '자리'에 참여한다. 이 때 어떤 이유로 술을 못한다는 설명으로 잔을 주는 이를 조금씩 설득시켜야 한다. 어떤 완고한 사람에게 잘못 걸려들면, 급기야 '마누라 해주는 보약 먹고 설사나 하지마라'는 등의 쓴소리를 받게 되는 수도 있다. 아! 그런 소리를 인내하면서 술 '자리'를 같이 해야 하는 우리의 술 문화여.

두번째 단계, '위하여!' 등의 구호가 몇 번 오간다. 술 먹는 사람들의 대화가 제 자리를 잡으면서 사안에 대한 제법 진지한 분석과 해결 아이디어가 나온다. 이 정도의 단계에서는 이야기가 서로 잘 통한다. 몇 번의 잔 돌리기와 구호의 제창 등으로 술 사람들은 대동단결(大同團結)된다. 어떤 경우 술자리에 없는 사람을 오징어처럼 씹어대면서 '우리의식(we group consciousness)'을 고양시키는 능란한 모습이 보이기도 한다. 이러한 몇 가지 기제들이 동원되면, 술꾼들은 진지를 향하여 돌격하는 용사처럼 단결된다. 일체동심(一體同心)이 되며, 드디어 자타합일(自他合一)의 경지까지 진입하는 수도 있다. 참여한 사람끼리 생활상의 고민을 털어놓기도 하고, 선배들의 해결비법을 전수받기도 한다. '피 같은 술'을 마시면서 점점 더 문화적으로 '동일한 혈액형'을 가지게 된다.

세번째 단계, 필자가 발견한 놀라운 사실은, 술은 갑자기 취한다는

넘치는 술, 주본주의(酒本主義) 사회

사실이다. 도시에 살고 있는 대부분의 사람들은 자신을 잘 유지한다. 그러나 본인은 어떻게 느낄지라도, 필자가 여러번 관찰·분석·재검토 한 바에 의하면, 어떤 계기, 즉 누구에게 어떤 쓴소리를 들었다든지, 한 잔 더 들이켰다든지 등의 어떤 계기가 부여되면 '갑자기' 취해 버린 다는 사실이다. 어떤 때에는 말을 하고 있다가 갑자기 심하게 취해 버 리는 경우도 목격하였다. 이 때부터 '소리는 보이는데 대화는 점점 멀 어지는' 진풍경이 연출된다. 눈물을 흘리는 사람, 했던 소리 또 하는 사람, 말수가 엄청나게 많아지는 사람, 강박적으로 남을 돌보는 사람 들 등이 먹었던 내용물을 게워 내어 재점검을 하는 사람과 섞이어서, 그리고 위 첫번째 두번째 단계에 진입하는 여타 자리의 사람들과 섞 이어서 대포지교(大匏之交)의 총체적 에코로스를 만들어낸다.

네번째 단계, 이 단계는 이른바 술자리의 재구조화 단계라고 부를 수 있다. 술자리가 파할 때가 되면, 이른바 '술의 경제학'이라고도 부를 수 있는 상황이 형성될 수도 있다. 계산대로 나아가는 동작이 저마다 개성적으로 연출된다. 어떤 이는 옆에 있는 신발을 못 본 체 하며 찾 아 헤매는 동작을 취하고, 어떤 이는 앞뒤 걸어나가는 사람을 다시 붙 잡아 전혀 심각하지 않은 얘기를 '몰두해서' 하기 시작한다. 어떤 작 자는 이 시간이 올 때쯤이면 이상하게 열변의 장광설(長廣說)을 멈추 고 코를 골기 시작한다. 대작음주 문화는 '더치 페이(dutch-pay)'를 용 납하지 않는다. 이 때 대개 상급자와 선배는 그들의 '도리'를 보여 주는 수가 많다. 필자가 알고 지내는 한 역사학자는 나이 40줄에 들어 선 지금까지 그 '도리'를 보이는 데 들어간 돈을 합치면 2층짜리 집 을 한 채 살 수 있는 것이었다 한다. 과장이 아님을 느낀다. 우리나라 에서 이러한 식의 선배들의 도리는 대물림되면서 술 공동체 문화가 유 지·전승되는 것 같다. 동급생끼리의 경우에는 최근 '잘 나가는 놈' 과 성질 급한 놈이 책임지게 되는 것을 경험한다. 이렇게 해서 술집을 나온 사람들은 심한 경우, 누가 어디서 어떻게 없어졌는지를 모르는 수가 있다. 몇몇은 차수를 변경하여 또 다른 곳으로 비틀거리며 걸음을 옮긴다.

필자가 술자리의 분위기를 이상과 같이 설명해 본 것은, 조금 비약하는 것인지는 몰라도, 이러한 술자리의 분위기가 사실 우리사회 기성인의 생활문화 저변을 형성하고 있음을 지적하고자 하는 데 목적이 있다. 정말 놀라운 것은 술자리의 분위기도 그러하거니와 또한 그 다음날 한동안 어제 술자리의 모든 상황, 즉 마신 술의 종류와 양, 언어, 대화, 행동, 제스처, 색(色), 술집 분위기 등이 되새김된다는 사실이다. 이들 '어제의 용사(勇士)들'은 쓰린 속을 달래는 해장 점심을 '때리면서' 어제의 특출했던 것들을 이야기하며 폭소를 나눈다.

이러한 술자리 뒤의 에필로그는 그들의 의도와 무관하게 주원(酒源)의 결의를 재점검하는 절차가 되는 수가 많다. 이 술자리에 참여하지 못했던 사람은 이야기 그물에서 배제되고, 누적되면 관계의 그물에서 배제된다. 때문에 우리나라에서 술자리는 사실상 '술' 마시는 자리이기보다는 사회적 동지관계가 형성·강화되는 일종의 장(場)이며, 술은 하나의 '미디어'이다. 물론 역기능이 있는 것을 부정할 수 없다. 예를 들어 건강을 해친다는 등의 것 말고도, 끼리끼리 문화를 만들어 그렇게 정당치 못한 식의 당파성을 조장하는 것 등이다. 때로 인간됨과 업무 실력보다는 술동지 관계를 맺어서 사안을 강압적으로 해결하고자 하는 분위기 또한 형성된다. 이러한 형태의 사회적 생산시스템에 대하여 음주의 사회적 비용을 운운하는 식으로 비판할 수도 있다. 실제로 이러한 부분은 새로운 세기로 진입하면서 우리가 반드시 극복하여야 할 보편적 대중문화(popular culture)의 한 부분인 것은 사실이다.

그러나 이 글은 우리의 술 문화를 평가하기보다는, 우리사회의 많은 이야기 소재와 언어방식, 그리고 인간관계의 형성이 술자리와 직접적으로 연루되어 있음을 보는 것이 목적이다. 술 문화가 우리사회의 저변(infrastructure)을 형성하고 있음을 확인하고자 하는 것이다. 술에 관

넘치는 술, 주본주의(酒本主義) 사회

련된 각종 경제지표를 통해서 알아보자.

3. 마침내 주본주의(酒本主義)를 이루다

1) 술의 계보도

일반적으로 우리가 사용하고 있는 언어로서 '술'은 모든 알코올성 음료, 즉 주류(酒類, alcoholic liquors) 일반을 가리키는 말이다. 우리나라 현행 주세법상에서 주류는 주정(酒精: 희석하여 음료로 할 수 있는 것)과 알코올 1도 이상의 음료를 지칭한다(장재식, 1990: 475). 예전에 화학과 실험실에 있던 친구 녀석이 실험용 에틸 알코올로 소주를 만들어 마시는 것을 본 적이 있다. 에틸 알코올(ethyl alcohol)은 일반적으로 무색, 무미하며 휘발성을 지닌 액체로서 강력한 독성을 지니고 있다. 만약 미생물이 13%의 알코올 농도액에 있으면 활성작용이 감퇴되고, 20% 이상에서는 죽게 된다고 한다. 참고로 상처에 바르는 소독액은 70% 정도에 달한다.

제조방식에 따른 주류의 종류

·발효주(醱酵酒, sourceux), 양조주(釀造酒, fermented alcohol): 발효 알코올이 주성분을 이루는 음료를 총칭하여 일컫는다. 탁주, 청주, 맥주, 약주, 포도주
·증류주(蒸溜酒, spiritueux, distilled alcohol): 증류 알코올이 주성분을 이루는 음료를 총칭하여 말한다. 증류소주, 고량주, 위스키, 브랜디, 보드카, 꼬냑
·리큐르(liquor): 증류주에 인삼, 과실 등을 침출시키거나 침출액을 첨가한 당분 2% 이상인 주류의 총칭

<표 1> 제조업 중 주류산업의 분류 체계

구분	제조업 분류
중분류	·음식료품 및 담배 제조업
소분류	·음식료품 제조업
세분류	·증류주 및 합성주 제조업 ·발효주 제조업 ·맥주 제조업
세세분류	주정, 소주, 인삼주, 곡식증류주, 과실증류주, 기타증류주, 탁주, 약주, 청주, 과실발효주, 기타발효주, 맥주

　주류에는 실로 다양한 종류가 있는데, 그 제조방법에 따라 발효 알코올이 주성분을 이루는 발효주(醱酵酒) 혹은 양조주(釀造酒, fermented alcohol)와 증류 알코올이 (50% 이상) 주성분을 이루는 증류주(蒸溜酒, distilled alcohol)가 있다. 그리고 증류주에 여러 성분을 혼합하여 만든 혼성주(compounded liquor)가 있다.

　또한, 주류는 사용원료에 따라 포도주, 브랜디 등의 과실주와 탁주, 청주, 고량주, 위스키 등의 곡주, 그리고 오가피주, 인삼주 등의 약주 등으로 분류할 수 있고, 소비형태에 따라 식전주, 반식주, 식후주 등으로 분류되기도 하며, 그리고 주류의 색상에 따라, 그리고 과세표준에 따라 다양하게 분류되고도 있다.

　한편 우리나라에서 주류산업이란 넓은 의미로 주류 및 발효제의 제조업과 판매업을 포함하여 가리킨다. 한국표준산업분류에 따르면 우리나라의 주류산업은 <표 1>과 같은 분류체계상의 특징을 가진다. 즉 주류산업은 소분류상, 음식료품산업에 속하여 구분되고 있는 것으로 전체 제조업 중에서 1~2% 정도의 부가가치를 생산하고 있는 것으로 알려져 있다.

넘치는 술, 주본주의(酒本主義) 사회

2) 지속적으로 증가하는 주류 생산량

아마도 주류산업을 적극적으로 발전시켜야 할 산업으로 생각하는 사람은 많지 않을 것이다. 오히려 술은 우리나라에서 소비자보호라는 측면에서 통제되어야 할 대상으로 간주되고 있다. 예를 들어 소비자보호단체 등은 술을 개인적 차원에서 간, 췌장, 위, 뇌 등에 좋지 않은 영향을 미치는 것으로 파악한다. 또 사회적 차원에서도 각종 범죄, 사고의 직접적인 원인이 되고 있는 것으로 지적한다. 때문에 정신보건법, 국민건강증진법, 청소년보호법 등 국가적 차원에서 소비자보호법을 제정하거나, 불량주류의 단속, 의료시설의 확충, 지나친 광고의 억제, 주류공장의 환경요건 강화 등을 요구하고 있다. 이러한 부분은 이른바 생산(중심의) 자본주의 사회에서 소비(중심의) 자본주의 사회로 전환되는 상황에서 소비자보호에 대한 증대하는 관심에 힘입어 점차 설득력을 얻고 있다. 그러나 이러한 공식적 제도를 통한 경계에도 불구하고 주류의 생산량은 지속적으로 증가하고 있다.

<그림 1> 주류 생산량의 변화

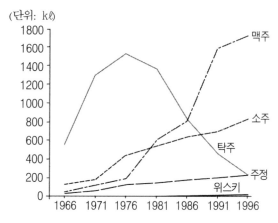

자료: 통계청(경제기획원조사통계국), 『산업생산연보』, 각년도.

술의 소비문화

<표 2> 지수로 보는 주류 생산량의 증가 현황(1990=100)

연도	생산지수	연도	생산지수	연도	생산지수
1966	6.7	1978	33.4	1990	100
1968	9.0	1980	45.2	1992	132
1970	13.5	1982	49.6	1994	168.1
1972	16.1	1984	54.5	1996	151.0
1974	21.5	1986	54.7	1998	174.8
1976	24.1	1988	79.1		

자료: 통계청, 『산업생산연보』, 각년도 참조.

우리나라에서 66년부터 96년까지 5년마다 주요 주류의 생산량 변화를 보면 <그림 1>과 같다. 그림에서 보면 탁주는 70년대 중반까지 생산량이 증대되었으나, 80년대 들어서 격감하고 있다. 그러나 탁주를 제외한 주정, 소주, 위스키, 맥주 등은 비약적으로 증대하고 있음을 알 수 있다. 통계자료에 따르면 현재 우리나라의 주류 제조업체의 수는 지속적으로 감소하고 있다고 한다. 그러나 이러한 감소가 주류 생산량의 감소로 이어지는 것은 아니다.

단위 생산공정에 기계화가 도입됨으로써 제조업체는 줄어도 총 생산량은 증대하고 있는 것으로 판단된다. 이를 좀더 정확히 파악하기 위하여 90년의 주류 생산량을 기준 지수 100으로 하여 66년부터 98년까지 약 30년간 생산지수의 변화를 보니 <표 2>와 같이 나타났다.

<표 2>에서 보듯이 90년을 기준지수 100으로 할 때, 98년 현재 주류 상품은 약 1.7배 이상 생산되고 있는 반면, 82년은 약 1/2, 70년은 약 1/10을 초과하는 정도로 생산되었음을 알 수 있다. 그런데 우리나라의 주류 산업은 여타 산업과는 다르게 주로 국내 소비용으로 생산되기 때문에 이렇게 주류가 많이 생산되었음은 주류 소비를 설명하는 장에서 보겠지만, 곧 국민 1인당 소비량이 그만큼 증가했음을 말해준다.

국민 1인당 주류 소비량의 증가는 알코올 중독 등의 다양한 개인적·사회적 문제를 야기시키기도 하지만, 한편 국가의 입장에서 볼 때

넘치는 술, 주본주의(酒本主義) 사회

<표 3> 연도별 주세량 및 제정 기여도

(단위: 10억원, %)

구분	내국세(A)	간접세(B)	주세(C)	C/A	C/B
1970	283	110	21	7.4	38.9
1975	1,012	370	81	7.9	21.9
1980	3,675	2,403	297	8.1	12.4
1985	7,496	4,556	501	6.7	11.0
1990	19,130	10,384	1,022	5.3	9.8
1995	44,382	20,124	1,825	4.1	9.1
1997	52,153	25,365	1,790	3.4	7.4

참고: 내국세는 직접세, 간접세로 구성.

직접세는 소득세, 법인세, 토지초과이득세, 상속·증여세, 자산재평가세, 부당이득세 등으로 구성.

간접세는 부가가치세, 특별소비세, 주세, 전화세, 인지세, 증권거래세 등으로 구성.

자료: 국세청, 『국세통계연보』, 각년도.

세수 확보라고 하는 이점이 있다. <표 3>에서 보듯이 주세 징수액의 합계는 연도별로 그 비율이 감소하고 있지만, 우리나라 전체 내국세에서 결코 만만치 않는 비중을 차지하고 있다. 97년도 현재에만 해도 주세 수입은 전체 세수에서 3.4%를, 그리고 간접세에서 7.5%의 비교적 높은 비율을 보이고 있다. 특히 97년 총 주세는 1조 7,900억 원에 달하는 것으로서 비록 96년의 2조 830억 원의 도달치에는 못 미치는 것이지만 엄청난 절대 액수인 것을 알 수 있다. 이 금액은 어림잡아 우리나라에서 고속도로 6차선을 약 300km, 지하철을 약 60km 정도 건설할 수 있는 예산으로 추정된다.

한편 전체 징수에 있어서 주세가 차지하는 비중이 감소하고는 있지만, 그러나 절대량이 감소하고 있는 것은 아니다. <그림 2>에서 보듯이 주세 부과의 합계는 해를 거듭할수록 엄청나게 증가하고 있으며, 또한 부과액도 97년 현재 1,806억 원에 이를 정도로 많은 것을 알 수 있

<그림 2> 연도별·주류별 주세 부과액

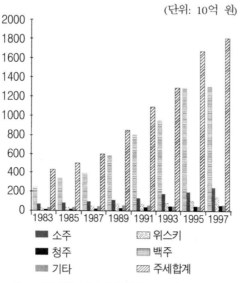

(단위: 10억 원)

자료: 국세청, 『국세통계연보』, 각년도.

다. 주류별로 보면 특히 맥주가 97년의 경우 전체 주류의 72.1%를 차지할 만큼 절대적으로 많은 액수를 차지하고 있는 것으로 나타났다. 현재 우리나라에서 맥주는 주세 징수의 면에서 효자노릇을 톡톡이 하고 있는 술이다. 주세법상 희석식 소주는 술 원가의 35%의 주세를 징수하도록 되어 있으며, 위스키·브랜디 등의 양주는 100%, 보드카·진·럼 등의 증류주는 80%로 되어 있다. 그런데 맥주는 130%의 주세를 징수하도록 되어 있다(참고로 일본에서 소주는 25.5%, 맥주는 44.0%, 위스키는 39.5%). 이 규정은 맥주업계의 반발의 원인이 되고 있다. 맥주 생산업체에서는 이미 우리나라 술소비량의 60%를 차지하고 있는 대중주인 맥주를 아직도 과거 60년대 부유층의 술에 부과하는 최고세율의 대상으로 처리하고 있다고 비판하고 있는 것이다.

업계에서는 이와 같은 형평에 어긋나는 세율 때문에 640ml 병맥주

넘치는 술, 주본주의(酒本主義) 사회

의 최소 소비자가 미국은 1천 56원, 영국은 1천 218원, 독일이 895원인 데 반해, 한국은 1천 500원이나 된다고 지적하고 있다. 그러나 정부에서 이러한 문제를 모르는 것은 아니다. 위에서 보듯이 맥주는 우리나라에서 주요한 세금 수입원이다. 이 때문에 주세율을 변경한다는 것은 사실상 쉽지 않은 것이다.

3) 주류 유통업의 종사자들

주류 유통은 생산된 주류가 제조업자에게서 소비자에게로 이전되는 과정에 관련되어 있다. 우리나라에서 주류는 77년 이후 제정된 법에 따라서 반드시 도·소매업자를 경유해서 소비자에게 전달될 것으로 통제되고 있다. 국세청은 유통질서를 확립함으로써 세수 징수의 효율성을 기하여야 하거니와, 일정 정도의 자본금 및 시설 등의 필요한 조건이 구비되면 주류 판매업의 면허를 주고 있다.

현재 주류는 그 용도에 따라 가정용 주류, 유흥음식점용 주류, 면세 주류로 구분되어 각 용도별로 지정된 판매업자를 통하여 판매되고 있다. <표 4>에는 주류 소매점에서 주류 판매에 관련된 종사자 수와 사업체 수를 각 연도별로 보여주고 있다. 우리나라에서 주류를 판매할 수 있는 곳은 주점업과 식당업 그리고 백화점, 호텔, 슈퍼, 할인점 등이 있다. 그 중에서 주점업은 일반유흥, 무도유흥, 한국식유흥, 극장식, 외국인전용 유흥주점업과 기타 주점업 등으로 구성되어 있는데, 96년 주점업 사업체는 11만 3천여 개이며 종사자는 약 26만 3천 명에 이르고 있다. 이들 주점업자들은 소비자의 변화하는 기호를 민감하게 파악하여 주류를 판매하고 있는데, 술집의 형태가 변화되는 것도 대중문화의 한 역사를 이루고 있다고 본다.

한편 식당업에는 한식점업, 중국·일본·서양 음식점업, 음식출장조달업, 자급식음식점업, 간이체인음식점업, 기타 식당업 등이 있어 각각

<표 4> 연도별 주류 판매 관련업체 및 종사자 수

(단위: 개, 명)

구분	주점업		식당업		계	
	사업체 수	종사자수	사업체 수	종사자 수	사업체 수	종사자 수
1981	69,231	163,095	93,651	252,372	162,882	415,467
1986	80,075	207,735	133,196	357,003	213,271	564,738
1991	81,425	203,915	207,315	548,919	287,740	752,834
1994	91,095	204,725	282,639	382,198	373,734	886,923
1995	106,836	239,870	323,567	771,424	430,403	1,001,294
1996	112,916	263,245	348,440	833,940	461,356	1,097,185

자료: 통계청, 『사업체기초통계조사보고서』, 각년도.

주류를 판매하고 있다. 이들 주점업과 식당업을 합치면 사업체는 96년
12월 말 현재 대략 46만 개이며 종사자는 110만 명에 달하고 있다.

  그런데 실제 주류를 판매하는 업체는 이보다 훨씬 많다. 즉 국세청
은 현재 백화점·슈퍼·편의점 등에서도 전체 매출액의 10% 한도에
서 주류를 판매할 수 있도록 하였다. 소비자들은 보다 손쉽게 주류를
구매할 수 있도록 된 것이다. 그리고 알려진 바로는 위 10%의 제한은
사실상 통제되지 않아, 이들의 주류 매상고는 주류 전체 매출액의 70
~80%까지 이른다고 하는 보고도 있다. 사실상 주류 유통업에 종사하
는 인구 규모는 훨씬 더 많은 것이다.

  4) 술 마시는 여인들

  IMF로 인해서 국가적 수난을 당하고 있긴 하지만, 우리사회는 생산
력을 지속적으로 고도화하여 80년대 후반 이후 이른바 풍요사회로 진
입하고 있다. 그 결과 이제까지 제조노동을 통한 상품생산에 절대적으
로 치중하던 대중들은 이제 노동보다는 여가에, 생산활동보다는 소비
행위에 몰두하고 있다. 요즘은 구조조정의 매서운 바람에 차마 드러내

넘치는 술, 주본주의(酒本主義) 사회

놓고 그러지는 못하지만, 얼마 전만 해도 직장인의 주 초에는 지난 주말 있었던 등산의 하이라이트를 이야기하는 것에 열광하였다. 또 주말이 다가오면 새로운 코스를 설계하는 것에 빠져 지낸다. 이제 대중들은 일상생활에서 그들에게 주어지는 여가와 소비시간을 어떻게 개성적으로 활용할 것인가 하는 것에 몰입해 있다.

이러한 경향은 술에 관련해서도 예외가 아니다. 즉 대중들의 술 소비 패턴은 점차 다양화 및 고급화되고 있으며, 여성 음주자 및 청소년 음주자가 증가하고 있는 등의 변화가 일어나고 있다. 필자가 어린 시절 시골에서 할머니들이 담배를 피우는 것은 보았지만, 술을 마시는 것은 보지 못했다. 70년대 만해도 여성의 음주는 그들의 혼자 떠나는 여행만큼이나 매우 비정상적인 것이었다. 그러나 이제 그녀들의 음주는 당연하고 당당한 것으로 인식되고 있다. 오히려 어떤 남성들 사이에서는 매력의 한 조건으로 간주되고 있다.

한국생산성본부에 따르면, 97년 현재 우리나라의 음주인구는 약 2

<표 5> 연도별 음주인구 비율

(단위: %)

구분		음주인구 비율	음주횟수			
			월 1회 이하	월 2~4회	주 2~4회	거의 매일
1986	전국	48.3	28.1	37.9	22.0	12.0
1989	전국	57.0	29.1	38.9	21.8	10.1
	남	85.3	14.3	43.5	28.8	13.4
	여	32.1	63.5	28.4	5.7	2.5
1992	전국	57.9	31.0	39.7	21.4	8.9
	남	84.7	16.6	43.7	28.1	11.7
	여	33.0	62.3	30.0	5.4	2.3
1995	전국	63.1	31.4	35.1	25.2	8.4
	남	83.0	14.8	37.7	35.5	12.1
	여	44.6	60.3	30.5	7.3	1.9

자료: 통계청, 『한국의 사회지표』, 1998.

술의 소비문화

천만~2천 200만 명인 것으로 나타나고 있다. <표 5>에는 86년 이후 3년마다 95년까지의 음주인구 비율과 그들의 음주횟수를 보여주고 있다. 표에서 보면, 월 2~4회의 음주자가 제일 많으며 거의 매일 마시는 사람이 86년에는 12.0%에서 89년 10.1%, 92년에는 8.9% 그리고 95년에는 8.4%로 감소하고 있는 것을 알 수 있다. 그러나 이와 같이 개인당 음주의 빈도는 줄어들고 있지만 전체 음주인구 비율은 48.3% (86년)에서 57.0%(89년), 57.9%(92년), 63.1%(95년) 등의 양상으로 지속적으로 증가하고 있다.

특히 주목할 만한 것은 여성 음주인구가 증가하고 있다는 사실이다. 표에서 보듯이 89년에 여성 중 32.1%가 음주를 하였으나, 92년에는 33%로, 95년에는 44.6%의 여성 인구가 음주를 하고 있는 것으로 나타났다. 특히 92년에서 3년만에 11.6%가 증가한 수치는 놀랄 만한 수준이다. 이 가운데 20~30%는 애주가 수준이며, 3%는 알코올 중독에 가까운 중증이라고 한다. 한편 97년 초 한국갤럽에서 전국의 만 20세 이상 남녀 1천 502명을 대상으로 음주실태를 조사한 결과 여성의 61. 2%가 음주를 하고 있다고 응답하고 있다. 성인 여성 5명 가운데 3명은 음주를 한다는 이야기이다. 특히 20대 초반 여성은 무려 83%가 술을 마시는 것으로 나타났다(이남진, 1997: 142). 남성 음주자의 수가 감소하거나 비슷한 반면 여성 음주자 수의 이같은 증가 경향은 음주인구의 저변이 확장되고 있는 주요한 보기로서, 향후 주류의 종류도 여성 취향에 맞추어 더욱 다양하게 될 것으로 보인다.

5) 술 접대문화와 과잉 음주

음주인구의 비율이 전반적으로 증가하고 있는 상황에서 술 소비량도 지속적으로 증가하고 있다. 20세 이상 성인 1인당 국내에서 생산하는 주류의 소비량을 연도별로 파악해 보니, <그림 3>과 같은 결과가

넘치는 술, 주본주의(酒本主義) 사회

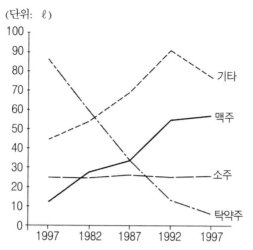

<그림 3> 연도별 1인당 술 소비량

(단위: ℓ)

기타

맥주

소주

탁약주

1997   1982   1987   1992   1997

참고: 1인당 술 소비량은 당해 연도의 주류별 총
소비량을 20세 이상의 인구로 나누어 계
산한 것.
자료: 국세청, 『국세통계연보』, 각년도.

나왔다. 그림에서 보듯이 탁주를 제외한 주류의 1인당 소비량은 꾸준
하게 증가하고 있다. 특히 맥주의 경우 여타 주류에 비교하여 소비량
의 증가 비율은 훨씬 더 높은 것을 알 수 있다.

그런데 주로 가족이나 친지들과 술을 마시는 미국인과 다르게 우리
나라 사람들은 주로 회사의 업무에 관련하여 술을 마신다. 때문에 술
에 관련하여 지출되는 경비 중 큰 규모는 회사에서 접대 차원으로 지
출되고 있는 것을 볼 수 있다. 이를 좀더 정확히 알아보기 위하여 먼
저 도시 가구당 월평균 주류 소비 지출액을 조사하여 보았다. 통계표
상에서 주류는 식료품 항목에 계상되어 있는데, <표 6>에서는 74년
이후 연도별 주류 지출액과 식료품 지출액을 비교하고 전체 식료품 지
출액에서 주류 지출액이 차지하는 비율을 계산하였다. 이 표에서 보면

술의 소비문화

<표 6> 도시가구당 월평균 주류 소비 지출액

(단위: 원)

연도	주류지출액	식료품전체액	비율(%)	연도	주류지출액	식료품전체액	비율(%)
1974	409	21,677	1.89	1989	2,700	189,500	1.43
1977	1,040	40,130	2.59	1992	4,000	285,700	1.40
1980	2,609	77,498	3.37	1995	5,000	367,100	1.36
1983	1,812	106,859	1.70	1997	5,500	427,500	1.29
1986	1,850	126,658	1.46	1998	4,600	348,600	1.32

참고: 위 지표 중 98년도는 3/4분기까지의 월 평균 지출액
자료: 통계청, 『한국통계월보』, 각년도.

음주 지불의 절대비용은 각 연도별로 증가되어 왔고, 특히 97년에는 제일 많이 지출된 것을 알 수 있다. 그런데 음주 지불비용이 식표품 전체 소비에 지출되는 비용에서 차지하는 비율을 보면 정치적 혹은 경제적으로 격렬한 사건이 발생한 80년과 98년을 제외하면 감소되어 왔던 것도 알 수 있다.

한편 서울과 부산의 남녀 직장인 820명을 대상으로 조사한 결과 직장인의 1달 평균 용돈은 31만 원이며 그 가운데 절반인 15만 원 정도가 술값으로 지불된다는 보고가 있다(송대헌, 1997: 153). 그런데 이렇다 할지라도 우리나라에서 지불되는 술값의 총액은 자그마치 약 11조 7천억 원으로(94년 통계), 우리나라 정부예산의 20% 규모에 달하는 수치가 나올 수 없다. 기업에서 술 접대에 의하여 지출되는 방식을 이미지식으로 확인해 보자.

"난 이런 분위기가 너무 좋아." 중소 납품업체의 이모부장(42)이 빠개질 것같은 머리 아픔과 S결장의 통증을 느끼면서 잠에서 깨어 생각해 낸 처음 기억이었다. 어제 그간 연구 개발한 신제품을 발주업체에 설명하고 제안한 뒤, 그 쪽 사장과 임원을 '뫼시고' 맥주집을 거쳐 룸살롱에 앉았을 때, 발주업체 사장이 처음 한 말이었다.

이부장 역시 술만큼은 남에게 뒤진다는 소리 듣기를 남이 자기 아버지 욕하는 소리보다 듣기 싫어하는지라, 평소 잘 알아둔 룸살롱 중 한 곳을 찾았다. 불황 중 웬 봉이냐는 표정으로 안기는 주마담에게 '오늘 특히 잘해볼 것'을 말하였던 장면과, 얼핏 자신보다 나이가 많은 듯이 보이는 밴드 연주자에게 취중에 같이 춤추자고 하였던 장면들이 결장의 통증과 함께 다시 기억에 떠올랐다. 그리고 이미 나른해진 몸을 추스려 출근을 하면서 펼쳐 본 계산서를 보고 엄청 충격을 받았다. 4명이 먹었던 술의 계산서에는 자그마치 3백만 원이 넘는 금액이 적혀 있었다.

"해도 너무 하는군." 물론 계산은 일을 성사시킨 대가로 회사에서 100% 지불되는 것이긴 하지만, 너무 심하다 싶었다. 마침 점심 때 업무차 만난 신문사에 다니는 대학 동기와 술값에 대하여 이야기할 기회가 있었다. 기자 녀석은 웃으면서 주류 가격의 구조를 다음과 같이 설명하였다.

"먼저 2차에 마신 맥주의 술가격을 보면 말야, 현재 우리나라 주세법상 맥주는 130%, 양주는 100%, 그리고 희석식 소주는 35%의 주세를 때리도록 되어 있어."[1] 그리고 다음과 같이 설명하였다. 여기서 특히 맥주는 주세가 높아 자주 술꾼들의 입방아에 오르내리곤 하는데, 가격은 다음과 같이 책정된다고. OB 라거 500ml는 원가가 293원인데 여기에 주세가 380원(원가의 130%), 교육세가 114원(주세의 30%), 부가세가 79원(공급가의 10%) 등 세금 총액이 573원으로서, 원가와 세금 총액을 합하면 출고가가 866원이 되고, 소비자는 여기에 유통·소매상의 마진이 붙은 가격으로 최소 1,300원에서 4,000원의 가격으로 구입하게 된다는 것. 결국 소비자는 제조원가의 4~13배에 달하는 돈을 지불하고 맥주를 마시는 셈이다.

"그런데 맥주는 그렇다 쳐도 양주는 너무 한 것 아니야?"[2] 이부장은 마치 친구가 결정적으로 잘못해서 술값이 그렇게 되었다는 듯이 눈에 힘을 주고 물었다. "엄연히 패스포드의 출고 가격이 1만 5천 994원 88전이라고 전 단위까지 표기되어 있는데도 판매 가격이 20만 원을 넘다니…?" 그러나 심기자는 "아니 술실력으로 그 자리에 오른 사람이 이렇게 모를 수가 있나!"

술의 소비문화

하면서 역시 논리정연하게 설명했다. 예를 들어 윈저 특급 위스키 700ml의 제조원가는 사실 1만 원 정도에 불과하다. 여기에 주세 1만 원(원가의 100%), 교육세 3,000원(원가의 30%), 그리고 부가세 2,300원(공급가의 10%)이 붙어서 출고가는 2만 5,998원이 된다고 한다.

"그런데 이 가격이 어떻게 해서 룸에서 22만 원이 되는 거야?" 이부장은 세금이 제조가의 2.5배를 넘는 것에 놀라면서도, 이것이 다시 22만 원으로 증폭되는 것에 '분노'를 느끼며 도전적으로 물었다. "몇 차례 옷을 갈아입지." 심기자는 담배를 꺼내 물며 계속 설명했다. "2만 5,998원에 도매상으로 출고된 윈저는 도매상에서 부과하는 마진 3,700원(출고가의 10~15%)에 부가세·소득세가 붙어서, 총소비의 70%를 차지하는 유흥업소에 3만 5,000원 정도로 공급되지. 이것이 사실상 룸살롱의 원가이고 말이야." 그리고 계속 설명하는데 그것은 다음과 같은 것이었다. 국세청에서는 1종 유흥음식점의 경우 통상 매입가의 5배에 달하는 금액을 술값으로 받는 것으로 쳐서 세금을 매긴다. 그것은 부가세, 특별소비세, 그리고 연말의 종합소득세로서 총 5~6만 원 정도에 상당한다. 그리고 여기에 업소 주인의 건물 임대료·인건비·관리비 등의 각종 지출, 그리고 업소를 담당하고 있는 건달 등에게 지출하는 것이 외형의 30%, 그리고 각종 떡값과 룸살롱의 마진을 넣으면, 20~25만 원 정도의 가격이 나온다는 것이다.

"사실 술을 마시기보다는 세금을 마신다고 해도 과언이 아니지." 설명을 들은 이부장이 다시 S결장의 통증을 느끼며 무언가 다른 할 말을 찾고 있는데, 심기자는 어느덧 입에 오토바이를 달고 있다. "그리고 말야, 문제는 이부장의 어제와 같은 그러한 접대성 술문화가 기업사회에 보편화되어 있다는 점이야. 접대란 정확히 말하면 접대성 경비로서 기업이 업무와 관련해서 지출한 돈으로 회계상 '경비'에 해당되는 것이야. 잘 알겠지만 흔히 접대비는 업무추진비, 판공비, 교제비, 품위유지비, 기밀비 등 다양한 이름으로 불리고 있지. 접대비는 일정 한도, 예를 들어 매출액이 연간 1백억원 규모의 중소기업의 경우, 매출액의 15%인 1억 5천내에서 규정대로 사

넘치는 술, 주본주의(酒本主義) 사회

용하였을 경우 전액 손비로 처리되어 세금을 면제받게 되어 있지.[3] 그리고 그 중에서 영수증 등 증빙서류 없이 손비로 인정받을 수 있는 접대비를 기밀비라고 이름하는 거야." 처음 부담 없이 시작된 이야기에 심기자가 돌연 열기를 띠는 통에 이부장은 잠시 혼동을 느끼며 하동산 재첩국을 목구멍에 퍼넣었다. "'97년 우리나라 전체 법인의 접대비는 자그만치 3조 5천 966억 원에 달하였는데, 이 금액은 전체 법인의 동년도 수입금액 1,165조 3,264억 원의 0.31%에 달하는 액수였어. 접대비가 전체 수입금액에서 차지하는 비중은 30대 그룹, 5대 그룹 등 대기업으로 갈수록 0.15%, 0.13% 등으로 감소하였는데, 이러한 수치를 보면 상대적으로 중소기업 등이 연구개발보다 접대문화를 통하여 기업이 운영되고 있음을 알 수 있어."[4]

"문제는 말이야, 장부상에 나타나는 접대비보다 음성적 접대비가 더 많다는 것이야. 음성적 접대비에는 구청, 경찰에게 주는 각종 뇌물과 정치자금까지 포함된 것으로 공식 접대비의 2배 정도인 경우가 많아. 예를 들면, 97년 감사원이 우리나라 접대비의 실태를 조사하였는데, 매출액 350억 원 규모인 한 건설회사의 장부상 공식 접대비는 7억 2천만 원이었는데, 비공식 접대비는 14억 6천만 원으로 밝혀졌어. 그런데 공식·비공식을 모두 합하면 21억 8천만 원이 나왔는데 이 금액은 말야 이 회사의 연구개발비 20억 7천만 원보다 많았다는거야. 엄청나지? 그리고 색주점에 있는 여색(女色)들에게 주는 팁의 우리나라 총액이 연 5천억 원으로 추정되는데, 이것은 전국 유흥업소 연간 매출액 1조 5천억 원의 1/3에 해당하는 것으로서 전혀 세금이 거두어지지 않는 블랙박스야. 가관이지?" 심기자가 동의를 구하려는 듯 물으며 말을 계속한다. "이러한 상황에서 우리기업의 경쟁력이 어떻게 있을 수 있겠어? 그래서 정부에서는 99년부터 기업의 '경비'를 엄격히 감시하기 위해서, 접대비를 신용카드로 처리하도록 하고 있어. 어쨌든 우리가 참으로 놀라운 나라에 살고 있는 것은 분명해. 외채 원리금을 갚는 데 한 해 약 10조를 퍼붓는 나라에서, 더구나 과학기술을 발전시키지 않으면 곧장 국제사회에서 '퇴출' 되어버릴 이렇게 험한 상황에서 접대용 술값이 연구개발비보다 많이 먹히고 있으니 말야." 이부장은 아직도 무언가 할 말을 찾지 못하고 하동산 체첩국을 연이어 퍼넣고 있다.

4. 테크놀러지 숲 속의 음주

1) 테크놀러지의 긴장과 술

오늘날 거의 영구혁명이라 할 정도로 비약적으로 발전하고 있는 과학기술은 서구에서 14세기 이후 발전되어 온 이성 중심주의의 산물이다. 14세기 르네상스 이후 인간은 스스로 사고할 줄 아는 능력을 인식함으로써 이전까지 창조자인 거룩한 신의 뜻(神意)을 구현하는 대행자에서 자신의 역사를 만들어가는 창조자로 거듭 태어났다. 요즘 유행하는 말로 한 번 '튀어 버린 것'이다. 어쩌면 과학기술은 인간이 스스로 창조자가 되면서 만든 그의 대행자로 볼 수 있을 것이다.

르네상스 초반기, 인간이 공동체의 일을 신의 뜻에 얽매어 해결한다는 것은 하나의 스트레스였는지도 모를 일이다. 그런 의미에서라면 인간이 직접 자신의 머리로 사색하고 역사를 만든다는 것은 무척 의의 있는 일로 간주되었을 것이다. 그러나 신으로부터 탈환해 온 인간의 역사, 21세기 지구문명이 그렇게 낙관적인 것만은 아니라는 것을 누구든 알 수 있다. 즉 지나친 이해타산주의, 도구적 합리주의, 경쟁주의 등은 인간에게 새로운 스트레스를 주고 있는 것이다. 오늘날 과학기술이 발전한 선진국에서 알코올 소비량이 더욱 많다는 것이 이를 증명한다. 물론 알코올 소비량의 증가를 과학기술의 발달과 GNP만을 기준으로 평가한다는 것은 각국의 문화적 차이의 중요성을 간과하는 단순한 생각일 수 있다. 그러나 <표 7>의 순알코올 소비량 비교에서 보듯이 미국, 독일 등의 선진국은 1년에 성인 1인당 각각 8.36ℓ와 11.55ℓ를 소

넘치는 술, 주본주의(酒本主義) 사회

<표 7> 각국의 성인 1인당 순알코올 소비량(1992년)

(단위: ℓ)

국가	미국	캐나다	영국	독일	밸기애	덴마크	일본	브라질	한국
소비량	8.36	8.61	6.90	11.55	11.33	9.73	6.75	2.55	8.1

자료: WHO 보고서(1993)에서 조성기(1997: 65).

비하고 있으며, 최고 복지국가인 덴마크도 9.73 ℓ를 마시고 있다. 보편적으로 볼 때, 과학기술이 발전한 선진국일수록 알코올 음주량이 많은 것은 결코 우연이 아닐 것이다.

오늘날 선진 각국은 알코올의 부작용 및 이로 인한 사회경제적 비용을 감소시키기 위한 여러 가지 정책 대안에 부심하고 있다. 예를 들어 미국의 클린턴은 96년 4월 1일 TV 등의 방송매체에 술 광고를 금지하는 등의 이른바 '술과의 전쟁'에 나선다고 선전포고를 하기도 하였다. 선진 각국의 음주로 인한 갖가지 손실이 보통 수준을 넘어섰다는 것이다. 현재 미국은 음주로 인한 사회경제적 손실 비용의 지출액이 평균 GNP의 1.7~3.4%(94년 음주에 의한 피해비용이 연간 1,280억 달러, 하루 3억 5천만 달러), 독일은 2.8~4.2%, 일본은 1.9% 정도나 차지하고 있다고 한다.

한편, 알코올 중독자이거나 알코올 중독 위험에 놓인 사람이 무려 460만 명인 우리나라에서는 알코올로 인한 경제적 비용이 95년을 기준으로 최소한 GNP의 2.8%인 약 9조 7,840억 원에 달하고 있다. 서울시 1년 예산액이 9조 6,555억 원 정도인 것을 감안할 때, 술에 의해서 낭비되는 돈의 규모가 얼마나 거대한가를 실감할 수 있다. 그런데 이같은 규모에 주류 소비지출에서 주세 수입을 뺀 액수인 순수히 음주에 필요한 사회적 지출을 더하면 <표 8>과 같이 약 13조 8,396억 원으로서 GNP의 3.97%의 수준에 달하고 있다.

여기에 돈으로 환산할 수 없거나 근거자료가 없는 손실 부분인 '음주운전 단속비용,' '음주관련 교육 연구비,' '음주로 인한 학교 폭

<표 8> 우리나라의 음주로 인한 경제사회적 비용액

(단위: 억원)

구분	사회부담	개인부담	계(%)
의료비	3,345	6,555	9,990(10.1)
재산피해액	467		467(0.5)
사고행정비용	88		88
생산성 감소	58,611		58,611(59.9)
조기사망 손실	28,093	681	28,744(29.4)
소계	90,604	7,236	97,840(100.0)
알코올 소비지출		40,556	40,556
합계			138,396

자료: 노인철(1997).

력과 가정 파괴,' '실업자와 주부 등의 음주로 인한 생산성 감소' 등
은 포함되지 않았다. 이를 다 감안한다면, 위 통계 수치보다 더 큰 비
용이 날마다 술로 인하여 손실되고 있는 것을 짐작할 수 있을 것이다.

2) 크래쉬(crash)와 음주

어둠이 내린 도시의 거리를 배회하면 떠오르는 이미지들이 있다. 자
동차, 실업자, 네온사인, 음악, 붉은색 립스틱… 오늘날 도시인은 대부
분 긴장과 땀, 욕설과 음모가 뒤섞긴 숨돌릴 겨를 없는 도시를 탈출할
것을 몽상한다. 자동차는 그들에게 이 프로젝트를 수행하는 절묘한 수
단이다. 젊은 도시인에게 집보다도 먼저 소유하여야 될 것으로 간주되
는 자동차는 이제 르페브르가 말하듯 '거주의 한 부분이자 실로 그 자
신의 본질'(Lefebvre, 1990: 150)이 되었다. 그런데 결코 악(樂)이 아닌
괴성을 싣고 질주하는 스포츠 카의 젊은이, 젊은 여색을 태운 중형 세
단, 가족을 싣고 유랑하는 IMF 가장, 이 도시에는 자동차와 술이 공존
한다. 이 둘은 커뮤니케이션을 효과적으로 하는 참 좋은 매체이다. 즉

넘치는 술, 주본주의(酒本主義) 사회

<표 9> 음주에 의한 교통사고 발생의 건수

(단위: 건, %)

구분	1989	1990	1991	1992	1993	1994	1995	1996	1997
발생건수	4,309	4,174	5,045	7,033	12,022	15,273	15,492	25,764	22,892
구성비(%)	1.7	1.6	1.9	2.7	4.6	5.7	6.2	9.8	9.4

참고: 1989~95년의 구성비는 경찰청 분류 법규 위반사례 22건 중에서 음주에 의한
     원인이 더 심할 때 22건 중에서 차지하는 비율임. 동일한 자료명이지만 96년
     이후부터는 음주 교통사고의 비율을 내는 방식을 다르게 하였기에 앞의 연도
     와 평면적으로 비교하기에는 어려움이 있다. 1996년부터는 음주에 관련된 교
     통사고 모두를 집계한 것임.
자료: 경찰청, 『교통사고통계』, 각년도.

자동차는 물리적 거리를 단축시킨다. 술은 심리적 거리를 단축시킨다.
때문에 자동차와 술이 동시에 지원되면 비언어적 커뮤니케이션이 가
능하게 되는 절묘함이 산출된다. 때마침 마른 들불처럼 일으키는 색(色)
들의 향연. 현대 직장인의 스트레스와 도시인의 그 까닭을 알 수 없는
고독을 위무하는 기호품으로서 술과 자동차 그리고 색(色)은 결코 분
리될 수 없는 현상인 것이다. 잠시 언급하자면, 필자는 이것들이 우리
나라 성인들의 대중문화의 종자 씨앗이라고 보고 있다.

　그러나 음주운전은 항상 사고를 부른다. 음주는 오늘날 교통사고의
원인 중에서 중요한 원인을 제공하고 있다. 94년 한 해의 음주단속 건
수는 13만 명, 95년은 16만 명, 그리고 96년은 20만 명으로 해마다 크
게 늘고 있다. 서울 경찰청에 따르면, 97년 들어 8월까지 하루 평균 193
건씩 모두 4만 6천 900여 명의 음주운전자를 적발해 354명을 구속하
고 1만 9천 900여 명의 운전면허를 취소했다고 밝혔다. 이 가운데 여
성 음주운전자는 전체의 3.3%인 1천 542건으로 지난 해 같은 기간보
다 62.1% 급증한 것으로 나타났다(유희준, 1997: 193-194).

　<표 9>는 음주에 의한 교통사고의 발생 건수를 각 연도별로 비교
해 놓고 있다. 표에서 보듯이 89년에 4,309건이었던 음주 교통사고는

이후 절대적 수치도 점점 증가하였을 뿐만 아니라, 상대적 비율도 증가하고 있는 것을 볼 수 있다.

5. 새로운 '술의 문화학'으로

이상에서 우리는 우리사회에서 술과 술의 문화가 범람하고 있는 양태를 각종 지표를 통해서 살펴보았다. 이러한 범람을 두고 다양한 계몽의 캠페인이 항상 전개되어 왔다. 그러나 이와 같은 술의 범람에는 다음과 같은 이해가 필요함을 지적하면서 글을 맺고자 한다.

첫째, 경우야 어찌 되었건, 우리사회에서 술은 가장 의지할 수 있는 위로처인 것은 사실이다. 술만큼 특별한 주의와 노력, 그리고 (현대인이 질색하는) 진지함이 없이 즐길 수 있는 것은 없다. 최근 IMF로 고생하고 있지만, 한민족은 서구에서 약 7~8세대를 거쳐서 이룩한 산업화를 1~2세대만에 달성했다. 이것은 경제적으로는 좋을지 몰라도, 문화적으로 엄청난 혼란을 주고 있다. 한강의 기적이라는 절대명제를 달성하면서 지속적으로 역사의 분단, 민족정체성의 훼손, 정치권력 및 부형성의 정당성 부재, 일상화된 국가적 동원체계, 급격한 도시화, 시민 가치관의 혼란, 그리고 이른바 '개방적' 서구화 등으로 혼란을 경험해 왔다. 도대체 이렇게 짧은 기간에 이렇게 많은 사건과 사고를 경험하는 사람들이 의지할 수 있는 것은 무엇일까? 아마도 술과 종교 등이 어느 정도의 해답이었던 것으로 보인다.

둘째, 자원과 기술을 이용하기보다는 노동자의 절대적 헌신을 끌어내어 경제를 발전시켜 왔던 저간의 상황은 우리사회에 술 문화의 과잉을 초래한 또 하나의 원인이다. 작업현장의 열악한 노동환경, 낮은 임금, 저급한 사회적 대우, 과도하게 책정된 노동시간 등은 노동자들에게 필요 이상의 과도한 스트레스를 부과하였다. 동시에 산업화 과정

넘치는 술, 주본주의(酒本主義) 사회

에 적응해야 한다는 생존의 욕구는 그들의 두뇌에서 놀이, 여유, 여가 등의 개념을 거세(去勢)시켰다. 이러한 상태에서 간간이 주어지는 짜투리 시간은 어떤 문화적 소양을 계발하는 데 사용되기보다는 격렬한 방식의 음주행위를 통하여 고통을 잊는 방식으로 사용된 것이다. 여가사회학의 대가인 뒤마즈디에는 여가는 필수적으로 휴식(피로회복), 흥미(기분전환, 소외의 해소) 그리고 자아계발(창조적 태도 함양 등)과 연관되어 있는 개념으로 정의하고 있다(Dumazedier, 1967: 14). 이러한 논지에 따르면, 우리나라 대중들의 술먹고 노래방 가는 식의 여가는 자아계발까지 지향되지 못하는 반쪽 여가라고도 볼 수 있을 것이다. 그렇긴 하지만 이러한 식의 노동조건은 술 마시는 여가문화를 광범하게 정착시키는 데 일등공신인 것만은 부인할 수 없다.

셋째, 술 문화가 이렇게 광범하게 흘러 넘치는 데는 우리민족의 정감적 문화도 한몫 하는 것으로 보인다. 냉철하게 분석·판단하는 이른바 좌뇌세포 의존적인 이성중심주의보다는 인정을 베풀면서 더불어 지내기를 추구하던 우리 민족에게는 '자고로 술 한 잔 할 줄 아는 사람이 말이 통하고' 또 '술 마시고 하는 실수쯤은 이해해 주어야 한다'는 식의 술 친화적 문화가 형성된 것이다. 그리하여 시인이 노래하듯이 '술은 우리의 정신의/ 화려한 형용사'(정현종, 1989: 107)로 간주되기까지 한 것이다. 우리사회의 과도한 술 문화는 이러듯 서구식의 과도한 도구적 합리주의 시스템을 공식적으로 수용하는 뒷면에서 '위안부' 노릇을 담당해 왔던 것이다.

넷째, 서구식 근면·절약의 자본축적 정신보다는 '다리를 놓아' 돈을 벌어 온 근대 경제성장의 과정은 술문화의 과잉을 초래한 또 하나의 주범이다. 과문한 탓인지는 몰라도 필자에게는 오늘날 우리사회의 여러 문제들, 즉 번창하는 지하경제, 익숙한 뒷거래 문화, 만연한 경제적·문화적·학문적 졸부 근성, 학교 사회의 치마바람, 과도한 소비주의, 계층간 갈등, 심지어 보편화된 가족 이기주의 등은 어떻게 '다

술의 소비문화

리'를 놓기 위하여 혹은 '다리'를 놓은 결과에 의하여 만들어진 것으로 보인다. '다리'는 물에 젖지 않고 가로질러가는 첩경인 것이다. 그런데 이 '다리'에 한결같이 술 과잉이 자리하고 있었다는 것이다.

 마침 우리가 처한 IMF를 사회문화적 차원에서 해석하고 대응해야 한다는 주장이 나오고 있다. 이러한 부분은 우리나라의 술문화의 진단과 개선으로 연결될 소지가 있다. 그러나 이제까지 보아왔듯이 우리나라의 술문화에는 우리사회 전반의 시스템이 관련되어 있는 것을 보는 것이 중요하다. 우리는 알코올 중독을 유발하는 서구식 개인주의 음주로 빠져들지 않고, 또 우리가 보여왔던 사회문제를 조장하지 않는 새로운 '술의 문화학'을 창조할 필요가 있다. 긴장과 계산으로 굳어진 현대인의 어깨 근육을 풀어줄 수 있는 술의 문화, 이질적인 사람을 접붙이는 화이부동(和而不同)의 음주문화, 공동체적 정신을 복원하는 술의 문화, 열려 있는 결속·대포지교(大砲之交)의 낭만적 술문화학을 열어갈 필요가 있다.

▶ 주

1) 한편 정부는 소주의 주세를 99년중에 위스키 수준인 100%로 올리기로 했다. 이렇게 되면 일반 소주는 750원선에서 1천 100원선, 프리미엄급 소주는 950원선에서 1천 400원선으로 각각 오를 전망이다. 97년 가을부터 EU는 WTO 회의를 통하여 우리 정부에게 소주의 주세율 인상을 지속적으로 요구해왔다. 주류산업도 국제주류시장에서 힘들게 경쟁하는 상황이 되고 있다.
2) 양주는 접대술과 밀접하게 연관되어 있다. 우리나라는 한 해 9억 2천만 병의 스카치 위스키를 수출하는 스코틀랜드에서 약 4천만 병을 수입·음주하고 있는데, 이것은 미국, 프랑스, 스페인에 이어 네번째 순위라고 한다. 수입에 지출된 금액을 보면 94년 1억 2천만 달러에서 점점 늘어나, 1억 9천만 달러(95년), 2억 8천만 달러(96년), 그리고 2억 8천만 달러(97년)에 달하고 있다.
3) 96년 1월 1일 이후 접대비 한도액의 계산방법은 다음과 같다(중부지방국세청,

1995: 214).

접대비한도액=①+②+③

① 2,400만 원×과세기간 월수/12

② 출자금액(50억 한도)×2%

③ 수입금액×

　·100억 이하: 0.3%

　·100억 초과: 3천만 원 + 100억 초과금액의 0.2%

　·1천억 초과: 2억 1천만 원 + 1천억 초과금액의 0.1%

　·부동산업, 소비성 서비스업, 특수관계자와의 거래(중소기업은 0.1%)는
　0.05%

4) 전체 신고법인의 접대비 지출 총액

(단위: 억원)

구분	1995년	1996년	1997년
접대비	25,186	29,656	34,988

참고: 당해 연도 신고법인의 기준임

자료: 98년 국정감사(국세청이 김근태의원에 제출한 자료)

술의 소비문화

알코올 연줄의 한국사회

┃ 윤명희

1. 술잔 안에서 너와 나, 우리가 보인다

인간과 공동체에게 술은 신의 선물로 비유된다. 신이 인간에게 복도 되고 화도 되는 디오니소스[1]의 술을 선물한 이유는 무엇일까? 흔히 현대사회는 공동체 소멸의 시대, 파편적 개인의 시대로 떠올려지곤 한다. 현대사회의 공식적인 세계에서 인간과 인간의 관계는 소외 그 자체로 나타난다. 그러나 이러한 소외는 비공식적 세계에서는 다소 보상적인 형태를 취한다. 그 대표적인 예가 낮이 아닌 밤의 세계를 누비는 술자리를 통한 방식이다. 소위 열 길 물 속은 알아도 한 길 사람 속은 알 수 없다고 했지만 적어도 한 잔의 술잔이 오고간 사람의 마음속은 상대적으로 짐작하기가 쉬울 것이다. 인간과 공동체에게 신의 선물로 비유되는 디오니소스의 술은 이러한 맥락에서 이해될 수 있다.

술은 너와 나, 우리의 관계성을 열어준다는 데에서 그 공동체적 의미를 찾을 수 있다. 즉 의식의 명징성을 흐트리는 술은 단지 혼돈의 밉살스런 신이 아니라 새로운 직관적 인식의 능력으로 이끄는 공감의 신이 되기도 하고 모래알같은 '나'의 원자를 '우리'라는 분자관계로 이끄는 결합의 신이 되기도 한다. 이러한 흐릿한 혼돈 속에 떠오르는 술의 공동체는 공감적 관계 혹은 감정적 공동체를 형성한다. 이들 관계는 일종의 몽환적 세계와도 같다.

술의 공동체는 근대의 합리적 정신이 추구하는 정신 바짝 차린 목적의식적이고 도구적인 관계들과는 차별성을 가지며 오히려 제 정신을 잃는 그 순간, 소위 전형적인 원시의 합일과 공감을 통해 경험되는 공동체의 양상을 띤다. 물론 몽롱함으로 완결되는 세계가 반드시 공감과 새로운 창조로만 이어지는 것은 아니다. 때로는 도피와 자멸, 나아가 대상 없는 증오감의 분출이라는 극단적인 양상으로 나타나기도 한다. 또한 일상적 삶이 온통 몽환적 세계에 놓일 수는 없을 것이다.

그러나 이성의 고속도로에 이어 나타날 줄 알았던 명징한 합리성의 세계는 오간 데 없고 사고화되고 재신비화되는 오늘날의 일상생활이란 또렷함, 흔들림 없음, 명석함의 무대를 몽롱함의 휘장이 감싸두른 듯 희미하게 보이는 게 사실이다. 또한 현대의 규칙적이고 나른한 인간관계를 압도하는 오늘날의 알코올 부족들의 긴밀성은 오히려 맨 정신보다 몽롱한 술기운이 현대의 파편화를 넘어서는 합일과 공감의 공동체에 보다 가깝게 하고 있지는 않은지 하는 생각마저 들게 한다. 이는 맨 정신의 과부하가 술기운의 천국을 부른 형국이다. 소로킨(P. Sorokin)이 말했듯, 한 문화의 포화상태는 다른 형태의 문화를 태어날 수 있게 한다고 하지 않았는가. 소위 알코올 핏줄의 동일성을 확인하는 알코올 부족체는 현대인의 피할 수 없는 숙명과도 같은 것이다. 특히 공식적 세계와 낮의 지배자임을 자처하는 합리적 이성의 잣대 속에서 너와 나를 넘어 우리라는 밀착된 공감은 멀어지고 단지 파편화된 개인주의의 전면화된 무대로 치닫고 있는 '지금 이 곳'에서 형성되는 일상적인 술의 공동체는 이를 더욱 확인해 주는 듯하다.

이상의 문제의식에 기반하여 이 글은 술의 공동체에 대한 호감어린 시선에서부터 출발한다. 이러한 호의적인 시선은 술의 사회성이 일상

술의 공동체

성의 깊은 곳에 자리잡은 실재라는 인식에 기인한 것이다. 즉 기왕에 있어 왔듯 술의 공동체에 대한 미리 부정하는 태도나 서둘러 결론내리는 태도보다는 있는 그대로 바라보기, 그 내부에 흐르고 있는 의미를 배제하지 않기, 그리고 새로운 가능성과 공감의 영역을 찾아내기를 목표로 하는 것이며, 이를 통해 일상생활의 가장 구체적이고 역동적인 측면에 천착할 수 있다고 보기 때문이다. 이것은 현실적인 것은 가장 현실적 태도로 일관하는 것이며, 이상적인 것은 현실의 맥락을 놓치지 않고 추구하는 태도이다. 다시 말해서, 보이는 것에만 현혹되지 않고 보고 싶은 것에만 안주하는 틀에서 벗어나는 것이며 이것은 일상적 삶의 표면과 복류적 깊이를 함께 파악하는 새로운 사회학적 상상력의 첫 걸음이다.

2. 음주토템의 사회성

술은 단절과 분리의 세계를 극복하는 음주공동체의 토템으로서 이들 음주토템은 나름의 사회성을 띤다. 라시드 아미루(Rachid Amirou)는 사회성을 '사회적 사실(social fact)에 대한 저항(resistance)' 혹은 반대편으로 정의하였다(Amirou, 1989: 115). 사회성이 사회적 사실에 대한 저항으로 파악되는 것은 삶은 논리적 주검이 아니라는 그의 논의에서 더욱 또렷해진다. 사회성은 인지된 사실에 우선하는 현실 그 자체로, 이는 논리적 구성물이 아니라 직접적 직관적인 양상을 띠고 나타나는 구체적인 것이며 거시적으로 이해할 수 없는 사회적 삶의 숨겨진 측면과 관련되어 있다. 음주토템의 사회성 역시 이러한 맥락에서 파악할 수 있다.

술은 일상적이면서도 일상의 틀을 깨는 의미를 가진다. 또한 음식이면서 일종의 마약과 같이 도피의 기능을 수행하기도 한다. 때로는 초

자연적인 힘과의 교통수단의 의미를 갖기도 한다. 즉 술은 일상적인 자극제로서, 값싼 칼로리원이 되기도 하고, 누구나 쉽게 접근할 수 있으면서도 때로는 어떤 치명적인 결과를 가져올 수 있는 성질을 띠기도 한다. 그리고 현실에서 벗어나는 매개체가 되기도 하며 때로는 집단적 몰입의 기제가 되기도 한다. 이것이 음주토템의 사회성이며, 술이 사회적인 것이 되는 이유이다. 즉 술이란 평범함과 적나라함, 해방과 도피, 그리고 음식이면서 소통의 수단으로 작용하는 일상생활의 배경이자 삶을 경험하는 주요한 매개체로 작용한다는 점에서 그 생생한 사회성을 갖는다.

우선, 모든 사회는 그 나름의 음주토템을 가진다. 각 나라와 문화권마다 차이를 나타내는 음주토템들이 존재하며, 우리의 막걸리, 프랑스의 포도주, 중국의 고량주, 독일의 맥주 등이 그 예이다. 이러한 음주토템의 차이는 그 사회의 물질적 토대와 깊은 연관을 가진다. 예를 들어 포도주가 북유럽보다 남유럽에 보다 일반적이라는 사실은 포도가 북위 49도 이후로는 추위 때문에 자랄 수 없다는 것에 기인한다. 또한 포도주를 모르는 지역, 예컨대 북유럽, 러시아, 이슬람 국가들에서는 차가 오히려 대성공을 거두었다. 그 외에도 캐나다의 인디언은 단풍나무의 수액을 이용했고, 멕시코는 용설란 주(pulque)가 있었으며, 앤틸리즈 제도나 남부 아메리카의 인디언들은 옥수수나 카사바를 이용한 술을 만들었다. 북부 유럽에는 자작나무 수액을 발효시킨 것과 곡물로 만든 맥주가 있었으며 최북단의 유럽에는 15세기까지 꿀술(hydromel)이, 극동지방은 주로 찰기 있는 쌀로 만든 곡주가 선호되었다(Braudel, 1995: 349).

물론 각 음주토템들은 세계 자본주의하에서 그 영향력과 침투력을 달리 점하고 있다는 것 역시 사실이다. 실제로 자본주의 이래로 중심부와 주변부의 음주토템의 생존력과 영향력, 다시 말해 음주토템의 현재적 상징성은 차이를 보인다. 예를 들어 맥주의 경우 전 세계적인 기

술의 공동체

호와 취향을 공유하는 알코올 공동체를 형성하는 음주토템으로 자리 잡고 있는 데 반해 인디언과 제3세계의 음주토템은 소규모의 국지적 명성만을 갖거나 그 생존력 자체가 위협받을 지경이다.

또한 음주토템들은 일종의 공동체적 통합력 혹은 집단도덕과 밀접한 관련성을 갖는다. 예를 들어 막걸리를 마시는 행위는 막걸리라는 술을 소비하는 과정에 그치지 않는다. 막걸리라는 음주토템의 소비는 고유한 문화와 정신을 내포하고 있는 막걸리를 마시는 사회와 집단을 형성하며, 농경문화에 뿌리를 두어온 공동체의 오랜 기풍을 내면화하는 과정으로 이해될 수 있다. 다시 말해 각 음주토템들은 일상 그 자체, 즉 의례화된 사회적 삶의 배경으로 작용한다. 막걸리는 주당들의 취기를 돋궈 주는 것에서 수분 제공과 노동의 피로를 풀어 주며 나아가 허기를 면하게 해주는 고칼로리 대용음식까지, 그리고 공동체의 회합과 잔치에 이르기까지 빠질 수 없는 것이다. 또한 술익는 도가니가 만들었던 분위기와 기후감은 공감의 배경이 되며 육체적으로 정신적으로 고달플 때, 예를 들어 배고픔·부적응·따분함·속박감·긴장 등으로 사람들은 술을 찾게 된다.

특히 공동체 의례와 제의의식에서 빠지지 않는 각 음주토템이 존재한다는 점은 술이 공동체적 집단의례에서 중요한 위치를 점하고 있음을 보여준다. '마지막 만찬'의 포도주나 수도원에서 식사시 매우 소찬일지라도 포도주가 빠지지 않은 사실은 포도주가 서구, 특히 서유럽에서는 일상의 한 부분으로 자리하고 있음을 보여주는 예이다. 이러한 서유럽의 포도주와 같은 의식의 역할과 동일한 것으로 아메리카의 옥수수로 만든 맥주, 아프리카의 조로 만든 맥주를 들 수 있다. 이렇게 술은 일상적인 생활 그 자체라고 말할 수 있을 정도로 삶의 당연한 배경으로 존재해 왔음을 알 수 있다.

이러한 음주토템의 사회성은 사회적 통합력과 일상화의 견지에서 볼 때 지나치게 사회적인 것이라 때로는 억압의 느낌마저 풍기는 감도 없

알코올 연줄의 한국사회

지 않을 정도이다. 왜냐하면 사회 혹은 집단에서 음주토템의 힘을 거부하는 사람—예를 들어 술마시기를 굳이 거부하는 사람—은 동화와 이화의 갈림길에서 늘상 고심해야 할 것이기 때문이다. 즉 음주토템을 받아들인다는 것은 개인에게는 동화의 길에 서는 것이며, 사회와 집단으로서는 통합의 문제를 해결하게 되는 이중의 의미를 갖는다.

3. 유유상종의 음주공동체

혼자 마시는 중독성의 술이 아니라면 음주공동체는 일정한 사회적 범주—유유상종의 음주스타일—을 형성한다. 인류학적 보고에 따르면 원시인들에게 음식물을 나누어 먹는 행위는 친절·호의·존경의 도덕적 규정을 강화하는 것이며, 공동식사는 곧 절대적인 신용을 의미하는 사회적 결합으로의 의미를 가졌다. 즉 같은 음식물을 먹음으로써 두 사람 혹은 집단들은 서로 타의(他意) 없는 행동을 보장하는 인질을 교환하는 행위와 동등한 의미를 지닌 것이며 그것은 서로가 상대를 향해서 위해를 가하지 않는다는 진심을 보증하는 방식이었다(Frazer, 1996: 266-267). 이러한 동일선상에서 디오니소스의 술을 함께 나누어 마시는 것은 공감적 공동체의 구성원으로 입문하는 행위이며 연대감의 생산 및 유지로서 의미를 가진다고 하겠다. 특히 언제 누구와 어디서 무엇을 어떻게 그리고 왜 마시는가라는 술 마시는 구체적인 음주스타일은 단지 한 개인의 취향이나 배타적인 스타일에 그치지 않으며 일정한 사회적 범주—유유상종의 음주공동체를 형성한다.

개인 혹은 끼리끼리 어울려 술을 마시는 이유는 다양하다. 사업상 마시는 접대술, 사랑의 고백을 위한 술자리, 친구간의 우정을 위한 술자리, 밥과 함께 하는 반주, 울적한 마음을 달래기 위해 혼자 마시는 술, 심지어 알코올 중독에 이르게 되는 습관성 음주 등이 그 예이다.

그러나 기업의 사장이 고용 노동자와 술을 마시기는 쉽지 않으며 노인이 젊은이와 대작하는 일도 흔하지 않은 일이다. 그리고 멀리 있는 사촌과 술 마실 기회는 가까운 직장동료나 비슷한 취향의 동아리 회원과 마실 기회보다 작을 것이며, 비싸고 향기 좋은 술도 돈이 없고서야 맛보기는 이미 포기해야 하는 그림의 술에 다름아닐 것이다. 이러한 사실은 유유상종의 음주공동체가 개인의 취향이나 목적은 물론이고 계급과 계층, 세대와 직업과 같은 사회적 경계 안에서 이뤄지는 사회적 관계임을 보여준다.

유유상종의 음주공동체를 통해 그 성원들은 인간적 친밀감을 높인다. 낯설거나 어색한 사람과 술을 마신다는 것은 상상하기 어려우며, 한번 술자리를 같이 한 사람에게서 느끼는 친밀감은 그렇지 않은 사람과의 관계에 비해 대부분의 경우 높아진다. 이것은 술과 함께 하는 솔직함 때문인 것으로 보인다. 남자는 술버릇을 봐야 진심을 알아본다는 말이나 술 못하는 사람과는 상종도 말라는 극악한 표현도 술과 솔직성이 대부분 비례관계에 있다는 상식적 판단으로 본다면 그리 나무랄 일은 아닌 듯하다. 커피 한 잔 마시는 사이와 밥 한 끼를 하는 사이가 다르듯, 술을 함께 마실 수 있고 마셔 본 사이는 또 다른 차원의 관계로 여겨야 할 것이다. 물론 분위기를 망쳐 버린 술자리의 경험은 돌이킬 수 없는 인간관계로서 남게 되기도 한다.

또한 유유상종의 음주공동체는 정서적 배타성 역시 함께 공유한다. 대입시험을 앞둔 고3 수험생들의 백일주나 수학여행이나 술집 어느 귀퉁이에서 어른들의 눈을 피해 달게 마시는 술맛은 그 불안한 행위에 참가하는 또래들만의 아슬아슬한 모험세계를 창출한다. 음주공동체가 경험하는 인간적 친밀성과 배타성은 마치 동전의 양면이며 뫼비우스의 띠와 같은 관계이다. 이렇게 술은 일정한 사회적 경계내에서 이뤄지며 기존의 사회적 거리를 더욱 좁히고 밀착하게 하는 촉진제 역할을 한다고 볼 수 있다.

　　나아가 술자리에서 형성되는 정서적 친밀감과 배타성은 때로는 계급적 경험을 재생산하는 장소로서 작용하기도 한다. 하버마스(Habermas)는 살롱, 카페, 토론공동체를 공적 담론의 형성장이라고 파악하였다. 이러한 살롱, 카페, 토론공동체를 17~18세기 신흥 부르주아지가 한 잔의 품위 있는 차를 앞에 두고 새로운 사회질서와 지배적 사회성을 섭렵하는 공간으로 볼 수 있다면, 차가 아니라 싸구려술과 독주를 부어 잡던 선술집은 일반민중들의 일상생활을 공유하는 장으로 파악할 수 있다.

　　즉 살인적인 자본축적의 초기 단계에서 술은 강도 높은 노동과정에 따른 피로와 긴장을 해소해 주는 유일한 '약'이었으며, 선술집은 가장 안락한 보금자리로서 작업장으로 해체된 가정이라는 1차적 공동체의 기능을 대체하는 따뜻한 공동체의 역할을 대신하고 때로는 계급적 경험을 재생산하는 장소가 되었던 것이다(박재환·김문겸, 1997: 47-61). 이러한 유유상종의 술자리로서 선술집은 신흥지배계급의 금주령과 도덕적 지탄의 포화지점이었으며, 특히 이곳에서 이뤄지는 술을 통한 공고한 유대관계는 무엇보다 위험스런 존재로 간주되었다.

　　여기서 우리는 전통적인 유대가 부서진 공간에서 술이 담당하는 공감의 커뮤니케이션에 주목할 필요가 있다. 당시 귀족 혹은 신흥부르주아지의 도덕적 비난과 달리 일반 민중들에게 술자리는 단순한 음주탐닉의 행위가 아니라 생활을 위한 정보공유, 상호부조 그리고 사회적 교환이라는 목적을 가진 인간관계를 형성하는 데 그 주된 의미가 있었다. 일종의 비금전적 커뮤니케이션인 셈이다. 이렇게 술에 찌든 불합리하기 그지없는 음주행위가 일상생활에서 갖는 의미는 처지와 실정에 맞는 지극히 합리적이고 목적적인 자기판단에 바탕하고 있는 합리적 행위의 연장선에 닿아 있는 것이었다.

술의 공동체

4. 현대의 알코올 부족체

　다른 한편 술은 원초적이고 자극적인, 때로는 위험한 방식으로 작용하기도 한다. 흔히 이러한 술의 특징은 부정적인 것으로 평가되었다. 그러나 "보다 감정이입적이고 공유된 감정과 공동의 열정 속에서, 그리고 모든 디오니소스적 가치들 속에서 사회적 삶을 파악하려는" (Maffesoli, 1997) 입장에 선다면 술의 불안하고 부정적인 특징은 오히려 삶의 양식을 있는 그대로 파악하는 데 고무적인 투시경이 될 수 있다. 사회적 삶을, 고인 듯 따분하고 불안한 듯 흔들리는 그 자체로 볼 수 있기 때문이다.

　그리고 모든 문명이 일련의 흥분제를 필요로 했다는 사실 역시 주목할 필요가 있다. 서구의 경우, 12~13세기에는 향신료와 후추, 16세기에는 초기의 증류주, 그 다음에는 차, 커피, 담배에 대해서 열광하였으며, 19~20세기에는 각종 마약이 생겨나게 되었다. 이들 각종 흥분제는 경작, 운반, 제조라는 합리적 기술의 발달이라는 측면과 함께, 문명과 공동체 간의 원초적인 공모관계에 대해 주의를 기울일 필요성이 있다. 즉 문명의 발달은 자연을 벗어난 이성의 자율화 과정임과 동시에 비문명에 대한 향수와 감정이입을 끊임없이 자극하는 재신비화 혹은 비합리성이라 표상되는 양상을 함께 갖는다.

　특히 오늘날의 문명은 상품과 상징, 환각과 환상, 지적 사고들의 이상한 조합을 형성하며 이들 조합은 인간오감의 과도한 소비와 함께 독특한 공동체의 형성을 부른다. 이들 공동체들은 대량생산과 대중소비의 시대에 탄생한 것으로, 감각적 소비와 쾌락주의를 지향하면서도 감정의 전염과 나눔이 강하고, 공동의 정서로 회귀하려는 작은 부족체의 모습을 띤다. "국가적, 파당적, 이데올로기적 벽을 허무는 옷 입는 방식이나 록 뮤직, 팝의 분위기, 환경보호 연대, 유사한 몸동작이나 비슷한 헤어스타일 등이 타인과 동등한 위치에 있다는 감정을 불러일으키고 서로 인정하고 이해하는 표식의 역할을 할 때"(Maffesoli, 1997: 222), 감정의 공동체로서 현대의 부족체들은 탄생하게 된다. 소위 사물에 대한 신비, 무의식, 혹은 신뢰, 연대감 등의 비합리적 영역과 대상세계와의 새로운 교감관계하에 있는 다양한 음악회, 운동경기의 군중, 음주와 연관된 사회관계가 그 구체적인 맥락이다.

각각의 음주토템을 공유하는 알코올 부족체 역시 현대의 부족들 가운데 하나로서 자리매김될 수 있다. 현대의 알코올 부족체는 음주토템을 나누는 행위를 통해 몽롱하고 장엄한 공동체의 영역으로 입장하게 되며 이를 통해 표면적인 관계성을 떠나 새로운 교감관계를 형성하는 감정과 정서의 공동체가 된다. 특히 의식이 몽롱해지는 술자리에서 이루어지는 알코올 부족체들의 정서적 교감관계는 더욱 그러하다. 알코올 부족인들의 몽롱한 술자리는 '용도나 목적이 없는 사회성'(Maffesoli, 1997: 222)을 창조하며 이러한 몽환적 교감관계는 가치지향적인 인간관계로서 의미를 갖는다. 밥이나 술이나 모두 쌀이긴 마찬가지이나 밥은 쌀 모양이 그대로 남아 있고 술은 발효되어 쌀 모양이 없어지는 것처럼 알코올 부족체는 개개인의 원자들이 공감일체의 몽롱함 속으로 발효되어 하나의 공동체를 이루는 모양새를 취한다. 그리고 때로는 술 속에 사람간의 어색함이 녹아들다 사람마저 녹아버리는, 사람이 술을 마시고 술이 술을 마시고 나중에는 술이 사람을 마셔버리는 역전이 일어나기도 한다.

이러한 현대의 알코올 부족체들은 취향과 기호의 다양화라는 점에서 기존의 음주공동체와는 그 차별성을 가진다. 또한 감성적·심리적 집단으로서 현대의 알코올 부족체들은 각 개인의 고립된 상태에서 느끼고 생각하고 행동하는 것과는 다른 방식으로 느끼고 생각하고 행동하는 집단이면서 또 다른 한편으로 마치 음식물을 나눈 원시인들의 공감적 결합이 음식물이 쌍방의 뱃속에 있는 동안에만 존속하는 것처럼 이들 알코올 부족체들도 이질적 요소들이 잠시 결합되어 이루는, 일시

술의 공동체

적인 너무나 가변적인 존재인 것만 같다. 술자리만 끝나면 토템의 부족인이 아니라 고립된 개인으로 돌아가 다시 살아가는 모습은 더욱 그러한 의구심을 예증하는 것만 같을지 모른다. 그러나 흔들리고 몽롱한 가운데 오뚜기처럼 아침을 맞이하는 현대인은 마치 무의식적인 것처럼 몰입과 감성의 알코올 부족체 회합에 대한 욕구가 다시 한번 슬그머니 떠오르는 것을 발견하게 될 것이다. 일상의 소외가 끝나지 않는 이상 지속될 어처구니 없는 회귀지향으로.

5. '지금 이곳': 한국사회의 알코올 연줄

한국인의 인간관계는 한마디로 연줄문화로서 평가된다. 특히 체면·눈치·인사치례 등을 중시하며 가족주의로 표상되는 내집단에 대한 집착과 외집단에 대한 폐쇄주의적 경향, 그리고 공식적인 의사소통보다는 비공식적인 것을 선호하며 집단적 가치를 중시한다는 점은 연줄문화의 부정적인 측면으로 평가되어 왔다.

이러한 연줄문화에 대한 부정적 평가는 한국인의 술자리문화에 대한 비판과도 일맥상통한다. 흔히 우리의 술문화는 비합리적이고 전근대적인 관습과 낡은 문화의 몹쓸 영역으로 지적되어 왔다. 한 외국인은 직장동료와 고주망태가 될 때까지 술을 마시는 우리네 음주문화에 대해 상상할 수도 없는 희한한 문화라고 평가하였다. 우리의 음주문화에 대한 내부적 평가는 더욱 곱지 않다. 최근 대학 신입생 환영회에서 급성 알코올 중독으로 사망한 대학 새내기, 집단사발주, 폭탄주와 술자리에서 이루어지는 뒷거래는 그 부정적 평가의 구체적 사례이다. 특히 연줄 중심의 한국사회에서 패거리문화의 전형으로 속칭되는 술 문화는 고질적이고 비근대적인 문화의 전형으로 취급되온 것이 사실이다.

그러나 이러한 평가는 다소 일방적이며 때로는 술자리문화와 알코올 연줄의 일상성과 그 의미를 천착하지 않은 피상적인 분석에 머무를 가능성이 크다. 이것은 '정신 말짱함'과 '얼큰하게 취함'이라는 두 행위가 과연 합리성과 비합리성, 혹은 근대와 전근대의 아노미적 경쟁관계에 있는 것인지, 그리고 과연 어그러지고 망가지는 술자리는 비문명의 징표라고 할 수 있겠는가라는 의문을 품게 한다. 이러한 맥락에서 비근대적인 사회구조의 반영으로만 취급되어온 한국인의 음주스타일에 대한 부정적인 평가 역시 재고해 봐야 할 문제로 떠오른다.

우선, 한국인의 술자리는 부정적 측면으로 도외시하기에는 너무나 일상적이다. 예를 들어 서울시의 시민보건지표조사결과에 따르면 평소 술을 마시느냐는 질문에 64.7%가 그렇다고 답하였으며 응답자 100명 중 6명 이상이 술을 매일 마신다고 대답하였다(《한겨레신문》 1998. 6. 16). 그리고 직장인들의 72%가 술을 마실 때 2차를 당연하게 여기며, 14%는 3차까지 간다고 대답하였다. 술마시는 횟수는 한 주에 1~2회가 37%로 가장 많았으며 전혀 마시지 않거나 거의 마시지 않는 이는 19%였다(《한겨레신문》 1997. 7. 30).

술자리를 가지는 구체적인 대상은 보통 친족, 동창생, 직장동료, 이웃, 친구나 연인이 될 수 있으며, 이들과 함께 하는 각종 계모임, 동창모임, 단체모임, 망년회, 회식, 접대술, 사교술 등 술이 빠지지 않는 모임들은 한국인의 알코올 연줄을 만드는 주요한 자리이다. 이러한 다중다양한 알코올 연줄의 네트워크─혼자 마시는 술이 아니라 함께 마시는 술자리─는 빈번한 음주모임과 많은 음주량에도 불구하고 서구에 비해 알코올 중독자가 상대적으로 적은 이유를 설명할 수 있다.

술자리에서 이루어지는 알코올 연줄은 평범한 일상인들에게 정적 유대를 가능케 하는 보금자리의 기능과 정보교환의 자리가 된다. 술자리의 꼴불견으로 첫째가 술버릇이 나쁜 사람, 둘째가 분위기를 못 맞추는 사람, 세번째가 억지로 술을 권하는 사람, 넷째가 술값을 안 내는 사람으로 꼽히는 것이나 술을 마셔 봐야 속내를 비출 사람인지 아

술의 공동체

넌지를 알아본다는 말은 한국인의 술자리 인간관이 새삼스럽다는 생각을 하게 된다. 또한 한국사회에서 지위상승의 기회와 정보가 높은 집단에 비해 상대적으로 차단된 일상인들에게 알코올 연줄이란 높은 지리적·사회적 이동과 변화에 따른 개인의 고립과 단절을 극복하고자 하는 현실적인 노력으로 볼 수 있으며, 나아가서는 이것에 적응하거나 저항할 수 있는 적극적인 수단으로 볼 수 있다.

특히 정보교환과 같은 생활의 합리성을 높이는 자리로서 알코올 연줄의 의미는 술자리가 생활의 긴장과 스트레스를 해소하는 측면과 함께 원활한 인간관계를 위해 필요한 자리로서 더욱 중요하게 간주된다는 사실에서 찾아볼 수 있다(《한겨레신문》 1997. 7. 30). 예를 들어 한 조사에 따르면 직장인이 술을 마시는 이유로, 원활한 인간관계를 도모하기 위해서 46%, 기분전환 18%, 스트레스 11%, 그리고 업무상 어쩔 수 없이 6%의 순으로 각각 대답하였다. 기분전환이나 스트레스 해소가 개인의 재활력을 도모하는 사적인 것이고, 업무상 이유가 공식조직 체내의 의무감에서 비롯된 것인 데 비해, 원활한 인간관계를 도모하려는 술자리는 친근한 인간관계를 형성하는 정적인 측면과 함께 이들 인간적 관계가 공식적 제도나 업무에 대한 정보공유 및 효율성을 높일 수 있다는 데서 이중적인 효과를 간직한다. 이렇게 볼 때 술자리를 통해 맺어지는 알코올 연줄은 삶의 합리성을 추구하는 모습으로 파악할 수 있다.

이들 술자리에서의 인간관계는 공식조직과는 다른 방식으로 이루어진다. 특히 직장이나 조직체에서 이루어지는 인간관계가 주로 사무적이고 공식적인 의사소통으로 이루어진다면 술자리의 인간관계는 비공식적인 의사소통, 즉 눈빛과 낯빛, 몸짓의 커뮤니케이션, 이심전심의 커뮤니케이션, 분위기의 커뮤니케이션이라는 양상을 띤다. 이러한 이심전심의 커뮤니케이션은 친근한 사람들, 다시 말해 외집단보다는 내집단내에서 보다 일상적으로 일어난다. 이것은 단지 폐쇄적인 연줄관계의 특성으로 몰아부칠 것만은 아니다. 공식조직체인 기업체의 면접방식이 기존의 사무실이 아니라 운동장이나 술집에서 이뤄지는 것은 비단 형식의 파괴일 뿐 아니라 공식성과 비공식성의 공존필요성을 보여주는 것이다.

이러한 술자리도 세대에 따라 변화되는 양상을 띤다. 실제로 최근 신세대와 구세대 간의 회식문화가 일치하지 않아 간부급들은 삼겹살에 소주를 걸친 후 단란주점이나 룸살롱으로 가는 것이 일반화되어 있는 반면에 신세대들은 영화나 포켓볼, 볼링 등의 레저활동과 함께 재즈바나 레게바를 선호, 저녁식사 이후에는 아예 따로 회식을 하는 경우까지 생기는 풍속도를 낳기도 한다. 또한 자기 기호에 맞게 소주에 천연과즙이나 탄산음료를 섞어 부담 없이 마시는 소주칵테일이 맥주와 소주에 이은 대표적인 주종으로 자리잡고 있는 양상은 부드럽고 분위기를 중요시하고 순한 저알코올에 적당히 취하고 적당히 기호를 살리는 신세대의 술문화를 반영하고 있다(《한국경제신문》 1997. 10. 13). 이러한 변화는 집단적 가치에서 개인의 취향과 선호로 선회하는 연줄관계의 특징을 드러내는 것이다.

그리고 최근에 이혼남녀를 위한 만남을 제공하는 카페 형식의 술자리는 새로운 사교문화를 만드는 한 예라고 할 수 있다. 독신자들에게 사교의 공간을 마련한 독신자 전용카페는 회원제로 운영되며 문을 연지 불과 한 달여만에 180여 명이 회원에 가입하였다. 이들에게 독신자 전용공간은 기존의 따가운 사회적 시선 앞에서 당당한 만남을 선언하는 자리가 되고 있다.

특히 최근 통신에서 만나 즉석에서 이루어지는 번개모임의 술자리는 탈일상 그 자체라 할 수 있다. 이들은 컴퓨니케이션과 네트를 따라 형성된 정보사회의 알코올 부족체로서, 소위 번개모임은 채팅(chatting)과 같은 온라인(on-line)에서 이루어진 만남이 오프라인(off-line)으로까지 이어지는 것을 지칭하는 것이다.

<예 1> 천리안 대화방 제목의 예

방번호	형태	인원 수	방제
56	공개	1/ 4	[설악산 아래에서 술취한 40대]
62	키워드	1/10	[<부산> IMF → 술 한 잔에 총각 살 분. 공짜네??]
214	공개	4/ 6	[<광주>새벽탈출병개 술꽁짜!!!]
232	공개	4/ 5	[<부산> 진짜 술 물 사람만 입장!! 아님 강퇴!]
319	공개	4/ 4	[금요일에는 술마시고 싶다. 난 설. 28. 직장인…]
421	키워드	2/10	[<부산> 술병개! 회비만원! 남포동! 시간미정!]
440	공개	2/ 4	[그냥 술 한 잔 할 여자분… 하루만 잼있게]

번개모임의 술자리는 기존의 연줄망에서 보면 아주 낯선 광경이다 (<예 1> 참조). 왜냐하면 얼굴을 본 적도 없는 사람과 단지 온라인 상에서 몇 번의 대화를 나눈 것으로, 술을 마시자는 온라인 방제만으로 술 마시기에 의기투합하는 것은 볼수록 정이 드는 '뚝배기 인간관계'가 아니라 단지 한 번 만나면 그 뿐인 '양은냄비 인간관계'이거나 일상적 관계를 떠난 새로운 관계에 대한 가벼운 호기심와 손쉬운 욕구충족의 수단일 수 있기 때문이다. 특히 엄격하고 깔끔한 인간관계를 중시하는 평가적 잣대안에서는 도덕적 비판의 대상이 될 수도 있다.

그러나 온라인에서 오프라인으로 이어지는 술자리는 정보사회의 알코올 부족체로서 일상을 넘어서는 탈일상적 공감관계를 형성하는 것도 사실이다. 이들 관계는 처음 만난 낯선 사람들과 한 잔의 술을 기울이며 공식적이고 긴장된 일상에서 탈출을 시도하며 이해관계에 집착하지 않는, '용도나 목적이 없는 사회성'을 형성하는, 그리고 가치 지향적인 인간관계를 만들어내는 진정한 의미의 의사소통 공동체로서의 면모를 띤다. 특히 일회성이 강한 즉석번개에 비해 취미나 목적을 같이 하는 통신동호회에서 이루어지는 술번개모임은 온라인상에서 생긴 오해를 풀거나 인간적 교분을 더욱 다지는 데 중요한 역할을 하기도 한다.

　이렇게 한국사회에서 술이란 일상과 탈일상의 면모를 동시에 갖는 삶의 변주곡이다. 즉 '지금 이 곳'에서 술자리란 사방으로 흩어지는 개인들을 위로하고 끈끈하게 이어주는 공감의 묘약을 제조하는 자리가 되는 한편 현대인들의 스트레스와 긴박한 일상탈출의 가장 유효한 기회로 자리잡고 있는 것이다. 한국사회에서 알코올 핏줄이란 단지 부정적 문화의 반영이 아니라 소외된 삶의 투영이면서 또 한편 일상적 삶의 합리성을 엿보는 유효한 창을 제공하는 것으로 볼 수 있다.

6. 글을 맺으며: 술, 우리, 감성

　앞선 논의는 술에 대한 일방적인 예찬이 목적이 아니다. 왜냐하면 술이 우리를 만드는 것이 아니라 술을 마시는 우리가 우리 자신을 만들기 때문이다. 즉 술이 자극하는 숱한 정서와 우리라는 공감은 이미 우리 안에 내재되고 분출되기를 고대하고 있는 것이며 술은 단지 발화의 촉진제로서의 역할을 할 뿐이다. 또한 술이 감성과 공동체의 자극원이 된다는 사실은 일종의 삶의 비극이다. 술이 '우리'라는 감각의 창조자가 된다는 것은 마치 수천 년 동안 진화의 결과물이 지성과 같은 특정 부분의 발전을 도모한 데 비해 직관적 감수성과 같은 능력을 퇴화시킨 것처럼, 오늘날의 사회적 삶이 연대와 공동체의 테두리를 벗어나 모든 것이 개인이라는 문제로 기울어져 버렸음을 보여주는 것이기 때문이다.

　그러나 또 한편 술의 공동체는 감성과 연대의 공동체에 대한 가능성을 보여준다. 술의 공동체적 가능성은 일상과 탈일상 – 진부함과 변덕스러움, 우울과 폭발, 도피와 해방이라는 양극단의 스펙트럼 위를 변주하며 끝없이 버티고 때로는 모질게 깎여져 나가는 삶의 공동체가 갖는 끈질긴 감성을 공유한다는 데서 찾을 수 있다. 그리고 '이성적이지 않다고 비합리적인 것이 아니며, 마찬가지로 논리적이지 않다고 해서 부조리한 것이 아니듯이' 술의 공동체는 취기 속에서 끼리끼리의 공감대를 확인하고 또한 보다 폭넓은 연대의 무의식적 흔적을 추적하는 효과적인 길잡이가 된다. 이 때 취중의 몽롱함은 명증한 의식보다 공동체를 찾아가는 데 기여하는 바는 오히려 더 크다. 물론 술의 공동체가 반드시 낙관적 가능성을 갖는 것은 아니다. 좌절과 도피, 때로는 자신과 타인의 파괴로만 끊임없이 귀결될 수도 있기 때문이다. 그럼에도 불구하고 술의 공동체에서 '우리'의 가능성을 찾는 것은 그 가능성이 술에 대한 탐닉을 통해서가 아니라 어울려 마시는 술 안에서 엿보이는, 마치 고대의 잔영처럼 흐릿하게 드러나는 공감과 연대의 희망이 있기 때문이다.

▶ 주

1) 디오니소스는 포도나무와 포도주의 신으로서 풍요, 즐거운 생활과 환대, 그리고 예술을 관장하였으며 박쿠스(Bacchus) 혹은 박코스(Backchos)라 불리기도 한다.

신과 인간 융합의 접점

▌오재환

1. 서론

　문화는 사회가 가지고 있는 행위들의 결합이며, 한 사회가 개인들의 행위에 부여하는 상징들의 의미화 과정이기도 하다. 이러한 의미에서 술문화는 그 사회를 표현하는 중요한 문화 구성물이라 할 수 있다. 술에 대한 사회적 허용의 기준과 도덕적 평가, 법적 규제, 술 마시기의 예법과 일탈에 대한 묵인, 술 마시기에 따르는 부수적 문화양상 등등은 그 어떤 문화적 구성물보다 복합적인 것이다. 우리의 술문화는 어디서 시작되어 어디로 가고 있는 것인가? 그 술문화의 행보가 이제는 비틀거리기 시작한다. 적어도 그렇게 말해지고 있다. 술이야 애초부터 직선을 거부하는 저항이요 반란이었다. 그래서 비틀거림은 위태로운 것이기보다는 숨통트임의 몸짓이고 비상하는 날갯짓과도 같은 것이었다. 문제는 술은 있으되 술의 진정성을 담아내고 이끌어내는 문화가 없다는 것이다. 술문화의 행보가 비틀거린다는 말은 기실은 술탓이 아닌 술을 다루어내는 문화의 파행적인 양상들에 대한 두려움의 토로이기도 하다.

과거 인류의 술 마시기 문화의 구심체는 집단적 제의이며 도취의 음료인 술은 일상의 망각을 도모하기 위한 것을 넘어서 신성성을 체득하는 신성음료였다. 술은 적어도 즉물적인 대상이 아니라 종교사회적 의미의 대상으로 부각되어졌다. 이러한 술에 대한 의미부여는 도취의 극단인 광란을 사회적으로 해소시키는 제도적 기제로서 혹은 일상과 광란의 균형을 유지하기 위한 심리적인 기제로서 자리해 왔음을 뜻한다. 즉 종교적 의식이나 통과의례 세시의례 등에 사용된 술은 즉물적인 대상이 아니라 의미를 부여받은 상징물로서 집단을 결합시키고, 강화하고자 하는 사회적 현상이었다는 것이다. 그러나 현대의 음주문화는 이러한 집합성이 퇴색되고, 향락적이고, 상업화된 음주문화만으로 나아가고 있다. 현대사회의 음주는 금기요, 사회적 일탈로서 간주되는 경향이 짙고, 사회적으로 절제의 분위기가 만연해지면서 개인의 주량이나 취향만이 강조됨으로써 사회적인 것보다는 개별적인 쾌락의 자리로 그 의미가 퇴색되어 가고 있다. 다시 말해 사회적으로 받아들여지는 술이 아닌 사회에서 버려져야만 하는 술로 변모해버린 것이다.

전통적인 사회에서 술문화의 주춧돌은 의례로서의 술 마시기이다. 어느 시대에서도 일탈적인 술 마시기는 있어 왔을 것이다. 그래서 사회적 허용을 넘어서는 문제적 인물들과 그로 인해 야기되는 문제의 발생은 어찌보면 자연스러운 것일 수도 있다. 더욱이 짜릿한 유혹이 코끝을 찌르는 술은 모르긴 해도 통제되기 쉽지 않은 욕망의 분출이었으리라. 의례가 정신적 구심점이던 시대에서 술 마시기는 매번 반복되어 재현되는 과정에서 보다 더 정교하고 세련화되어 집단강화의 매개체로 작용했다. 이는 더욱더 풍만한 삶을 위해 술에 질서를 부여하고 타인이나 사회, 자연과 조화를 꾀하게 하는 자기정화의 계기를 스스로 체득하게 하는 디딤돌이었다. 우리 전통사회에서 의례적 술 마시기에 대한 추억은 마치 현실과 욕망이라는 두 세계를 가로지르는 강물을 조심스럽게 걷게 했던 징검다리에 대한 추억과도 같은 것이다. 현대사회에서의 술문화의 현주소를 과거 의례적 술 마시기의 추억 속에서 탐색해 보는 것은 현재의 비틀거리는 술 문화에 대한 비판으로부터 '무엇부터 중심에 세울 것인가'에 대한 출발점이라 생각된다.

2. 신·인 융합의 접점으로서의 술

술의 기원에 대한 신화들에 의하면 원래 술은 신의 음료로 신들이 인간에게 그 만드는 비법을 일러주었다고 한다. 예컨대 이집트에서는 오시리스가 맥주 만드는 법을 인간에게 가르쳐 주었다고 하고 그리스에서는 디오니소스가 처음으로 뉘사산에서 포도주를 빚어 인간에게 나누어 주었으며 인도에서는 소마신(蘇麻信)이 감로주를 빚었다 하였다.

도취의 음료인 술은 신의 선물로 예전에는 오늘날과 같이 평시에 아무렇게나 마실 수 있는 것이 아닌 특정한 날에만 마실 수 있는 신성 음료였다. 피터 T. 퍼스트는 『환각제와 문화』(1992)에서 "전산업시대나 부족사회에서 환각성 식물은 성스러운 것이었다. 즉 그것은 초자연적인 힘을 지니고 살아 있는 존재로서 샤먼 같이 선택된 개인에게 그리고 특별한 상황에서만 일반 사람에게도 제공되어 이승과 저승을 가르는 심연을 이어 주는 일종의 다리 역할을 했다. 원시사회에서는 이러한 식물에 있는 비상한 화합물이 촉진하는 비약이 개인과 공동사회의 번영에 필수적이라는 공동의 합의가 있다"고 하였다. 고대사회에서의 술도 이와 유사한 의미를 가진다. 술은 바로 성스러운 세계로 이끌게 하고 그로 인해 개인 및 부족의 안녕을 도모하고자 하는 기제였던 것이다.

공동체의 구심점이 되는 의례나 조상에 대한 제례에서 술은 필수적이다. 술은 신에게 바치는 신성한 공물이며, 그러한 행위는 숭고하고 경건한 마음의 표현이기도 하다. 제례에서 초헌 아헌 종헌은 좌정한 신

술과 의례

에게 술을 올리는 의례이다. 술 올리는 의례에서도 사회적 권력이 그
대로 드러나는데, 술이 권력의 상징물이 되어 스펙터클한 예식을 통해
집단의 서열을 보여준다. 제례의 주관자 중 초헌관이 가장 높은 사람
으로 정해지는 것이 그것이며, 술을 신에게 바치는 일이 얼마나 중요
한 것인가를 말해 주는 것이다. 신에게 바쳐졌던 술은 의식이 끝난 후
공동체 구성원들에게 돌려진다. 이 때 술은 그들 수호신과 공동체 구
성원들을 하나로 묶어주는 상징적 매개체가 된다. 가톨릭의 미사의식
에 신자들이 붉은 포도주를 나누어 마시는 것이 곧 그리스도와 하나
가 됨을 상징하는 것과 같다. 또한 제의 후 벌어지는 뒷풀이 행사의 집
단적인 음주가무는 그들 수호신에게 경배하는 의미와 함께 한판 신명
을 풀어냄으로 해서 지난 날의 갈등을 해소하고 상호간의 연대감을 고
취시키는 것이다. 여기에 이르면 의례에서의 술은 신과 인간과의 융합
을 넘어서 인간과 인간을 융합시키는 접점이 된다. 신과 인간이 하나
가 되고 가진 이와 가지지 못한 이가 구별되지 않고 뒤섞이는 장인 축
제가 된다. 다시 말해 기존의 사회적 질서가 전도되는 의도적인 혼돈
의 조장은 거듭남을 위한 자리에서 이용되는 술이 가진 진정성의 발
현 그 자체인 것이다.

인간의 통과의례에서의 술 마시기 예식이나 새로운 조직의 일원으
로 거듭나는 입사식에서 펼쳐지는 술 마시기 예식은 바로 이러한 신
성에 대한 매개체로서의 술의 기능을 바탕으로 하고 있다.

3. 통과의례와 인간결합체로서의 술

인간 일생의 각 마디에서 행해지는 통과의례 중 술의 예식이 의례
의 중심이 되는 것이 성인식과 혼례이다. 성인식과 혼례 이외에 출생
의례, 죽음의례 또한 빼놓을 수 없는 중요한 통과의례이기는 하지만 출

신과 인간 융합의 접점

생의례와 죽음의례에서는 술이 그리 중요한 것으로 등장하지 않는다. 무엇보다도 의례 주체가 술을 마시는 예가 없기 때문이다. 그도 그럴 것이 막 태어난 태아가 술 마실 리 만무하고 죽은 이 또한 무엇인들 마실 수 있겠는가? 그러나 단지 그러한 이유만은 아니다. 성인식과 혼례는 기존의 상태에서 벗어나 새로운 상태로의 진입을 의미하므로 탄생과 죽음이 가지는 단선적인 것과는 다른 것이다.

우리의 전통 혼례와 관례(성인식)에 나타나는 술 마시기의 의미를 살펴보기로 하자. 우리나라의 전통 혼례는 신부집 마당에서 이루어진다. 신랑이 자신의 집을 떠나 신부의 집에 당도하여 사모관대를 갖추고 신부의 아버지께 전안례를 올린 후 초례상으로 나아가 연지곤지를 찍고 족두리를 쓴 신부와 혼인식을 거행한다. 초례상을 중심으로 신랑은 동쪽, 신부는 서쪽에 각각 마주선다. 그런 다음 신랑은 남쪽, 신부는 북쪽으로 향하여 서서 손을 씻는다. 손을 씻는 의식을 마친 뒤에는 신랑 신부가 마주보고 서로 절을 하는 교배례를 하고 난 뒤에 서로 술잔을 교환하고 마시는 합근례를 행한다. 우리의 전통 혼례는 오늘 날의 결혼식에 비하면 상당히 실천적인 의식이다. 즉 오늘날 예식장의 신랑 신부는 주례자의 혼인서약서에 대답만 하는 것으로 그침에 비해서 전통 혼례는 혼인의 서약 과정을 온몸으로 실천해 보이는 것이다. 신랑 신부가 손을 씻는 것은 신성한 의식에 앞서 자신을 정화시키는 것이면서 새로이 거듭나기 위한 다짐이기도 하다. 교배례는 서로의 존재를 상대방에게 인지시키며 예우하는 것이다. 이것이 끝나면 서로의 술잔을 교환하여 마시는 합근례를 행하게 되는데 이 때 술잔의 술을 땅에 세 차례 나누어 부어 천지신명께 서약하고는 마신다. 합근례가 끝나면 혼례는 마무리되며 화촉을 밝힌다. 혼례에서 술 마시기 의식인 합근례는 신랑 신부의 통합을 도모하는 것으로 지아비의 새로운 탄생을 도모하기 위해 자신을 무화시키는 상징적인 행위이며, 이질적인 두 존재가 하나가 됨을 서약하는 의미를 갖는다. 술 마시기를 세 번 반복해서 행하는 것은 우리문화에서 3이라는 숫자는 최초의 음수와 최초의 양수가 결합된 숫자로 완전성을 상징하는 것이기 때문이다. 합근례는 혼례의 절정이다. 결혼식에서 신랑 신부가 행하는 이러한 술 마시기는 두 사람을 하나로 합치는 실천적 행위이다.

서양의 결혼식에서 반지를 서로 끼우는 것은 사랑의 징표이기도 하지만 반지의 유래가 그러하듯 구속의 기호이며, 지배와 복종을 상징한다. 반지 교환 의식에 비하면 술을 교환하여 함께 마시는 행위는 결혼이 서로간의 구속이 아닌 자신의 무화와 새로운 탄생을 환기시키는 것으로 결혼이 두 남녀의 진정한 결합이라는 참 의미를 드러내는 사회적 실천인 것이다.

성인식이라 함은 이중탄생을 말한다. 생물학적 탄생이 아니라 사회적 탄생이요, 인식론적인 탄생이다. 성인식은 완전한 성의 분화를 인정받는 것이요, 사회의 구성원으로 거듭나는 것이다. 성인이 된다는 것은 종족보존의 의무를 수행할 수 있다는 사회적 승인이기도 하고, 자기에 대한 스스로의 다짐이기도 하며, 사회구성원으로서의 권리와 의무를 동시에 부여받는 과정이기도 한 것이다. 무엇보다도 성인식에서 가장 중요한 점은 모성의 보호권으로부터 벗어나 독립적인 사회적 존재가 되는 일이다. 아프리카에서 행해져 온 성인식에서 개의 목을 비틀어 죽여 불에 태우고 개의 젖꼭지를 칼로 베어내는 것은 모성의 보호권으로부터 스스로 독립한다는 의지를 공포하는 것이다. 이 외에도 혼자 숲 속을 헤매인다든가 극단의 상황을 견디어낸다든가 하는 시련의 극복도 마찬가지이다. 성인식의 시련은 어머니의 자궁에서 질을 통과하는 '좁은 통과하기'의 시련을 재현하는 것이다.

성인식에 술 마시기가 등장하는 것은 유교문화의 성인식인 관례(남아의 성인식)와 계례(여아의 성인식)이다. 두 의례는 의례주체자만 다를 뿐 의례방식이 동일하다.

관례는 가례(加禮), 초례(醮禮), 자관자례(字冠者禮) 3단계로 이루어져

신과 인간 융합의 접점

있다. 가례는 성인으로서의 복장을 갖추는 것으로 이는 반겐넵의 통과의례 구조에서 보자면 분리의례의 성격을 띠는 것이다. 그 다음으로 행해지는 것이 술을 마시는 초례이고 이 의례가 끝나면 자를 지어 부르는 자관자례가 이루어진다. 알튀세르가 말하는 호명과도 같다. 호명을 통해 진정한 사회적 주체가 되는 것이다. 김춘수의 시처럼 내가 너의 이름을 불러 주었을 때 너는 나에게로 와서 의미가 되었다고 한 것처럼 자는 어른으로서의 이름을 불러주는 것이고 그 이름을 타인들에게 공포함으로써 성인으로 승인받는 것이다. 자관자례가 통합의례에 해당된다면 가례와 자관자례를 이어주는 초례는 과도기적 의례에 해당된다. 초례는 아이에서 벗어나 어른의 사회로 통합되는 과정으로 기존의 상태를 무화시키고 새로운 질서로 나아가기 위해 혼돈을 도모하는 것이다. 또한 성인식이 사회구성원으로 승인받는 의식인 만큼 술 마시기는 성인의 권리를 부여받음과 의무의 이행에 대한 서약이다. 혼례의 초례와 동일한 맥락에 서 있는 것이다.

요즘 사회적 의례로서의 성인식은 거의 소멸된 것 같다. 물론 소규모 단위나 개인적인 차원에서 행해지는 사례들이 있다. 그러나 사회적인 의례로서 자리매김을 하고 있지는 못한 것이 사실이다. 과거와 유사한 상징적인 행위들−술 마시기나 물에 빠뜨리기 등−이 행해지기는 하지만 상당히 세속화되어 버렸다.

현재의 성인식의 의미는 술 마실 수 있는 연령의 사회적 허용과 관계된다. 유흥업소 출입 허용 연령이 만18세 또는 20세가 기준이 되고, 술을 마실 수 있는 사회적 권리자로 행동할 수 있는 의미가 부여되는 것이다. 사회적 의례로서의 성인식이 점차 사라져 버린 이유는 이중탄생이라는 다분히 추상적인 의미에 기대하지 않는 현대사회의 속성과 관련되며, 초등학교, 중학교, 고등학교, 대학교라는 교육단계가 이를 대신하게 된 것과도 관련을 가지는 것이 아닌가 싶다. 과거의 성인식에 녹아 있던 사회구성원으로서의 기본 자질에 대한 교육이 과연 지금의 지식위주의 교육제도에서 충분히 대체되고 있는지는 모를 일이다.

현대사회에서 신인매개체로서의 술의 의미는 많이 사라졌지만 이인융합체(異人融合體)로서의 술 예식은 지속되고 있다. 대학에서의 신입생 환영회나 기업의 신입사원 환영회, 각종 조직이나 단체에서의 신참자 맞이하기에 술이 빠질 수는 없다. 신참자에게 권유하는 술 마시기는 조직원으로 인정받기 위한 자격시련으로서도 행해진다. 조직마다 참으로 해괴한 술 마시기 법이 있고 성공리에 그 시련을 마친 자는 그 집단의 구성원으로 받아들여진다. 큰 사발에 부은 술을 단숨에 들이키기, 신발에 술을 부어 마시기, 여러 개의 잔을 쌓아 마시게 하는 탑주, 그 유명한 폭탄주 마시기 등 가히 폭력적이라 할 만한 이러한 신참자들의 술 마시기 의례는 종종 불상사로 사회적인 문제로 지탄받기도 하지만 그들 사회에서는 나름대로 결속력을 보증하는 문화이기도 하다. 이러한 신참자를 맞이하는 행사의 시작과 마무리는 다같이 술잔을 들고 연대감을 확인·고취하는 것으로 시작하고 끝맺는다. 이는 술을 매개로 한 전 구성원들의 화합의 장이고 서약의식과도 같은 것이다. 새로운 관계를 형성할 때뿐만 아니라 그들의 관계를 재정립하고자 할 때, 중요한 일을 앞두고 결속력을 확인·고무하고자 할 때도 술 마시기는 상호간의 결속하는 매개체로 여전히 등장한다. 한편으로는 기업에서의 신입사원 면접도 보다 자연스러운 관계를 형성하기 위해서 술집에서 행해지는 경우가 종종 있었다. 술 마시기가 사회성의 척도가 되고, 술 마시는 자리가 사회의 첫걸음을 시험하는 무대가 되는 것이다. 이는 어찌보면 기업의 접대문화의 연장이기도 하다. 인간과 인간을 연결해 주는 매개체로서 현재적 술의 의미가 가장 잘 드러나는 장면이기도 한 것이다.

주종의 질서가 조직의 생명이 되는 사회에서의 입사식은 위의 사례보다 훨씬 더 비장하다. 일본의 야쿠자 사회에서는 새로운 신참자가 들어가 주종의 관계를 맺을 때 술잔을 교환하는 의식을 행한다. 두목격

신과 인간 융합의 접점

인 '오야붕'이 신에게 바쳐진 술을 한 잔에 부어 자신이 6부를 마시고 난 다음 부하에게 잔을 주어 나머지 4부를 부하 '고붕'이 마시도록 한다. 그러면 고붕은 오야붕에게 절대적인 복종을 서약하고는 두 번에 나누어 술을 마신다. 그리고는 술잔을 종이에 싸서 소중히 보관하는데 이는 다른 오야붕으로부터 술잔을 다시 받지 않겠다는 의지의 표현이다. 이 세계에서 주종관계의 맺음은 '술잔을 주었다' 혹은 '술잔을 받았다'로 이어지고, 관계의 절연은 '술잔을 깬다'로 대신된다 (노성환, 1996: 39-41).

우리의 일상적인 술자리의 의미와 술의 기능은 이인융합의 의례적 술 마시기와 본질적으로 일치한다.

어느 때 술을 잊기 어려울까? 하늘 끝 헤어졌던 벗과 정담할 때
다같이 청운의 뜻 펴지 못한 채, 백발만 성성하니 서로 놀란다
이십 년 전에 헤어져 3천 리 밖에서 다시 만나니
이 때 술 한 잔 없다면, 어찌 평생의 사연을 토하리
(白居易, 何處難忘酒 其一)

오랜만에 반가운 사람과 해후하여 각자 마음을 열고 서로 그 마음을 주고 받고자 할 때 그들 사이에 오가는 술잔은 곧 이인일체의 극치가 아닐 수 없는 것이다. 어느 시대 어느 사회에서도 마찬가지이다. 다만 그 양식에서 문화적 차이가 있을 따름이다. 이규태(1984)는 이 세상에서 술잔을 주고받는 수작문화는 우리나라뿐이라고 했다. 이러한 술문화에 대해 비판적인 견해도 상당했다. 간염을 유발하는 위생의 문제에서부터 강요된 술자리에서 보여지는 무절제의 문제까지 등등. 그러나 우리의 술문화야 말로 입사식에서나 개인적인 술자리에서 타인과 일체를 도모하고자 하는 제의적 술의 의미를 실천하고 있다고 볼 수 있다.

4. 세시의례와 자연과의 일체로서의 술

자연의 순환리듬에 대응하는 세시의례에도 술은 빠지지 않는다. 봄, 여름, 가을, 겨울의 사계절의 뚜렷한 변화가 있는 자연환경과 농경 생활양식의 전통을 가져온 세시의례는 생산뿐만 아니라 생산주체자들의 노동과 휴식에 밀접한 관련을 가지고 이어져 오고 있다. 계절의 변화가 노동과 직결되지 않는 요즘 도시의 생활구조에 전통적인 세시의례들이 많이 사라졌지만 각 명절에 연례적으로 빚어 마셔온 시양주(時釀酒)는 세시의례에 나타나는 자연과 감응하면서 살아온 우리 민족의 일면을 가장 잘 보여주는 예라 할 수 있다. 자연 혹은 자연 순환리듬과 함께 하고자 하는 매개체로서의 술의 또 다른 의미를 가늠해볼 수 있다.

정월달은 우주가 갱생하는 시간출발의 시간이다. 따라서 일 년 열두 달 그 어느 시절보다 세시의례가 집중된 달이다. 정월 초하루 설날이나 정월 열닷새 날인 대보름날은 한 해를 맞이하는 시기이다. 설에 쓰는 술은 세주라 한다. 세주는 찬술을 그대로 마시는데 그렇게 함으로써 봄을 맞이 한다는 의미가 담겨 있다(歲酒不溫 寓迎春之意). 설날과 정월 대보름에는 새벽에 찬술을 마시면 귀가 밝아진다 하여 이명주를 마신다. 한 해를 맞이하면서 귀를 밝게 한다는 것은 무엇을 의미하는 것일까? 한 해의 건강을 위해 마신다라고 하지 않고 그 중에 귀가 밝아진다고 하는 것에는 단지 과학적인 이치로 설명되지 않는 어떤 바람을 담은 삶의 지혜같은 것이 숨겨져 있는 것이다.

찬술을 많이 먹은 어리석은 늙은이를 비웃으니
누가 신통한 묘방을 일러주어서 귀를 밝게 할까
취한 꿈이 혼혼한 것은 새벽의 피곤한 데서 연유되었으니
천 번 불러도 대답이 없으매 귀먹은 것이 한도를 넘은 것 같다
(유만공, 1993: 13)

신과 인간 융합의 접점

시의 노인은 나이가 들어 자꾸만 멀어져 가는 청각이 안타까웠던지 설날 이른 아침 귀밝이술을 한 잔 두 잔 꽤나 마셨던 모양이다. 그리하여 귀가 밝아지기는커녕 취기가 올라 옆에서 부르는 소리마저도 알아듣지 못할 지경에 이르러 오히려 귀가 더 어두워졌다는 것이다. 아마 이 노인의 주변 사람들은 술에 대한 맹신을 경고하기를 주저하지 않았을 것이고, 노인 또한 그 절제된 희망이라는 비장한 인간의 실존에 좌절했으리라. 그리고 후대의 많은 사람들은 이 노인의 이야기를 상기시키면서 절제의 주법을 강조하고 절제의 미학을 외쳐댔을 것이다. 귀가 밝아지면 소리를 잘 듣게 된다. 하나님이 태초에 말씀으로 모든 생물을 창조하셨다란 구절을 떠올린다면 지나친 비약일까? 소리는 인간의 생각과 기운이 오부로 향하는 시작이다. 그렇다면 귀가 밝아진다는 것은 인간을 비롯한 자연의 모든 존재의 마음을 제대로 인식하게 되는 경지에 도달할 수 있으며, 한 해의 출발에 가장 먼저하는 모든 생명체와의 공존을 위한 바람을 담아내는 것이다.

정월의 네번째 말날(午日)에 술을 담그면 봄에 익어 일 년이 넘도록 변하지 않는다 하여 이 때 술을 담그는데 그 술은 사마주(四馬酒)라 한다. 특히 말날에 술을 담그는 것은 말날이 양의 날이기 때문이다. 우리가 한낮의 정점을 정오라 하듯이 봉분의 둘레를 수호하고 있는 12지신상에도 말이 정남을 향하여 정면으로 안치되고 나머지 동물들은 말을 향하여 측면으로 안치되어 있는 것도 말이 양성의 동물이기 때문이다. 우리의 신화에 말이 등장하는 것도 이같은 연유이고, 이 날 장을 담그는 풍속도 같은 이치이다. 백말띠 여성이 팔자가 드세다는 세간의 이야기도 말이 양의 동물이라는 말에서 비롯된 것이다. 이러한 연유는 술이 발효의 음식이기 때문일 것이다. 그 발효는 질적 전환을 가져오는 변화의 산물이기에 사악한 기운들이 엄습하지 못하도록 가장 양기가 왕성한 시기에 술을 담그는 것이다. 대량생산구조 사회에서는 너무도 낭만적인 일이라 치부될 수도 있으나 조작된 온도와 속성적 발효기술에 의해 생산된 술과는 결코 같을 수 없는 것이다. 술을 빚는 노동과 기다림은 한 말의 술을 마셔 대도에 이른다는 이태백의 경지를 능가하는 것일 수 있다. 자연의 순리를 체득하는 것이기에. 술 마시기 의식에 묻힌 술 만들기 의식은 술의 진정성을 회복하는 또 하나의 길인 것이다.

정월 사람날(人日)에도 특별히 술을 마셨다. 지금은 사라진 풍속이지만 유만공의 세시가요에 그 내용이 전해온다.

> 양이 회복되고 인이 난 칠일 봄에
> 매화주와 잣잎 술로 명절에 잔치한다
> 새해의 첫 정사에 과거 보는 명령을 전하니
> 이 날 이 때에 의당 사람을 얻을 것이다
> (유만공, 1993: 52)

정월 1일은 닭날, 2일은 개날, 3일은 염소날, 4일은 돼지날, 5일은 소날, 6일은 말날, 7일은 사람날이라 한다. 사람날이 7일째가 되는 연유는 위의 여섯 동물을 사람이 관장하는 데서 비롯된 것이다. 인일에는 노동을 하지 않고 형벌도 가하지 않는 날이다. 이 날을 매화나 잣잎으로 술을 빚어 맞이했다.

3월은 만물이 대지에서 소생하는 시기요, 생명이 개화하는 시기이다. 이 달에 술집에서는 과하주를 만들어서 파는데 이 과하주는 여름을 별 탈 없이 보낼 수 있기를 바라는 뜻을 담고 있다 한다. 미래에 대비하여 미리 술 한 잔을 마셔 두는 여유는 아마 지금 우리에게서는 찾아볼 수 없지 않을까 싶다. 봄에는 소국주, 두견주, 도화주, 송준주의 술을 빚는다고 한다. 술 이름만 들어도 봄의 정취가 느껴진다.

5월은 만물이 성장을 도모하는 성장의례가 행해지는 시기이다. 인간의 일생과 대비하자면 청춘의 아름다움이 흐르는 시기이기도 하다. 춘

신과 인간 융합의 접점

향이와 이도령의 사랑이 5월 단오에 이루어지는 것도 참으로 어울리는 시간배려이다. 오월은 석류꽃이 빨갛게 피는 달이라 일명 석류달(유월)이라고 하는데 특히 5월 23일을 대나무 생일날(竹醉日)이라 한다. 이 날 대나무를 옮겨 심으면서 대나무가 푸른 매실처럼 무성히 자라라고 염원하면서 매실주를 마셨다 한다.

> 5월 석류꽃이 핏빛을 머금으니
> 대나무 생일도 십삼 일에 속한다
> 수풀 동산에서 청매(靑梅)술을 잔뜩 먹고
> 꽃과 같이 훈훈하고 대와 같이 취한다
> (유만공, 1993: 201)

대나무의 성장을 기원하면서 한 잔. 세상이 허무하다 비틀거리는 이에게 들려주고 싶다. 대나무처럼 곧게 살라는 말보다 대나무가 저렇게 곧게 자랄 수 있도록 술잔을 든 이도 있었다는 것을 보여주는 풍류가 보인다. 신과 인간의 융합, 인간과 인간의 융합, 그 사이의 자연과 인간의 융합이 이 한 잔의 술에서 이루어지고 있음을 알 수 있다.

9월 9일은 중구 혹은 중양절이라 한다. 구일이 겹친다 해서 중구일이라 하고 구일은 홀수이기에 양의 수라 관념되기에 양의 수가 두 번 겹친다 해서 중양절이라고도 칭한다. 이 날은 일년 중 양의 기운이 가장 많은 시기이기에 언제 어디서 죽은 지 모르는 혼령들을 천도하는 날이기도 하다.

> 금꽃을 거두어다가 둥근 떡을 구워 놓고
> 상락주(桑落酒)를 새로 걸러 자그마치 술지게미를 짜냈다
> 붉은 잎 가을 동산에 아담한 모임을 이루었으니
> 이 풍류가 억지로 등고(登高)놀이 하는 것보다 낫다
> (유만공, 1993: 242)

금꽃이란 가을 들녘에 소담하게 핀 국화를 말한다. 이 날 국화로 화전을 부쳐 안주하여 마을 사람들은 상락주(국화주)를 들고 가을 동산에 올라 풍즐거풍을 했다. '풍즐'은 상투를 풀어 산바람에 머리를 날림이요, '거풍'이란 바지를 벗고 몸을 태양에 노출시키는 행위. 풍즐거풍은 몸밖의 음기를, 국화주는 몸안의 음기를 몰아내는 역할을 했던 것이다. 가을의 정취를 이웃과 함께 하는 술의 풍류는 변하지 않는 자연의 도를 체득하여 안분자족을 꿈꾸는 우리 선인들의 바람을 술잔에 비추어 본 것이다.[1] 여기 어디 술의 광란이 끼어들 여지가 있을까? 대자연 앞에서 사사로운 욕망들을 삭혀 내리는 술에서 말이다.

그렇다고 이태백식의 '술예찬론'을 다시 펴자는 것은 아니다. 그의 술예찬론에는 자연과의 교화하는 술 마시기의 혈맥을 막고 있는 듯 보인다.

> 하늘이 술을 사랑하지 않는다면, 하늘에 술별이 없었을 것이다
> 땅이 술을 사랑하지 않는다면, 땅에 술샘이 없었을 것이다
> 천자가 술을 한결같이 사랑하니, 애주는 하늘에 부끄럽지 않으리라
> 청주는 성인에 비유하고 탁주는 현인과 같도다
> 성인과 현인이 이미 마셨으니 하필 신선이 되길 원하겠느냐
> 석 잔이면 대도에 통하고, 한 말이면 자연에 합친다
> 오직 술꾼만이 취흥을 알 것이니 아예 맹숭이에게는 전하지 말지니
> (李白, 月下獨酌 其二)

호기로 술을 마시던 시절의 젊은 술꾼들이 술좌석에서 큰소리로 읊었던, 나이가 지긋이 든 인생의 선배들이 후배들에게 마치 독백처럼 들려주기도 한 시다. 술 석 잔이면 대도에 통하고, 한 말이면 자연에 합친다. 자연과 합치됨을 모르는 맹숭이에게는 술을 권하지도 말라. 백약지방의 술 효능의 상한선을 술병에 긋고 마시는 이는 맹숭이임에 틀

신과 인간 융합의 접점

림없다. 술은 건강과 장수를 위한 지름길이 아니라 자연과 일체가 되는 길이기에. 그러나 삼라만상의 이치를 깨우치는 도를 넘어선 자연과의 일체는 도의 언저리에도 가보지 못한 범인으로서 그가 말하는 한 말 술의 경지를 어찌 알 수 있을까? 그러나 자연에 이르게 하는 술은 인간 노동의 산물인 바, 한 말의 술이 영원토록 그 효력을 발휘하는 것이 아님으로 해서 스스로 노동의 일상적인 시간의 공백을 피할 수는 없는 것이다. 이백의 시에는 기다림과 일상이 빠져 있다.

전통적 세시의례에서 술 마시기는 밤이 아니라 낮에 주로 된다. 일탈을 꿈꾸며 마시는 술이 주로 밤 시간대에 이루어지는 것과 대조된다. 이 시간은 실제의 시간이기 이전에 상징적인 시간성을 말하는 것이다. 자연의 질서에 공감하는 술 마시기 자연과 공존함을 확인하는 술 마시기인 세시의례에서의 술은 밝음의 술이라 할 수 있다.

5. 해방: 일상과 일탈의 경계에 선 술

현대사회에서 술에 대한 담론은 곧 절제의 미학이다. 술은 개인에게 희망보다는 좌절을, 성실보다는 불성실의 기준으로 제시된다. 절제의 미학에 담겨 있는 알 수 없는 그 묘한 기준인 '적당히'는 그래서 한없이 비장하기만 하다. '적당히 술을 마시자'라는 구호는 현재적인 문제만은 아니었다. 신성한 도취음료를 신이 인간에게 내려줄 때부터 술에 대한 경고는 시작된 것이다. 술의 기원 설화이기도 한 디오니소스 신화에서도 절제의 미학은 발견된다. 허나 문제는 술 절제론의 담론이 현대사회에 이를수록 개인적 차원에서만 권고되고 사회의 집단성이나 공동체의 생존과는 무관한 것으로 치부된다는 데 있다. 신화로 다시 돌아가 보자. 이카리오스가 디오니소스 신이 준 포도주를 다른 사람에게 나누어 주자 사람들은 맛이 너무 좋아 계속 마신다. 급기야 사

술과 의례

람들은 술에 취해 구토하고 빈사상태에 이르게 된다. 그러자 인간들은 술이 독약이라 생각하고 독약을 준 이카리오스를 죽여버린다. 이카리오스의 딸 에리고네는 그 충격으로 자살을 하게 된다. 그러자 디오니소스가 사람들에게 재앙을 내렸다. 여자들은 정신이상자가 되어 목을 매고 마을에는 질병도 나돌았다. 사람들이 재앙의 원인을 알게 되고 신에게 제사를 올리게 되었는데 이것이 곧 디오니소스 제전이다. 신의 선물을 오용한 인간들의 속죄가 사회적인 의례로 표현된 것이다. 이 축제는 술의 신을 찬미하고, 술에 대한 인간 욕망의 허용을 기원하는 것이었다. 이처럼 사람들은 일상에서 경험하지 못하는 근원인 카오스의 상태로 회귀하려는 본능으로 나아간다. 이 의례 속에서 사람들은 술은 단지 쾌락으로만 이끄는 도취음료가 아니라 일치되기 전의 한 덩어리, 즉 카오스의 상태로 나아가는 매개물이라는 것을 깨닫게 된다. 축제로 조장된 카오스가 새로운 질서의 상태인 코스모스로 향해 가기 위한 디딤돌이라는 것을 동시에 느끼면서 말이다.

현대사회에서는 이러한 집단 제의적 술 마시기 축제가 사라졌다. 술의 신성은 술의 효능으로 대치되었으며, 술과 인간의 연계성은 '지나친 음주는 간암 등등'을 운운하는 경고문에서 다가서서는 안되는 인간과의 거리를 명확히 말하고 있다. 알코올 중독은 심각한 사회병리 현상으로 감금의 대상이다. 사회적 조정의 기제는 사라지고 개인적 차원에서의 경고와 처벌만이 있을 뿐이다. 개인에게 도덕적 행동의 주체로 구성되도록 강요하는 예절, 즉 금욕적 수준의 규율을 내면화할 것을 강요하고 있다.

일상에서의 술에 대한 희망과 좌절의 경계선을 암시하는 괴산군 증평읍 남하리의 술바위 전설을 통해 보기로 하자. 괴산군 증평읍 장래마을에서 초정리로 가는 동리 어귀에 산이 하나 있다. 그 모양새가 마치 옥녀가 베틀에 앉아 있는 형상이라 이름하여 옥녀봉이라 부른다고 한다. 지금부터 약 5백여 년 전 일이다. 그 산 밑에는 바위가 하나 있

신과 인간 융합의 접점

는데 그 바위에서는 술이 흘러 오가는 길손의 목을 적셔 주었다. 그런데 이상하게도 어느 누구에게든지 꼭 한 잔의 술밖에 나오지 않았다. 하루는 이 동리에 들어온 노승이 몹시 갈증을 느껴 바위에서 술을 마시고는 더 이상 술이 나오지 않자 가지고 온 지팡이로 그 술바위를 내리쳤고 그 후부터 술바위에서는 더 이상 술이 나오지 않았다고 한다 (김응모, 1997: 61).

바위에서 흘러나와 나그네의 목을 적셔 주던 꼭 한 잔의 술은 일상에 지쳐버린 사람들에게 제공되었던 희망의 빛이었다. 인생의 길목에 지쳐 주저앉을 때 한 잔의 술은 힘을 내어 길을 떠날 수 있게 하는 그야말로 혈액순환제로서의 의미를 훨씬 능가하는 백약지장(百藥之長)이었다. 자연이 내려 준 그 한 잔의 술에 만족하지 못하는 일탈자가 부린 욕심은 다시는 그 누구도 맛볼 수 없는 질서파괴 행위이며, 공동체에 대한 의미상실이었다.

이렇듯 적당한 술에 대한 찬미는 이성적이며, 절제할 줄 아는 사회적인 존재라 정의되는 인간의 일상에 삶의 의미와 가치를 부여하고 있는 것이다.

일상과 일탈, 이성과 광란, 질서와 혼돈. 이 극단의 세계는 한 줄기이다. 일상에서 탈일상을 꿈꾸고 탈일상에서 일상으로의 회귀를 꿈꾼다. 취하지 않을 만큼만, 일상의 궤도를 이탈하지 않을 만큼만이라는 절제의 미학은 이 혈맥을 차단하는 것이다.

근면과 성실만이 강조되는 자본주의 사회구조에서 술은 다만 널부러진 게으름으로 표상되는 여가문화의 꽃이 되어버렸다. 그러한 한에서 술의 진정성은 퇴색될 수밖에 없다. 늘상 돈만 주면 언제든지 마실 수 있는 주변에 널려 있는 술, 술의 의미보다 술맛의 감각만을 내세우는 광고 속의 술, 자신을 드러내고 자신을 표현하려는 '과시적 소비의 기호'로서의 술만이 존재한다. 또한 미성년자는 절대 술을 마셔서는 안된다는 사회적 규정은 마치 술은 어른만이 누릴 수 있는 세속적

즐거움으로 오인되고, 개인 건강을 위한 술에 대한 경고는 마치 술이 근접해서는 안될 백해무익한 음료쯤으로 치부되는 것에서는 술은 숨겨진 쾌락을 즐기는 허상만으로 포장될 뿐이다. 여성에 관대하지 못한 술문화는 술을 하나의 특권의 상징물로 사회적 권력을 드러내는 도구로서 자리잡을 수 있게 만들기도 한다. 그리고 알코올 중독자들과 괴이한 술 마시기 문화의 파생은 술을 사회병리적 현상으로만 부각되게 한다.

한 몽상가는 술을 불타는 물이라 했다. 인간의 생명인 피의 흐름을 촉진시키면서 술은 단지 관념으로서가 아니라 끓어 오르는 핏줄기에서 스스로 체감하는 매개물이라는 것이다. 도취의 음료 술은 망각과 상실의 광약(狂藥)이 아닌 자신의 벽을 허물고 세상과 합일되는 신명을 이끌어내는 광약(光藥)으로 표현하고 있는 것이다. 일상과 탈일상, 이성과 광란. 질서와 혼돈. 이 극단의 세계를 술이 이어주고 있음을 의미한다. 일상이 탈일상을 이끄는 것인지 탈일상이 일상을 이끌게 하는 것인지 그 순서를 따질 바는 못 되지만 아마도 범인들은 술을 통해 탈일상을 꿈꾸고 탈일상의 경지에서 일상으로 회귀할 수 있을 것이라는 희망을 가지고 마시는 것이다. 의례에서 '술 마시기' 예식은 바로 이러한 일상질서로의 회귀를 위한 혼돈의 도모와 관련을 가진다. 술잔을 입에 갖다 대는 지극히 약소화된 술 마시기 예식조차도 기존의 질서를 무화시키고 새로운 질서를 창출하고자 하는 의식적인 혼돈의 조장이라는 하나의 기호로 사회화된 것이다. 르네 지라르가 희생 제의를 집단 구성원들의 폭력성의 해소와 관련 짓고 해리스가 집단의 생존을 위한 단백질 섭취와 축제를 관련짓듯 집단적 의례에서의 술과 광란은 탈일상을 꿈꾸는 무의식과 질서의 억압구조 사이에서 갈등하는 심적 억제들을 해소하는 해방 그 자체인 것이다.

신과 인간 융합의 접점

▶ 주

1) 국화주는 1989년 민속주로 지정됐다. 여기서 한 신문에 인용된 국화주의 의미를 되새겨봄직하다.

경남 함양군은 예전부터 '좌안동 우함양'으로 불릴 정도로 양반이 많았던 고장이다. 정자·누대만 150여 곳. 풍류를 즐기던 양반의 흔적이 곳곳에 남아 있다. 지리산을 마주하고 있는 함양읍 삼산리 술도가에서 '지리산 국화주'가 빚어진다. 이 술은 함양출신 김광수씨(41. 지리산 국화주 대표)가 『동의보감』을 토대로 수년간의 시행착오를 거쳐 지난 89년 민속주로 지정받았다. 재료는 해마다 10월 지리산에서 피어나는 야생국화 감국. "신라 때도 국화주가 있었어요. 국화주는 일제시대에 맥이 끊겼다가 다시 살아난 술입니다." 상림에서 만난 민을봉씨(80)는 "고운 최치원 선생도 국화주의 부활을 축하할 것"이라며 웃음짓는다. 상림은 신라말 천령군(지금의 함양) 태수였던 최치원이 손수 가꾸었다는 숲. 1.6km에 걸쳐 나무가 빽빽한 이 숲은 요즘 애주가들로 붐빈다. 개미가 싫어하는 때죽나무가 군데군데 심어져 술 마시기에 좋은 장소이다. 국화주는 알코올 농도가 소주보다 약한 16%. 달짝지근한 맛과 은은한 국향이 가을을 담고 있다. "함양은 앞으로 생수의 고장으로 불릴 겁니다. 요즘 계곡의 생수를 채취하려는 기업들의 각축전이 치열해요." 강석봉씨(38)는 함양의 맑은 물 자랑에 시간가는 줄 모른다. 지리산 등 1천 m 이상의 고산 6개가 둘러싼 함양. 울고 왔다가 울고 가는 양반들의 대표적 유배지였다는 함양이다. 처음에는 두메산골로 왔다는 설움에서 울고, 떠날 때는 '맑은물 푸른산'이 아쉬워 울었다던가. 당시부터 국화주는 세상사의 시름을 덜어주고 양기를 북돋우는 술이었다(《중앙일보》 1997. 10. 7).

그 영원한 욕망의 이중주

▋ 김상우

1. 술과 섹스: 그 미묘한 연관성

기원전 4500년경 메소포타미아 문명의 발상지인 티그리스 강 유역의 고대 수메르인들인이 포도주를 처음으로 만든 이래, 술은 인간들이 신에게 봉양할 때 바치는 최고의 제물이자, 인간 자신들에게는 최고의 음식 중의 하나로 여겨져 왔다. 이렇게 귀한 음식이었던 술은 사람의 정신과 육체를 마비시키는 그 독특한 성격 때문에 그것이 있는 곳은 시대와 장소의 구별 없이 그것에 얽힌 수많은 에피소드와 기록을 풍성하게 남기곤 했다. 그런데 동서고금을 막론하고 이 술에 얽힌 얘기들 중에 많은 부분이 언제나 섹스와 연관되어 있는 것을 볼 수 있다. 이러한 연관성은 지고지순한 진리를 담고 있다는 성경에서나, 한민족의 건국신화에서도 예외 없이 나타난다. 노아의 얘기와 고구려의 동명성왕 신화가 대표적인 예가 될 수 있다. 고대 유대의 롯은 술에 취해 잠든 사이 자신도 모르게 두 딸과 동침을 하게 된다. 그리고 동명성왕의 신화에서는 천제의 아들 해모수가 지상에 내려와 놀다가 연못가에서 물의 신인 하백의 큰 딸 유화를 술 취하게 하여 동침함으로써 고구려를 건국한 주몽, 즉 동명성왕을 낳게 된다는 것이다.

더욱이 술과 술집의 종류를 말하는 한자어를 살펴보면 이러한 술과 섹스의 연관성은 더욱 자명하게 드러나는데 혼례 때 신랑, 신부가 서로 잔을 바꾸어 마시는 합환주(合歡酒), 정력을 도와 보음보양한다는 강정보주(强精補酒)가 그것이다. 술집의 종류에서는 술과 성적 서비스가 연관된 종류의 술집을 색주가, 주사청루(酒肆淸樓) 등으로 불렀다. 또한 우리의 선조들은 부정적인 의미의 주색잡기(酒色雜技), 주지육림(酒池肉林)[1] 등의 단어로 과도한 술과 섹스로 인한 물적, 심적 폐해에 대한 경계를 나타내기도 했다.

현대에 들어서도 술과 섹스의 관계는 우리가 쉽게 접할 수 있는 문학작품이나 영화 속에서 변함 없이 나타난다. 수많은 영화와 소설 속에서 우리는 어느 정도의 음주, 혹은 술에 만취해 이루어지는 남녀의 성관계를 볼 수 있다. 몇 년 전에 술과 섹스를 정면으로 다룬 한국영화가 있었다. <맥주가 애인보다 좋은 7가지 이유>가 바로 그것이다. 맥주와 음악만 아는 주인공 조나단이 서울에서 만나게 되는 여러 유형의 현대 여성들의 다양한 삶의 방식과 섹스에 대한 이야기를 풀어 나간다는 명목하에 개봉된 이 영화는 결과적으로는 관객들에게 말초신경만을 자극하는 저급한 수준의 영화로 낙인찍히고 말았지만, 영화 속에서는 술과 섹스와의 관계를 노골적으로 보여주고 있다. 즉 주인공 조나단은 도수가 높은 술인 소주를 마시면 자기도 모르게 성적 흥분이 일어나 다른 여자 주인공들에게 성적 도발을 하게 된다는 이야기를 영화 전편에서 보여주고 있는 것이다.

그렇다면 왜 술이 있는 곳에는 섹스라는 영역이 은연중에 뒤따르는 것일까? 왜 주색이란 단어가 우리사회에 통용이 되고, <맥주가 애인보다 좋은 7가지 이유> 같은 영화가 완전히 황당무계한 것은 아니라는 생각이 들게 되는 것일까? 그것은 술과 섹스, 이 두 가지는 서로 상호작용하면서 각각의 영역에 더욱 폭발적인 힘을 발휘할 수 있도록 하

술과 섹스

는가 하면, 또는 서로의 힘을 제한하기도 한다는 것을 우리가 잘 알고 있기 때문일 것이다. 실제로 적당한 술은 남자나 여자의 성적 기능에 긍정적 효과를 나타낸다고 알려져 있고, 그래서 많은 사람들이 섹스의 운용에 술을 이용한다. 신혼을 위한 가이드를 하는 모든 잡지가 첫날밤을 이야기하면서 약간의 음주를 권하는 것이나, 피로연 때 신랑 신부 친구들의 치기어린 술 권함, 신랑, 신부의 과일바구니에 예외 없이 들어 있는 와인이나 샴페인 등이 의식적으로든 무의식적으로든 섹스에 대한 술의 작용을 인지하고 있다는 것을 보여준다.

그러나 술이 항상 섹스에 긍정적인 작용만 하는 것은 아니다. 의학적으로 보면 알코올이란 대뇌신경을 마비시키는 작용을 한다. 대뇌의 표면에는 신피질과 고피질의 두 종류의 피질이 있는데, 신피질은 감정의 억제, 반성, 자기혐오 등 마음의 미묘한 움직임을 관장하고, 고피질은 성욕이나 식욕 같은 인간의 본능을 관장한다. 이 신피질, 고피질이 서로 잘 견제하기 때문에 우리들은 인간적인 행동을 하며 살 수 있다고 한다. 그런데 알코올은 우선 신피질에 작용하여 술을 거듭할수록 신피질의 기능을 마비시켜 감정 억제력은 점차 약해진다. 이렇게 되면 고피질만 활동하게 되어, 정욕, 색욕, 육욕, 성욕 등의 모든 욕망이 타올라 사람들은 욕망대로 행동하게 된다는 것이다. 더 많은 알코올을 흡수하게 되면 고피질 자체도 마비되어 버리는 것은 당연한 이치이다. 그러므로 소량의 알코올은 성욕을 강하게 만들어 주지만 다량의 알코올은 성욕을 감퇴시키는 결과를 낳는다.

이렇게 술과 섹스는 밀접한 관계를 가지고 있음을 알 수 있다. 그러나 지금까지의 술과 섹스의 관계에 대한 것들은 다분히 현대인의 건강이나 혹은 의학적인 내용을 소개하는 것이 대부분이었다. 그리고 그 내용 또한 계도적인 것이 대부분이다. 이 글에서는 술과 그것으로 인해 이루어지는 섹스가 사회적으로 어떠한 의미를 가지는가에 초점을 맞춘다.

그 영원한 욕망의 이중주

2. 일상, 일탈 그리고 술과 섹스

1) 일상 탈출의 에너지: 술

현대인은 피곤하다. 중세 이후 계몽주의의 영향으로 이성이 인간을 지배하면서 모든 사회조직들은 급속하게 변해갔다. 그리고 그 속에서 사람들은 자연인 혹은 하나의 유적 존재로서의 인간이 아닌 그 조직을 돌아가게 하는 하나의 톱니바퀴로 전락하고 말았다. 하루하루의 삶은 경쟁의 연속이며 내일을 보장 받을 수 없는 극도의 긴장상태로 내몰리고 있다. 현대인은 현대 산업사회에서 이제 하나의 기계부속품화되어가고 삶의 의미를 하나하나 잃어가고 있는 것이다. 현대 노동의 구분이 더욱 세분화되고 특수화되면 될수록 산업체계의 모든 부분들은 현대인들에게 더욱 생소하게 다가온다. 그리하여 인간은 그들 자신의 삶을 살지 못하고 미리 확정된 기능을 수행하는 기계가 된다. '일하는 동안 그들은 그들 자신의 욕구와 능력을 충족시키지 못하고 소외 속에서 작업한다'(Marcuse, 1962: 51). 이미 경제적인 풍요는 문제가 되지 않는다. 꼭 짜여진 일상 속에서 생활하는 현대인에게 자유란 있을 수 없다.

이렇게 현대사회에서 사라진 자유의 모습을 프랑스의 사회학자 앙리 르페브르는 과잉억압의 사회로 표현하며 다음과 같이 그 사회를 묘사한다.

과잉억압의 사회는 억압의 양식, 그 과정, 수단 및 이것들의 토대를 수정한다. 이 사회는 겉보기에 무해한 듯이 보이는 강제의 작용을 통해 소유를 '순전히' 개인적인 생활, 오불관언(吾不關焉)의 태도로 인도하고 자유를 정신적 관념적으로 생각하기 때문에 억압은 전혀 자유에 구애받지 않는다… 이사회는 억압의 임무를 좀더 작은 그룹들(가정 또는 아버지)이나 각자의 의

술과 섹스

식에 떠맡긴다(르페브르, 1968: 206).

이제 더 이상 국가나 경찰 등과 같은 억압기구가 우리를 강제하지 않는다. 그렇다고 해서 개인이 자유로운 것은 아니다. 각 개인들의 이성이란 이름의 의식에 의해서 자발적으로 혹은 보다 작은 권위에 의한 최소한의 강제로서 스스로의 자유를 억압하고 있다. 이런 사회에서는 강제들이 감지되지 않을 뿐더러 강제로서 체험될 수도 없다. 각 개인들은 자유롭다고 느끼지만 그 자유는 그 체제, 그 국가, 그 조직내에서의 자유이다. 과잉억압 사회의 결과는 다음과 같다.

> 각자가 스스로 자신의 사제가 된다. 각자가 욕망을 억누르고 욕구를 억제하는 책임을 맡는다. 금욕적인 교리가 없이, 그리고 금욕을 명령하는 권위가 없이 금욕을 강요 당하고 있다. 귀찮은 희생양은 성과 성욕이다(르페브르, 1968: 206).

각자 스스로가 자신의 사제가 되고 그렇게 함으로써 개인은 그 사회의 틀에서 벗어날 수 없다. 각 개인이 자신에게 엄격할수록 그 일상은 보수적이 될 수밖에 없다. 따라서 일상은 견고할 수밖에 없으며 가장 변화하기 힘든 부분이다. 매일 같은 하루가 반복된다.

그런데 사람들이 이렇게 숨막히는 일상의 틀 속에서도 변함 없이 자신의 삶을 살아가는 이유는 무엇일까? 그것은 숨막히는 듯한 일상 속에서라도 그 사회가 만들어 놓은 일탈이라는 탈출구가 있기 때문이다. 비록 사회가 만들어 놓은 하나의 호흡장치이지만 이 탈출구로 하여금 사람들은 질식할 것 같은 일상에서 잠시 벗어나 숨을 돌릴 수 있는 것이다.

이 탈출구, 일탈의 장소로 가장 편리하게 그리고 많이 이용되는 곳이 술집이다. 이 술집은 하루의 힘든 노동에서 벗어나는 곳이자 바쁜

그 영원한 욕망의 이중주

일상에 의해 거세되어 버린 야성이 되살아나는 곳이다. 낮이 이성, 생산의 영역이면 밤은 감성, 휴식의 영역이다. 그래서 술집은 어두워지고 도시의 휘황찬란한 네온이 하나둘 밝혀질 때 또 다른 모습으로 나타난다. 유혹이란 단어로 온통 채색되어버린 도시의 밤을 사람들은 미묘한 흥분으로 가득차 비틀거리며 헤매고 다닌다. 그들은 초저녁부터 다음날 새벽까지, 포장마차에서 룸살롱까지 도시가 베풀어 놓은 갖가지 유희장에서 흥청망청대며 그들의 마지막 남은 하루의 에너지를 후회 없이, 때로는 난잡하게 보일 정도로 폭발시켜 버린다. 거기에는 내일은 없고 오직 '이 순간'만이 존재할 뿐이다.

2) 일탈과 광기 그리고 본능

밤은 생산의 영역에서 억눌린 피곤한 육체에 휴식을 준다. 그러나 도시와 술집에서의 그 휴식은 죽음과 같은 수동적 휴식이 아니라 숨겨진 광기를 드러내는 능동적 휴식이다. 술과 도시의 휘황한 네온은 사람들의 광기를 끄집어 내는 촉매제이다. 그리고 광기는 자신의 모든 것을 드러내 보임으로써 사람들을 즐겁게 하는 신비한 힘이다. 일탈과 광기는 꼭 짜여진 질서에 하나의 파격을 제공함으로써 경직된 사회에 다양성과 활력을 제공한다.

사실 광기는 끌어당기는 힘은 있지만, 거역할 수 없는 마력이 있는 것은 아니다. 광기는 세계에 있는 쉽고, 즐겁고, 경박스러운 모든 것을 지배한다. 광기와 어리석음은 인간을 유쾌하고 즐겁게 만든다… 광기 안에 있는 모든 것은 발랄한 표면이다. 어떤 수수께끼도 숨겨져 있지 않다(Foucault, 1961: 37).[2]

휴식이 일탈과 광기로 이어지며 사람들은 이제 그 답답하고 지겨운 일상에서 벗어나 자신들만의 방만하고 아무 거리낌없는 축제를 시작하게 된다. 이제 그들을 자유롭게 하는 것은 진리, 이성이 아니라 이성에 의해 짓눌렸던 일탈과 광기이다. 사람들이 만일 사회가 정해 놓은 질서 속에서 그것을 완벽하게 지키며 살아간다고 상상해 보라! 그것은 인간들이 사는 세상이 아닌 인간을 닮은 의미 없는 기계 움직임에 지나지 않는다. 일탈이 있기에, 그리고 금기에 대한 위반이 있기에 사람들은 자신들의 삶을 연출할 수 있고 새로운 질서를 창출할 수 있는 것이다.

 사람들은 술을 마심으로써 일탈에서 벗어나고자 하는 광기를 더욱 폭발시킨다. 이는 술을 마실 때 생기는 사람들의 생리적 변화로 알 수 있다. 술을 마심으로써 생기는 생리적 변화의 첫 단계는 얼굴이 붉어지고 행복감을 느끼며 긴장이 이완된다. 그리고 하기 힘든 말을 자연스럽게 꺼내기도 한다. 두번째 단계는 사고의 혼란이 생기고 자기통제가 안되며, 무책임한 말을 한다(이민규, 1997: 257). 이렇게 됨으로써 사람들은 일상생활에 금기시되어 있던 자신의 욕구를 거리낌없이 발산시킬 수 있다.

 인간을 포함한 모든 동물의 가장 기본적인 욕구는 식욕과 성욕이다. 이 두 가지는 아주 유사한 점을 지니고 있다. 그것은 '보존'이라는 것이다. 모든 동물을 먹지 않으면 살 수 없다. 즉 식욕이란 자연 속 존재의 개체 보존과 직접적으로 연관되어 있다. 이에 반해 성욕은 자신의 보존과는 상관이 없지만 자기 종의 번식, 즉 '종의 보존'과 연결되어 있다. 술은 문명 혹은 이성이라는 이름 속에 숨어 있는 금기시된 인간의 동물적 충동, 본능을 불붙게 한다.

 프로이트는 사람의 본능을 설명하며 사람의 본능은 원래부터 쾌락을 추구하게 되어 있다고 한다. 이러한 쾌락에 대한 충동을 억누르고 사람을 사회에 적응시키는 것이 바로 자아(self)라고 한다. 인간의 본성이 추구하는 많은 쾌락 가운데 더욱 관능적이고 강렬한 만족을 주는 것은 바로 섹스이다.

인간은 성애(성기의 결합)가 가장 강렬한 만족을 주고 사실상 모든 행복의 원형을 제공한다는 것을 발견했고, 이 발견은 인간이 성적 관계에서 계속 만족스러운 행복을 추구하고 성애를 자기생활의 중심점으로 삼는 계기가 되었을게 분명하다(Freud, 1948: 287).

그런데 이 본능적인 성애에 대한 추구가 문명이 발달하면서 여러 가지 금기를 만들어 놓는다. 그 중의 하나가 일부일처제의 강요이다. 프로이트는 일부일처제의 강요를 다음과 같이 설명한다.

오늘날의 문명은 단둘만의 확고한 유대를 바탕으로 한 남자와 한 여자 사이에 이루어지는 성관계만을 허용하고, 성행위 자체가 쾌락의 원천이 되는 것을 원치 않으며… 성적 자유를 광범위하게 침해하는 그런 금지에 복종한 것은 심약한 사람들뿐이었고, 좀더 강한 기질을 가진 사람은 보상을 얻는다는 조건으로 복종했을 뿐이다(Freud, 1948: 292).

즉 프로이트에 의하면 사람들은 현대사회가 던진 문명의 도덕률 때문에 외견상으로는 일부일처제에 충실히 복무하고 있는 것 같지만 그 본능은 그렇지 않다는 것이다. 술은 이성을 마비시키고 인간의 내면에 숨겨진 본능과 광기를 드러냄으로써 심약한 사람들을 강한 기질을 가진 사람으로 변화시킨다. 이 강한 기질은 사람들로 하여금 평소에는 넘을 수 없는 금기의 선을 과감하게 넘도록 충동질한다. 따라서 술을 마심으로써 생긴 알 수 없는 용기와 기본적인 욕구의 발효는 금지된 자신의 성적 욕구를 풀어 줄 사람을 찾아다니게 만든다. 그렇다면 그 대상은 누구일까?

A씨는 요즘 들어 왠지 집에 들어가 아내를 보는 것에 짜증이 난다. 매일매일의 일상이 똑같다. 아내 역시 이젠 쿵! 하면 호박 떨어지는 소리고, 첨벙!

하면 물 건너가는 소리라는 말처럼 알 대로 알게 되어 도무지 신비감이 없다. 게다가 부스스한 머리, 되는 대로 입고 있는 트레이닝복, 꺼칠한 피부의 아내가 잔소리를 해대면 도무지 자극이란 것을 찾을 수가 없다(김형섭, 1997: 81).

물론 술로 인한 성적 욕구를 즉각적으로 해결하지 않고 자신의 가정으로 돌아가는 사람도 있겠지만 금기를 향해 치닫는 성적 욕망을 잠재워 줄 만한 자극이 자신의 아내에게는 이미 없다. 따라서 많은 사람들이 어떤 새로운 것에 대한 호기심으로 자신의 욕망을 가정이 아닌 다른 곳에서 풀 방법을 찾아 헤맨다. 외도라는 말이 그것이다. 술취함으로 일어나는 광기는 사람들로 하여금 평소에 하지 못하는 금지된 행위를 과감히 수행하도록 한다. 여기에 혼외정사의 단초가 보인다.

유혹은 이따금 만족시켜 주면 적어도 당분간은 약해지지만, 끊임없이 좌절당하면 오히려 강해질 뿐…(Freud, 1948: 317).

비록 그것이 도덕적으로는 잘못 되었을지라도 종종 그렇게 함으로써 자신의 피곤함, 일상의 찌들림에 대한 자가치료법이 되기도 한다는 것은 부인할 수 없다. 한 정신과 의사는 다음과 같이 말한다.

… 어떤 경우에는 외도라는 것도 일종의 치료법이 될 수도 있다. 일단 외도를 하려면 배우자 몰래 해야 한다. 또한 큰 맘(?) 먹고 시작하는 것이니 늘 접해 왔던 분위기나 익숙한 조건들과는 달리 색다르고 신선한 대상을 선택해야 한다. 이러한 점들은 그 자체가 짜릿하고, 순간순간에 대한 기대감을 한껏 부풀게 해준다. 따라서 없던 에너지까지 끌어낸다. 그 힘이 생활에 활력을 주고 이상하리 만치 사는 맛이 나게 만들어 주는 효과를 만든다. … 일상에서 탈피했기 때문에 얻을 수 있는 신선함이며, 스스로 만든 환상이

그 영원한 욕망의 이중주

다(김형섭, 1997: 105).

술 마신 사람들의 이러한 욕구를 유흥산업은 놓치지 않는다. 그래서 각종 술집들은 교묘히 법망을 피하면서 이러한 사람들의 욕구에 부응한다. 술집 자체에서 주와 색의 결합이 일어나는 것이다. 성은 항상 허용된 범위와 장소를 넘어 스스로를 드러내기 위해서는 금기에 도전하는 용기를 필요로 한다. 그러나 그 용기가 발휘되기는 쉽지 않다. 문명이 그렇게 만들었든, 아니면 다른 그 무엇이 그렇게 했든 상관없다. 성은 인간의 가장 은밀한 요소이다. 술집은 술을 제공함으로써 은밀함의 금기에 도전하는 용기를 가지게 하고, 여자를 제공함으로써 그 금기를 넘어서게 만든다. 한때 여자들에게 접대 받으며 술을 마실 수 있는 곳은 흔치 않았다. 룸살롱, 요정 같은 곳이 있었지만 그 엄청난 가격 때문에 일반인들에게는 말 그대로 언감생심(焉敢生心)이었다. 그러나 최근에는 단란주점으로부터 포장마차까지 비교적 저렴한 가격으로 술과 성적 서비스를 함께 제공하는 술집들이 폭발적으로 늘어났다.

술 마신 뒤의 얼떨떨한 상태와 기분 좋은 분위기는 아주 다양한 행위를 불러일으킨다. 그 변화 중의 하나가 맥주안경이다. 술이 들어가면 주변의 여자들이 예뻐 보이는 현상이다. 물론 술집의 어둠침침한 조명효과도 있겠지만 술이 들어가면 사람들의 시력이 일시적으로 저하되고, 상대방의 매력과 관련된 여러 가지 사항들을 분석할 수 있는 능력이 줄어들기 때문에 이 맥주안경의 효과는 더욱 크다고 한다. 실제 120명 남자들에게 술을 먹이며 1시간 30분 간격으로 자신이 생각하는 옆 여자의 매력 정도를 측정했더니 시간이 갈수록 술에 취할수록 옆의 여자가 더욱 예쁘게 보이더라는 응답을 보인 연구도 있다(이민규, 1997: 258-259 참조).

성적 서비스가 이루어지는 술집에서는 이 맥주안경을 적절히 잘 이용하고 있는 것 같다. 그래서 여자 종업원들에게 술집 자체의 유니폼

술과 섹스

혹은 일명 홀(hall) 복이라는 노출이 심한 옷을 입기를, 업주는 권하고 있다. 한 카페 여주인의 말이다.

"그냥 옷(평상복) 입으면 장사 못해. (손님이) 들어오다가 그냥 나가버려."

몸 안의 알코올 성분과 어두운 조명, 반라의 여체는 술 마신 손님의 시각을 흥분시키고 최소한의 이성의 끈마저 놓아버리게 만든다. 그 뿐 아니라 그러한 흥분을 더욱 가속시키는 것은 종업원들의 선정적인 춤과 음담패설이다. 월급보다 팁이 훨씬 많은 그들의 세계에서는 보다 많은 팁을 받기 위해 선정적인 성행위를 묘사하는 춤을 춘다든지, 혹은 음담패설과 함께 기묘한 몸짓을 함으로써 손님의 인기를 끌고, 손님을 자신의 단골로 만든다. 한 카페의 P양은,

"안 그래도 골치 아파 오는 사람들한테 정치얘기 할까요?"

라고 반문한다. 실제 인터뷰한 사람들 가운데에서는 그러한 종업원과 외도를 하든 안 하든 간에 종업원들의 이러한 옷차림과 언행에 의해 골치아픈 일상을 잊어버리게 되고 성적으로 흥분하는 경우가 많다고 한다.

3. 주색의 사회: 술과 섹스의 기능적 결합

70년대의 급속한 산업화가 가져온 우리사회의 모순은 80년대의 사회운동에 의해 지양되면서 이와 더불어 사회적 자유와 탈표준화를 가져왔다. 그리하여 90년대에는 천편일률적인 기호와 생활양식을 벗어나고자 하는 움직임이 곳곳에서 보인다. 이러한 움직임 중의 하나가 성

적 의미에서의 색깔의 해방이다. 남녀의 성적 구분이 모호해지고 성의 다양화와 개방이 이루어지며, 이에 맞추어 성의 상품화에 따른 향락문화가 급속도로 번지기 시작한다. 이념과 생산의 시대는 가고, 육체와 소비가 그 자리를 재빨리 차지하게 된다. 보드리야르가 말하는 '기능적 에로티시즘'은 한국의 주류산업에서도 큰 위치를 차지한다.

… 자아도취적 집착이라고 하는 우회로를 통해서 육체를 개발하라고 하는 아름다움의 지상명령은 성욕의 개발로서의 에로티시즘을 초래하는 것이다 … 충동 및 환상으로서의 육체를 지배하는 것은 욕망의 개별적 구조이지만, '에로틱한' 육체를 지배하는 것은 교환의 사회적 기능이다(Baudrillard, 1970: 198).

그러면 이러한 기능적 에로티시즘은 한국의 주류산업에서 어떻게 교환의 사회적 기능을 발휘할까? 우스개말로 '과거는 용서해도 못 생긴 것은 용서 못해!'라는 말이 있다. 육체의 아름다움은 이제 지상최고의 명령이 되었고 이러한 세태의 변화는 술집을 통해 육체의 시대, 색깔의 시대의 모습으로 적나라하게 나타난다.

'영계 바글바글, 맥주 3병 안주 하나, 기본 3만 5천 원'

'부킹 완전 보장―입구에서 주윤발을 찾으세요'

서울 전농동의 어느 골목 전봇대에 붙여진 나이트 클럽의 선전문구이다. 술집의 가장 기초가 되는 술보다 여자가 많다는 광고가 우선시된다. 여러 매스컴 등을 통해 얘기되는 흔히 말하는 '물' 좋은 곳이란 스타일 좋은 여자가 많다는 뜻이고 이런 곳일수록 장사가 잘 된다는 것은 공공연히 알려진 사실이다. 그래서 일부 술집은 그러한 여자

술과 섹스

들을 모셔와 공짜로 술을 대접함으로써 자신의 술집을 물이 좋다고 소문나게 만드는 경우도 있다. 싫든 좋든 간에, 자의든 타의든 간에 술집에 간 여자들은 술장사를 위한 하나의 광고물이 되는 현실이다. 그리고 그러한 곳에서는 부킹이라는 것이 자주 이루어진다. 그것은 곧 술집에서의 웨이터의 주선으로 이루어지는 이성간의 만남이다. 현재, 특히 나이트 클럽은 이것이 이루어지지 않으면 장사가 잘 되지 않는다. 보통 이렇게 만난 남녀는 나이트가 파하는 새벽 2시경 자리를 옮겨 가라오케나 소주집을 들렀다가 마음이 맞으면 육체적 관계를 맺기도 한다.

위에서 말한 것이 주로 10대 후반, 20대 초반에서 이루진다면 20대 후반 30대 이상은 이와는 사뭇 다르다.

"(나이트) 입구 웨이터들이 물 흐린다고 들여보내지도 않아요(A씨)."

"에구, 힘들어요, 막상 들어가 꼬셔도 마지막까지 가려면 새벽 서너신데… 집에도 가야 하고, 다음날 출근도 해야 하고…(B씨)"

하룻밤 풋사랑을 하기 위해 정열을 바치기에는 너무 피곤하고 내일의 일상으로의 복귀도 걱정된다. 그래서 술을 마신 후 이들이 주로 자신의 성적 욕구를 해결하기 위한 방편은 매춘으로 이어지는 경우가 많다. 그러나 최근에는 이러한 사실도 옛말이 되고 있다. 부산 온천장의 N나이트는 30대 이상의 남녀를 대상으로 서로 상대를 맺어 주는 부킹이 성행되고 있다는 것이 공공연한 사실이다. 이제 주와 색의 결합은 장소와 연령을 초월하여 어느 곳에서나 나타난다. 옛날에는 매춘이라고 하면 주로 사창가를 지칭하는 곳이었지만 오늘날은 젊은 사람들이 자주 찾는 술집의 일부를 제외하고 도시의 유흥가는 어디에서나 주와 색이 붙어 다닌다.

그 영원한 욕망의 이중주

"굳이 힘들이지 않아도 마음만 먹으면… 어디서든지 (여자를) 구할 수 있는데, 뭘?(B씨)"

굳이 신경쓰고 할 것 없이 돈만 있으면 어디서든지 여자를 살 수 있다는 것이다. 이러한 사실은 앞서 언급한 한 카페 여주인의 말과도 일치한다.

"여자애들? 얼마든지 구할 수 있지. 삐삐만 치면… 대여섯 명은 언제든지 부를 수 있어… 직장 다니면서 아르바이트하는 거지. 술 몇 잔 따르고 5～8만 정도 팁 챙길 수 있는데… 같이 자는 거? 그건 그 애들 마음이야… 상대가 맘에 들면… 대신 돈은 줘야 해… 20～30만 원 정도…"

옛날에는 색주가(色酒家)라 하여 술과 함께 성적 서비스를 제공하는 곳은 술만 마시는 곳과 엄연히 구분되어 있었지만 현재는 그 경계가 모호해진다. 70년대의 급속한 경제성장에서 소외된 여성 인력들이 호스티스, 콜걸, 요정기생, 면도사, 안마사 등 서비스 업종에 종사하면서 이른바 사업매춘 또는 겸업매춘으로 빠져가, 이후 80년대에 들어서는 매춘의 일상화가 가능해진 것처럼, 현재는 술집에서의 겸업매춘이 이루어지기 시작한 것이다. 즉 때와 장소에 관계없이 매매춘이 이루어지기 시작한 것이다. 그것은 술집의 입장에서 보면 술만 팔아서는 손님들의 욕구를 완전히 충족시켜 줄 수가 없고 또한 그러한 이유로 하여 손님이 떨어지면 이윤이 적게 남게 되기 때문이다. 따라서 많은 술집들이 여자에 대한 공급에 엄청난 노력을 기울인다. 길거리에 붙어 있는 수많은 '여종업원 구함'이라는 전단들이, 또한 수많은 가출 청소년들의 아르바이트 자리로 이러한 술집이 선호되고 있다는 신문기사들이 이러한 술과 섹스의 기능적 결합을 대변하고 있다. 실제로 지난 10월 26일자의 한 중앙일간지는 대검찰청에서 나온 「유해업소에 고

술과 섹스

용된 미성년자 현황 보고서」를 인용하면서 윤락 경험이 있는 10대 소녀들이 유흥업소에 고용되는 경로가 인신매매(0.1%)나 직업소개소(9.1%), 보도방(13.3%) 등을 통하는 것보다 구인광고(42.0%), 친구 소개(35.5%) 등을 통해 스스로 찾아가는 경우가 압도적이라는 내용의 보도를 내보냄으로써 충격을 주고 있다.[3]

술집에서의 겸업매춘[4]을 술과 섹스의 관계로 나누어 유형지어보면 다음과 같다.

1) 술과 섹스의 직접적 결합형태

이러한 유형의 가장 대표적인 형태가 서울의 미아리 텍사스, 부산 감전동의 속칭 '뽀쁘라 마치'이다. 이 곳은 술값에 이미 여자의 성적 서비스료가 포함이 되어 있다. 뽀쁘라 마치는 얼마전 미성년자들로 하여금 손님을 접대케 하다가 당국의 철퇴를 맞아 지금은 음성적으로 주택가 부근으로 잠적해 들어간 곳이다. 옛날로 치면 색주가 정도 된다고 하겠다. 2~3명이 보통 술값 20~30만 원 정도면 술을 마시고 작은 옆방으로 가서 자신의 파트너와 즉석에서 섹스를 나누게 된다. 보통 주인 한 명이 2~3명의 여자 종업원을 데리고 있으며 손님이 한 팀 오면 밖으로 철제문을 완전히 잠그고 커텐으로 불빛이 새어나가지 못하게 한다. 맥주 한 박스라고 해야 술취한 손님들 몰래 종업원들이 휴지통에 부어버리기 때문에 30~40분이면 바닥이 나버린다.

2) 술과 섹스의 간접적 결합형태

위의 직접적 결합태를 제외하면 거의 모든 곳이 이런 유형을 띤다. 실상은 전혀 성적 서비스가 이루어지지 않을 것처럼 보이면서도 손님이 요구하면 대부분 성적 서비스가 이루어지는 유형이 바로 이러한 형

그 영원한 욕망의 이중주

태이다. 고급스럽게는 룸살롱에서부터 시작해 단란주점, 룸카페 등이 있으며, 실질적으로는 디스코 클럽도 정도는 덜하지만 이러한 유형에 속한다고 하겠다. 디스코 클럽도 물론 여성 접대부가 있지만 사람들이 이 사람들을 부르는 경우는 거의 없다. 단지 웨이터들이 부킹의 형태로 손님과 맺어줌으로써 암암리에 어떠한 성적 서비스를 제공하는 경우가 많다. 술과 섹스가 간접적으로 결합한 형태에서는 손님이 술을 마실 동안에는 술시중을 들다가 손님이 요구를 하면 화대를 받고 속칭 2차를 나가게 된다. 이 때 술값은 따로 계산하고 2차를 나가는 종업원들은 15만 원에서 비싸게는 30만 원의 화대를 받게 된다. 단 요즘은 종업원의 의사를 존중하여 종업원이 나가기 싫다고 하면 최대한 그 종업원의 의사를 존중한다고 한다. 최근에는 해운대 해변가의 포장마차에도 이러한 류의 접대부가 생겼다고 한다.

3) 술과 섹스의 잠재적 결합형태

위의 결합형태들이 술집들과 직접적으로 연관되어 있다면 3번째 유형은 술과는 직접적으로는 연관이 되어 있지 않지만 주로 술 마신 남성 손님들에게 성적 서비스를 제공하는 곳이다. 종업원에 따르면 이런 곳을 찾는 손님의 70~80%가 술을 마시고 온다고 한다. 터키탕, 안마 시술소, 그리고 일반 홍등가 등이 그런 곳인데 첫번째, 두번째 유형처럼 비싸지도 않고 목욕을 하며 숙취도 풀 수 있기 때문에 술 마신 사람들이 많이 찾는다고 하는 곳이다.

4. 욕망의 해방과 일상으로의 복귀

이상에서 본 바와 같이 술과 섹스는 일상에 찌들린 현대인들의 손

술과 섹스

쉽고 저렴한 탈출구로서 잃어버린 자신의 야성과 노동 후의 남은 에너지를 폭발시켜 주는 촉매제이다. 그러나 술과 섹스는 자신의 감정과 에너지를 폭발시킴으로써 그 에너지를 완전히 소진시켜 버리는 것이 아니라, 그렇게 함으로써 다시 내일의 새로운 에너지를 얻게 하는 특이한 효능을 가진 현대인의 영약이다.

프로이트는 인간의 끊임없는 성본능이 승화(sublimation)[5]됨으로써 인간의 문명활동에 엄청난 에너지를 공급한다고 하였지만, 사람들의 술과 섹스가 어우러진 광란의 축제는 이와는 반대로 사람들의 에너지를 완전히 소진시킴으로써 내일의 생활에 새로운 에너지를 공급하게 된다. 왜냐하면 술과 섹스로 이루어지는 일탈은 현대사회의 질서에서 영원히 벗어나는 일탈이 아니라 고된 일상의 틈바구니에서 잠시 떠나는 즐거운 일탈이며, 또한 그것은 사회가 짜맞춰 놓은 놀이가 아니라 술에 취해 자신이 하고 싶어 하는 것을 마음대로 하는, 한계가 없는 쾌락이기 때문이다. 현대인들에게 질서에서의 영원한 일탈은 곧 죽음을 의미한다. 고되고 지겨운 일상이지만 그 곳은 곧 현대인의 삶의 터전이다. 사람들은 하루의 일탈과 광란을 경험하고 곧 삶의 현장, 노동의 현장으로 다시 돌아온다. 마치 축제가 주기적으로 찾아와 고된 일상의 노동에 잠시 쉼표를 찍어 주는 것과 마찬가지로 사람들은 일탈을 통해 한숨을 돌리게 된다. 그런데 이러한 술과 섹스가 어우러진 광란의 축제는 그 효능이 개인의 범주에서 끝나는 것이 아니다.

우리는 흔히 가족, 친족, 촌락 등 공동체의 사회적 기능이 축소된 현대사회에서 원초적 관계가 쇠퇴하고 이차적 관계가 지배적으로 된다고 한다. 흔히 현대사회의 특징으로 목적합리성, 수단성, 비인간성, 그리고 익명성을 드는데, 이는 바로 이차집단의 특징들과 직접 연관되어 있다. 이러한 관계는 친밀성이 없고 감정이 통제되며 피상적이다. 따라서 깊은 인간적 유대관계는 형성되기 어렵다고 하는 것이 일반적인 통설이다. 그러나 프랑스의 사회학자 마페졸리(Michel Maffesoli)는 합리

그 영원한 욕망의 이중주

적 결합을 뛰어 넘는 일상생활 속의 여러 관계로써 이를 논박한다.[6] 우리의 일상생활은 교과서에 나오는 것처럼 도덕적이지도 않고 개인적이지도 않다는 것이다. 그것은 차라리 쾌락주의적이며, 공동체적이다 (Maffesoli, 1997: 1부 스타일론 참조).

> … 내가 나의 자리를 잡는 것은 다른 사람과의 관계에서이다… 그것은 체육관에서도 이루어지는 단순한 사교성에서부터, 클럽이나 단체여행에서의 친밀한 관계를 거쳐, 위험한 경기집단에서 구성되는 밀착된 관계… 여기에 현대사회의 표지인 복장의 유형, 신체와 제스처상의, 그리고 언어상의 모방의 원인이면서 그 결과인 소속도 빠뜨릴 수 없다. 이러한 상황들이 맞물려서 포기하기 어려운 독특한 환경과 분위기를 만들어 내게 된다… 이 미학적 스타일은 한편으로는 감각적인 것과 이것이 유도하는 쾌락주의를 강조하고, 다른 한편으로는 다양한 형태의 사회성을 지탱하게 해준다(Maffesoli, 1997: 78-80).

일상생활 속에서 나타나는 이러한 2차적 관계 속의 비합리성은 술의 축제가 벌어질 때 더욱 강렬하게 나타난다. 음주에서 오는 허심탄회함과 술에 취해 비틀거리며 한때의 욕망을 불사르기 위해 외도를 했다는 비밀스러움은 그것이 비록 2차적 관계에서 맺어진 유대감일지라도 함께 금지된 선을 넘었다는 모종의 '동지애'를 가지게 되는 것이다. 마페졸리는 광란이라는 기제로 이 비합리적인 광란의 큰 효과를 설명하고 있다.

> … 광란은 전체나 이 전체의 다양한 요소의 연결을 보다 더 강조하는 것이다. 그 다음으로는 바로 그 점에서, 무질서한 것으로 보일 수 있는 이 광란이라는 것이 공동체를 만들어 내고 혹은 변질시킬 수 있다는 사실이다. 당위-존재에 반대하여, 그것은 모든 사회의 상징적 연결을 공고히 하는 배덕

술과 섹스

주의 윤리로 이어지게 된다고 할 수 있다(Maffesoli, 1982: 12).

에밀 뒤르켐은 그의 저서 『종교생활의 원초적 형태』에서 오스트레일리아 원주민들이 금기와 의례를 지킴으로써 공동체의 유대감을 이끌어 낸다고 했다. 그러나 술과 섹스의 부분에서는 반대로 집단 구성원들이 함께 금기를 위반했다는 것에서, 질서에서 일탈했다는 것에서도 역으로 그에 못지 않은 유대감이 형성될 수 있다. 마치 우리가 속내를 완전히 내보이면 다른 사람들과의 더욱 친밀한 관계를 형성할 수 있는 것과 마찬가지로, 광란의 축제를 벌인 다음날 비록 속은 더부룩하고 몸은 힘들더라도 그 전날의 일탈과 광기 속에서 맺어진 *끈끈함* 때문에, 서로가 서로에 더욱 의지할 수 있는 유대감이 생기는 것이다. 그리하여 2차적 조직 속의 철저한 위계와 규정 속에서도 사람들은 나름대로의 1차적 관계를 유지할 수 있게 되고, 일상의 소외감에서 벗어날 수 있게 된다.

5. 맺음말

무엇을 즐긴다는 것, 탐닉한다는 것은 억압되지 않은 행동, 즉 무엇보다도 정신과 육체의 억압되지 않은 행동이 전제가 되어야 한다. 우리는 일탈, 광기, 금기의 위반, 광란으로 이어지는 사람들의 일상 탈출에서 완고한 일상의 삶으로부터 나름대로 자유롭고자 하는 현대인들의 삶의 편린들을 엿볼 수 있다. 술과 섹스가 비록 이성적으로 도덕적으로는 비난을 받을지라도 그것은 우리가 일상을 살아나가는 한 가지 방법임은 틀림없다.

부인하는 것은 더 이상 충분하지 않으며, 도덕적 비난은 아무런 도움도 되지 못한다. 그 움직임은 심대하고 특히 일상생활 속에 뿌리박혀 있기 때문에 그 긍정적 측면들을 평가해 주는 것이 더 낫다(Maffesoli, 1997: 88).

▶ 주

1) 술로 못을 이루고 고기로 숲을 이룬다는 뜻으로, 극히 호사스럽고 방탕한 주연을 일컫는 말이다. 고대 중국의 하나라 걸왕과 은나라 주왕은 원래 지용(智勇)을 겸비한 현주(賢主)였으나 그들은 각기 말희, 달기라는 희대의 두 요녀 독부에게 빠져 사치와 주색에 탐하다가 결국 폭군음주(暴君淫主)라는 낙인이 찍힌 채 나라를 망치고 말았다(오문영, 1995: 295-296 참조).

2) 물론 푸코는 그의 저서 『광기의 역사』에서 광기를 둘러싼 고전주의 시대의 권력의 작용을 분석하고 있지만 그 속에서 우리는 광기에 의한 역사의 추동력을 연상해낼 수 있다. 그것은 이성에서 벗어남으로써 가능한 것이다. 즉 "광인은 도무지 이성적인 점은 찾아볼 수도 없는 숙맥같은 자신의 언어를 통해서 희극 속에서 희극을 해체시키는 이성의 단어들을 발설한다. 광인은 사랑하는 연인들에게 사랑을 이야기해 주고 젊은이들에게 인생의 진리를 이야기해 주며, 오만한 자, 무례한 자, 거짓말쟁이에게 사물의 중용을 이야기해 준다… 바보들의 축제… 그것은 사회적이고 도덕적인 비판으로 (재)구성되어 있다"(Foucault, 1961: 26 참조).

3) 이 기사가 인용한 보고서에는 윤락을 했던 10대 소녀 5천 48명 중의 20.8%인 1천 51명이 중학교나 고등학교에 다니면서 접대부나 윤락녀로 일해 온 것으로 밝혀졌으며, 이들은 전체의 44%인 2천 221명이 단란주점, 1천 40명이 룸살롱 등 유흥주점, 879명이 카페 호프집 등 일반음식점, 480명이 미아리 등 윤락업소, 428명이 티켓다방에서 일해 왔다고 한다(《조선일보》 1998. 10. 26, 「'10대 윤락' 유흥업소에 앳된 목소리… 절반이 중학생」).

4) "한국여성개발원이 작년 한 해 동안 단란주점, 유흥주점, 티켓다방, 퇴폐이발소, 안마시술소, 증기탕 등 6개 업소 가운데 2개 업소 이상을 4회 이상 이용한 경험이 있는 서울·경기지역 남성 371명을 대상으로 설문조사해 (10월) 27일 내놓은 「산업형 매매춘에 관한 연구」 보고서에서… 각 업소 이용자의 매매춘 경험률은 단란주점 44.8%, 유흥주점 54.0%, 티켓다방 56.5%, 퇴폐이발소 90.5%, 안마시술소 95.8%, 증기탕 87.5% 등이었다"(《일간스포츠》

1998. 10. 29).

5) 프로이트는 '인간의 성본능은 그 대상을 다른 것으로 바꿀 수 있고, 이처럼 대상이 바뀌어도 그 강도는 사실상 줄어들지 않는 특징을 갖고 있다'고 했다. 즉 자신의 성본능을 노동 혹은 정신적 개발로 '승화' 시킴으로써 문명의 발전에 엄청난 에너지를 공급할 수 있다는 것이다(Freud, 1941: 17-27 참조).

6) 함께 하는 존재의 본질적인 특성, 즉 단순한 합리적인 결합을 뛰어 넘는 특성을 강조할 필요가 있을 때, 나는 사회적(societal)이라는 단어를 사용한다… '사회성(socialité)'은 사회적인 것이 행위로 이루어지고 있는 가장 기본적인 유대관계의 확실하고 일상적인 표현이다(Maffesoli, 1982: 13, 주 1 참조).

그 영원한 욕망의 이중주

술과 폭력

취한 이성의 어두운 자화상

▌김형균

1. 들어가면서

우리 민족의 흐드러진 낙천적 품성과 여유로운 일상생활을 표현하고자 할 때 흔히 『위지동이전(魏誌東夷傳)』에 표현된 부여, 진한, 마한 등의 제천, 영고 제귀신 동맹 등의 행사들에서 주야(晝夜)로 음주가무(飮酒歌舞)하는 모습을 인용하곤 한다. 이처럼 날밤을 새며 술과 노래, 춤으로 제의적 놀이를 즐기는 우리 선대의 모습은 신명(神明)의 민족성을 나타내기에 부족함이 없다. 그러나 그 책의 다음 구절에는 "주야로 음주가무하며 놀다가 필시 술이 과하여 서로 싸움을 하는 일이 허다하다. 그러나 다음 날 아침이면 언제 그랬냐는 듯이 아무 일도 없었던 것처럼 사이좋게 지낸다"라고 적고 있다.

이는 흥취가 일상화된 우리들의 삶의 단면을 가장 상징적으로 표현하는 것일지도 모른다. 그러나 한편으로는 술로 인한 '술주정'에 관해서는 상당히 관대한 대접을 해왔다는 사실을 나타내고도 있다. 아마도 유목적 유대관계와 정착적 공동체의 속성이 혼재된 우리 민족의 품성이 서로를 분명하게 질타하고 따지고 넘어가기보다는, '좋은 게 좋다'라는 '너그러운' 품성을 배양하였으리라 본다. 물론 이에는 좁은 삶의 공간적 조건 자체가 응징의 문화보다는, 융합의 문화를 더 발전시키는 데 일조하였으리라.

더군다나 근대사회로 접어들면서 전통적인 공동체의 제반 속성이 외래문화에 의한 '포위된 근대화' 과정 속에서 지향점을 잃고 대책 없이 붕괴하면서, 술과 연관된 제반 문화적 전통과 일상생활의 모습도 아울러 뿌리 없는 모습으로 변질되고 말았다. 따라서 술과 연관된 '폭력'의 양상과 이에 대한 인식도 상당히 변모하게 됨은 불문가지의 사실이다. 더군다나 초기 산업화 과정을 거쳐 고도 소비사회로 진입한 오늘날 우리사회의 일상생활의 모습은 가족을 비롯한 공동체적 원형(原形)의 기저적(基底的) 해체 현상에 직면해 있다. 이러한 현상을 우리는 술과 연관된 폭력을 통해 조명해 보고자 하는 것이다.

2. 폭력에 대한 단상

우리들의 일상생활은 그저 그렇고 무미건조한 삶의 연속이다. 더군다나 동일한 삶의 방식을 반복하는 전통사회에 비해, 늘상 긴장과 성찰을 고도로 요구하는 현대사회에서 일상생활의 무료함은 긴장된 사회와 대비되어 우리들에게 더욱 역설적인 의미로 다가온다. 이러한 일상적 삶은 상례적인 것(routine)과 반복적인 것(repetition)의 끊임없는 교차과정이다. 그래서 우리들은 늘상 일상으로부터의 탈출을 꿈꾸는지도 모른다. 그러나 실제로 일상으로부터의 탈출은 생각만큼 쉽지 않을 뿐더러 상당한 대가를 요구하기도 한다. 그러기에 우리들은 의사(疑似) 탈출을 맛보거나, 혹은 탈출했다고 스스로를 속이는 탐닉의 기제를 발달시켜 왔다. 그러한 기제 중의 가장 대표적인 것이 술이며, 이것이 전통사회와 현대사회에서 술에 대한 의미 변화의 핵심일 것이다.

취한 이성의 어두운 자화상

현대인들은 술을 많이 마신다. 또한 현대인들은 술을 자주 마신다. 술마시는 것이 거의 일상화되었기에 술은 일상생활의 일부이다. 그러나 술을 마시면 종종 사건이 발생한다. 그러기에 술은 '일상의 세계'에서 '사건(event)의 세계'로 넘어가는 중요한 길목이 된다. 더군다나 술을 마시고 조용히 술자리가 끝나면 몰라도, 술과 연관된 폭력이 발생할 때에는 더욱 확연히 사건세계로의 전환을 확인할 수 있다.

따라서 술과 연관된 폭력은 일상세계에서 사건세계로의 의식과 행태의 전환을 뚜렷하게 보여주는 중요한 사회현상이다. 그러므로 술과 폭력의 관련성에 관한 사회현상의 탐구는 일상생활이 사건을 만들어내고 나아가 제도를 재생산하며, 또한 이러한 반복된 일상생활이 역으로 우리들의 삶의 형태와 방식을 규정하는 힘이 된다는 사실을 구명하는 좋은 대상이 된다.

한편 전통적으로 폭력은 신성(神聖)의 또 다른 표현으로 간주되어 왔다. 그러므로 신들이 가지고 있을 법한 의기양양한 존엄성, 즉 쿠도스(kudos)를 쟁취하기 위해서 인간들은 서로를 희생시키는 폭력을 통해서 그것을 일시적으로 맛보는 것이 가능하였다. 그런데 이는 종교적 신성의 영역이 필요로 하는 제의적 희생의 원리와 크게 다르지 않으며 따라서 신성과 폭력은 밀접하게 연결되어 있었다(지라르, 1993: 382-396).

특히 전통사회에서 폭력은 개별적 구성원의 이성 상실이라는 차원과는 거리가 먼 공동체를 위한 희생양의 제의적 절차의 구조적 표현이라고 해야 옳았다.

인간들은 있는 그대로의 폭력을 경배하지 않는다. 즉 인간들은 현대적 의미의 '폭력 숭배'를 행하는 것이 아니라, 폭력이 인간에게 그들이 예전에 향유했던 유일한 평화를 부여한다는 의미에서만 폭력을 숭배하는 것이다. 왜냐하면 인간들은 제3자를 희생시킴으로써만 서로 화해할 수 있기 때문이며, 비폭력의 질서 속에서 인간이 행할 수 있는

술과 폭력

최선의 것은 희생물 한 사람만 빠진 희생물에 대한 만장일치이기 때문이다(지라르, 1993: 391).

그러나 이성과 양식, 사회계약 등으로 이루어진 현대적 사고들은 폭력의 본질을 알지 못하거나 그 존재를 무시한다. 폭력의 상호성에 기반한 폭력의 자동회귀를 현대사회는 무시하거나 회피하고 있다. 그것도 이성의 찬란한 계몽적 수사법으로 말이다. 그러나 본질적 의미에서 폭력과 성스러움은 일치하고 있다.

그럼에도 불구하고 현대사회에서 폭력은 이성적 주체의 자기상실의 유력한 증거로 제시되곤 한다. 이는 신성의 영역을, 종교의 영역을 형해화해 온 이성적 영역의 신화가 만들어 낸 또 하나의 우화(寓話)일 뿐이다.

현대사회에서 술을 마시는 것이 공동체의 논리에서 이탈된 개인적 취향으로 흔히 간주되듯이, 폭력도 공동체의 논리보다는 개인의 정신분석적 관점에서 다루어진다. 전통사회에서 술과 연관된 폭력에 대한 이해방식은 주로 공동체의 희생적 제의와 관련되어 있었다. 전통사회에서 진탕 마시고 노는 가운데 공동체의 정화를 위해 희생양을 선정하여 이에 대해 특정한 대리인이 술을 마시고 '전통적' 방식의 폭력을 행사하는 것은 희생적 제의의 일반적 과정으로 간주되었다. 더 나아가서 이와 같이 진탕 마시고 노는 걸쭉한 잔치는 새로운 창조 이전의 무형태의 원형(原形)적 상태로 간주되기도 하였다(엘리아데, 1998: 143-144).

그러나 현대사회에서 술 마시고 취한 상태에서의 폭력은 산업사회 속의 구성부품으로서 이성적 존재의 이성마비 현상 혹은 공동체의 기능과는 무관한 개인의 생리적, 심리적 해체현상으로 간주된다. 따라서 폭력은 신성의 영역과는 분리되어 개인의 이성해체 현상으로 간주되고, 신성의 영역은 속화되어 더 이상의 그 존재적 의미를 상실하였다.

그런데 오늘날 폭력의 중요한 모습은 전통적 공동체 혹은 현대적 의

취한 이성의 어두운 자화상

미의 공동체의 상실에서 나타나는 새로운 양상을 통해 그 본질적 의미를 발견할 수 있다. 특히 이혼율의 증가로 나타나는 가족의 급속한 해체현상, 경쟁의 원리가 보편화되면서 사회라는 공동체는 오직 타인을 이기기 위한 경쟁의 장으로서만 의미를 가지면서, 서로 협력하는 공동체의 기능은 거의 상실되어 버렸다. 따라서 사회전체적으로 고도의 '성찰성의 강화'와 '사회적 긴장의 심화'는 개인을 견딜 수 없는 상태로까지 몰고가게 된다. 이 때 그 구성요소로서 개인의 반응양태는 고도의 성찰적 사회에 일상적으로는 순응하나, 술로 상징되는 탐닉과 마취의 세계로 혹은 폭발적 폭력의 세계로의 탈출을 꿈꾸지 않고는 못 배기리라—그것이 정 불가능하면 가상공간에서의 탐닉과 폭력으로라도 말이다.

최근의 우리사회를 보더라도 그렇게 견고하게 보이고 사랑하는 영혼의 성채(城砦)처럼 여겨졌던 가정이라는 공동체도 실업이라는 생존조건의 절박함 앞에서 어이없게 허물어지고 있음을 목도할 수 있다. 남성 실직자 가운데 7.7%가 이미 별거 혹은 이혼중이며, 10.8%가 이를 심각하게 고려중인 것으로 나타나, 무려 18.5%가 가정파탄의 수위에 도달한 사실이 이를 나타내 주고 있다(여성특별위원회, 1998).[1] 이런 식으로 해체되는 사회적 환경은 개인으로 하여금 술이 고통을 해소하는 위안제적 기능뿐만 아니라 한발짝 나아가 고단하고 힘든 삶의 조건에 대한 화풀이의 매개체로 기능하고 있는 것이다. 최근 위축된 사회분위기 때문에 실직과 장사가 되지 않아 홧김에 술을 마시고 운전하는 사례가 급증하는 통계도 이를 잘 대변해 주고 있다.[2]

이런 가운데 술과 폭력이라는 양면적 의미를 지닌 개념들이, 치열하다 못해 처절하기 까지한 '현대화'의 가장 상징적인 공간으로서의 우리사회에 어떠한 모습으로 나타나고 있는지 살펴보기로 하자.

술과 폭력

3. 술로 인한 폭력

마이클 피기스는 <라스베이거스를 떠나며>에서 현대사회를 직시
할 수 없는, 그러기에 술에 '의존'할 수밖에 없는 '내몰린 삶'의 일
단을 적나라하게 영상화하였다. 그러나 여기서 우리가 주목하는 것은
이제 술 마시고 술힘을 빌려 '람보'와 같은, 혹은 '헐크'처럼 바뀌
는 근육적 힘도, 폭력을 행할 기력도 상실한 현대인의 무기력함을 그
리고 있는 것이다.

그렇다. 술 마시고 행하는 폭력이 존재하는 것은 아직도 사람들간의
'관계'가 있다는 것이다.

비록 현대 이전에는 공동체를 위한 희생적 제의와 연관된 폭력으로
서 의미를 지니고, 오늘날에는 '이성의 마비'로서 폭력이 다루어지
는 차이는 있지만 말이다. 그러나 피기스가 그리고 있는 현대의 끝에
선 인간유형은 이제 폭력의 광기마저도 거세된 '흐느적거리는 군상'
의 일부분일 뿐이기에 세기말적 음울함과 우울증을 더해 주고 있는 것
이다.

1) 그놈의 술 때문에: 일반폭력

술은 뇌기능을 저하시킨다. 최근 과학자들이 실험을 통해 술에 취한
뒤 기억력이 흐려지는 것은 선천적인 체질이나 술버릇 때문이 아니라
'히포캠퍼스'란 뇌조직의 손상과 관련이 있다는 결론을 내렸다. 미
국 캘리포니아 주 라 홀라에 있는 스크립스 신경생리학연구소는 실험
실 쥐들을 대상으로 알코올을 주입한 뒤 뇌활동에 어떤 영향을 미치
는지를 관찰했다. 그 결과 연구팀은 두뇌의 기억활동을 돕는 히포캠퍼
스란 뇌조직의 손상이 술에 취한 쥐의 기억력 상실과 관계가 있다는
사실을 발견했다. 연구팀의 책임자인 스티븐 헨릭슨 박사는 '히포캠

취한 이성의 어두운 자화상

퍼스 뇌조직은 미량의 알코올에도 새로운 정보를 기억시키는 데 심각한 장애를 받는 것으로 밝혀졌다'고 설명했다.

그러기에 미국에서도 폭력범죄의 가장 큰 원인이 음주인 것으로 밝혀졌다(《동아일보》 1998. 4. 5). 지난 96년 미국에서 일어난 770만 건의 폭력범죄 가운데 37%가 술에 취하거나 술과 마약에 같이 취한 상태에서 일어난 것으로 집계됐다. 또 현재 교도소에 수감중이거나 집행정지·보석 등으로 풀려난 성인폭력범 530만 명 가운데 36%가 폭력을 행사할 당시 술에 취해 있었던 것으로 나타났다.

음주폭력은 가까운 사이일수록 많아 배우자나 이혼한 배우자, 여자친구, 남자친구에 대한 폭력의 40%가 술을 마신 상대로부터 발생한 것으로 나타났고, 특히 배우자 폭력의 경우는 75%가 음주상태에서 일어났다. 따라서 음주폭력으로 부상 당한 경우 의료비가 평균 1천 500달러에 달했고 연간 50만 명이 음주폭력으로 인해 4억 달러 이상의 금전적인 손실을 본 것으로 나타났다.

우리나라의 경우에는 폭력행위 등 처벌에 관한 위반, 교통사고처리특례법, 도로교통법 등의 형사범죄 특별법을 위반한 자 중 24.9%가 술에 취한 상태에서 사고를 저지른 것으로 나타났다(대검찰청, 1995: 261-265). 그런데 이미 한 번 범죄를 저지른 경험이 있는 전과자의 경우는 28.3%가 음주상태에서 폭행 등을 행한 것으로 나타나, 일반인의 경우보다 그 비중이 조금 높게 나타났다. 1994년의 경우 전체 형사범죄자 가운데 술을 상용한 사람은 평균 0.8%에 달하였으나, 그 중 강력범죄자일수록 술을 상용하는 비율이 높아 2.8%에 달했다. 나아가 특별법을 위반한 사람 중에 상습음주 비율은 4.4%로 일반 형사범죄자에 비해 5.5배 가량 높게 나타났다. 또한 전과자의 경우 알코올 중독의 비중이 4.9%에 이르고 있다(대검찰청, 1995: 243-245).

술에 의한 폭력은 평상시에는 상상을 할 수도 없는 범죄 양상으로 발전한다. 나아가 술로 인한 폭행사건은 감정의 격정적 상승과 함께 성

술과 폭력

적 욕구의 자제력 상실로 이어져 성폭력으로 이어지는 경우가 허다하
다. 사회적 지위고하와 노소를 불문하고, 사건발생의 환경이나 조건여
부에 관계없이 술로 인한 폭행은 빈발하고 있다.

창원경찰서는 29일 '술을 마신 후 귀가하다' 길가에 서 있는 주부를 성추
행한 혐의(성폭력범죄의 처벌 및 피해자보호 등에 관한 법률위반)로 대기업
의 과장인 김모씨(36. 창원시 대방동 개나리아파트)를 현행범으로 체포했다.
경찰에 따르면 김씨는 28일 오후 11시 10분께 창원시 가음정동 새마을금고
앞 도로를 지나다 김모씨(37. 여)의 치마를 만지고 반항하는 김씨의 얼굴을
작업복으로 후려치는 등 성추행한 혐의다(《부산일보》 1998. 5. 29).

'술에 취해 주부를 성폭행한' 20대 남자가 범행직후 현장에서 잠드는 바
람에 피해자 남편에게 붙잡혀 쇠고랑을 찼다. 경찰에 따르면 송씨는 이날
오전 1시 15분쯤 술에 취한 채 서울 성동구 금호동 임모씨(40. 여) 집에 들
어가 안방에서 자고 있던 임씨를 성폭행한 혐의다. 송씨는 그 자리에서 잠
들었다가 오전 6시 40분쯤 귀가한 임씨의 남편에게 붙잡혀 철창행(《문화
일보》 1998. 3. 9).

부산지역 기초단체장 아들과 조카가 낀 고교생과 대학생 등 10대 6명이 해
수욕장에 놀러 온 여고생 3명을 '술먹고 텐트 안에서 차례로 성폭행' 했
다가 경찰에 붙잡혔다(《부산일보》 1998. 7. 29).

또한 술에 의한 폭력은 반인륜적인 존속범죄로까지 서슴없이 이어
지기도 한다.

부산 동래경찰서는 지난 1일 가정폭력범죄처벌 등에 관한 특례법이 발효된
이후 부산에서는 처음으로 '술을 마시고' 늦게 귀가한다고 나무라는 어

취한 이성의 어두운 자화상

머니 양모씨(66)의 허리 등을 발로 차 전치 2주의 상처를 입힌 혐의(존속상해 등)로 장모씨(39. 무직)에 대해 구속영장을 신청했다(《부산일보》 1998. 7. 6).

울산시 동구 화정동에서 회식 후 늦게 귀가한 남편이 술을 먹고 있는 아내에게 "혼자 무슨 술을 먹느냐"며 폭행하자 '술김에 남편을 흉기로 찔러 살해' 한 혐의(살인)로 이모씨(31. 주부)가 경찰에 구속됐다(《부산일보》 1998. 6. 27).

울산 동부경찰서는 9일 여자친구방에서 '함께 술을 마시다 사소한 시비끝에' 둔기로 여자친구 머리를 때려 숨지게 한 혐의(살인)로 용의자 김모씨(30. 울산시 동구 화정동)를 긴급체포해 조사중이다(《부산일보》 1998. 5. 6).

존속범죄의 원인에 대한 다음의 보고서를 살펴보면 술에 의한 상습적 폭력 때문에 존속범죄가 일어나기도 하고 또 술에 취한 상태에서 존속범죄를 일으키게도 하는 등 술에 의한 폭력이 얼마나 광기를 띠게 되는지 가늠하게 한다.

존속살해범죄의 피해자는 주로 가해자의 직계존속들이었으며, 어머니보다는 아버지가 피해자가 되는 경우가 더 많았다. 피해자의 특성 중 가장 중요한 점은 피해자의 40% 이상이 '음주상태에서 상습적으로' 가해자나 가족구성원들(주로 가해자의 어머니)에 대해 신체적, 정서적, 성적인 학대를 가하는 것으로 나타났다는 점이다. 이러한 결과는 존속살해범죄가 어떻게 일어나는가를 이해하기 위해서 무엇보다도 가족의 역기능적인 측면을 살펴보는 것이 중요하다는 것을 보여주고 있다.

「피해자의 학대에 의한 존속살해」 사건은 가해자가 어려서부터 피해자인 아버지가 술만 마시면 혹은 부부싸움 중 어머니나 가해자와 그 형제자매들을 상습적으로 폭행하며 집안의 가재도구를 부수는 등 계속된 가족내 폭력 사태를 경험하였으며, 아버지에 대해 누적된 분노와 적개심으로 아버지를 살해하는 경우이다.

그리고 존속상해 및 폭행범은 본범 이외에도 가족구성원(주로 부모)을 '음주상태에서' 혹은 부모로부터 자신의 요구를 받아 내기 위해 상습적으로 폭행하는 사람들이 상당히 많았다. 가해자들은 용돈이나 재산상속과 같은 도구적 목적이나 특별한 동기나 이유 없이 '만취상태'에서 상습적으로 자신의 직계존속을 폭행하는 것으로 나타났다. 한편 배우자의 직계존속의 경우에는 대부분이 배우자와의 원만치 못한 결혼생활이 원인이 되어 배우자의 직계존속을 폭행하는 것으로 나타났으며, 대부분 본범이 일회적인 경우가 많았다.

존속상해·폭행사건은 주로 말다툼이나 싸움중에 발생하며, 범행당시 음주상태에 있었던 가해자의 비율이 높아 음주여부 그리고 그 정도는 존속상해·폭행사건과 밀접한 관계를 맺고 있는 것으로 나타났다.

「반사회적인 성격에 의한 상습적인 존속폭행」 사건은 주로 자신의 불안정한 생활환경이나 사회에 대한 부적응 그리고 자신의 성취욕구의 불만 등을 부모에 대한 공격성으로 표현하거나 '술에 의존하고' 있으며, 음주상태에서는 자신을 제어하지 못하는 '잘못된 음주습관'을 갖고 있는 가해자에 의해 저질러지는 경우가 많다(최인섭·김지선, 1996).

2) 싫다 싫어 다 싫어!: 가정폭력

술에 취해 가족 구성원에 대한 폭력을 행사함으써 발생하는 문제는 단지 가정의 문제에 그치지 않고 사회적 문제로 연결된다. 당사자의 정신적·육체적 피폐화를 통한 사회적 손실은 물론 폭력 피해 가족구성원들의 사회적 생산성의 하락, 이웃 주민의 피해, 이와 연관된 사회복지적 비용의 증가 등으로 이어진다. 더군다나 최근 IMF 사태를 맞아

취한 이성의 어두운 자화상

어려워진 취업환경, 사회생활의 여파가 가정에 직접적으로 영향을 미치고 있다. 모일간지 기사를 하나 인용해 보기로 하자.

[실직 한파에 가정까지 '흔들' … 매맞는 주부 급증]
아내는 남편에게 말한다. 남부럽지 않던 가정이 당신의 폭력 때문에 무너졌다고. 남편은 달라진 아내가 못마땅하다. 직장을 잃어 가장노릇을 못한다고 이렇게 무시할 수 있느냐. IMF는 우리의 가정을 흔들고 그리고 부부관계마저도 황폐화시키고 있다. 회사원인 남편, 두 돌 지난 딸아이와 함께 화목하게 살던 주부 K씨(30). 지난 해 말 느닷없이 해고 통보를 받은 남편에게 딸을 맡기고 파출부 생활을 시작했다. 석 달쯤 지났을까. 남편이 손찌검을 하기 시작했다. 일감이 밀려 집에 늦게 들어간 것이 화근. 술취한 남편은 울어대는 아이 앞에서 "누구와 바람을 피우러 다니느냐"며 주먹을 휘둘렀다. "가난은 참을 수 있어도 남편의 주먹질은 당해낼 수 없었어요. 그렇게 착한 사람이었는데…." K씨는 딸과 함께 서울시가 운영하는 '가정폭력피해자 일시보호시설'에 들어갔다. 지난해만 해도 40명 정원을 못 채우던 이곳은 K씨처럼 남편의 손찌검을 견디다 못해 도망친 주부가 크게 늘어 수십 명이 기다리고 있다(《동아일보》 1998. 4. 2).

98년 1월에 개설한 여성 전용전화에는 남편이 IMF 스트레스를 술과 폭력으로 풀려고 한다며 하소연하는 사례가 하루평균 15~20통 이어지고 있다. 서울시 가정상담소는 이런 전화가 올들어 2천 875건으로 지난 해보다 11.9% 늘었다고 한다. 그러나 '남성의 전화' '아버지의 전화'를 들어보면 사정은 정반대다. 실직남편 대신 부업전선에 나선 아내의 목소리가 너무 커졌다고 입을 모은다. 예전에 주종을 이루었던 직장생활의 고민을 털어놓는 경우는 크게 줄고 "돈 못 버는 남편을 시시하게 본다" "바깥으로 돌아다니더니 외도에 빠졌다"고 하소연하는 전화가 절반 이상에 달한다는 것이다. 더욱이 가출한 아내가 돌아

술과 폭력

오기를 기다리다 지치면 이혼절차를 문의하기도 한다.

가정폭력은 꼭 여성만이 피해자가 아니다. 지난 2년간 남성의 전화에 접수된 상담건 중 심각하게 매맞은 남편의 경우는 60여 건에 달했다. 30대가 10%이고 40, 50대가 나머지 대부분이라고 밝히고 있다. 매맞는 대목은 운만 띠운 채 이혼 문의를 하는 전화를 합치면 수는 대폭 늘어난다. 한국형사정책연구원 통계에 따르면 가정내 폭력 중 여성이 피해자인 경우가 46%, 남성 피해자가 16%에 이르는 것으로 보고 있다. 이에 비해 선진국은 더 심하다. 영국 런던의 경우 한 해 동안(93년 기준) 매맞은 남편 신고가 8백여 건에 이른다는 것이다. 피해자의 19%가 의식불명 또는 입원가료 수준이며, 이스라엘 남편권리옹호협회는 한 달 평균 60명의 남편이 매맞거나 쫓겨난다고 밝힌 바 있다 (《동아일보》 1998. 2. 22).

그런데 이런 가정폭력의 행사과정에 거의 술이 개입되어 있다는 사실이다. 맨정신에 서로 따지다가 폭력으로 발전하는 경우도 있지만, 대부분이 술을 먹고 감정이 격앙된 상태에서 폭력이 저질러지는 것이 일반적인 형태라고 볼 수 있다.

그런데 이러한 부부간의 폭력은 직접 피해자는 물론 자녀에게도 치명적이고 장기적인 손상을 입힌다는 사실이 심각한 것이다. 특히 가정폭력을 보고 자란 아이들은 충동절제 능력이 부족하고 사회적응에 장애를 나타내기도 한다. 가정폭력이 자녀에게 끼치는 나쁜 영향을 열거해 보면 다음과 같다.

[자녀도 폭력을 당한다]
부부가 신체적 성적 언어적 폭력을 행사하면 자녀도 상처받아 자아존중감이 낮아지고, 슬픔 불행감 무력감 거부감 죄의식 분노를 느끼게 된다. 두통 복통 천식 야뇨증 불면증 말더듬기도 나타난다. 우울증 정신질환 학교공포증 비행행동 학습장애를 겪기 쉽고 자살하기도 한다.

취한 이성의 어두운 자화상

[가정폭력은 전수된다]

폭력남편의 70% 이상이 어렸을 때 아버지가 어머니를 때리는 것을 보고 자란 폭력가정 출신이다. 아이의 세대에도 가정폭력이 이어질 수 있다. 아들은 폭력남편이 될 가능성이 높고 딸은 남성혐오증 남성기피증에 걸릴 수 있는 것이다(《동아일보》 1998. 6. 22).

지난 7월부터 가정폭력범죄 특례법이 발효되면서 가정폭력과 관련해 법원에 정식 송치된 행위자(피고인)에게 사회봉사명령이 내려지기도 하였다.

서울가정법원 가정보호1단독 박동영 판사는 4일 아버지와 의붓어머니를 폭행한 혐의로 입건된 A씨(39)에게 가정폭력범죄특례법을 적용, 양로원 사회봉사명령 40시간 및 보호관찰 6개월의 처분을 내렸다. 재판부는 결정문에서 '가정보호사건의 목적은 교육과 선도를 통해 원만한 가정생활에 도움을 주고자 하는 것인 데다 A씨도 반성하고 있는 점이 인정된다'면서 '그러나 A씨가 부모를 폭행한 만큼 양로원 사회봉사명령을 내린다'고 밝혔다. A씨는 재산문제로 불화를 빚어오던 아버지 B씨(68)가 사업자금을 달라는 자신의 요구를 거절한다며 '술에 취한 채' 찾아가 폭행하고 이를 말리던 의붓어머니 C씨(61)까지 때린 혐의로 지난 달 7일 구속됐다가 가정법원에 송치됐다(《동아일보》 1998. 8. 4).

한편 서울시에 거주하는 20세 이상의 기혼남녀를 모집단으로 하여 1,200명(여자 640명, 남자 560명)의 표본을 대상으로 실시한 한 조사에 의하면(김익기·심영희 외, 1991), 응답자들이 지금까지 살아오는 동안 가정내에서 부모와 형제로부터 평균 13.3회 정도 폭력을 경험한 적이 있는 것으로 나타났는데, 이러한 경험을 한 응답자는 전체의 71.9%인 것으로 나타났다. 그리고 응답자들이 가족이 아닌 다른 사람으로부터는 평균 10.4회 정도 폭력을 경험한 적이 있는 것으로 나타났고 응답자의 68.9%가 이러한 경험이 있는 것으로 보고되었다. 부모와 형제로부터 당한 폭력경험과 가정 밖의 다른 사람들로부터 당한 폭력경험을 비교해 보면, 응답자들은 가정 밖의 일반인으로부터보다는 가정내의 부모와 형제로부터 평균 2.9회 정도 더 폭력을 경험한 것으로 밝혀졌다.

여성응답자에 한하여 폭력경험의 정도를 살펴보면, 지금까지 살아오는 동안 여성응답자들은 부모와 형제들로부터는 평균 10.8회 정도 폭력을 경험한 적이 있으며, 남편으로부터는 평균 4.8회 정도 폭력을 경험한 적이 있는 것으로 나타났다. 이밖에 가족 이외의 다른 사람으로부터는 평균 4.4회 정도 폭력을 경험한 적이 있는 것으로 나타났다.

여성응답자들은 가정 밖의 일반사람들로부터보다는 가정내의 가족들로부터, 가정내에서는 남편보다는 부모와 형제로부터 폭력을 더 많이 경험한 것으로 나타났다.

일 년 동안에 아내에 대한 남편의 폭력이 어느 정도 발생했는가를 살펴보면, 1,171가구 중에서 '물건을 부인을 향해 던진' 행위는 156가구(13.2%), '부인을 밀치거나 몸을 잡아 흔든' 행위는 212가구(18.1%), '부인의 뺨을 때린' 행위는 134가구(11.4%), '발이나 주먹으로 부인을 한두 대 때린' 행위는 112가구(9.6%), '몽둥이 같은 물건으로 때리려고 하거나 한두 대 때린' 행위는 37가구(3.2%), '부인을 닥치는 대로 두들겨 패는' 행위는 22가구(1.9%), '칼 같은 위험한 물건으로 부인에게 위협하는' 행위는 18가구(1.6%), '칼 같은 위험한 물건을 부인에게 직접 사용한' 행위는 6가구(0.6%)에서 발생한 것으로 나타났다. 그리고 이러한 8가지 폭력유형 가운데 어느 한 가지라도 발생한 가구는 332가구(28.4%)에 이르는 것으로 나타났다.

그런데 이러한 폭력은 어릴 적 부모로부터 폭력을 많이 당한 남성일수록 그리고 아버지가 어머니에게 폭력을 행사하는 것을 많이 목격

취한 이성의 어두운 자화상

한 남성일수록 부인에게 폭력을 더 많이 행사하는 것으로 나타났다.

또한 폭력허용적인 태도 및 성역할 고정관념을 많이 갖고 있는 남성일수록 아내에게 폭력을 더 많이 행사하는 것으로 나타났다. 폭력의 또 다른 원인으로서, 부부간의 갈등이 클수록 남성은 부인에 대해 폭력을 더 많이 행사하는 것으로 나타났다.

결국 가정폭력은 부부간의 원만하지 못한 관계 내지 갈등이 술이라는 매개로 상승작용을 일으키게 되어 상대에 대한 폭력으로 나타나게 된다.

3) 세상을 향한 질주: 음주운전

87년 이후 10년간 교통사고로 숨진 사람이 10만여 명, 부상자는 300만 명이나 된다. 해마다 천안 또는 광명시 인구와 비슷한 교통사고 피해자가 생겼다는 얘기다.

이런 추세라면 97년부터 2006년까지 11만 명이 숨지고 340만 명이 다쳐 20년간의 총 사상자가 2가구당 1명인 661만 명에 이를 것으로 추정된다.[3] 그런데 그 중 15% 이상이 음주운전에 의한 사고인 것으로 나타났다.

97년 한 해만 해도 10월까지 발생한 교통사고는 20만 3천 665건으로 96년 같은 기간보다 9.6% 줄었다. 사망(9천 730명)과 부상(27만 186명) 역시 각각 8.9%, 10.7% 감소했다.

그러나 음주운전 사고는 95년에 17,777건, 96년에 벌써 2만 건을 넘겨 20,973건, 97년에는 2만 4천 938건으로 그 전에 비해 15.9%나 늘었고 음주단속에 걸린 운전자(25만 1천 600명)도 무려 56.2%나 증가, 음주운전의 실태는 갈수록 심각해지고 있다. 경찰에서 올들어 50여 차례 일제 단속을 실시하는 등 '음주운전과의 전쟁'을 벌이면서 만취 운전에 따른 대형사고가 줄어 음주사고 사망자는 27.9% 감소했다.

한편 96년에 미국에서 음주운전으로 구속된 운전자는 146만 7천 300명에 달했는데, 이는 33개 주에서 21세 이하에게도 음주가 허용되던 지난 83년의 190만 명에 비해서는 크게 줄어든 것이며 현재는 모든 주들이 21세 이하의 음주를 불법화하고 있는 실정이다.

그런데 우리의 경우는 사회적으로 공적인 관계에서는 음주운전을 금지하면서도, 사적인 관계에서는 음주운전에 대해 관대하거나 또는 부추기는 환경이 남아 있다. 도로교통안전협회 조사에 따르면 차를 가지고 모임에 참석했을 때 41.5%가 다른 참석자로부터 음주 권유를 받는 것으로 나타나 있다. 우리사회가 음주에 관대하고 음주운전을 조장하고 있음을 말해 주는 대목이다.

물론 술을 마신 운전자가 편한 마음으로 차를 모는 것은 아니다. '적발될까 걱정하거나,' '사고가 날 수 있다고 걱정하는' 운전자가 대부분이다. 문제는 경찰단속과 사고위험을 걱정하면서도 10명 중 3명 가량이 '괜찮겠지'라는 막연한 생각으로 핸들을 잡는다는 점이다. 자신만큼은 경찰에 안 걸리고 사고도 내지 않을 것이라는 '슈퍼맨'적 발상 때문이다.

사고위험성이 높고 처벌이 엄격하다는 사실을 알면서도 왜 운전자는 술을 마신 뒤 차를 몰려는 것일까. 여기서 운전자의 음주를 부추기는 우리사회의 음주습관을 지적할 수 있다. 회식이나 연회장소에서 함께 술을 마시며 흥을 돋우는데 차 때문에 혼자서만 술을 사양하겠다고 말하기는 쉽지 않다. '대중교통수단이 마땅치 않다' '차가 없으면 다음날 출퇴근이나 업무처리에 불편하다' '사고를 안 내고 단속에 걸리지 않을 자신이 있다'는 생각도 술을 마신 뒤 운전석에 앉게 하는 큰 요인이다. 대부분의 운전자는 맥주나 소주 한두 잔을 마시고도 충분히 운전이 가능하다는 '확신'을 갖고 있다. 자신의 운전능력을 과신하는 것이다. 물론 적은 양일 때는 뇌를 조금 활성화시키는데 이를 몸의 컨디션이 좋아진 걸로 착각하는 경우가 많다. 그러다 보면

취한 이성의 어두운 자화상

과속 앞지르기 등 난폭운전을 하게 된다. 음주운전은 밤늦은 시간대에 많이 하게 된다. 야간운전에 음주로 인한 시력저하가 겹치면 속도판단 청력 평형감각이 현저히 떨어져 실수할 가능성이 높다. 술 마시고 차를 몰면서도 무사히 집에 갈 수 있다는 것에 자신감을 가지면 음주운전은 고치기 힘든 습관이 된다.

음주운전은 예나 지금이나, 어느 사회를 막론하고 금지하고 있다. 지금도 그렇지만 옛날에도 음주운전은 많았고 막기 힘든 고질병이었다.

세계적으로 첫 음주운전 사고는 1801년에 일어났다(《동아일보》 1997. 2. 9). 1801년 12월 23일 영국의 광산기술자였던 리처드 트레비딕은 세계 최초의 8인승 증기엔진 승용차를 만들었다. 5년간의 연구 끝에 이룬 성과였다. 차는 첫 주행시험에서 시속 7km로 100m를 굴러갔다. 자신감을 얻은 트레비딕은 이튿날 아침 26km 떨어진 이웃도시를 향해 떠났다. 이 차는 물과 석탄을 한 번 넣으면 8km밖에 주행할 수 없었다. 트레비딕은 도중에 차를 세우고 연료와 물을 보충했다. 날씨가 너무 추웠다. 동승한 친구들과 길가 주막에 들어갔다. 위스키 서너잔으로 추위를 녹인 뒤 다시 출발했다. 트레비딕은 냇물을 건너다가 술기운에 핸들을 잘못 틀고 말았다. 차는 그만 큰 돌을 들이받고 옆으로 넘어졌다. 이 바람에 동승한 친구 2명이 크게 다쳤다. 이것이 세계 최초의 음주운전 사고였다.[4]

요즘은 음주운전을 하면 엄벌을 받지만 2차대전 이전에는 자동차가 귀할 뿐더러 운전자가 사회로부터 후한 대접을 받던 멋쟁이들이어서 음주운전 단속도 허술했다. 테스트할 장비도 없고 단속할 법조항조차 제대로 없어 음주운전하다 사고를 내면 경찰이 임의로 사고 정도에 따라 1, 2개월 정도 면허정지 처분을 하는 것이 고작이었다. 또 사망사고를 냈을 때는 일반 형법을 적용했다. 특히 20년대는 음주운전 무법시대였다. 서울 부산 평양같은 대도시의 전세자동차 운전기사들은 개화에 앞장서 가던 지성파로 사회로부터 인정받던 신식 멋쟁이들인데

술과 폭력

다 고객 대부분이 상류층이어서 돈도 잘 벌었다. 이 시절 상류층의 전세자동차 이용 목적은 요정 출입과 드라이브 등 두 가지가 거의 전부였다.

손님을 태우고 요정에 갈 경우 운전사는 손님과 동석, 밤새도록 즐긴 뒤 주연(酒宴)이 끝나면 물주를 태우고 드라이브하는 풍습도 있었다. 음주운전 단속법이란 꿈도 못 꾸던 시절이어서 음주운전 사고도 천태만상이었다(《동아일보》 1997. 12. 22).

《동아일보》 1922년 5월 30일자에는 만취 운전사가 다른 차를 훼방놓다가 다리 밑으로 추락한 사고를 이렇게 썼다.

29일 오전 1시 45분경 동대문 밖 청량리 제1청량교에서 경기도 제86호 자동차 운전수 김종진(33)은 술에 매우 취하야 자기 앞에 경기도 제112호 자동차가 있음을 보고 한 번 장난을 하랴는 마음으로 자동차를 운전하야 112호 자동차를 가로막고 지나가던 바 돌연히 충돌하야 86호 자동차는 다리 아래로 떨어져 앞바퀴가 산산이 부서지고, 112호 자동차 역시 차체가 적지 않게 파손되었으며 86호 자동차에는 승객 한 명이 자동차와 함께 다리 아래로 떨어져서 얼굴과 손과 기타가 부상하였다는데 손해는 86호 자동차에 120원이요 112호 자동차에 60원이며 운전수 김종진은 동대문서에 인치되어 취조를 받는 중이라더라(《동아일보》 1922. 5. 30).

그러나 세월은 흘러 음주운전의 금지유형과 처벌유형은 나라마다 천차만별로 발전되어 왔다.

음주운전의 처벌이 가장 혹독한 나라는 엘살바도르라고 볼 수 있는데 적발되면 사형이다. 그리고 불가리아에서는 초범은 훈방이지만 재범은 교수형이다. 특이한 것으로서 터키는 적발이 되면 순찰차에 태워 집에서 30km 떨어진 외딴 곳에 내려 놓은 뒤 집까지 걸어가게 한다. 그리고 구속한다. 핀란드에서는 한 달 월급을 몽땅 뺏긴다. 스웨덴에

취한 이성의 어두운 자화상

서는 연간 수입의 1/10을 내야 한다. 프랑스에서는 30만 프랑(약 2천 800만 원)의 벌금을 내야 하고 면허취소까지 당한다. 우리나라의 경우는 지역별로 단속기준이 특색을 보이는데 부산의 경우 삼진아웃제라는 제도를 적용하고 있다. 부산지검이 만든 삼진아웃제의 구속기준에 따르면 ① 5년이내 3회 이상 음주운전, ② 3년이내 2회 이상 음주운전으로 적발되면 음주량에 관계없이 즉시 구속하고, ③ 5년이내 2회 이상 단속되면 혈중알코올농도 0.10% 이상일 때 구속한다. 음주운전으로 적발되어 면허정지 또는 면허취소 처분을 받은 상태에서 음주운전을 했거나 혈중알코올농도 0.36% 이상일 때도 즉시 구속하게 된다. 이처럼 엄격한 단속을 하다보니 음주운전 단속현장에는 다양한 행태가 연출된다.[5]

그러나 최근 우리사회의 음주운전에 대한 사회적 경각심에 힘입어 만취상태로 운전하다 교통사고를 내 3명을 숨지게 한 트럭운전사에 대해 경찰이 이례적으로 살인혐의까지 적용, 구속영장을 발부받은 사례도 있었다.

이러한 음주운전은 그것 자체로 끝나는 것이 아니라 그것에 파생되는 다종다양한 사회현상을 야기하게 된다.

첫째, 음주운전 후 교통사고를 낸 후 뺑소니를 하는 반인륜적 범죄의 형태로 발전하게 된다. 97년도의 경우 1년새 뺑소니 사고가 42%나 늘어났는데, 교통사고 뺑소니 운전자는 보험에 가입하지 않았거나 음주운전 사실이 드러나는 것을 두려워해 달아나는 경우가 가장 많았다.

97년 9~10월에 발생한 교통사고 뺑소니 사고는 3천 998건으로 지난 해 같은 기간보다 42.3%나 늘었다. 이 중 범인이 붙잡힌 사고는 2천 903건이었다. 사고를 내고 달아난 이유에 대해 무보험 28.6%(833명), 음주운전 27.5%(800명), 처벌이 두려워서 22.4%(651명), 무면허 12.8%(374명) 등으로 음주운전의 발각으로 인한 무거운 처벌을 두려워해 뺑소니치는 사고가 1/4 이상이 되고 있는 것이다.

술과 폭력

1997년 10월 21일자 한 신문에는 한 여성운전자가 음주사고 후 뺑소니친 사건을 보도하고 있다.

울산 남부경찰서는 97년 10월 21일 술에 취해 차를 몰고 가다 행인 4명을 치고 도주한 이을수씨(37. 주부. 중구 태화동)에 대해 특정범죄가중처벌법위반(도주차량) 혐의로 구속영장을 신청했다. 경찰에 따르면 이씨는 술에 취한 채 이날 오전 2시 30분께 경남 1호 1738호 르망승용차를 몰고 귀가하던 중 남구 신정3동 롯데리아 앞에서 길을 건너던 박이종(34. 회사원. 남구 신정4동) 고한수씨(26. 회사원) 등 4명을 친 뒤 차를 버리고 달아난 혐의다. 박씨 등 4명은 제일병원과 동강병원으로 옮겨져 치료를 받고 있으나 중태다. 경찰은 사고 후 집으로 달아났던 이씨를 붙잡아 조사한 결과 20일 오후 늦게부터 친구들과 술을 마신 뒤 혈중알코올농도 0.158%의 만취상태에서 차를 몰고가다 사고를 낸 것으로 밝혀냈다(《동아일보》 1997. 10. 21).

둘째, 야간 음주단속을 피해 주간 음주운전이 늘고 있다. 최근 강력한 음주단속과 삼진아웃제도의 도입 등으로 야간 음주운전이 줄어드는 대신 이를 피해 대낮 음주운전이 늘어나고 있다는 것이 경찰의 분석이다.

실제로 지난 한 달 동안 부산지역에서는 대낮 음주단속에서 43명이 적발되어 면허정지 처분이 내려졌다. 대낮 음주운전이 가장 빈발하는 지역은 서구 암남공원으로 10월 한 달 동안 적발건수가 무려 37건에 이른다.

바다를 끼고 있어 경치가 좋은 암남공원 주변에는 해산물을 파는 노점상과 음식점이 많아 직장 또는 가족단위로 차를 몰고 나들이를 왔다가 음주운전을 하는 경우가 많은 것이다.

이밖에 사하구 다대포해수욕장 부근, 영도구 태종대 입구, 금정구 산성 입구, 강서구 명지동 입구 등 현재 5곳에서 경찰이 수시로 음주단속을 벌여 심심치 않게 실적을 올리고 있다. 경찰은 나아가 앞으로 카페가 몰려 있는 해운대 달맞이고개 주변과 횟집이 많은 기장군 주변에서도 대낮 음주단속을 벌일 계획을 밝힌 바 있다. 이러한 주간음주의 증가는 생산성의 하락뿐만 아니라, 사회적 분위기의 이완과도 연관되어 있는 것이다.

셋째, 음주운전사고가 가중처벌되는 것을 악용한 단속경관과의 뇌물거래 및 공갈사건이 만연하고 있다. 심심찮게 보도되고 있는 단속경관이 음주운전 적발을 무마해 주는 대가로 수백만 원을 받은 사실이 적발되어 문제가 발생하는 경우는 제외하고라도, 음주운전자를 협박하는 웃지 못할 범죄도 발생하고 있다.

[신종 자해공갈단, 주부 울린다… 정 통한 후 음주 윤화(輪禍) 유발]
서울 양천경찰서는 22일 부녀자를 유혹해 정을 통한 뒤 공범과 짜고 고의로 교통사고를 내 합의금을 갈취한 혐의를 받고 있는 이영록씨(33. 무직) 등 5명에 대해 상습공갈죄를 적용, 구속영장을 신청했다. 이씨 등은 지난 1월 서울 구로구 오류동 C나이트 클럽에서 만난 P씨(42. 여. 커피숍 경영)에게 '겨울바다를 보러 속초에 가자'고 유인, P씨의 세피아 승용차를 타고 동해안으로 놀러갔다. 이튿날 오전 1시경 이씨는 P씨와 함께 술을 마신 뒤 P씨가 운전하는 차에 동승, 숙소인 콘도로 돌아왔으며 이 때 기다리고 있던 나머지 공범들이 P씨의 승용차와 접촉사고를 낸 뒤 '음주운전이니 경찰서로 가자'고 위협했다. 이씨는 겁에 질린 P씨에게 '속초에 아는 경찰관이 있는데 이를 무마하려면 돈이 필요하다'며 합의금조로 1천 500만 원을 뜯어냈다. 이후 이들은 '남편에게 알리겠다'며 P씨를 협박, 추가로 2천만 원을 뜯어내려 한 혐의도 받고 있다(《동아일보》 1997. 9. 22).

넷째, 인기탤런트들이나 스포츠 스타 등의 사회적 공인들의 음주운전 단속처리를 두고 형평성의 시비가 심심찮게 제기됨으로써 사회적 위화감이 조성되곤 하며, 여성들의 음주운전 단속건수가 증대됨으로써 심각한 가정문제가 발생되기도 한다. 신은경, 허재, 김혜리, 김흥국, 임현식 등 유명인들이 음주운전 단속에 적발되었으나 대부분 유야무야 처리됨으로써, 법적용의 형평성에 관한 부정적 여론이 일기도 했다.

또한 여성운전자들이 음주운전으로 적발되는 경우가 급증하고 있어 사회적으로 문제가 되고 있다. 서울지역의 경우만 해도 작년 8월 말까지 음주운전으로 적발된 여성운전자가 96년 같은 기간(951명)보다 62. 1%나 증가한 1천 542명에 이르렀다. 서울경찰청은 같은 기간 하루 평균 193건씩 모두 4만 6천 944명의 음주운전자를 적발, 354명을 구속하고 나머지는 불구속 입건했으며 1만 9천 937명의 운전면허를 취소했다. 이는 96년 같은 기간 단속된 3만 6천 277명과 비교하면 29.4%나 증가한 수치이며 여성 음주운전자의 증가추세는 일반 음주운전자 증가세의 2.3배 정도나 되고 있다(《동아일보》 1997. 9. 28).

4. 술을 둘러싼 폭력

낭만적이고 부드러운 분위기와는 달리 술집 그 자체는 전통적으로 폭력배들이 주 수입원으로 삼는 주요 대상이다. 업소보호 비용이나 술과 연관된 부대 자재 납품을 요구하는 소규모의 폭력행사에서부터 영업관리 구역을 할당하여 거액의 돈을 갈취하거나 아예 자신들의 조직원을 취업시키는 조직적인 폭력행사에 이르기까지 술집은 폭력의 구조에 밀접하게 노출되어 있다.

제5공화국 초기에는 김○춘과 조○은이 구속되는 등 폭력배들이 대대적으로 구속되어 한동안 서울의 밤거리가 조용한 듯하였으나 1986년 아시안게임과 1988년 서울올림픽 등을 거치면서 소비, 향락풍조가 만연해지고 호텔, 여관, 나이트 클럽, 오락실, 룸살롱, 안마시술소 등 유

취한 이성의 어두운 자화상

흥향락업소가 엄청나게 증가하면서 폭력조직들은 이러한 업소에 서식하면서 금품갈취를 일삼았다. 과거의 폭력조직이 유흥업소에 기생하거나 외부의 요청에 따라 동원되는 종속 내지 기생관계였다고 한다면 이 시기에 들어서는 풍부한 자금력을 바탕으로 하여 자립적 내지는 기업적 형태로 변모하는 양상을 보여주었다.

폭력조직의 수와 그 구성인원이 얼마나 되는가 하는 점은 폭력조직의 전체적 세력의 정도를 알아보는 데 중요한 척도가 된다. 검찰은 1992년 2월 29일 현재 총 303개 조직, 6,729명으로 파악하고 있다. 조직 수로는 서울지역이 96개로 가장 많고(31.7%), 그 다음이 광주(31개, 10.2%), 대구(30개, 9.9%) 순으로 되어 있으며, 구성원 수는 광주지역이 1,174명으로 가장 많고(17.4%), 다음이 서울(958명, 14.2%), 전주(816명, 12.1%) 순으로 되어 있다. 또한 지난 1990년에 대검찰청 강력과에서 검거대상 폭력조직의 현황을 파악한 바에 의하면, 1990년 8월 31일 현재 184개 조직, 5,312명으로 되어 있다. 이를 조직의 규모별로 보면 구성인원 10명 미만의 조직이 52개(28.3%), 10명 이상 30명 미만이 71개(38.5%), 30명 이상 50명 미만이 27개(14.7%) 그리고 50명 이상이 34개(18.5%)로 되어 있다.

폭력조직이 자금을 조달하고 이를 관리하는 방법을 보면, 통상 두목급인 경우에는 오락실이나 건설업체 갈취 등 큰 이권에 개입하고 있고, 유흥업소나 합법을 가장한 기업체를 직접 경영하기도 한다. 두목 이외의 간부들은 주로 활동구역내의 나이트 클럽이나 카바레 등의 유흥업소에 영업부장, 전무 등으로 취업하면서 월급명목으로 업소로부터 정기적인 상납금을 받고 있다.

서울지검 강력부(부장 박영수)는 지난 달 16일 설치한 '기업폭력 상담·신고센터'에 접수된 46건의 신고 내용에 대해 수사한 결과, 기업형 폭력조직 24개파의 혐의가 드러나 수사중이라고 26일 밝혔다. 검찰은 특히 91년 '범죄와의 전쟁' 이후 구속됐다 풀려난 과거 폭력 조직의 두목·행동대장급 폭력배들이 최근 강남 일대 대형 룸살롱의 영업권 등을 인수, 조직 확장을 기도하고 있다는 첩보가 입수되어 이들의 자금과 조직을 차단하는 데 주력하고 있다고 밝혔다. 검찰은 또 신고된 12건은 관할 수사기관에 이첩, 수사중이라고 밝혔다. 검찰은 이에 앞서 서울 강남의 대형 룸살롱 영업권을 강제로 빼앗은 혐의로 폭력조직 '쌍택이파' 부두목 이모씨(39)를 구속하는 등 28명을 구속하고 5명을 불구속 입건했다(《조선일보》 1998. 7. 27).

그리고 말단의 행동대원들은 유흥업소의 종업원 등으로 일하면서 자기 생활비는 스스로 조달하는 경우가 많고, 조직으로부터 정기적인 보수를 받는 경우는 많지 않다. 또한 취업을 하지 못하여 일정한 수입이 없는 행동대원들은 두목이나 간부급에서 수시로 제공하는 식사비나 목욕비 정도로 생활하고 있으며, 따라서 항상 경제적 여유가 없는 이들은 절도나 학생들을 상대로 한 금품갈취 등의 범행을 일삼고 있다.

각종 유흥업소는 전통적으로 폭력조직과 결부되어 왔다. 폭력조직이 유흥업소를 갈취하는 유형을 보면, 업소로부터 '보호비' 등의 명목으로 금전을 갈취하거나, 조직의 구성원을 지배인, 영업부장, 웨이터 등으로 고용할 것을 강요하고 있고, 이들이 종업원으로 일하는 과정에서 업소의 영업권이나 지분을 갈취하기도 한다. 그밖에 그들은 주류, 안주 등의 공급권을 장악하기도 하고 업소에 출연하는 무희나 가수, 배우 등의 연예인에 대한 갈취를 일삼고 있다. 이러한 과정에서 서로 다른 조직끼리 영업권 확보를 위한 폭력이 자행되기도 한다.

[폭력배 패싸움 2명 사망]
11일 새벽 3시 50분쯤 경남 진주시 중안동 진주우체국 앞길에서 20대 폭력배 30여 명이 흉기를 휘두르며 편싸움을 벌이다 박수용(23. 주거 미상), 김태욱씨(24. 무직. 진주시 상봉동 745의 20)가 숨지고 최민규씨(25. 주점종업

취한 이성의 어두운 자화상

원. 진주시 신안동 19의 42) 등 3명은 중상을 입어 인근 병원에서 치료를 받고 있다. 박씨 등은 진주우체국 앞길에서 10여 분간 편싸움을 벌이다 달아나기 시작했으나 상대 폭력배들이 상평동 국민아파트 뒤 어린이놀이터까지 쫓아와 흉기를 휘둘렀다. 경찰은 현장에 있던 이모씨(26. 사업. 진주시 하대동) 등 7명을 붙잡아 정확한 경위를 조사중이다. 경찰은 이들을 조사하는 과정에서 이 지역 조직폭력배 하수천과 행동대원 김모씨(29)가 가담했다는 진술을 받아내 조직폭력배간 유흥가 이권다툼으로 유혈극이 일어난 것으로 보고 이들의 계보파악과 용의자 검거에 나섰다(《국민일보》 1997. 2. 11).

그리고 도박장 개장도 전통적인 형태의 활동유형이다. 이들은 아파트 등지의 비밀장소에 '하우스'를 차려 놓고 비밀리에 고객을 유인해 도박판을 벌린 다음 '고리' 등의 명목으로 금전을 갈취한다. 그 밖에 호텔 오락실 등의 유기장업소도 갈취의 대상이 되고 있는데, 주로 오락실 운영권의 지분을 갈취하여 그 배당금을 착복하는 형태가 많다(한국형사정책연구원, 1991).

이와 같이 공생관계를 유지하고 있는 술집 등의 유흥가와 폭력세력 간의 관계는 그 양자의 생리상 악어와 악어새와 같은 관계라고 볼 수 있다.

5. 술취한 사회와 폭력: 구조적 폭력

진정한 사회 평화는 인명을 빼앗거나 신체에 직접적으로 피해를 가하는 '신체적 폭력(personal violence)' 혹은 '직접적 폭력(direct violence)' 뿐만 아니라 사회적 불공평이라는 '구조적 폭력(structural violence)' 혹은 '간접적 폭력(indirect violence)'이 제거되지 않고는 실현될 수 없다.

술과 폭력

갈퉁(J. Galtung)은 폭력을 "인간의 기본적인 욕구에 대한 피할 수 있는 모독"이라고 정의함으로써, 목숨을 잃더라도 그것이 피할 수 없는 경우라면 폭력이 아니라는 것을 강조하였다.

예를 들어, 어떤 사람이 병을 얻거나 사고를 당한 후 병원비가 없다는 이유로 의사의 적절한 치료를 받지 못하여 죽었다면, 이것은 '피할 수 있는' 죽음이었기 때문에 구조적 폭력이 자행되었다고 볼 수 있다.

그러나 의사의 적절한 치료에도 불구하고 현재의 의료자원과 기술로는 고칠 수 없는 질병이나 치명적인 사고 때문에 죽었다면, 이 경우는 '피할 수 없는' 죽음이었기 때문에 폭력이 존재하였다고 할 수 없다는 것이다.

갈퉁은 '구조적 폭력'이란 개념을 처음으로 소개한 뒤 약 20년만에, '문화적 폭력(cultural violence)'이라는 개념을 도입하였다. 그는 문화적 폭력을 '직접적 폭력이나 구조적 폭력을 정당화하거나 합법화하는 데 사용될 수 있는 문화의 측면'이라고 정의하면서 이에 종교와 사상, 언어와 예술, 그리고 과학과 학문 등의 폭력성을 포함시키고 있다.

종교나 예술 혹은 학문 등을 통해서 직접적인 폭력 행위나 구조적 폭력의 실체가 정당하다거나 최소한 잘못된 것은 아니라고 간주하게 함으로써 폭력의 사용이 합법화되거나 일반적으로 용인되는 것이 문화적 폭력이라는 것이다.

이처럼 폭력은 서로 별개의 것들이 아니라 밀접하게 연관되어 있다. 직접적/신체적 폭력은 '사건(event)'과 같고, 구조적/간접적 폭력은 '절차(process)'와 같으며, 문화적 폭력은 '상수(invariant)' 혹은 '영속적인 것(permanence)'으로서, 폭력은 폭력을 낳는다는 말처럼 어느 한 유형의 폭력은 다른 유형의 폭력을 초래하게 된다. 그러므로 폭력적인 구조가 제도화하고 그에 따라 폭력적인 문화가 내면화하면 직접적 폭력도 반복되고 관례화 한다(Galtung, 1990: 302).

취한 이성의 어두운 자화상

이와 같은 점에서 볼 때 1970~80년대 군부독재 정권과 미국의 제
국주의적 팽창정책의 폭력성은 그 자체의 폭력성뿐만 아니라 이에 대
항하는 민주화 운동의 폭력성을 불러일으키게 되었다. 또한 이를 저지,
억압하는 방식도 점점 더 폭력화하고, 이의 사회적 영향으로 사회 각
영역에서 폭력문화를 정당화하는 '문화적 폭력의 일상화'가 이루어
졌던 것이다. 더군다나 자립적인 근대화 과정을 겪지 못하였기 때문에
전통적인 가부장제도의 장점은 계승되고, 단점은 폐절될 수 있는 주체
적 기회상실은 가부장제의 부정적 측면만 강화되고 또한 이것이 국가,
사회의 지배구조의 주요 수단으로 강화, 발전되어 왔기 때문에 사회구
성원간 혹은 가족구성원간의 진정한 담론구조가 정착될 겨를이 없었
다. 이런 환경은 결국 토론과 설득의 '협상능력'보다는 제압하고 봉
쇄하는 '폭력행사의 일상화'가 이루어질 수밖에 없었다. 따라서 이
러한 환경은 결국 사회적 새도매저키즘[6]을 술이라는 매개물을 통해 발
산시키게 만들었을 뿐만 아니라, 이러한 사회적 환경은 술 마시지 않
을 수밖에 없는 긴장된 사회구조를 만드는 악순환의 고리로 이어지게
만들었다. 즉 사회적, 집단적 주취(酒酔)의 환경으로 몰고갔던 것이다.

또한 최근의 IMF체제하의 힘든 생활환경은 최소한의 공동체로서의
직장과 가정의 틀을 근본적으로 위협하며 이러한 문제를 더욱 심화시
키고 있다. 실업의 위협은 삶의 근본적 조건을 위협함으로써 가정마저
도 황폐화, 나아가 해체시키고 있는 것이다. 결국 이러한 사회환경 속
에서 술은 그 전통적인 유장한 담론매체로서의 의미, 혹은 정서이완의
신선한 자극제 역할을 서서히 상실해 가고 있다. 오히려 긴장된 사회
구조가 개인에게 압박하는 구조적 폭력행사의 일상화 과정에 도구와
수단적 의미를 지니게 되었던 것이다. 그것은 술 자체의 화학적, 객관
적 성분의 변화이기보다는 술을 마시는 사회적, 문화적 맥락의 급격한
변화라고 볼 수 있다.

긴장과 복합위험의 현대사회에 현대인들이 대처하는 모습은 몰두와

술과 폭력

환각, 중독의 일상화로 나타나고 있다. 결국 이는 '탐닉의 일상화' 라 부를 수 있으며, 이는 궁극에는 '폭력의 친근화'라는 새로운 사회 현상으로 나타나고 있다. 결국 이들은 동전의 양면과도 같은 동종이상 (同種異狀)의 사회현상으로 볼 수 있다.

그런데 이러한 현대인의 모습을 합리적 현대인을 배후가정으로 설정한 전통적 사회과학 패러다임으로 어떻게 그 해법을 찾을 수 있단 말인가? 문제는 그 인식론적 가정뿐만 아니라 이에서 파생되는 방법론에서도 역시 발생한다. 결국 문제는 거대구조와 미소서사(微小敍事)가 씨줄과 날줄처럼 엮여 나타나는 그 일상적 공간의 생동감 있는 해석을 위하여, '일상적 담론의 조직화'와 '제도화된 언어구조의 일상화'로의 인식론적, 방법론적 대전회(大轉回)뿐이다.

▶ **주**

1) 이런 사실은 대통령 직속 여성특별위원회가 1996년 6월 29일부터 25일간 서울과 부산에 사는 실직자 696명(실직 여성가구주 137명, 남성가구주 가정의 여성실직자 195명, 남성가구주 가정의 남성실직자 364명)을 상대로 조사해 25일 내놓은 「실직자 및 가족의 생활실태」보고서에서 밝혀졌다. 보고서에 따르면 남성 실직자 가운데 7.7%가 이미 이혼·별거중이며 10.8%가 이를 고려중인 것으로 조사되어 무려 18.5%가 거의 가정파탄의 수위에 도달한 것으로 분석되었다. 또 남성가구주 가정의 여성실직자 7.9%도 이혼·별거를 고려하고 있었다.
2) 경남지방경찰청에 따르면 98년 9월 말까지 음주운전중 경찰단속에 적발된 건수는 도내 총 24,500명으로 지난 해 같은 기간에 비해 37.5%나 증가하였다 (《국제신문》 1998. 10. 23).
3) 이에 따른 피해보상금과 교통혼잡비용 행정처리비용 등을 합하면 총손실액이 무려 330조 원에 달한다는 것이다(설재훈, 1997).
4) 트레비딕은 인근 마을사람들의 도움으로 겨우 차를 일으켜 세운 뒤 근처 마을까지 몰고 갔다. 그는 차를 길가에 세워 놓고 얼어붙은 옷과 손발을 녹이

취한 이성의 어두운 자화상

기 위해 선술집으로 들어갔다. 그 사이 물이 다 새버린 승용차의 보일러가 계속 타고 있던 석탄불 때문에 벌겋게 달아 차가 몽땅 타버렸다. 그는 다음 해인 1802년 첫번째 차보다 더 발전된 두번째 승용차를 만들었다. 그리고 '증기의 힘으로 달리는 쿠치' 라는 이름의 특허를 받았다.

5) 한 신문기사에 실린 음주단속 현장의 백태를 소개한다. 경찰의 음주운전 단속현장에서는 항상 단속경관과 음주운전자들 사이에 날카로운 신경전이 벌어진다. 음주운전자들이 경찰의 음주측정에 강한 거부감을 보이기 때문이다. 그러나 대부분은 단속경관의 일방적인 승리로 끝난다. 음주운전자들이 처벌을 받지 않기 위해 단속경관앞에서 보이는 행태는 '읍소형' '애교형' '오리발형' '협박형' 등 다양하다. 읍소형은 음주운전 단속에 걸리면 '앞으로 절대로 음주운전을 하지 않겠다' 며 봐달라고 통사정을 한다. 무릎꿇고 경관의 다리를 붙잡으며 사정하는 사람도 있다. 또 면허가 취소되면 생계가 막막하다고 하소연하는 경우도 많다. 애교형은 주로 여성들이다. 최근 여성운전자들이 늘어나면서 여성음주운전자도 급증하고 있는 실정이다. 이들은 '아저씨, 한 번만 봐주세요' 라며 갖은 애교를 다 떤다. 그래도 봐줄 기미가 없으면 단속경관의 말꼬투리를 잡아 말싸움을 유도하기도 한다. 심지어 성희롱 등을 들먹이며 경관을 곤혹스럽게 하는 사람도 있다고 한 경찰관은 말했다. 오리발형은 음주측정을 하려면 처음에 '내가 왜 음주측정기를 불어야 하느냐' 며 완강히 거부한다. 단속경관이 재차 요구하면 '왜 귀찮게 하느냐' 고 화를 낸다. 그러면서 건성으로 음주측정기에 입을 댄다. 이렇게 3~4번 반복하다 음주측정을 하게 되는데 일정량의 수치가 나와도 '한 방울도 마신적이 없다' 며 오리발을 내민다. 그러나 결국 나중에는 읍소형이 되고 만다. 협박형은 다짜고짜 단속경관에게 '내가 누군 줄 아느냐. 너 어느 경찰서에서 나왔어. 전화 한 통이면 옷벗게 될 줄 알아' 라고 큰 소리친다. 아직도 권력기관 등에 종사하는 사람들 중에 가끔 이런 협박형이 있다고 한다. 이밖에 돈을 주고 무마하려는 '뇌물형,' 자신의 주량에 비해 마신 술은 별거 아니라는 '주량과시형' 도 있다(《동아일보》 1996. 11. 30).

6) 일상의 생활 속에서 새도매저키즘이 일상의 권력과 어떠한 연관을 맺고 있는가에 대해서는 챈서(1994)를 참조.

술과 폭력

1318의 탈주

❚ 김정오

1. 들어가는 말

"술 한 잔으로 나그네의 여독을 풀어 가던 우리 민족의 정취어린 주막집은 옛 시대의 여관이다. 객주집이나 여각 혹은 원관과는 달라서 가장 소박하고 전국 어디에나 쉽게 볼 수 있는 특징을 가지고 있다. 가로의 비교적 큰 마을, 소읍, 선착장, 장터거리 할 것 없이 존재했던 전형적인 술집이다. 주인은 주로 일선에서 물러난 작부들이며 때로는 매춘부나 작부를 고용하기도 한다."

이 인용문은 임종국(1980)이 우리의 민속야사를 소개한 것으로 일상의 음주문화를 보여주는 한 단편이다. 반상의 차별 없이 주막에 들러 세상 돌아가는 이야기를 했던 우리의 조상들은 어느 시인의 시귀처럼 "초당에 술익는 냄새를" 즐길 만큼 음주와 가무를 좋아했고 술을 사랑해서 오늘날에도 지명도 높은 민속주들이 일상에 이어지고 있다. 뿐만 아니라 선조들은 그에 온당한 예절을 생활화하여 주도를 발전시켜 왔다. 주도란 술을 마셔 비록 취할지라도 예의에 벗어나지 않고 수신의 극치에 이르도록 하는 법도를 의미한다. 즉 술을 마시면서도 예절을 잊지 않는 술 마시는 예법이라 할 수 있다.

일상에서 흔히 어른들은 자라나는 청소년에게 '자고로 술을 배울 때는 어른 아래서 배워야 한다'고 한다. 과거 우리 전통사회에서는 남자의 경우 관례를 치르고 나면 기방의 출입이 허용되고 주도를 일깨워 예의에 벗어나지 않도록 가정과 사회에서 교육되어 왔다. 이런 우리의 전통은 산업화의 서구문화 유입으로 말미암은 급속한 사회변동으로 주도 없는 음주행태를 보여왔으며 음주연령도 하향화하여 남녀노소 가릴 것 없이 술에 젖어 세계 제일의 술 소비국이 되었다.

술은 마셔 즐거운 것이고 사람 사는 곳에는 술이 있고 술로 취한 감정의 교환은 인간관계에 있어서 친소에 상관없이 그 깊이를 더해 주기에 필요악일 수도 있는 것이다. 술에 풍미되고 있는 우리사회에서 자라나는 청소년은 아무 거리낌 없이 술에 접할 수 있는 환경에서 생활하고 있다. 최근 청소년보호법의[1] 제정으로 청소년의 술과 담배 구매를 제한하고 있지만, 신문의 보도를 보면 여전히 슈퍼마켓이나 작은 구멍가게에서 청소년이 술을 구입하여도 목전이익과 상술로 말미암아 전혀 거리낌이 없다. 이는 기성세대 중심의 생활세계에 청소년은 잔여부분으로 남아 그들의 생활에 함몰되어 아무런 여과 없이 청소년의 생활세계에 받아들여지고 있는 것에 기인한 결과로 보아진다. 그러나 청소년과 술의 관계를 상정하면, 일상의 손쉬운 음주 가능 환경에는 아랑곳 없이, 즉 사회구조적 환경의 문제는 접어두고 부정적 측면으로 음주청소년을 대하게 되는 것이 우리의 현실이다. 그 근거는 비행의 한 형태로만 지금까지 청소년의 음주를 연구해 온 데서 찾을 수 있다.

청소년 비행의 한 형태로 '음주'를 지적했던 지난 20여 년의 연구들이 무색할 만큼 지금 청소년에게 음주가 병리태로 보편화되어감은 언론의 보도를 통하지 않고도 확인할 수 있다. 그러나 과거의 연구들처럼 술과 청소년의 관계를 비행의 한 형태로만 파악한다면, 현실을 무시하는 오류를 범하기 쉽다. 보편화된 현상으로 음주를 인식하면서 현실의 청소년 음주에 접근하는 것이 미래의 동량으로 자랄 청소년을 위하는 것이라 생각된다. 청소년이 어른으로 성장하는 과정에서 술과 접하게 되는 것은 일종의 통과의례일 수 있다. 그러므로 이 과정에는 음주 자체를 비행으로만 간주하지 말고 계도적 차원에서 이에 필요한 예의범절, 그리고 청소년기의 음주가 자신의 미래에 어떤 영향이 있을지 스스로 판단할 수 있는 올바른 정보제공을 하는 것이 더 바람직할 수 있다. 그렇다면 이런 논지의 정당성 확보를 위한 몇 가지 질문이 제기된다. 과거 우리 전통사회에서는 어른들이 청소년에게 관례를 통해 어떻게 주도의 가르침을 일깨웠는가, 오늘날 우리의 청소년은 어떤 생활세계를 가졌으며, 어떤 계기로 술을 접하게 되는가, 청소년이 음주하는 양태는 어떠하며, 음주하는 청소년의 특징은 무엇인가, 현실적으로 사회에서 술이 없어질 수 없는 것이라면 음주하는 청소년을 어떻게 지도해야 할 것인가, 청소년에게 있어서 술의 의미는 무엇이며 이들에게 이 사회는 무엇을 해야 하는가 등이다. 이 장은 이상과 같은 질문을 중심으로 청소년의 음주문화를 진단해 보고 그에 대처하기 위한 기성 어른들의 역할을 탐색해 보려는 데 목적이 있다.

2. 청소년의 생활세계

흔히 10대들이라고 칭하여지는 청소년은 청년과 소년이 합해진 개념으로 젊은이를 총칭하는 의미를 가진다. 하지만 연령적으로 초등학교를 졸업한 14세부터 고등학교를 졸업하는 20세에 이르는 연령대의 부류가 여기에 속한다. 이 연령대의 청소년은 정규교육을 수학하는 중·고교의 학생들과 근로청소년으로 구별이 가능하다. 초·중등학교의 상급학교 진학률이 100%에 육박하는 점을 감안하면,[2] 근로청소년

1318의 탑주

은 미진학에 의한 경우이기보다 정규교육과정에 부적응하여 중퇴한 경우임을 알 수 있다. 10대의 청소년의 대다수는 중등학교의 학생들이므로 그들의 생활세계는 학교생활과 불가분의 관련을 가지고 있기에 진학과 연계된 교육체계와 성장기의 심리적 특성, 그리고 그들의 일상적 생활은 삼위일체로 연관성이 높을 수밖에 없다.

그러나 기존의 청소년비행을 연구한 많은 사회학적 이론틀은 청소년의 생활세계에 대한 논의에 앞서 성이나 사회계층의 사회구조적 요인,[3] 가족관계나 친구관계와 같은 사회환경적 요인[4] 등에 의해 주어진다. 하지만 청소년의 생활세계와 관련하여 그들의 행위를 설명하는 논의로 허쉬(T. Hirschi)의 사회통제론은 결속요인－애착, 수용, 참여, 신념－을 강조한다. 그는 사회적 결속이 강할수록 비행이 적을 것이라는 가정하에서 부모, 친구, 학교로 세분하여 학교생활과 청소년의 비행을 연구하고 있다(Hirschi, 1969).

청소년의 음주문화에 대한 이 글의 접근은 기존의 연구들과는 달리 비행의 일환으로 처리하기 이전에 음주하게 되는 상황적 조건을 이해하는 것이 필요하다. 비록 허쉬의 연구는 비행을 줄이는 측면에서 학교생활에 대한 관심, 학교교육의 성취지향성 등의 생활세계를 포함시키고 있지만, 입시의 중압감과 부모를 포함한 사회의 일등주의가 만연한 우리사회의 청소년은 이러한 열의에 의한 스트레스가 상대적으로 역행적 결과로 이어지고 있음이 사실이다. 그렇다면 우리사회 청소년의 일상적 생활양식은 어떠한가?

청소년의 생활세계는 크게 학교와 가정이라는 두 가지 장에서 이루어진다. 일상에서 보면 하루 24시간의 절반이 학교생활이고 나머지는 학원의 과외공부와 의식주의 가정생활이다. 한 예로[권이종 외, 1994: 149(청소년용)] 일반계 여고생의 하루생활은 시사하는 바가 크다. "… 6시 30분에 학교가서 밤 9시 30분에 집에 오자마자 다시 독서실로, 밤 1시 30분에 지칠대로 지친 몸으로 집에 돌아와요. … 고등학교에 들

<표 1> 청소년의 하루*

시간＼학교	중학교	일반계 고등학교	실업계 고등학교
등교시간	오전 8시 30분	오전 7시 30분	오전 8시
수업시작시간	오전 9시 20분	오전 9시	오전 9시
수업종결시간	오후 3시 35분	오후 4시	오후 4시
1일 수업시수(정규)	6시간(45분 1시간)	6시간(50분 1시간)	6시간(50분 1시간)
자율학습시간	오전에 45분 정도	야간에 9시까지	오전에 1시간
보충수업(방과후)	1~2시간(45분 1시간)	1시간(50분 1시간)	학원 수강(컴퓨터)

* 이 표는 필자가 구성한 것으로 부산시내에 소재한 특정학교의 경우로 학교에 따라 다소 차이가 있을 것으로 예상되나 청소년의 하루일과를 이해하는 데는 큰 무리가 없다고 판단됨.

어오니까 식구들 보는 횟수도 줄어들고(점심, 저녁을 학교에서 먹으니까), 부모님 잔소리 듣는 시간도 줄어든 것 같아요. 고 3이 되면 더 심해지겠죠?" 이것은 비단 한 여고생의 사례에 해당되는 것이 아니고 우리사회 청소년 전반에 해당되는 것이다. 어느 일간지는(《부산일보》 1998. 3. 24, 「어느 고교생의 전쟁같은 하루」) 이러한 우리 고교생의 하루생활을 입시지옥 혹은 전쟁으로까지 표현하면서 학벌 위주의 사회풍토가 가지는 병폐를 지적하고 있다. 구체적으로 우리사회의 중등학교의 교육현장을 보면 <표 1>과 같다.

<표 1>에서 보듯이 결국 우리사회의 청소년은 일상의 생활을 학교공부와 그에 연관된 활동에 국한되어 여타의 여가활동을 누리지 못하는 과중한 노동(공부)에 시달리고 있음을 알 수 있다. 학교현장의 이런 교육과정은 저녁과 야간의 가정생활에서도 연장되어 중학생은 학원으로, 실업고등학생은 컴퓨터학원을 비롯한 여러 학원에서 교육활동에 시달리고 일반계 고교생은 독서실을 거쳐 자정이 넘는 시각에 귀가하는 것이 일반적이다. 이런 과중한 학업의 중압감은 청소년의 심신적(心身的) 혹사로 문제를 야기하게 되고 주말을 비롯한 휴일에도 건전한 여가 선용을 통한 일상의 재충전보다 뚜렷한 활동 없는 소일로 시간을

허비하게 된다. 청소년의 하루일상은 이렇게 진학과 진로 선택을 위한 주입식, 입시 중심의 학교생활(학벌 중심의 우리사회 풍토를 반영한 결과임)로 건전한 여가선용이나 문화의 향유는 거의 일어나지 않는다. 또 가중한 심리적 압박감에서 탈출하기 위한 각종의 청소년 일탈을 야기하기도 한다[권외종 외, 1994: 158(청소년용)].

과중한 학교공부에 의한 스트레스에도 불구하고 우리의 청소년들은 이를 풀 수 있는 공간도, 문화도 빈약하여 갈 곳이 없다. 그들이 가장 손쉽게 출입하는 많은 장소들을 보면, 전자오락실, 만화가게, 영화관, 노래방, 카페, 술집, 당구장, 운동경기장 등이다. 이러한 공간은 흔히 비행의 소지가 많은 곳으로 인식되어 있을 뿐 아니라 그 출입이 자유롭지 못하여 건전한 스트레스 해소의 장소가 되지 못한다. 최근의 한 연구에 의하면[권이종 외, 1994: 140(청소년용)], 청소년의 성별, 연령별 출입장소의 변화를 지적하면서 고교생들로 진급해 갈수록 유해성이 강한 노래방, 카페, 술집의 출입이 증가한다고 보고하고 있다. 휴식의 공간도, 스트레스 해소의 공간도 없는 청소년들은 기성문화에 대한 대항문화를 형성할 수밖에 없다. 이 대항문화, 즉 반문화는 청소년의 언어와 용모, 일상의 생활 등에서 그들의 부모나 선생님으로부터 통제와 구속의 대상이 되고 그들만의 세계를 형성하여 폐쇄성을 가지게 된다. 그들만의 은어가 있고 이 은어는 저속한 개그맨의 몸짓과 어투, 거북스런 욕이 들어간 대화, 비어와 속어와 같은 저항성을 가진 용어, 학교의 교과목 이름으로 선생님을 대신하고 '개○○'로 표현하는 말들로 이루어진다. 그리고 그들의 용모는 무스와 스프레이를 사용한 헤어스타일에 몸에 맞지 않는 청바지, 짧은 스커트 등 그들만의 동질성을 확인하는 의상문화를 가지고 절제되지 않은 생활, 간섭에 대한 혐오, 충동적이고 낭비적인 생활이 특징이다.

이러한 청소년의 생활세계의 모습은 어디에서 유래한 것인가? 하나의 사회현상에는 많은 원인이 있겠지만, 우리의 청소년들의 이런 모습

<표 2> 지난 1년간 출입장소 경험률

(단위: %)

장소, 경험유무	출입경험 있음	출입경험 없음
전자오락실	87.1	22.9
만화가게	38.6	61.2
비디오가게	74.9	25.1
영화관	72.4	27.6
노래방	56.8	43.2
24시간 편의점	49.1	50.9
빵집, 햄버거집	84.9	15.1
카페, 레스토랑	54.6	45.6
술집	26.0	74.0
당구장	22.5	77.5

자료: 권외종 외[1994: 89(교사·학부모용)]의 결과를 재구성한 것임.

은 그들의 일상적 생활의 조건들, 즉 우리의 사회구조적 특성에서 비롯된다고 볼 수 있다. 여유 없는 학교생활과 입시와 주입에 의한 단조롭고 일방향적 학습 환경이 감수성 예민한 청소년기의 조화로운 심성 발달을 저해한다. 그들의 건전한 놀이공간과 건전한 문화시설의 부족과 더불어 쉽게 접할 수 있는 퇴폐적, 향락적 기성의 문화공간이 산업사회의 상혼과 작용하여 그들을 유혹한 결과이다. 학교주변에 유해적 환경이 있어서는 안된다는 실증법에도 불구하고 학교주변과 주택가에 위치한 향락업소와 청소년에게 술과 담배를 아무렇지 않게 판매하는 상인이 문제이다. 가출 여중고생을 접대부로 고용하는 업주들과 이들의 술시중을 즐기는 어른들이 존재하는 사회적 풍토, 개성과 다양성을 바탕으로 즐거운 학교를 만들지 못해 학교생활에 부적응한 청소년의 존재, 이 양자는 상호적인 이해와 맞물려 또 다른 청소년의 생활세계를 형성하는 것이다. 최근의 IMF 위기가 일자리 부족으로 청소년 가출을 감소시키고 있다는 어느 일간지의 보도는(《부산일보》 1998. 3.

1318의 탈주

25, 「집 나가는 청소년은 줄고 영·유아 유기어른 증가」) 우리에게 시사하는 바가 크다.

청소년의 이런 생활세계에서 주어지는 그들의 일탈적 행위를 이해하기 위해 우선 그들이 출입하는 장소를 알아보는 것이 필요한데, <표 2>가 그것이다.

<표 2>에서 청소년의 출입이 많은 장소는 전자오락실, 빵집과 햄버거집, 비디오가게 등의 순이다. 여기서 문제는 그들의 출입 경험이 많은 장소가 어디냐에 있는 것이 아니고 출입이 금지된 장소에 출입한 경우이다. 즉 술집, 당구장, 카페와 레스토랑, 영화관 등은 금지된 곳이고 특히 술집은 청소년의 출입이 금지되는 곳임에도 불구하고 26%의 경험률을 보인다는 것은 청소년의 음주에 대한 관심을 유발하기에 충분하다. 기성의 어른들이 직장과 사회에서 주어지는 접대와 친목, 긴장 해소를 위한 공간인 술집, 그 술집의 출입이 금지된 청소년의 출입경험에다 술집이 아닌 다른 장소에서 음주하는 경우까지 감안하면 청소년의 음주경험은 더욱 일상화, 보편화가 되어 있다고 할 수 있다. 청소년의 음주는 그 행위 자체의 문제뿐만 아니라 다른 비행과도 관련성이 있기에 심각성이 있고[5] 또 우리의 사회문화적 풍토가 술과 음주에 대한 관용성이 높기에 이것이 청소년의 생활세계에도 영향이 크게 나타나는 것이다.

3. 청소년의 음주문화

먼저 청소년 음주의 일반적 특성을 보면, <표 3>과 같다.

우리 청소년이 최초로 음주를 경험하는 시기는 중학교 2~3학년이었을 때가 가장 많다는 보고가 있다. 필자가 1997년 6월에 부산시내에 소재하는 모교회의 중고등부 학생들(23명)을 비표준화된 면접법으로 인터뷰한 결과도 이에 부합했는데, 응답자들은 중학교 2~3학년 시기의 수련회와 수학여행과 같은 학교행사시에 음주를 경험했다는 것이

<표 3> 청소년 음주의 일반적 특성

(단위: 명, %)

항목＼분류	음주경험 있음		음주경험 없음		합계	
음주 유무	2,275(84.2)		427(15.8)		2,702(100.0)	

항목＼분류	12세 이하	13~14세	15세	16세	17세	18세 이상	합계
최초 음주연령	217 (9.7)	305 (13.6)	453 (20.3)	580 (25.9)	498 (22.3)	183 (8.2)	2,236 (100.0)

항목＼분류	유흥업소	친구·자기집	학교행사	야외	기타	합계
최초 음주장소	349 (15.4)	1,147 (50.5)	362 (15.9)	232 (10.2)	180 (8.0)	2,270 (100.0)
1년간 음주장소	700 (36.0)	895 (46.0)	131 (6.7)	189 (9.7)	32 (1.6)	1,947 (100.0)

항목＼분류	자기용돈	친구용돈	절도	강도	삥땅	아르바이트	기타	합계
술값 충당 방법	1,253 (64.1)	230 (11.8)	6 (0.3)	6 (0.3)	30 (1.5)	43 (2.2)	387 (19.8)	1,955 (100.0)

항목＼분류	친구 권유	가족 권유	대중매체	타인 속임	강제	기타	합계
최초 음주계기	977 (43.1)	461 (20.4)	22 (1.0)	92 (4.1)	50 (2.2)	660 (29.2)	2,262 (100)

항목＼분류	호기심	긴장해소	외로움	어울림	반항심
최초 음주이유	670 (29.2)	123 (5.4)	81 (3.5)	428 (18.7)	24 (1.0)

항목＼분류	용기, 힘을 얻음	그냥	타인의 권유	기타	합계
최초 음주이유	15 (0.7)	450 (19.7)	288 (12.6)	211 (9.2)	2,290 (100.0)

자료: 김동일(1993: 29-30)에 제시된 것을 필자가 재구성한 것임.

1318의 탈주

다. 최초 음주시의 술은 맥주였고 경우에 따라서는 체리소주나 양주를 부모나 선생님 몰래 가져와 돌려 마시기를 한다는 것이다. 학교행사시 음주경험은 선생님과 함께 하는 경우도 있었는데, 이 때는 학급의 전학생을 대상으로 선생님이 호기심 많은 학생들의 호기심 해소를 위해 이루어졌는데, 이 때 선생님의 음주에 대한 예절교육은 치밀하지 못했다. 한 학생의 말을 인용하면, "술을 마시고 주정을 해서는 안된다. 많이 마시지 말아라" 등과 같은 것이었다. 호기심 많은 청소년에게 이 정도의 음주교육은 이들이 어른이 되었을 때 경험하게 될 음주예절의 확립에는 턱없이 부족한 것이다.

최근에 고교생을 대상으로 음주와 비행을 연구한 한국형사정책연구원의 보고서(김동일, 1993)는 우리 청소년의 음주에 대한 다양한 정보를 제시하고 있다. 여기에 제시된 청소년의 음주 특성을 몇 가지 살펴보자.[6]

첫째, 우리 고교생이 최초로 음주를 경험한 장소는 성별과 계열에 관계없이 자기집과 친구집(50.55%)이 가장 많았고 그 다음이 유흥업소와 학교행사시의 장소로 나타났다. 또 지난 1년간 주로 음주한 장소 역시 자기집과 친구집이 가장 많았던 것으로 나타났다.

둘째, 처음으로 음주를 경험하게 되는 계기는 친구의 권유(43.1%), 가족의 권유(20.4%) 순으로 이루어졌고 음주의 최초 이유는 호기심(29.2%), 그냥(19.7%), 어울림(18.7%) 등의 순으로 나타났다. 하지만 지난 1년간의 음주이유에서는 어울림(33.8%), 그냥(21.1%), 긴장해소(12.9%) 순으로 나타나 이들이 과중한 스트레스를 음주로 해소하는 경향도 보인다.

마지막으로 음주하는 동료를 보면 성별과 전공계열에 관계없이 최초의 경험과 지난 1년간의 음주에서 공히 학교친구와 선후배가 절대적으로 많다. 또 다른 연구보고서(한국청소년학회, 1993: 15)에도 비슷한 결과를 제시하는데 최초로 음주를 경험하는 이유가 호기심과 친구의 권유로 나타나고 있다. 이들 보고서의 내용에서 우리 청소년의 음주는 동배집단을 중심으로 경험하게 됨을 확인하게 된다.

필자가 조사한 바에 의하면,[7] 역시 호기심에 의한 음주가 많은 비중을 보이며, 학교시험 후 스트레스 해소를 위해 음주하는 경향이 고교생 특히 실업계 학생들에게 나타나고 있었다. 음주하는 계기는 학교시험 기간의 마지막날, 학교행사시ー수련회, 수학여행, 소풍 등ー입시 전 1백 일을 즈음한 시기의 백일주, 이백일주 등의 정기성을 가지는 경우와 주중의 방과후 혹은 주말에 수시로 음주하는 부정기성을 가진 경우도 조사되었다. 일부이긴 하지만 특히 실업계 학생의 경우 주말과 학교의 교과시험 후에 반드시 음주하는 경우도 한 학급 50명 중 10명 정도로 조사되었다. 백일주는 후배들이 선배들에게 사주는 술로 학교의 클럽활동 선후배 혹은 교회와 사찰 등의 학생회 선후배들 사이에서 이루어지는데 '소주는 소리 없이 떨어지고 맥주는 맥 없이 떨어지며 막걸리는 막 붙는다'는 그들만의 음주의미를 부여하기도 한다. 음주청소년이 즐겨 마시는 술은 맥주와 막걸리였고 이밖에도 소주와 양주도 포함되었다. 이들은 소주, 맥주, 막걸리 등을 섞어서 '짬뽕'이란 식의 음주도 하며 맥주와 소주, 호프와 소주를 섞어 마시기도 한다.

그럼 음주하는 청소년은 어디에서 마시는가? 음주의 장소는 부모가 출타중인 자기집 혹은 친구집이 많고 술집에 출입하는 경우는 부산대학교 주변과 서면, 남포동, 광안리 등 소위 유흥지역으로 호프, 노래방, 카페 등이었다. 때로는 슈퍼에서 캔맥주를 구입하여 공원에서 음주하기도 한다. 이들과의 대화에서 보면, 한결같이 주인의 어떤 통제도 없었다고 한다. 1차로 음주를 즐긴 다음에는 2차로 노래방에 가기도 하고 소위 잘 노는 학생으로 불리는 청소년은 폭주족, 즉 오토바이 질주를 즐긴다는 것이다. 뿐만 아니라 음주와 함께 흡연도 많이 하며 남녀 학생이 함께 비디오방에 출입하기도 한다. 지난 해 울산의 주택가에 있었던 10대 청소년의 집단패싸움도 만취상태에서 금품갈취를 위한 패싸움이었는데, 이로 인해 4명의 청소년이 중상을 입은 사건이었다(《부산일보》1997. 12. 15). 뿐만 아니라 심야영업제한 폐지와 청소년 연령을 19세 미만으로 확정한 이후, 학업을 포기한 중퇴 청소년이 급증했고 그들의 음주 및 유흥업소 출입이 이전보다 배 이상 증가했다는 보도(《부산일보》1998. 6. 9) 또한 청소년의 음주에 대한 심각성과 사회적 반향을 보여주는 것이다. 1995년에 부산의 중퇴생은 5,115명으로, 이들을 대상으로 유흥업소 출입과 음주에 대한 연구를 한 결과 중퇴 이후 음주와 유흥장 출입이 증가했다고 밝혀졌는데(이철형, 1998), 이것은 학교부적응이 청소년의 비행을 더욱 부채질하는 결과를 보여주는 것이다. 이러한 사실들은 음주 후 이차적 비행으로 진행되는 특징을 보인다는 면에서 또 다른 선행연구(김동일, 1993)와 맥을 같이하는 것이며, 청소년의 보금자리는 역시 학교임을 입증하는 것이다. 이들을 학교 밖으로 내몰기보다 이들을 보살필 수 있는 대안학교의 필요가 절실하고 현실성 있는 교육이 요구된다고 보아진다.

마지막으로 음주하는 청소년의 술값은 어떻게 마련되는지 살펴보자. 이들의 술값은 부모로부터 받는 용돈, 학원비와 삐삐 및 학교에 낼 돈 등의 명목으로 소위 '뻥땅'한 것이다. 그리고 갚지 않을 것을 전제로 한 동료 및 후배로부터의 빌린 돈과 아르바이트 등을 통해서 마련된다. 부모로부터 받는 용돈은 중학생의 경우 주급으로 혹은 필요시에 주어지는데, 그 액수는 3만 원에서 5만 원 정도가 월평균이고 고교생은 월단위로 평균 5만 원 선이다. 이 용돈은 용돈을 받은 후 3~4일 내에 바닥이 난다는 어느 청소년의 말에서 다분히 무계획적임을 알 수 있다. 호기심과 사회적 유혹이 많은 주변환경은 결코 적지 않은 용돈이 분별 없이 낭비되고 모자라는 용돈이 정상적이지 못한 수단으로 채워지는데, 이 용돈으로 이들은 자신들만의 독특한 생활양식을 향유하는 것이다. 최근 방과 후 교육활동이 실시되면서 부모님에게는 방과 후 교육활동 참가를 명목으로 돈을 받고 학교에는 참여하지 않은 사례도 현장의 학교에서는 일어나고 있다. 하지만 촌지문제와 결부되어 학부모와 교사의 정상적인 상담마저 단절된 상황에서 이런 상황을 역이용하는 청소년의 부정을 계도할 묘안이 없다는 것이 안타깝다. 아르바이트의 경우는 중학생과 실업계 고교생들이 주로 하는데 호프집이나 청소년 출입이 많은 커피숍에서 서빙을 하기도 하고 '짱개'라고 그들 자신이 칭하는 중국집 배달원, 주유소 주유원 등으로 파트타임 종사를 한다. 이런 아르바이트로 마련되는 금액은 월 30~40만 원 정도이다. 여기다가 일본에서 수입되어 점증하고 있는, 이른바 음주와 섹스가 결합된 여중고생들의 '원조교제'는[8] 궁핍한 청소년의 주머니 사정에 잘못된 풍요를 가져오기도 한다. 이러한 청소년의 풍요로운 용돈은 IMF 이전 하이틴 산업의 호황을 가져왔었고 낭비와 무절제, 학업과 진로에서 주어지는 스트레스 탈출을 위한 경제생활의 바탕이 되어가고 있다.

이상과 같은 청소년들의 음주문화는 결국 그들의 잘못된 일상생활, 즉 학교부적응과 결과 위주의 사회현실, 일등만 살아 남는 입시중심의 교육관행, 산업화 과정 속에서 겪게 되는 가정교육의 부재 등 어른의 생활세계에서 주어지는 사회구조적 문제와 불가분의 관계를 가지고 있다.

4. 조상들의 주도

오늘날의 우리 청소년은 만 20세가 되어서 형식적인 성년식을 함으로써 어른이 된다. 대개는 고등학교를 졸업하면서 성인이 누리는 문화를 용인받기 때문에 그 이전에 접하는 성인세계 일상의 음주와 여가문화를 경험하는 청소년은 일탈의 부정적 낙인 대상이다. 그렇다면 우리 조상들의 삶에서 청소년이 어른으로 인정받는 시기가 궁금하지 않을 수 없다. 우리 역사에서 청소년이 어른으로 되는 과정에는 혼례와

1318의 탈주

관례의 통과의례가 존재했다. 관례는 현대의 성년식에 해당하는 것으로 15세에서 20세 사이에 혼례를 치르지 않은 남자가 그 대상이다. 조선 후기에 오면, 혼례의 연령이 10세를 지나면서 이루어졌기에 관례의 시기도 빨라졌던 것으로 기록되고[9] 있다. 관례는 가정에서 조부나 아버지가 주인이 되어 자신의 친구 중에 예법(禮法)을 잘 아는 사람을 빈(賓)으로 모시고 자식을 어른으로 인정하는 의례로, 이 때 관례를 치르는 관자(冠者)가 처음으로 음주를 하게 된다.

관례의 시기가 조선 후기에 하향했고 관례를 통해 음주를 허락받은 조상들의 음주문화와 오늘날 우리 청소년의 음주문화 사이에는 중요한 차이가 있다. 오늘날 청소년이 시대를 거슬러 조상들이 살았던 사회로 타임여행을 한다면, 분명 관례를 치르고 용인된 음주를 할 수 있다. 그러나 지금은 어떠한가? '술은 어른 앞에서 배워야 한다'는 인식과 함께 가정에서 치러진 관례가 오늘날에는 사라진 지 오래된 전통이다. 우리에게 남아 있는 성년식은 가정에서가 아니고 사회의 직장이나 대학에서 그 해 20세가 되는 자에게 부분적으로 치러지고 있다. 공식적 절차에 의해 가정에서 청소년이 어른으로 인정받는 계기가 없다. 음주하는 청소년 중 20.4%만 가족의 권유로 처음 술을 접하게 되었다는 <표 3>의 보고에서 청소년에 대한 무너진 가정의 예절지도를 볼 수 있다. 어른이 되는 통과의례를 거치면서 술을 접하고 음주하는 법도를 익혀 갔던 조상들의 향음주례 음주문화는 산업사회 핵가족 문화 속에서 성장하고 있는 청소년들의 잘못된 음주문화를 계도하는 데 의미롭다.

우리 선조들은 음주에 임하여서도 철저히 예(禮)를 갖추었다. 주도(酒道)가 바로 그것이다. 「계주교서(戒酒敎書)」[10]와 「향음주례(鄕飮酒禮)」[11]는 조상들의 음주예절을 보여주는 문헌이다. 「계주교서」에서 이르기를 향음의 예는 친목을 가르치는 것에 있다고 밝힌다. 마시기 위해 술을 만든 것이 아니고 신명(神明)과 빈객 접대, 노인 봉양을 위한 것이다. 분별 없는 향음은 화(禍)를 자초하기에 음주시 각종의 절차와 순서의 예를[12] 제정하여 계주한 것이다.

「향음주례」에는 소학(小學)의 가르침을 제시하고 있다. 소학은 서당의 학동들의 교육서인데, 여기에 "누구나 술을 마시는 범절이 깍듯했고 술을 먹는 모임에는 노래와 춤, 시조를 곁들여 운치를 돋우고 우아함과 고결의 풍류로 승화시켰다"고 가르치고 있다. 이는 일찍부터 술을 먹는 자세를 일깨워 음주시의 분별을 잃지 않도록 했음을 엿보게 하는 대목이다. 뿐만 아니라 향음주의 예는 어른에게 음식을 공양하는 예의절차를 본받으면서 음주하는 법도이다. 예절이란 상대방을 존중하는 마음을 행동으로 표현하는 것이기에 조상들은 음주와 가무를 즐기는 가운데서도 상대를 존중하고 배려하는 정신을 잃지 아니했음을 여기서 배울 수 있다.

「계주교서」나 「향음주례」에 제시되는 조상들의 음주문화의 일관된 특징은 향락의 도구나 마취의 도구로 술을 대하는 것이 아니고 사교와 접대의 도구로 인식하고 있어 향음시에도 예의에 벗어나지 않는 법도를 중시한 것이다. 가정에서 술을 빚은 경우도 제주(祭酒)나 빈객을 대접하는 잔치 때였다. 환각물로서의 술이 아니고 신명을 받들고 교제를 위한 접대의 도구로 술을 인식하여 단작보다는 대작의 문화를 가지고 있는 것이다(이규태, 1983: 213-214). 「향음주례」의 정신은[13] 향음에 임하여도 흐트러짐이 없고 상대를 존중하는 자세를 가지는 것으로 학문에 입문하는 학동의 시기에 이미 소학에서 술에 접하는 예법을 익히게 함으로써 가능했던 것이다. 음주로 빚어지기 쉬운 추태나 분쟁, 주색이 고장의 미풍을 거르치지 않고 예절로 교화될 수 있었던 것도 여기에서 비롯된 것이다.

조상들의 음주문화는 공간적으로 개방적이다. 가정에서 손님을 접대할 때, 자녀나 제자들이 자연스럽게 음주의 법도를 익힐 수 있도록 했으며 술좌석에도 이들을 동행시키고 시중을 들게 했다. 어른들이 술을 은밀하게 마셔 자라나는 청소년으로 하여금 호기심을 발동하게 하는 것이 아니라 음주 접대를 할 수 있는 예의와 절차를 배우고 익힐 수 있는 기회를 가지게 한 것이다. 즉 술을 마시고 접대하고 사교를 즐기는 법을 어른들이 청소년에게 보여줌으로 산체험을 하게 한 것이다. 또 술좌석의 마무리는 좌중의 연장자가 일어남으로 모두 술자리를 파하고 귀가하며 감사의 인사는 술자리를 파하는 동시에 하는 것이 아니고 다음에 하는 것이 상례였다. 향음의 시작과 끝이 한결같이 예(禮)로 주어지는 우리 조상의 음주문화에는 나누어 마시는 미덕과 교제, 친목을 위한 여흥의 수단으로 술을 인식했기에 청소년에게도 금주의 강요보다 음주의 예법을 체득토록 배려했던 것이다. 전술한 <표 3>에서 오늘의 우리 청소년들이 최초로 음주에 임하게 되는 이유가 호기심(29. 2%)과 그냥 이유 없이(19.7%) 등의 항목으로 주어지고 있는 점을 생각하면, 조상들의 향음문화 교훈을 간과할 수 없는 것이다. 오늘의 우리들에게 적용이 가능한 조상들의 주도 가르침을 요약하면 다음과 같다.

첫째, 술은 취하기 위함이 아니라 어른을 대접하고 교제하고 풍류를 즐기기 위한 도구이다. 술자리에 학동이나 자제를 동반하는 것은 어른을 대접하는 예법의 가르침이 목적이다. 오늘의 청소년에게 수학여행이나 수련회 등 단체교육시 어른인 선생님이, 가정의 경조사 행사시(제사, 명절, 결혼 등) 집안의 어른 등이 자제들에게 금주를 강요하기보다 실천적 주도의 모범을 보이는 열린의식으로 음주의 계기, 기회, 의례 등의 자리를 제공하는 것이 더 현실적이지 않을까 생각된다.

둘째, 조상들은 관례의 엄격한 절차를 통해 향음의 허용 계기를 제공하고 있다. 오늘의 우리 가정에서 성인의 계기가 있는가? 가정에서 실제적 관례와 향음의 예를 가르치는 절차가 필요하다. 성인이 되는 자제에게 형식이 아닌 실제적 성년식을 부모와 학교, 직장이 협력하여 실시하고 향음의 계기를 제공함으로써 자부심과 책임감을 동시에 느끼게 하는 것이다.

술과 청소년

셋째, 조상들은 자제들에게 손님 접대를 위한 술시중을 직접 들게 하여 음주의 예법을 자연스럽게 익히는 계기를 주고 있다. 즉 성장기에 음주의 예법을 배우고 관례를 통해 음주를 허용한 것이다. 오늘의 우리는 어떠한가? 중고교 시절 금주의 철칙 속에서 성장하고 성인이 된 이후의 대학 신입생 환영회에서는 폭음으로 생명을 잃고 있지 않는가? 음주가 어른이 되는 통과의례가 되고 있는 현실이라면, 사전에 음주에 대한 열린 교육으로 자연스런 익힘이 있어야, 잘못된 음주관행으로 생겨나는 사고의 예방이 가능하다.

청소년들이 성장하는 과정 속에서 자연스럽게 가르쳐진 음주의 예법은 결국 성인기의 바람직한 향음문화를 형성하고 학업과 장래의 진로를 모색해야 하는 청소년의 균형 있는 성장을 도울 수 있다. 이에 이 절을 갈무리하면서 기성의 어른이 오늘의 청소년을 위해 무엇을 해야 하는지 다시 한번 되새겨 보려고 한다.

5. 갈무리를 위한 여백

넘치는 기성의 음주문화! IMF의 위기 속에서도 흥청되는 향락산업과 상술에 젖어 유혹의 손길이 끊어지지 않는 사회구조 속에서 하루 24시간이 부족한 입시중심의 교육과 일등주의의 만연 속에 살아가는 청소년! 그들을 위해 오늘을 살아가는 우리 기성인은 무엇을 해야 하는가?

혹자는 우리사회의 문화가 장년 중심의 문화는 있으나 청년문화와 청소년문화는 없다고 한탄한다. 안타깝지만 사실이다. 이것은 장년문화의 술과 섹스와 같은 잘못된 향락문화가 청소년문화에 전이되어 그들만의 독특한 문화보다 청소년문화 속에 장년의 향락문화가 지배적으로 내재하기 때문이다. 학업에 찌들은 피로와 스트레스를 해소할 청

1318의 탈주

소년의 공간이 우리사회에는 거의 없다. 학교를 벗어나서 자유롭게 출입할 수 있는 청소년의 공간이 어디에 있는가? 하지만 어른들이 출입하는 생활공간인 유기장, 유흥장은 학교주변은 물론이고 주택가 어디든 즐비하여 청소년을 유혹하고 있다. 감수성이 예민하고 호기심이 많은 청소년들이 여기에 출입하고 음주하게 됨을 어찌 이들의 비행으로만 치부할 수 있는가?

춘향과 이도령은 이팔청춘에 이성교제를 했고 이도령은 기방에 출입했던 것으로 기술된 조선조의 소설은 소설이기 앞서 당시의 사회상을 보여주는 한 대목이다. 이들의 사랑은 지순하고 고결하게 인식하면서 오늘의 청소년에게 이성교제는 학업에 방해되는 것으로 매도되어 부정적 시각으로 일관하고 있다. 마당극 춘향전을 보면서 이들의 사랑 이야기는 낭만으로 인식하면서 이팔청춘 16세의 오늘날 청소년을 경계하는 이율배반은 어찌해야 하는가? 보릿고개를 이야기하면서 풍요 속의 빈곤을 경험하는 청소년을 질타하는 우리 가정에는 전통의 예의범절을 공교육의 기관인 학교에 일임했고 학교는 교과중심의 주입식 입시교육으로 생활중심의 예절교육은 가정의 몫으로 남겨 두고 있다. 우리 조상들은 소학에 나오는 향음의 예법을 학동에게 익히게 했는데, 장차 어른이 될 오늘의 우리 청소년은 사회 어디에서도 음주시 필요한 예절을 익히지 못하고 있다. 학교교과 어디에 음주에 대한 예법이 있는가? 단지 약물 오·남용을[14] 예방지도하는 정도에 국한되고 있을 뿐이다. '술은 어른 앞에서 배워야 한다'라고 하지만 사교와 친목을 위한 만남의 공간이 자본주의 경제에 편입되어 가정이 아닌 술집과 여타의 장소에서 이루어지고 있는 현실에서 청소년은 어른 앞에서 술을 배울 기회조차 가지지 못하고 있는 실정이다.

청소년들이 음주에 접하게 되는 계기가 호기심과 어울림, 그냥 남이 하니까 따라 하는 것은 일상의 다양한 예절교육을 통해서 예방이 가능하다. 가정에서 금주를 강조하기 이전에 빈객들을 대접하는 자리에

술과 청소년

자녀들로 하여금 시중을 들게 했던 조상들의 문화를 상기해 봄직하다. 술이라는 것이 단순히 유흥과 마취를 위한 것이 아니고 친목과 접대를 위한 것임을 자녀에게 자연스럽게 익히게 함으로써 호기심을 유발하지 않게 할 수 있다. 가정에서 15~20세가 되면 관례를 치러 가내외에서 어른으로 인정하고 관자에게 음주의 계기를 마련했던 것도 책임과 자부심을 강조한 대목이다. 오늘날 청소년은 육체적 성장에 걸맞는 대접을 받지 못하고 있는 것은 아닌가? 청소년의 나이를 18세 이하로 단일화한 것도 늦었지만 바람직한 조처이다.

가정과 학교는 청소년이 일상을 영위하는 가장 중요한 공간이고 사회화 기관이다. 청소년의 음주가 날로 그 연령이 하향하고 심각화되는 현실에서 이들 기관의 역할은 매우 중요하다. 술과 음주가 어른이 되어가는 과정에서, 어른이 되어 사회생활하는 과정에서 도외시할 수 없는 것이라면, 음주에 따른 예의범절에 대한 교육은 반드시 필요한 것이다. 향음을 하고도 흐트러지지 않고 예절을 지켜 상대방을 존중했던 주도의 일깨움은 여기에서부터 시작되어야 한다. 대학에 가서 혹은 어른이 되어서 술을 배워도 늦지 않다는 인식은 소 잃고 외양간 고치는 격이 아닐 수 없다.

그리고 청소년의 바람직한 일상생활을 유도하기 위해서 사회는 청소년의 건전한 생활공간과 다양하고 개성 있는 성장을 도울 수 있는 제도적 개선이 요구된다. 전인적 성장을 위한 교과과정의 개편뿐 아니라 그들을 기성의 잘못된 음주문화에 유혹되지 않도록 하는 환경의 조성이 필요하다. 1997년 하반기에 시행된 청소년보호법에서 청소년에게 술을 판매하는 행위를 처벌한다는 조항을 명기한 것도 늦었지만 이러한 인식에서 출발했다고 할 수 있다. 그러나 법에 의한 청소년보호보다도 기성의 어른들이 가지는 인식의 전환이 더욱 중요하다. 나아가 청소년의 건전한 심신 발달을 위해 그들이 필요로 하는 다양한 생활공간을 제공해야 한다. 시험을 마치면 노래방과 영화관 출입을 당연

1318의 탈주

시하는 것과 이런 공간의 출입을 부정적 비행으로 인식하는 것도 문제이다. 갈 곳이 없고 여가의 마땅한 공간이 없기에 일어나는 현상이다. 수련활동이나 연주회, 화랑관람, 산업시찰 등 다양한 활동이 정규 교육과정에서 제공되고 방과 후 자신의 자질과 개성을 계발할 수 있는 활동이 보장되는 교육환경이 조성된다면, 교과공부가 열등한 아이도 학교생활에 만족도가 높을 것이고 비행적 음주행위도 자연히 줄어들 것이다. 이것으로부터 미래의 음주문화가 꽃필 수 있다. 청소년을 위한 기성의 어른이 해야 할 일은 그 전부를 망라할 수 없겠지만, 가정과 학교, 사회가 청소년을 위한 끊임없는 배려와 관심을 지속할 때, 그들이 훌륭한 어른으로 성장할 것은 자명하다.

▶ 주

1) 1997년 하반기부터 입법화되어 시행된 청소년보호법은 시기적으로 때늦은 감이 없지 않지만, 기성의 음주문화에 편승하여 청소년의 음주가 하향화, 보편화되어 가는 우리사회의 구조적, 제도적 모순을 극복하는 개선이라는 점에서 반가운 일이다. '청소년에게 담배와 술을 판매하는 행위에 대하여 처벌하는' 내용을 법조항으로 명시한 것은 그 심각성을 반영한 것이라 볼 수 있다.
2) 임희섭(1994: 9-25)의 글에 보면, 초등에서 중등으로의 진학률이 70년대 이후 90%를 상회하고 있다고 보고한다. 구체적으로 보면, 초등에서 중학으로의 진학률은 거의 100%에 육박하고 중학에서 고교의 진학률은 95% 이상으로 우리사회의 교육열을 대변하고 있다.
3) 머튼(R. K. Merton)의 아노미론에서 비롯되는 차별적 기회구조이론이 여기에 해당된다. 이 이론은 클라워드와 올린에 의해 발전되었는데, 이들은 하층계급에 속한 청소년이 현실과 목적의 불일치로 비행을 하게 된다고 설명한다. 자세한 것은 Cloward & Ohlin(1960)을 참조할 것.
4) 서더랜드(E. H. Sutherland)의 접촉차이이론에서 강조되는 것이다. 일탈행위는 친밀한 집단(가족, 친구) 속에서 지속적인 상호작용에 의해 사회화된 결과로 보는 것이다. 관련된 문헌은 Sutherland & Cress(1978)를 참조할 것.

5) 김동일(1993)의 보고서는 청소년음주가 그 자체로도 일탈이지만 이에 관련되어 또 다른 비행이 야기됨을 경험적 조사에 의해 제시하고 있다. 필자는 전술한 바도 있지만, 청소년음주를 비행의 관점에서 보기보다 술에 만연되고 음주에 대한 관용성이 강한 우리사회의 실정에서 청소년이 어른으로 성장하는 과정에서 접하게 되는 교육적 측면을 강조하고자 한다. 물론 청소년음주를 정상적 행위로 인식하고자 함은 아니다.

6) 이 내용은 김동원(1993)의 부록에 제시된 표를 요약한 것이다.

7) 필자는 1997년 6월에 부산시 연제구 소재의 5개 교회의 중등부 학생들 중 23명을 비표준화 설문지법으로 심층면접을 실시했다. 임의로 표집된 5개 교회의 중등부 학생 150명 중 조사당일 면접이 가능했던 학생의 합계가 23명인데, 이들의 구성은 남자가 11명이고 여자가 12명이다. 그리고 중학생이 7명, 일반계 고교생이 6명, 실업계 고교생이 10명이었으며, 연령구성은 만13세에서 18세로 나타났다.

8) 원조교제(援助交際)란 섹스 파트너인 청소년에게 남성 어른이 경제적 후원자가 될 것을 전제로 하여 교제하는 것이다. 이 원조교제의 확산은 청소년의 음주(술집 접대부로 고용된 청소년)뿐 아니라 허물어진 청소년 성문제의 단면이기도 하다. 극단적 사례를 하나 소개하면, "지난 1998년 3월 부산의 한 주점에서 교복을 입고 40대 남자와 '2차'를 간 여고 3년생이 적발됐다. 이 여고생은 호텔 앞에서 '남들 눈 때문에' 교복 웃옷만 잠깐 벗었을 뿐이다. 부산지검이 7월 24일 광안리의 한 '호스트바'를 덮쳤을 때, 현장에 있던 남자 접대부 9명 중 7명이 10대였다. 다들 중·고교 중퇴생인 이들 중에는 16살짜리도 끼어 있었다. 부산지검 형사 4부 이종환 부부장은 '교복 입은 접대부나 10대 호스트 모두 전혀 죄의식을 느끼지 못하더라'면서 '대부분 학교 생활을 포기한 아이들이고, '놀면서 돈도 번다'는 생각을 갖고 있었다'고 전했다"(《주간조선》 1998. 8. 27: 42-44).

9) 고려대 민족문화연구소(1980, 1권: 575). 여기에서는 문공가례(文公家禮)와 사례편람(四禮便覽)의 기록을 인용하고 있는데 남자는 15세에서 20세 사이에 관례를 치르는 것으로 되어 있다.

10) 「계주교서」는 세종조에 유의손이 초안한 것으로 세종 15년(1433) 『장헌대왕실록』 62권에 수록되어 있고 『동문선』에 소개된다.

11) 「향음주례」는 6례(六禮)의 하나이다. 6례라 함은 관례, 혼례, 상례, 제례, 향음주례, 상견례를 일컫는다. 향음주례에 대한 소개는 고려대 민족문화연구소

184

(1980, 2권: 90-91)와 이경찬(1993: 167-176)을 참조할 것.

12) 「계주교서」에는 제사시의 헌수 절차, 사냥시의 읍과 사양의 절차가 모두 향음에 임하여 갖추는 법도에 해당한다고 밝히고 있다. 금주(禁酒)의 법이 있어도 그 화(禍)를 면키 어려우니, 몇 가지 계주의 법을 제정하여 교화함이 마땅하다고 제시하는데, 오늘날의 음주청소년을 교육하는 데도 시사하는 바가 있다.

13) 서정기(1993)에 제시된 향음주례의 정신은 네 가지이다. 그것은 첫째, 의복을 단정히 하고 끝까지 자세를 흐트리지 말 것. 둘째, 음식은 정결하고 그릇은 깨끗이 할 것. 셋째, 행동은 분명하고 활발히 걸으며 의젓하게 서고, 분명한 말과 침묵의 절도가 있을 것. 넷째, 존경, 사양, 감사할 때는 즉시 행동으로 표현하는 절과 말을 할 것 등이다.

14) 문화체육부(1993). 여기에는 술과 담배도 약물로 분류하고 있으며 청소년 건강에 유해한 것으로 규제되어야 한다고 보고 있다.

술과 청소년

또 다른 탐닉: 약물과 도박

┃ 김희재

1. 들어가면서

인간은 매일 꿈을 꾼다. 꿈의 세계는 일상의 영역으로부터 벗어난 세계이다. 특히 현실의 삶이 고달프면 고달플수록 일상에서 벗어난 꿈의 세계에 대한 동경은 더 커져만 간다. 그러나 열망이 커지는 것에 비례해서 일상의 영역에 붙잡아 매는 힘도 커져가고 있다. 그리하여 일상으로부터 벗어나는 행위들은 일탈행동으로 규정되어 사회로부터 제재를 받고 금기시되는 것이다.

일상으로부터 벗어나 잠시 황홀경에 빠지고 싶어하는 욕망은 인간과 마찬가지로 동물계에도 공통되는 기본적인 충동이다. 전 근대사회에서는 환각의 세계로 가는 매체가 주로 알코올이었다면 현대사회에서는 이보다 더 짧은 시간에 강력한 효력을 가지는 물질, 즉 향정신성약물들이 사용되고 있다. 물론 동양의 경우 이질치료제인 아편을 피우는 것은 흔한 일이었고, 개인에 미치는 영향에 대해서도 관대했었다. 또 원시부족을 통해서 보더라도 성인의 경우 환각효과를 나타내는 물질을 곧잘 다루는 것을 볼 수 있다. 그러나 현대사회에서는 이러한 약물의 오용,[1] 남용,[2] 중독[3]이 사회문제를 일으킴으로써 공식적 규제의 대상이 되는 것이 보편적이다. 그리고 사회에 따라 술과 같은 약물이나 도박에 대한 사회적 관용의 수준이 다르기 때문에 탐닉에 대한 태도도 상이하게 나타나고 그 제재의 방법이나 강도에 있어서도 차이를 보이고 있다.

우리는 복잡, 다양화되는 일상적 삶 속에서의 이탈 내지는 환각의 세계로의 탐닉의 원인을 단순히 개인적 속성에서만 아니라 사회의 모든 성원이 해결해야 할 구조적인 문제로 이해할 필요성을 느낀다. 특히 청소년의 3% 이상이 본드, 가스 흡입의 경험을 가지고 있다는 사실에서 그들의 교육현실이 어떠한가에 관심을 갖지 않을 수 없다. 또 고학력층, 연예인, 주부 등 특정 계층에만 한정되지 않고 모든 계층에까지 약물복용이 확산되어 가고 있는 현실 속에서 일상생활을 외적으로 규정짓는 요인에 대한 관심은 필연적일 수밖에 없다.

먼저 여기서는 환각의 세계, 술의 세계에로의 탐닉은 결국 일상의 부정인가 아니면 일상의 해방인가를 파악해 보고 과거와 현재의 술에의 탐닉이 사회로부터 각각 어떻게 받아들여지는가를 살펴본다. 또 술의 탐닉을 넘어서 약물이나 도박에 탐닉하는 사람들의 일상생활은 어떠한 것이며 그것이 전 사회적으로 확산되는 이유는 무엇인가를 파악하고자 한다.

2. 술의 탐닉: 일상인가 일탈인가

"'술 권하는 사회에서 술 못 먹는 병신으로 살 자신이 없다.' 알코올중독으로 20여 일간 정신병원에 입원해 치료중인 20대 박모씨 수기는 이렇게 끝나고 있다. 고교 2학년 밴드부에 들어가 술을 강요당하면서 소주 2병을 마시는 어린 술꾼이 되고, 취업하자 술자리는 잦아지고 음주량도 급격히 늘었다. 마침내 손 떨림이 시작되고 가끔 피를 토하면서 낯선 곳에서 잠을 깨는 횟수가 늘었다. 주사까지 심해졌지만 술이 깬 다음 아무것도 기억할 수가 없었다."

고등학교 선생으로 재학중인 40대 박모씨는 1주일에 3일 이상을 술과 함께 하며 생활해 오고 있다. 대학 졸업 이후 20년 동안 술을 마셔왔지만 지금껏 거의 잔병치레를 하지 않았다고 한다. 그는 사람들을 만나면서 술집 이외의 다른 곳 예를 들면 다방 같은 곳에 거의 간 적이 없다. 그런 곳에서 돈을 주고 차를 마시는 사람이 이해가 되지 않는다고 한다. 사람을 만날 때는 술을 한 잔 하는 것이 훨씬 낫다고 생각한다. 한 잔 두 잔 잔을 돌리다 보면 서로 격의 없는 대화가 가능하고 그러한 분위기 때문에 술을 마신다. 그렇다고 그는 매일 집에서 혼자 술을 마시지는 않는다. 심지어는 술 못 마시는 사람은 이 세상을 어떻게 살아가는지 이해할 수 없다. 남들은 알코올 중독자라고 하지만 자신을 결코 알코올 중독자가 아니며, 알코올 중독자가 되는 것은 술을 자신만을 위해서 마실 때 생기는 것이라고 철저하게 믿고 있다(《중앙일보》 1996. 7. 12).

우리의 일상에서 빼놓을 수 없는 공간은 술이 만들어 주는 공간이다. 술이 만드는 공간에 대한 태도는 동서고금을 통해서 보더라도 다종다양하다. 어떤 이는 술의 유해성을 적나라하게 지적하는가 하면 어떤 이는 술을 찬미하는 등 역사적으로 술의 등장 이후 이 양단의 견해는 계속되어 왔다. 어떻든 술의 유해성에 대해서 논하는 사람들은 술이 결과하는 일상으로부터의 이탈을 문제로 삼아 그러한 이탈적 태도를 부정적으로 보려고 했다면, 술을 찬미하고 탐닉하는 사람들은 술의 유해성과는 별도로 술이 만들어 주는 이른바 '해방적 공간'을 보았던 것이다. 술을 탐닉하는 사람들에게 있어서 술이 만들어 주는 세계는 더 이상 일상으로부터 벗어난 영역이 아니라 일상 그 자체이며, 술에 대한 부정이라는 것은 일상에 대한 부정으로 받아들이는 태도를 가지고 있었다.

탐닉이라고 하는 것은 사전적으로 볼 때 "무슨 일을 몹시 즐겨서 거기에 빠짐"이라는 뜻이다. 술에 탐닉한다는 것은 술을 몹시 좋아하고 술이 만들어 주는 공간에 빠지는 것을 말하며, 술을 탐닉하는 사람에게 있어서 술이 만들어 주는 공간이라는 것은 더 이상 일상으로 벗어난 영역이 아니며, 술은 그 자체가 일상을 구성하는 중요한 요소로 위치하는 것이다.

그러나 술을 좋아하지 않는 사람들에 있어서 술취한 상태라는 것은 일상적 삶으로부터의 이탈이며, 특히 술취한 상태에서의 행동이라는 것은 일상을 '파괴하는' 속성을 지닌 것으로 파악하기 때문에 술을 부정하고, 술에 대한 관용의 정도가 낮은 것이다. 이들에 있어서 일상의 규범이라는 것은 절대로 깨어져서는 안될 것이며, 일탈자는 전체의 일상에서 제외시켜야 한다는 극단적 사고로 이어지는 것이다.

술에 대한 관용도는 시대에 따라서 변화하고 그 사회가 놓여 있는 상황에 따라 다양한 것 또한 사실이다. 예를 들어 일제시대의 경우 식민지라는 억압적이고, 폭력적인 일상생활에서 많은 사람들이 여기에서 벗어나기 위한 수단으로서 또는 식민지의 일상을 거부하는 수단으로서 명정(酩酊)의 상태에 빠진 것을 볼 수 있다. 미약하고 수동적이기는 하지만 이것 또한 식민지의 일상에 대한 저항의 한 형태로서 받아들여질 수 있는 것이다.

이에 비해 현대의 경우 개인적 수준에서 일상으로부터 벗어나기 위한 수단으로 술을 선택할 가능성이 높아지고 있다. 물론 이런 경우 나타나는 개개인의 행위는 다양하다. 우선 긍정적인 측면에서 파악한다면, 일상이 주는 무거운 짐을 벗어 던지고 잠시 일상에서 벗어나 일상을 관조하는 태도나, 일상을 되돌아봄으로써 새로운 활력을 얻는 것이나, 일상에서 이루어지지 않는 개인의 열망이나 기대를 분출시켜 보는 등 대체로 잠시의 해방을 만끽하는 수단으로서 술이 만들어 주는 공간이 있다. 또 우리나라의 경우 술이라는 것이 혼자서 마시는 것이 아니라 여럿이 함께 마시는 것으로서 개인들이 겪은 일상의 삶을 나눔으로써 개인들간의 연대의식을 강화시키는 기능을 하기도 한다. 물론 이러한 연대를 위한 술문화가 사회적 문제를 야기시키기도 한다. 대표적인 것이 최근 연례행사가 되는 대학 신입생 환영회에서의 음주로 인한 죽음이다. '신입생 환영식'이 '살인회식'으로 변해가는 것은 전통의 수작문화가 물려준 부정적 결과이다. 옛날 막걸리 잔을 주고받으면서 선후배들이 정을 나누는 모습은 낭만적이기까지 했지만 경제사정과 체력이 좋아지면서 대학가에서도 알코올 도수가 낮은 막걸리나 맥주는 뒷전으로 밀리고 소유 양주 등 독한 술을 선호하고 나아가 '병째 빨리 마시기,' '냉면그릇 소주,' '폭탄주' 등과 같은 음주형태가 죽음을 초래해 사회적 지탄의 대상이 되기도 했다.

　이러한 결과로서 우리사회에서도 술의 탐닉에 대한 부정적 시각이 확산되어 가고 있다. 우리사회가 안고 있는 큰 병폐 중 하나가 과도한 음주라고 지적되고 있다. 폭탄주와 같은 잘못된 음주문화로 인해 목숨까지 잃는 상황이 속출하고, 급속한 술 소비량의 증대, 청소년 및 여성 음주인구 증대 등이 심각한 사회문제로서 대두되고 있다. 그 결과 정부에서 과도한 음주문화를 개선하기 위한 운동에 나섰는데, 1996년 보건복지부는 음주문화개선운동으로서 '1차에서 끝낼 것,' '폭탄주를 삼갈 것,' '상대의 주량을 인정할 것,' '적절한 안주를 먹을 것'을 권하고 있다. 우리사회에서는 알코올 중독이라는 것이 중요한 사회적 문제를 야기되지 않고 있는 것을 볼 때 우리의 술문화라는 것은 서구처럼 개인적 문제에 집착하여 탐닉하기보다는 사회적 관계의 개선을 비롯한 연대감이 그 기저에 있어 술취한 상태에서의 행위에 대한 관용도가 서구에 비해 상대적으로 넓다는 것을 알 수 있다.[4]

　술의 소비량이 많은 나라는 그만큼 문화의 퇴폐를 나타낸다고 하는

또 다른 탐닉: 약물과 도박

사람들도 있다. 술의 역사는 곧 인류의 역사라고 하듯이 인류의 진화와 더불어 술의 종류도 더욱 발전되어 온 것도 사실이다. 오랜 공동체의 집단생활에서 벗어나 복잡한 사회조직에서 개체로서 위치한 현대인은 그들의 정신적인 긴장이나 조직을 비롯한 사회에서 받는 무게를 한시라도 피할 수 있는 돌파구의 하나가 바로 술이 아닐까 생각한다. 과거와 비해 현대인이 독주를 즐겨한다는 것은 바로 이러한 사실을 입증하는 것이라고 할 수 있다. 이러한 의미에서 볼 때 음주로 인한 사회적인 폐해들을 음주당사자의 탓으로만 돌릴 수는 없다. 과거 집단적으로 음주가무하던 형태와 홀로 쓸쓸히 독주를 마시면서 현실의 중압감으로부터 벗어나려고 하는 현대의 음주형태를 동일 선상에서 비교할 수 없는 것은 당연하지 않을까?

술을 찾지 않으면 안되는 현실과 그것으로 인해 초래되는 결과가 일상으로부터의 해방인가 아니면 이탈인가에 대한 평가는, 그것의 원인에 대한 분석은 결여된 채 개인을 전체의 일상으로 옭아매는 주체에 의해 부정적으로 받아들여지고 있는 현실이다. 개인주의화된 현대에서 술의 탐닉자는 술이 만드는 사회적 관계의 측면이 약화되는 가운데서 일상으로부터의 해방자로 받아들여지기보다는 일탈자, 즉 알코올 중독자로 전락하게 되는 현실에 항상적으로 놓여 있게 되는 것이다.

3. 술의 일상화: 일상으로부터의 해방?

술은 인류의 발전과정과 함께 변화되어 왔다. 최초의 술은 대체로 자연발생적으로 출현한 음료의 일종인 것을 받아들여지고 있다. 술의 탐닉에 대한 태도는 대체로 전 근대사회의 기록에서는 주로 지배자들의 풍유로서 묘사하고 있다. 과거에도 현시의 질곡에서 벗어나 우주 자연과 함께 호흡하면서 술을 마시는 것을 멋으로 받아들였다. 우리의 선

술과 환각

조들의 경우에는 결속과 일체를 위해 술이 만들어 주는 공간에 흠뻑 젖었던 것이 보통이다. 그래서 유럽이나 중국의 경우와 같이 독작(獨酌)하기보다는 서로의 술잔을 주고 받는 수작(酬酌)문화[5]가 대부분이었다.

수작문화는 현재까지도 강고하게 이어져 오고 있는데 흔히 '조국을 위하여,' '우리의 우정을 위하여,' '우리 회사를 위하여' 등 술을 마시면서 행하는 ~위하여 문화는 우리의 수작문화가 아직까지 자신뿐만 타인과 집단을 생각하고 그들의 일상적 틀을 극복해서 새로운 단계로 이행하기를 은연중에 바라고 있음을 잘 나타내는 것이라 하겠다.

술을 탐닉한 대표적인 사람으로서 도연명이나 백낙천 같은 사람은 술을 '근심을 잊는다' 는 뜻의 망우물(忘憂物)이라 하였다. 이는 술이 현실의 모든 괴로움과 근심을 잊게 하는 일상의 극복의 매체라는 의미가 아닌가.

과거 술에의 탐닉이라는 것은 단순히 현실의 질곡으로부터 벗어나기 위한 수단만으로 작용한 것이 아니라 오히려 그것은 일상을 극복하고 일상으로부터 해방시켜 주는 기제였다는 사실은 다음의 예를 통해 볼 수 있다.

술은 의미를 탄생시키며 무한히 증폭시킨다. 한 잔 또 한 잔, 일배 일배 부일배, 생각은 사상이 되고, 사상은 주의가 되고, 달도 잔 속으로 들어오고, 님도 잔 속으로 들어오고, 하늘도 우주도 잔 속으로 들어와 버린다. 기고만장이 되고 천하가 눈 아래로 보인다. 그것이 허세가 아니고 또 어느 순간 냉정한 현실로 되돌아 올 수만 있다면, 그런 엑스터시의 체험은 하나의 두뇌 체조가 될 수 있으며, 고지식한 노폐물을 걸러내는 카타르시스가 될 수도 있다. 세상이 셋이라고 한다. 우리가 아등바등 사는 이 현실의 세상 현계(現界)하고 꿈의 세상 몽계(夢界) 그리고 또 하나의 세상이 있다. 취계(醉

또 다른 탐닉: 약물과 도박

界)이다. 주도를 터득한 사람이 갖는 신선의 세상이다. 그런 사람에게는 꿈 또한 많게 마련이다. 한 세상도 살기 어려운데 여러 세상을 사는 것이다(이동희, 「술타령」 중에서).

일상의 질곡을 극복하는 기제로서의 "술은 그 다른 명칭을 소수소(掃愁籌)라 하여 근심을 쓸어내는 빗자루에 완전히 부합된다… 이 각박한 현실의 한없는 우고(憂苦)와 불여의(不如意) 속에 살되 항상 언제든지 모든 속박을 탈각할 수 있는 것은 전혀 이것이 우울의 안개가 자욱한 이 세상에서 술이 있다는 것을 생각만 해도 우리의 가슴은 벌써 가벼워짐에 하등의 불가사의는 없다"(김진섭, 「주찬(酒讚)」 중에서).
현대에도 술은 일상에서 겪는 어려움을 씻어버리는 역할을 한다. 매일 저녁 동료들과 마시는 술은 작업공간에서의 모든 스트레스와 갈등을 술로써 풀어버리고 또 다른 내일을 준비하게 한다. 오늘의 근심을 쓸어버리는 기제로서 술은 하루라는 작은 일상의 문제를 극복케 하며 더 나아가 하루의 일상을 파괴하기도 한다. 흔히 생활 속에서 경험하는 술로 인한 일상의 파괴를 개인사에서는 사건으로 규정하기도 한다. 물론 사건이 자주 반복되면 그 자체가 일상으로 존재하게 되는 것이다. 작은 일상의 근심을 털기 위해 시작된 술자리가 일상의 파괴로 이어져 고민하고 고통 받는 사람들을 우리는 종종 보게 된다. 술은 근심을 쓸어내는 역할을 하는 것과 동시에 술에 대한 통제력의 상실로 인한 일상으로 파괴를 초래하는 성질을 갖고 있다.
그러나 술의 탐닉자들은 술이 단순히 일상의 도피나 파괴가 아니라 일상의 모든 문제를 극복하는 해방의 공간으로서 파악했음이 분명하다.

인류 일일(日日)의 생명이 행복하건 불행하건 그를 구태여 논할 것은 없다. 적어도 그것이 현실인 한에 있어서 속진(俗塵)의 순수진리는 그 허식, 그 조잡, 그 엄혹(嚴酷)으로 하여 평면경을 통해서 대좌(對座)의 내구성을 지독히도 감쇄할 뿐임으로, 우리는 호호탕탕 현히 술 속에 제 이 진리를 구하여서 크게 흥소하는 힘을 얻는 것이다. 일배일배부일배(一杯一杯復一杯)에 이미 나는 내가 아니고, 너는 내가 아니다. 그럼으로써 참으로 그때에 내가 비로소 내가 되고, 네가 비로소 네가 된다(김진섭, 「취인감허」 중에서).

술의 탐닉자들에게 있어서는 술을 마시는 행위가 단순히 왜곡된 현실의 표출일 뿐만 아니라 극단적으로는 스스로의 도를 닦는 과정으로 묘사하기도 한다. 술버릇을 보면 그 사람의 인품과 직업은 물론 그 사람의 주력(酒歷)과 주력(酒力)을 당장 알아 낼 수 있다고 한다. 술을 마신 연륜과 술을 같이 마신 친구, 술을 마신 기회, 술을 마신 동기, 술버릇 등을 종합하여 주도(酒道)의 단계를 구분하기도 했다.[6]
이처럼 일상의 삶 속에서 술이라는 것이 더 이상 뗄래야 뗄 수 없는 단계에 다다르면 술은 더 이상 자신의 삶을 구속하는 일상의 생활의 질곡, 모순의 극복·해방이 아니라 그 자체가 새로운 일상 속에 들어가는 것을 의미하는 것은 아닐까? 물론 이러한 단계가 현실의 삶을 규정하는 측에서는 일탈행동으로 받아들이고 금기시하겠지만. 술의 탐닉자들에게서 술이 만들어 주는 세상이라는 것은 그 자체가 하나의 새로운 일상의 틀이다.

4. 술의 탐닉을 넘어: 약물 및 도박에의 탐닉

1) 마약모범국에서 마약수입국으로

복잡 다양한 욕구가 넘쳐나는 현대사회에 현실의 무게와 긴장을 푸는 기제로서 술 이외에도 히로뽕과 같은 마약류와 도박, 섹스 등을 들 수 있으며 점차 이들 사용자들의 행위가 심각한 문제로서 받아들여지

또 다른 탐닉: 약물과 도박

고 있다. 물론 약물의 영역으로 보자면 가장 흔히 남용되는 약물은 술이다. 현재 술 이외의 탐닉의 도구로 가장 많이 사용되는 약물이 마약류라고 할 수 있다. 약물은 질병을 예방하고 치료하는 목적으로 사용되는 물질이며 신체기능을 변화시킬 수 있는 물질이다. 약물의 측면에서 술이나 마약을 볼 때 원래의 목적에 맞게 사용되는 약물에 대해서는 하등의 문제를 제기할 필요를 느끼지 못하지만, 부정적 측면으로서의 약물남용에 따른 자기파괴가 관심의 대상으로 되고 있다.

복잡다양화된 사회적 관계 속에서 매일의 삶을 영위하는 개인들이 직면하는 현실의 질곡을 극복하는 돌파구는 무엇인가? 많은 사람들이 현실의 질곡에서 벗어나는 도피의 수단으로 선택하는 것은 대체로 쉽게 접할 수 있는 술이 대부분이나 점차 약물을 비롯한 다른 대상으로 확대되고 있다. 이런 확대의 폭은 성별, 계층, 장소가 따로 없이 확산되고 있다.[7] 앞서 살펴보았지만 우리나라에서는 술에 대한 사회적 관용도는 비교적 높지만 다른 약물에 대해서는 사회적 관용도가 아주 낮을 뿐만 아니라 강력한 법적 제재의 대상으로 되어 있다. 약물로서의 술에의 탐닉이 부정적 결과를 가져오는 데는, 즉 알코올 중독으로 이르는 데는 상당한 시간이 걸리는 데 반해서, 다른 약물들은 그 중독과정이 짧고 자기파괴의 과정이 급속하게 이루어지기 때문이다. 일상으로부터의 탈출 그 자체가 자기신체의 파괴이며 현실의 부정으로 이어지기 때문에 사회적 관용의 수준은 아주 낮고 강력한 법적 제재가 따르는 것이다. 미국에서는 마리화나가 청소년층에게 급속하게 확대되어 심각한 사회문제로 되고 있는데 이는 미국 부모들이 90년대 들어 마리화나에 대해 비교적 관용적인 태도를 취했기 때문이고, 그래서 청소년들 사이에서 마리화나가 다른 마약에 비해 안전하다는 인식이 확대된 데 따른 것이라는 분석이 나오고 있다. 사회적 관용도가 상대적으로 낮지만 우리사회에서도 이러한 약물의 확산이 두드러지는 것은 부유층에 의한 환락추구형적인 경향에서 IMF와 같은 경제적 상황의 악화와 사회적 긴장감의 확대에서 오는 빈곤층의 '현실도피형' 및 '이판사판형'의 경향을 보이는 것은 우리사회의 어두운 그늘을 그대로 드러낸 것이라고 할 수 있다.

일반적으로 마약류는 세계보건기구에 따르면 ① 약물사용에 대한 욕구가 강제적일 정도로 강하고, ② 사용약물의 양이 증가하는 경향이 있으며, ③ 금단현상[8]이 나타나고, ④ 개인에 한정되지 않고 사회에도 해를 끼치는 약물로 정의되고 있다. 우리나라의 경우 이러한 마약이 사회문제[9]로 제기된 것은 19세기 말부터였는데, 제국주의의 침탈과 더불어 일제치하에서 구체화되었고, 일제는 국내에서 아편을 재배하게 하였을 뿐만 아니라 그 사용을 묵인·조장하여 국내에서도 아편 중독환자가 급증하게 되었다.

1945년 이후 1960년대에 이르기까지는 아편류와 메사돈이, 1970년대는 대마초, 1980년대는 메스암페타민이 주종을 이루었고, 1980년대 말에는 그 사용자가 급증하여 강력한 정책을 실시한 결과 1989~92년까지 감소추세를 보이다 이후 다시 증가하는 추세를 보이고 있다.[10] 1990년대 들어서는 외국산 코카인을 비롯해 LSD 등이 국내에 상륙하고 있는 실정이다. 마약의 중독 경향도 초기 특정인에 의한 상습마약 복용자로부터 점차 일반인으로 확대되어 가는 실정이다.

1989년 10월 마약에 손을 댄 이후 10년 가까이 다섯 번이나 구속되면서 경찰의 단골손님이 된 전직 대통령의 아들. 그는 전직 대통령의 아들이라는 점과 부모의 비극적 죽음에 따른 충격 등이 고려되어 다섯 번 모두 선처를 받았다. 풀려날 때마다 "다시는 마약에 손대지 않겠다"고 재판부에 다짐했지만 그는 매번 약속을 어겼다. 그러나 공주치료감호소에 입소한 그에게 마약과 절교할 수 있는 마지막 희망이 생겼다(《동아일보》 1998. 8. 26).

이는 마약을 비롯한 약물중독이 개인을 어떻게 파괴하는가를 여실

또 다른 탐닉: 약물과 도박

히 보여주는 예라고 할 수 있다. 일반적으로 마약사범이 마약을 사용하는 동기는 호기심, 우연한 기회, 영리목적, 주위의 유혹 중독, 강압 등에 의한 것으로 나타난다. 그러나 마약을 비롯한 중독성 약물의 경우는 한 번 시작하면 그 끝은 개인의 파괴로 이어지는 것이 일반적이다. 최근에는 경제상황의 악화로 인한 취업기회의 박탈, 구조조정으로 인한 불안정한 직장생활, 빈곤의 일상화 등으로부터 벗어나기 위해서 마약을 사용하는 사람들이 늘어나고 있다.

부탄가스에 스러져간 꽃다운 제자. 그 절망의 선택을 강요하는 교육구조에의 무력감이 엄습해 왔다.

강지훈. 새엄마가 싫어 가출을 밥먹듯이 일삼던 녀석은 또래들과 어울려 빈집이나 공터에서 본드를 습관적으로 흡입했다. 뇌세포를 망가뜨리고 머리카락까지 빠지게 하는 이 절망의 화학물질에서 세상의 도피처를 찾으려 했다. 본드에 잔뜩 취해 있는 녀석을 한강변 군부대까지 가서 인계해 온 적도 있었다. 녀석은 결국 학교를 그만두었다. 담임을 맡은 아이는 어떻게든 진급시킨다는 초임 교사 시절의 열정을 녀석은 간단히 짓밟아버렸다. 나중엔 본드 흡입과 좀도둑질로 구속되고 말았다.

김윤호. 장난이 심하고 수업시간에 늘 산만한 아이였지만 밉지 않은 녀석이었다. 수업시간마다 많이 혼났는데도 졸업식 땐 "선생님, 사진 한 장 찍어요" 하며 어깨를 붙잡았다. 유난히 눈이 컸던 녀석은 어느덧 빛이 바래기 시작한 졸업앨범 속에서 웃고 있다. 살아 있다면 이제 성년을 맞이할 나이. 녀석은 이 세상에 없다. 고등학교 1학년이던 93년 가을 방안에서 부탄가스를 흡입하다 가스가 폭발하여 꽃다운 나이에 세상을 등졌다. 그 해 10월 녀석의 동생 진학 상담을 위해 학교를 찾았던 어머니의 그 슬픈 눈을 잊을 수가 없다(한만중, 서울 관악중 교사. 《경향신문》 1997. 6. 28).

많은 어린 학생들이 교육의 현실 속에서 질곡의 돌파구로 선택한 것

술과 환각

이 약물이다. 특히 중·고등학생들이 널리 사용하는 부탄가스나 본드와 같은 흡입제는 빠른 시간에 강력하게 신경조직을 손상시키고, 신장 및 폐손상이 나타나기 때문에 그 폐해는 심각하다. 한국마약퇴치운동본부가 발표한 자료에 따르면 97년 현재 우리나라 중·고등학생 10명 중 7~8명이 가끔씩 술을 마시며, 4명 정도는 담배를 피우는 것으로 조사되었다. 또 진통제나 각성제, 본드 등은 물론이고 필로폰이나 대마초 등의 마약을 이용하는 중·고등학생들도 있는 것으로 나타났다.[11]

환각의 세계에로의 몰입의 유형은 점차 다양해지고 있다. 물론 계층 별로 사용하는 환각물질에는 차이가 있다. 우리나라에서는 값비싼 헤로인을 상용하는 사람들은 사실상 그 수가 많지 않고 대부분은 히로뽕이나 대마초가 주를 이루며, 학생들의 경우에는 본드나 부탄가스, 각성제 등이 사용되고 있다. 사실 히로뽕이나 대마초, 헤로인 등은 현실을 잊게 해준다는 점에서는 공통점이 있지만 히로뽕은 우리의 몸의 기운을 일시에 발딱 일어서게 만드는 각성제인 데 반해 대마초나 코카인 등은 긴장을 풀어서 느긋하게 만드는 일종의 이완제에 속한다. 히로뽕 중독자들은 늘 흥분상태로 산다. 약효가 떨어질 때가지 거의 먹지도 자지도 않는다. 섹스를 하건 도박을 하건 한 번 몰입하면 끝이 없다. 마약에의 탐닉의 끝은 결국 자아의 파멸로 이어지는 것이다. 이러한 히로뽕이 우리나라에 가장 지배적인 마약이 된 것은 우리사회의 사회적 분위기와 관련되어 있지 않을까? 다른 나라에서는 수십 년, 수백 년에 걸쳐 행해진 근대화는 우리사회의 경우 고작 20여 년에 걸쳐 완성되었다. 급속한 변화의 틀 속에서 특히 선성장 후분배의 이데올로기의 결과로서 수많은 사람들이 갑자기 치열한 경쟁적 관계 속에서 살아가지 않으면 안되는 상황 그것이 마약의 탐닉으로 내몰게 하는 구조적 원인이지 않을까? 중·고등학생들의 본드, 부탄가스, 각성제 등에의 탐닉도 우리 교육의 현주소가 일등만이 살아남는 성적제일주의라는 이데올로기의 반영이다. 잠깐의 진한 쾌락 뒤 오랜 불행과 파멸

또 다른 탐닉: 약물과 도박

을 알면서도 잠깐의 쾌락을 택하는 사람이 많아진다는 것은 그만큼 우리의 일상적 삶이 왜곡되어 있다는 사실을 드러내는 것이라고 할 수 있다.

2) 도박공화국

"의원 도박, 도박판 — 국회의원회관, 시간 — 임시국회회기. 온 국민이 경악."

1998년 초 국내를 떠들썩하게 했던 의원도박사건이다. 뿐만 아니라 공무원의 도박, 연예인의 도박, 상류층의 해외원정도박, 주부도박, 도박관광, 고시촌도박, 경마도박으로 패가망신… 등등 이루 헤아릴 수 없을 정도로 전 국민에게 도박이 일상화되어 가고 있다. 친구들과 만나 식사하기 전후에도 틈을 내어 고스톱·포커를, 관광버스 안에서도, 기차에서도, 비행기에서도 골프를 치면서도 도박. 그야말로 도박이 넘쳐흐르는 도박공화국.

호모루덴스, 인간은 유희하는 동물인 만큼 생산성이 없는 놀이를 즐기는 것은 인간을 인간답게 만들어 주는 중요한 활동이다. 그러다 같은 '놀다'에서 나온 말이지만 '노름'이 되면 분수를 넘어서는 요행을 바라거나 이런 사행심을 등쳐 먹는 일에 매달려 인간의 모습을 일그러뜨릴 수 있다는 것이 도박의 위험이다. 과학적 사고가 지식 및 경험을 발전시켜 응용하는 것에 의해 우연성을 통제하고 우연성의 효력을 감소시켜 결과를 알고자 하는 것이라면, 도박적 사고는 결과를 모르는 것 그 자체가 매력으로 받아들여지고 있는 것이다. 그러한 까닭에 도박처럼 많은 사람들이 집중력을 보이면서 달려드는 활동도 별로 없을 것이다. 웬만한 포커꾼들은 펼쳐진 패와 상대자들의 배팅방법, 사소한 동작까지 면밀하게 분석해 자신이 이길 가능성을 계산한다.

도박은 어느 사회에서나 편재하는 현상이다. 그러나 우리나라를 비롯한 동양권에서는 도박을 매우 불건전한 놀이로 생각했다. 수학자 김용운 교수에 의하면 이것은 서양의 문화권이 어떠한 현상에도 그 배후가 있다는 믿음과 그 법칙성을 발견하고자 하는 문화적 전통이 동양보다 강했기 때문이라고 보고 있다. 그러나 이런 확률론에 근거한 문화적 전통이라는 것도 중세 이후, 즉 근대사회에 상응하는 역사 속에서 발달한 것으로 파악해야 되지 않을까? 자본주의 발달과 더불어 경마를 비롯해 복권 및 카지노 등 사행심을 유발하는 풍토가 영국, 프랑스, 독일, 미국 등으로 확산되어 갔고 급기야 이를 합법화하게 되었다. 18세기 말 영국에서 시작된 경마는 현재 영국 국민의 절반이 국민적인 레저가 되었지만 그 과정에서는 수많은 사회적 문제를 가지고 있었어 국가가 나서서 이를 저지했지만 1960년에 경마의 합법화를 선언했다. 복권은 16세기 이탈리아 피렌체에서 시작된 이후 유럽 전역으로 퍼져 나갔고 각국이 복권을 남발함으로써 도박성이 지나쳐 중요한 사회문제로 대두되었다. 또 18~19세기에 걸쳐 유럽의 몇몇 나라들이 재원을 충당코자 개설한 것이 카지노의 시초였다.

우리나라의 경우에도 근대화 이후, 도박이 민간으로 급속히 확산되기 시작했다. 대표적인 것이 일본에서 도입되었다고 민속학계에서 주장하는 화투가 그것이다. 화투는 일제하에 급속히 확산되었는데 이는 일제의 식민지 지배정책과 관련 있는 것으로 주장되고 있다. 즉 나라 잃은 백성의 저항의식을 막기 위해 화투를 보급했고 조선의 몸과 정신을 노름판에서 탕진하도록 한 일제의 의도가 숨어 있다는 것이다.

정월 솔에 쓸쓸한 내 마음, 2월 매화에 매어 놓고, 3월 사쿠라 산란한 내 신세, 4월 흑싸리에 축 늘어지네, 5월 난초에 나는 흰나비, 6월 목단에 웬 초상인가, 7월 홍돼지 홀로 누워, 8월 공산 허송한다, 9월 국화 굳어진 내 마음, 10월 단풍에 우수수 지네, 동지 오동에 오신다던 님은 설달 비 장마에 갇혀만 있네.

또 다른 탐닉: 약물과 도박

이는 일제시대 서민층에서 유행했던 화투타령이다. 화투의 1(솔)과 12(비)까지를 각 달과 연결시켜 식민지 백성의 허무한 삶을 읊고 있다. 화투가 이미 서민층에 널리 퍼졌음을 보여주는 한 예라고 할 수 있다. 해방 후에도 화투는 단절되지 않고 오히려 국민오락으로 받아들여지고 있는 것도 부인할 수가 없다. 일제시대와 마찬가지로 '전두환고스톱,' '노태우고스톱,' '삼풍고스톱'이니 하면서 시대를 풍자하면서 확산[12]되고 있다.

그러나 더욱 심각한 사회문제는 특정 계층에 의해 자행되고 있는 해외원정도박을 비롯해 불법적으로 행해지는 경마와 경륜의 배팅을 비롯해 전문도박꾼에 의해 이루어지는 사기도박 등이라고 할 수 있다. 심심치 않게 신문의 사회면을 장식하는 이러한 형태는 나라의 경제를 좀먹을 뿐만 아니라 대다수 땀흘려 생계를 꾸려 가는 사람들에게는 상실감을 주는 악영향을 미치게 된다. 감사원이 외환특감 과정에서 일부 신용카드회사를 표본조사한 결과 1997년 1월부터 10개월간 우리나라 국민이 해외에서 쓴 도박비용이 7백만 달러인 것으로 13일 밝혀졌다. 감사원은 외환감사 보고서에서 (주) 비씨카드 등 5개 회사의 해외 사용실태를 조사해 보니 3천 14명이 도박에 705만 달러를 사용했다고 밝혔다. 특히 1만 달러 이상을 쓴 사람은 109명이며 6만 달러 이상도 2명 있었다. 감사원 관계자는 사용자의 직업은 공무원, 회사원, 대학생 등으로 다양했다.

단순히 놀이로서가 아니라 노름으로 전화하는 이유는 어디에 있는가? 심리학적으로 인간이 도박을 즐기는 이유는 크게 세 가지를 들 수 있다. 첫번째는 도박이 예측할 수 없는 보상을 주기 때문이다. 언제 딸지, 언제 한방 터뜨릴 수 있을지 예측할 수 없어 도박에 빠진다. 이런 현상을 부분 강화효과라고 한다. 두번째는 잘못된 신념체계를 갖고 있기 때문이다. 도박을 좋아하는 사람들은 주사위를 100번 던졌을 때 5가 한 번도 나오지 않으면 다음 번에 5가 나올 확률이 더욱 높아진다고 믿는다. 이를 도박사의 오류라고 한다. 세번째는 병을 가지고 있기 때문이다. 이런 사람들은 도박충동이 주기적으로 반복되고, 노름을 안 하면 못 견뎌 하며 도박자금을 얻기 위해 거짓말, 공금횡령, 사기와 같은 반사회적 행동을 서슴없이 한다. 경제가 불황기에 있을 때 이러한 증상은 더욱 심화된다는 사실에서 작금의 금융위기는 도박에의 탐닉을 증대시킬 외적 조건이라고 할 수 있다.

일반적으로 성인의 2~3%가 정도의 차이는 있지만 도박증세를 보이는 것으로 미국의 정신과학회는 보고 있다.[13] 이들이 제시하고 있는 병적 도박의 기준은 다음과 같다.

① 밤새 도박을 한다.
② 판돈을 자꾸 올리자고 한다.
③ 그만둔다면서 도박을 계속한다.
④ 도박을 안하면 초조하고 불안하다.
⑤ 일이 잘 안되거나 불쾌한 일을 당하면 도박을 한다.
⑥ 가족 친척에게 도박사실을 숨기거나 거짓말을 한다.
⑦ 밑천을 구하기 위해 문서위조, 사기, 절도, 공금횡령 등 불법행동을 한다.
⑧ 도박 때문에 이혼을 하거나 승진기회를 잃는다.
⑨ 도박중 돈이 떨어지면 남에게 손을 벌린다.

이상의 항목 중 5개 이상이면 병적인 도박상태에 있다고 볼 수 있으므로 정신과 의사의 치료가 필요하다.

그러나 도박에 탐닉하는 사람들에 대한 부정적 평가를 개인의 성장 배경과 같은 퍼스널리티에서만 찾지 않고 도박에 탐닉하게끔 만드는 사회적 환경에 대해서도 눈을 돌릴 필요도 있다.

가산의 탕진 및 가족해체, 기업의 도산, 자살 등 부정적 결과를 초래하는 도박에의 탐닉은 동서양을 막론하고 중세 이후 급격한 사회변화

또 다른 탐닉: 약물과 도박

를 거치는 과정에서 증대되었으며 특히 현대와 같은 극단적인 개인주의와 경쟁주의의 상황 속에서 일상으로부터의 도피 아니면 현재와 전혀 다른 새로운 일상을 모색하는 과정 속에 나타난 것이라고 할 수 있다. 카지노나 경마, 경륜, 복권 등과 같은 사행심을 조장하는 도박이 국가자본의 축적이라는 미명하에 합법공간내에서 행해지고 있다는 사실에서 보면 도박에의 탐닉은 사회전체의 일상 그 자체의 이탈이 주원인이라고 할 수 있다. 복권[14]의 경우를 예로 들어보자. 복권은 일종의 감추어진 세금이다. 정부나 공공단체가 어떤 사업을 벌이고자 할 때 재원 마련이 어려우면 흔히 들고 나오는 것이 바로 복권사업이다. 우리나라의 경우 1969년 서민주택 건설자금 조성을 위해 부족한 자금을 복권을 통해 충당했던 것이 그 시초이며 현재는 많은 단체에서 복권을 남발하고 있다. 복권의 발행규모를 보더라도 1995년 6,530억 원에 달하고 그 신장률이 91년 이후 32%에 달하고 있다. 특히 복권을 사는 대상을 보면 대부분이 가난한 사람들이다. 이는 정부나 공공단체가 특정한 일을 시작하면서 재원을 복권을 통해서 마련한다는 것은 서민들의 호주머니를 빼앗아가는 것임에 다름 아니다. 작은 부담을 스스로 지는 대신 횡재할 가능성이 있기 때문에 많은 사람들이 복권을 구매한다. 결국 정부나 공공단체가 작은 횡재의 가능성을 미끼로 공공연하게 도박심리를 일반화시키고 있지 않는가를 반문해 보지 않을 수 없다. 이와 더불어 도박에 대한 일반인들의 태도는 마약을 비롯한 약물중독에 비해 상대적으로 관용도가 높다는 것이다. 그렇기 때문에 도박행위에 대한 제재가 법적으로 엄격하게 규정되어 있음에도 불구하고 법의 집행이 효율적으로 일어나지 않고 있는 것이기도 하다.

축적의 논리만 팽배해 있고 분배의 논리는 위축되어 있는 자본주의라는 일상의 틀 속에서 위치한 개인들은 유무형으로 받는 심리적 긴장 및 압박감을 풀어 줄 마땅한 기제를 찾지 못할 뿐만 아니라 쉽게 일상의 무료함에서 벗어나기 위해 도박이나 마약에 빠질 가능성을 항상적으로 갖고 있다고 할 수 있다.

5. 맺으면서

　원래 우리사회에는 알코올 중독자가 흔치 않다. 술 마시는 법도가 엄했고, 많은 술을 자주 마실만큼 경제적 형편도 넉넉하지 못했다. 그러나 이제 이전의 주도는 무너졌고, 경제적 형편도 나아졌다. 사회생활 속에서 각종 형태의 통과의례가 있을 때마다 이른바 폭탄주가 돌고 폭음이 강요된다. 이러한 폭음으로 숨지는 학생들이 속출하고 있다. 전래의 수작문화가 강요된 폭음문화로 변질되어 가고 그 속에서 수많은 사회문제를 야기하는 까닭은 무엇인가?

　짧은 순간의 쾌락과 일확천금을 위해 약물 및 도박에 빠지는 인구 수가 증가하고 그 층도 전 사회적으로 확산되어 가고 있다. 약물 중독 및 도박에의 탐닉은 기성층에만 한정되는 것이 아니라 청소년층까지 퍼져가고 있다. 술, 약물, 도박에의 탐닉자들이 전 사회적으로 늘어나고 계층적으로 확산되는 현실의 사회구조를 되돌아볼 필요를 느낀다. 환각의 세계로의 몰입은 성장에로의 지향과 신분적 상승, 경제적 부의 축적, 강자의 이데올로기만 팽배해 있는 현실의 구조 속에 직면한 일상생활자들의 위기의 표현이다. 사회 전반적으로는 술, 약물, 도박의 탐닉을 부정하고 탐닉자들을 일탈시·범죄시하며, 이들을 이러한 탐닉으로부터 구출해야 한다는 운동이 확산되고 있다. 그러나 우선적으로 우리가 행해야 하는 것은 이들이 왜 탐닉·환각의 세계에 빠져 들었는지에 대한 원인분석이다. 탐닉자들에 대부분 생리적·심리적 분석을 바탕으로 개인의 퍼스널리티의 결함을 그 원인으로 보고 그들을 일탈자로서 파악하고 격리, 순화시키고자 하는 현실의 정책에서 나아가서 구조적인 측면에서 우리 사회구조의 왜곡성을 파악하지 않으면 안될 것이다. 청소년들이 환각의 세계로 나아가지 않도록 교육구조를 변화시키지 않으면 안된다. 교육이 사회이동의 중요한 계기이기는 하지만 현실과 같이 사회구조가 안정적인 상황에서는 교육이 상대적으로 그 중요성을 잃어가고 있는 것도 사실이다. 그러므로 이전과 같은 성적지향적인 교육현실이 수정되지 않은 현실이라는 것은 끊임없는 극복의 대상일 수밖에 없는 것이고, 굴절된 교육현실을 벗어나기 위한 청소년들의 환각의 세계에 대한 몰입은 더욱 늘어날 것이라는 것은 쉽게 예측할 수 있는 일이다. 도박, 마약, 술에의 탐닉이 사회적으로 문제가 되는 것은 탐닉자의 숫자가 늘어나고 있다는 사실과 이를 허용할 만한 사회적 수용도가 이제 한계에 도달했다는 사실일 것이다. 급속한 산업화가 초래한 결과는 개인주의의 확산이다. 오랜 공동체적 삶은 이기주의로 화했으며, 조직 속에 종속된 개인만이 존재할 뿐이다. 개인은 사회가 시키는 대로 행하지 않으면 안되는 구조 속에서 그들의 일상생활을 영위하고 있다. 이러한 상황 속에서 개인들이 직면하는 일상생활의 위기는 어떻게 해결할 수 있을 것인가? 이러한 일상의 문제들로부터 벗어나는 한 방법으로서 택하는 것이 술, 도박, 약물과 같은 탐닉, 환각의 세계이다. 술을 탐닉하는 사람들은 전 사회에서는 지배계급들이 대부분이었으나 경제적 상황이 나아진 현실에서는 모든 인구층이 술의 탐닉으로 나아갈 가능성을 갖고 있는 것이다. 또 현실의 세계는 술 이외의 강력한 돌파구가 필요로 할 정도로 개인들이 삶을 규정하기 때문에 일확천금의 도박의 세계나, 약물과 같은 환각의 세계로 빠져들어 가는 사람들의 수가 늘어나고 있는 것이다. 도박이나 환각의 세계에 빠져들어 가는 사람들에 대한 제재가 크면 클수록 그 수는 감소하기보다는 늘어날 것이다. 술이나 도박 약물의 세계 그 자체는 왜곡된 현실의 또 다른 표현이기 때문에…

술과 환각

▶ 주

1) 오용(misuse)이란 약물을 의학적인 목적으로 사용하나 약사나 의사의 처방에 따르지 않고 임의로 사용하거나 처방된 약을 제대로 또는 지시대로 사용하지 않는 경우를 말한다.

2) 남용(abuse)이란 향정신성 약물의 비의학적 사용을 뜻하는 것으로서 의학적 목적이 아니라 감정세계에 영향을 끼쳐 행복감, 도취감, 흥분감 등을 얻기 위해 중추신경계에 작용하는 약물을 사용하는 것을 이른다.

3) 중독(addiction)이란 약물의 사용에 대한 강박적 집착으로 일단 사용하기 시작하면 끝장을 보고야 마는 조절불능, 해로운 결과가 있으리라는 것을 뻔히 알면서도 사용하는 것을 말한다.

4) 그러나 학계의 조사에 따르면 알코올 장애로 인한 국내 평생유병률(평생에 병에 걸릴 확률)은 약 22%(남용 12%, 중독 10%)라는 것이다. 단순 비교는 어렵지만 노동력의 5%가 중독이라는 미국과 비교해 볼 때 결코 적은 숫자가 아니라는 것이다. 서울대 의대 정신과 김용식 교수는 "우리나라 알코올 중독자 수가 서양에 비해 적다고 여겨져 온 것은 음주습관에 대한 관대한 태도 때문이지 실제 적은 것이 결코 아니다"라고 말하고 있다(《중앙일보》 1997. 7. 17).

5) 대포(大匏)는 큰 바가지를 의미하는데 여러 사람이 한 잔 술을 나누어 마시기 위해서 생겨난 것이라고 할 수 있다. 한 잔 술을 나눠 마시는 소위 대포문화는 다양하게 발달했는데 옛 각 관아마다 특정의 고유한 대포잔을 하나씩 갖고 있어 새로운 관원이 신임해 오거나 또는 공동회나 공회가 끝나면 서로의 이질요소를 없애고 합심하는 뜻에서 대포잔으로 술을 나누어 마시는 관속(官俗)이 있었다. 일반인들에 있어서도 결속력의 강화를 위해 한 잔 술을 돌려 마시는 대포문화는 널리 확산되어 오늘에 이르게 되었다. 대포지교(大匏之敎)는 대포를 나누어 마심으로써 서로를 이해하고 결속력을 강화시킨 우리의 수작문화를 대표한다고 할 수 있다.

6) 조지훈은 「주도유단」에서 다음과 같이 무려 18단계로 나누고 있다. 1. 부주(不酒: 술을 아주 못 먹진 않으나 안 먹는 사람), 2. 외주(畏酒: 술을 마시긴 마시나 술을 겁내는 사람), 3. 민주(憫酒: 마실 줄도 알고 겁내지도 않으나 취하는 것을 민망하게 여기는 사람), 4. 은주(隱酒: 마실 줄도 알고 겁내지도 않고 취할 줄도 알지만 돈이 아쉬워서 혼자 숨어 마시는 사람), 5. 상주(商酒: 마

또 다른 탑닉: 약물과 도박

실 줄도 알고 좋아도 하면서 무슨 잇속이 있을 때만 술을 내는 사람), 6. 색주(色酒: 성생활을 위하여 술을 마시는 사람), 7. 수주(睡酒: 잠이 안 와서 술을 마시는 사람), 8. 반주(飯酒: 밥맛을 돕기 위해서 마시는 사람), 9. 학주(學酒: 술의 진경을 배우는 사람; 酒卒), 10. 애주(愛酒: 술의 취미를 맛보는 사람; 酒徒), 11. 기주(嗜酒: 술의 진미에 반한 사람; 酒客), 12. 탐주(耽酒: 술의 진경을 체득한 사람; 酒豪), 13. 폭주(暴酒: 주도를 수련하는 사람; 酒狂), 14. 장주(長酒: 주도 삼매에 든 사람; 酒仙), 15. 석주(惜酒: 술을 아끼고 인정을 아끼는 사람; 酒賢), 16. 낙주(樂酒: 마셔도 그만 안 마셔도 그만, 술과 더불어 유유자적하는 사람; 酒聖), 17. 관주(觀酒: 술을 보고 즐거워하되 이미 마실 수는 없는 사람; 酒宗), 18. 폐주(廢酒, 涅槃酒: 술로 말미암아 다른 술 세상으로 떠나게 된 사람).

7) 서울지검 강력부가 98년 8월 21일 발표한 98년 상반기 마약류 범죄동향분석에 따르면 98년 상반기에 적발된 마약사범 245명 중 여성이 49명으로 작년 동기와 비교해 40% 증가했다. 특히 여성 마약사범 중 주부 5명과 가출 여고생 1명이 포함되어 있고 직업별로 노동 종사자가 지난 해 상반기에 비해 160%, 운전사가 60% 증가하는 등 마약이 일반 계층에까지 확산되고 있다고 발표했다. 마약복용 장소도 다양화로 이어져 유흥업소와 숙박업소에서의 범행이 각가 41.7%와 16.3% 증가한 데 비해 자동차, 노상, 사무실이 각각 54.1%, 78.5%, 100% 늘어난 것으로 집계되었다(《국민일보》 1998. 8. 22).

8) 금단현상이란 약물을 사용하다가 중단하면 견디기 어려운 여러 증상이 나타날 경우를 말하는데, 일반적으로 혈압이나 맥박이 빨라지고, 떨림증, 식은땀, 불안증, 우울증 등 기타 여러 통증이나 불편감 등의 증상을 말한다.

9) 마약(drug, narcotic) 문제는 일반적으로 두 가지로 나누어 볼 수 있다. 하나는 마약의 밀매과정 내지는 밀매조직의 문제이고, 다른 하나는 마약중독자의 문제이다. 마약의 밀매과정 내지는 밀매조직의 문제는 마약취급, 마약거래에 관련된 것이다. 마약은 의학적 치료를 제외하고 그 외의 거래는 각종 특별법에 의해 금지되고 있기 때문에, 굳이 이것을 행하는 경우에는 필연적으로 비합법적 수단으로 행하지 않을 수 없다. 여기에 갱집단이나 조직폭력집단이 개입할 여지가 있고, 그들은 그것에 의해 여러 가지 파생적인 범죄행위를 일으키고 있다. 거기서의 문제는 밀매과정 내지는 밀매조직은 구체적으로 어떤 것이고, 또한 파생적인 범죄행위는 구체적으로 어떤 것인가에 있다. 마약중독자 문제는 마약사용이 중독화되어 일탈할 뿐만 아니라, 갖가지 생활장애 현

상을 일으키는 것이지만, 또한 마약중독 자체도 의학적 치료에서 기인하는 경우를 제외하면, 마약취급위반법의 범죄이다. 거기서 문제가 되는 것은 마약중독화의 과정과 그 배경 및 마약중독자의 사회병리는 어떤가에 있다.

10) 마약류: ① 마약-아편(천연마약), 염산몰핀, 인산코데인, 헤로인, 코카인(가공마약), 메사돈, 페치딘(합성마약), ② 향전신성 약품: 환각제(LSD, DMT, DET …), 각성제(암페타민, 메스암페타민<필로폰>), 중추신경안정제(바르비타르염제), ③ 대마-대마초(Cannabis Sativa L.)와 그 수지를 원료로 하여 제조된 일체의 약품

11) 한국마약퇴치운동본부는 97년 11월 24일부터 한 달 동안 전국 222개 남녀 중·고등학교 학생 9천 898명을 조사한 결과를 6일 발표했다. 조사결과에 따르면 술을 가끔씩 마시는 학생은 전체의 74.8%, 담배를 피우는 학생은 전체의 41.4%였다. 술을 마시는 남학생은 77.2%, 여학생은 71.2%로 남녀간 큰 차가 없었다. 그러나 담배를 피우는 남학생은 52.6%, 여학생은 24.3%로 남학생이 여학생보다 두 배 정도 담배를 많이 피우는 것으로 조사됐다. 진통제나 수면제, 각성제 등의 의약품을 습관적으로 이용하는 학생도 많았다. 항목별로는 게보린이나 사리돈, 펜잘 등의 진통제를 습관적으로 이용하는 학생이 3.4%로 가장 많았고, 수면제(1.1%), 각성제(0.8%), 신경안정제(0.5%) 등이었다. 전체 학생의 1.2%인 118명은 본드나 시너, 부탄가스 등을 환각목적으로 사용한 경험이 있었다. 12명의 학생은 대마초를, 11명은 아편을, 9명은 필로폰을 환각목적으로 사용한 경험이 있었다.

12) 1997년 여론조사전문기관인 뉴스컴에 의뢰 MBC가 행한 서울시내 거주 20 ~40대 남녀 직장인 2백 명을 대상으로 「도박습관과 도박에 대한 인식」에 관해 설문조사를 실시한 결과에서 나타났다. 조사대상자의 38%인 76명은 최근 6개월간 도박을 한 경험이 있으며 그 종류로 '고스톱'(50명, 복수응답자 포함)을 가장 많이 꼽았고 '포커'(33명), '경마'(6명), '훌라' (3명) 등의 순으로 응답했다. 한국사회의 도박정도에 대해 10명 중 7명이 '심각하다' 또는 '아주 심각하다'고 답했으나 자신들이 친구 또는 직장동료와 하는 포커나 고스톱에 대해 70%가 '도박이 아니고 오락' 이라고 규정했다. 응답자들은 '재미삼아' '심심해서' '침목도모를 위해' '모임시 별다른 놀이가 없어서' 등의 이유로 도박을 한다고 했으나 도박을 하려고 돈을 꾸거나 현금서비스를 받은 적이 있는 경우도 40%나 됐다. 특히 10명 중 1명은 도박으로 인해 가정불화를 경험한 적이 있고 남성 4명 중 1명은 도박을 하다 '적금 해

또 다른 탑닉: 약물과 도박

지' '가계부 예산의 펑크' '용돈 궁핍' 등 경제적 곤란을 겪기도 했다고 응답했다.

13) 정신과 의사들에 의하면 도박의 징후는 10대부터 나타나는데 대개 어릴 때 부모와 별거한 경우, 부모의 관심을 끌기 위해 지갑에 손을 댔다가 가혹한 처벌을 받은 경우, 돈에만 집착하거나 반대로 낭비적인 가정분위기 등이 도박증을 유발시키는 원인이 되는 것으로 알려져 있다.

14) 복권은 원래 이탈리아어 '로토'에 그 어원을 두고 있다. 현재의 복권은 530년 이탈리아 피렌체에서 시작된 로토에서 출발했으며 1566년 영국 엘리자베스 1세는 항구 복구사업을 위해, 그 후 제임스 1세는 신대륙 식민지 건설을 위해 복권을 발행했다. 미국은 1776년 대륙회의가 독립전쟁자금 마련을 위해 복권을 발행했다. 이후 복권의 확대는 커다란 사회적 문제를 야기시켰는데 그것은 복권이 갖고 있는 도박성 때문이다. 지금도 여러 나라에서는 이러한 복권의 발행을 법적으로 금지하고 있다. 우리나라의 경우에는 관계법조차 없이 총리실 훈령에 따라 임의로 결정된다. 특히 지방자치 실시 이후 국가복권발행단체와 지방자치단체 사이에 이권싸움이 치열하며, 무질서한 복권발행으로 국민의 사행심만 부추기고 있다.

매일 끊는 술

┃ 인태정

1. 들어가면서

우리는 일상생활에서 술과 자주 접한다. 어쩌면 술은 인간생활과 분리될 수 없는 오랜 친구이자 연인이라고 할 수 있다. 어떤 사람들은 술을 매일 마시면서 매일 끊겠다고 다짐한다.

매일 끊는 술─이는 술을 끊어야 하는데 끊지 못하기 때문에 나오는 말이다. 그렇다면 왜 술을 끊어야 하는가. 그리고 왜 술을 끊지 못하는가. 만약 술을 끊어야 한다면 과연 술은 인간에게서 악의 요소만 있는 것일까? 근대 이전의 우리 선조들에게서 술의 의미는 무엇이었을까? 그리고 현대에 와서 술의 의미는 어떻게 변화되었을까? 여기서 술의 긍정적인 의미와 부정적인 의미, 즉 술의 빛과 그림자를 찾아보아야 할 것 같다. 우리 인간사의 희노애락과 함께 인간에게 다정한 벗이 되어 주었던 술의 한면과, 인간과 사회를 타락과 패망으로 이끌고 술에 중독되어 술 없으면 살아갈 수 없는 병폐적인 모습을 낳는 또 다른 측면, 이는 술 안에 인간들을 파괴하는 본래적인 속성이 있어서인가 아니면 인간과 사회가 먼저 병들어서 술을 찾는 것인가?

어떤 사람들은, 병적인 음주벽을 가진 술꾼들이 삶의 의지가 약하고 술 마시는 일 외의 제반사에 무능하고 성격적으로 열등의식과 피해망상증이 심해 원만하지 못하다고 한다. 이는 알코올 중독의 원인을 개인적인 속성에서 기인하는 것으로 보는 것이다. 하지만 시대상 가장 암울했던 1920년대 일제 식민지시대에 변영로는 "술 마시는 구차한 변명은 아니지만 술 없이는, 술 마시지 않고서는 나는 이미 민사(悶死)하였을 것"이라고 고백한 적이 있다고 한다. 또한 현진건은 『술 권하는 사회』에서 잘 마시지도 못하는 남편이 거의 매일 술을 먹고 오자 그의 아내가 왜 그리 술을 마시냐고 물었다. 그러자 "내게 술을 권하는 것은 홧증도 아니고 하이칼라도 아니요. 이 사회란 것이 내게 술을 권한다오. 이 조선사회란 것이 내게 술을 권한다오"라고 말한 적이 있다.

이는 이제까지 정신병적인 음주벽의 원인을 부모에게서 받은 유전적 특성, 과거의 불운했던 경험이나 비정상적인 가정환경, 개인적 무능함이나 의지박약 등의 생리적, 심리적, 개인적 측면으로만 설명하려고 했던 논의들이 얼마나 단편적인가를, 뿐만 아니라 모든 사회적 현상을 개인적 책임으로만 돌리려는 또 다른 이데올로기인가를 웅변으로 보여주는 것이다. 유명한 프랑스 사회학자 뒤르켐은 사회적 현상은 사회적 원인에 의해 규명되고 설명되어야지 개인의 심리적 동기나 의도로서 파악해서는 안된다고 하였다. 결국 음주행위나 알코올리즘도 사회적 현상이고 이는 개인의 심리적 측면만이 아니라 사회적, 문화적 요인과 관련해서 바라보아야 함을 시사하는 것이다.

사람들이 술을 마시고 그러면서 술을 끊어야 한다는 부담감, 이는 어쩌면 현대의 각박한 생활이 매일 끊어야 할 술을 매일 마시게 하는 것인지도 모른다.

술과 중독

2. 술의 빛과 그림자

사람들에게 왜 술을 마시는가라고 물어본다면 많은 경우 스트레스 해소를 위해서 마신다고 한다. 회사 상사에게 싫은 소리를 들었거나 일이 잘 안풀린다든가 부부싸움 혹은 집안에 언짢은 일이 있어서 그것을 잠시 잊기 위해서 흔히 사람들은 술을 마신다.

영국의 철학자 러셀은 술에 취하는 것은 "소극적인 행복이며 불행의 일시적인 중지"라고 말한 적이 있다. 또 우리나라에도 시름을 잊기 위해서 술을 마신다는 내용의 시조가 있다.

만경 창파수로도 다 못 씻을 천고수를
일호주 가지고서 오늘에야 씻었구나
태백이 이러하므로 장취불성하닷다
(김천택)

이는 바닷물로도 씻어내지 못할 깊고 오래된 시름을 술 한 병으로 씻어냈으니 따라서 오래도록 취하고 싶다는 의미이다.

이렇듯 우울한 심정을 달래고 시름과 고통을 일시적으로 잊는 데 술만큼 다정한 친구가 없을 것이다. 그리고 술에 취해서는 자신이 최고인 듯이 느껴지고 자신을 억누르고 있는 현실을 초월하고 마치 그 위에 군림하는 듯한 행복한 착각을 위해서 마시는 것이다.

또한 술은 생의 에너지이자 창조적 힘으로서 작용한다. 특히 술과 시와 인생과 자연이 합일이 되었던 이태백은 항상 술에 취해서 예술작업을 하였던 대표적 시인이었다.

악상을 떠올린다든지 시를 짓거나 노래를 만들거나 할 때, 예술가들은 항상 술과 가까이 하였다. 하지만 술을 특수계층과 연결시켜 생각하는 것은 역사적 산물이라고 할 수 있다. 자본주의 이전의 신분사회

매일 끊는 술

에서는 신분적으로 높은 지배계층과 노동에서 자유로운 사람만이 문학과 풍류와 술을 향유할 수 있었고 따라서 술은 여유와 풍류의 대명사였다. 하지만 자본주의 사회에 와서 물질적 생산력이 높아지면서 귀족이나 양반들만이 누릴 수 있었던 고급문화도 대중화되어 고급문화와 저급문화, 양반문화와 평민문화, 귀족문화와 민중문화의 경계선이 허물어졌듯이 술을 즐길 수 있는 계층도 확대되어 술의 질의 차이는 있겠지만 어느 누구나 싼 값으로 술을 즐길 수 있게 되었다.

그래서 술을 예술적 영감으로만 생각하는 것은 시대착오적인 것이고 예술가가 아니더라도 사람들이 어떤 일을 구상하거나 어떤 실마리를 찾기 위해 술을 마시는 경우가 있다. 그래서 맨 정신으로 몰두했을 때보다 의외로 기발한 착상을 얻을 때가 있는데 이는 술로 인해 삶이 보다 관조적이고 초월적인 자세가 될 수 있기 때문에 가능한 것이 아닌가 싶다.

술의 좋은 점, 또는 사람들이 술 마시는 동기 중의 가장 큰 것은 '교류'이다. 술자리를 통해 대화의 공간을 마련하고 술잔에 마음을 실어 주거니 받거니 하면서 자신의 입장을 솔직하게 얘기하고 타인의 입장을 이해하며 친밀한 유대관계를 형성한다.

이러한 교류에는 사람과의 교류만이 아니라 자연과의 교류가 있다. 특히 근대 이전의 사회에서는 자연과의 일체, 자연과의 교류가 속세의 부귀 영화, 탐욕 등을 초월해서 진정한 자연인으로서 인간의 본질로 되돌아가는 기쁨이 담겨 있는 것이다.

하지만 자연을 정복의 대상으로 바라보고 자연을 개척·파괴해 온 근대에 이르러서는 자연과의 동화를 이루고 자연의 품에 안긴다는 것은 불가능하게 되었다. 어디에 가든 오염되지 않은 자연이 없고 인간을 따뜻하게 받아줄 자연의 공간이 사라졌다. 따라서 술과 자연과 인간이 어우러지는 아름다운 정서는 현대의 인간에게 이미 전설이 되어 버렸다. 그래서 현대의 인간에게 남은 것은 인간과의 교류뿐이다. 그

술과 중독

러나 근대에 경쟁시대로 돌입해서 인간간의 관계는 그 어느 때보다 적
자생존의 법칙이 냉철하게 관철되는 사회가 되었고 따라서 인간관계
가 파편화되고 물신화되고 불신과 이기심과 적대감으로 가득찬 사회
가 되어 술을 통한 벗과의 진정한 교류라는 의미가 점점 퇴색되어 간다.

특히 이 술도 인간간의 원만하고 진정한 교류를 위해서 마시기보다
는 오히려 사업상의 목적, 즉 로비나 청약, 계약을 맺기 위한 인간의
이익추구를 위해 마시게 된다. 그래서 술의 본래의 의미도 상실되어
간다.

시간도 다 돈으로 계산되는 각박한 현실 속에서 우리의 선조들이 여
유 있게 마시는 풍경은 사라지고 단시간내에 쏟아붓듯이 마시는 폭음
의 형태도 아마 현대성의 산물이 아닌가 싶다. 회식자리에서 권위주의
적 강압형식과 비틀린 공동체의식에 의한 폭탄주도 시간을 오래 끌면
회사비용도 많이 들고 그 다음날 업무에도 지장이 있기 때문에 급히
마시고 빨리 취해서 귀가하라는 의미라고 본다.

하지만 회사일을 다 마치고 회사 동료들과 소주집에서 회사 상사를
안주 삼으며 한 잔 하는 일이 생활의 한 즐거움으로 남아 있다. 그리
고 평상시에 껄끄러웠던 관계, 그동안 바빠서 소원해졌던 친구들과의
한 잔. 그 한 잔은 일상생활에서 급하게 내몰렸던 자신을 한 번쯤 여
유 있게 뒤돌아보고 쌓였던 스트레스를 해소하고 허심탄회하게 생활
의 이야기를 듣고 애기함으로써 관계들의 의미를 확인하는 삶의 정화
조가 되는 것이다. 반면에 술을 과다하게 마심으로써 신체적 불균형과
이성적 판단이 불가능하게 되고 그럼으로써 조그만 실수에서 큰 과오
나 피해를 범하게 된다. 예를 들어 만취한 사람들을 대상으로 소매치
기하는 아리랑치기한테 당한다든지 보증서나 불리한 계약서에 도장을
찍어 전 재산을 날리는 경우 등 그 폐해는 여러 가지이다.

그러나 이것은 일시적이고 특정한 예이며 술 먹는 당사자가 피해를
받는 경우이지만 어떤 사람들은 술만 먹었다 하면 두들겨 부수고 싸

매일 끊는 술

움하고 폭력을 휘두르면서 되돌이킬 수 없는 잘못을 저지르거나 우선 가장 가까운 가족들에게 큰 고통을 안겨 주는 경우가 있다.

이는 술이 사람들의 마음을 가라앉히는 안정제 역할을 하기도 하지만 생화학적으로 볼 때 마취제이므로 뇌에 흡수되면 중추신경이 마비되면서 사고와 판단의 장애, 사지의 운동기능까지 저하시킨다. 그래서 사소한 일로 지나치게 흥분하고 과격해지면서 실수를 저지르는 것이다. 이런 상태를 잘 나타내 주는 일례로 대학원생 살인사건이 있다. 주차문제로 술김에 시비가 붙어 격앙되어 있던 범인(홍용문, 31세)이 만취해서 지나가던 대학원생(정수철, 27세)과 말다툼 끝에 차 안에 있던 칼로 살해를 한 것이다. 또한 음주로 야기될 수 있는 문제가 음주운전이다. 경찰청 자료에 의하면 1996년 음주운전으로 인한 교통사고는 총 2만 5천 500건이며 그 중 833명이 사망하는 등 사고가 최근 5년간 연평균 25.7% 이상의 증가추세를 보이고 있다. 특히 20, 30대의 젊은 층이 음주운전 사고의 3/4을 일으키고 있다고 한다. 하지만 무엇보다도 음주로 인해 피해를 입는 사람은 아마 가족들일 것이다. 이러한 예를 잘 보여주는 기사가 있다.

지난 4월 중순무렵 매 맞는 여성을 위해 마련한 '한국여성의 전화' 상담실에는 주부 김모씨(43. 수원시 매탄동)가 넋나간 표정으로 흐느끼고 있었다. 결혼생활 18년 동안 사흘이 멀다하고 무자비한 남편의 폭력에 시달리다 못해 상담실을 김씨가 울먹이며 털어놓은 남편의 폭력벽은 상상을 넘어선 것이었다. "남편은 날마다 곤드레 만드레 취한 상태에서 괜한 트집을 잡아 발길로 걷어차고 목을 조르기 일쑤였어요. 집 나오기 전날밤에는 부엌칼을 휘두르며 죽이겠다고 달려드는 바람에 겁에 질려 실신했습니다." 그녀의 온몸 곳곳에는 시퍼런 멍이 들어 있었고 목 부위에도 손으로 조른 자국이 벌겋게 남아 있었다. 그 처절한 폭력의 흔적을 보면서 상담원도 말문이 막혔다고 한다(《중앙일보》 1996. 5. 13).

술과 중독

음주를 동반한 가정폭력이 급기야는 살인까지 부르게 되는데 1993
년에 14년 동안 흉기를 휘두르며 상습폭행을 일삼아온 남편을 우발적
으로 살해한 이형자씨 사건, 23년간 술을 마시고 폭력을 휘두른 남편
을 살해한 이순심씨 사건(94년), 95년에는 18년 동안 알코올 중독, 의
처증 증세를 보이는 남편의 가혹한 구타와 변태적인 성행위 요구에 시
달리다 남편을 살해한 김명희씨 사건 등은 음주의 폐해가 얼마나 심
각한 것인지를 알 수 있다.

실제 술꾼 아내들의 고통은 형벌을 사는 것과 다름 아니다. 그것은 술꾼 아
내들만이 안다. 뼈를 저미는 한밤의 공허와 비애와 외로움과 끝없이 엄습
하는 자기혐오감에 몸부림치는 술꾼 아내들의 통증은, 진실로 그들 외에는
아무도 모른다. 가난에 쪼들려야 하고 불면증에 시달려야 하고 갖은 추태
만상의 술주정을 받아야 하고 폭행도 당한다. 따라서 술꾼의 아내는 언제
나 꺼칠한 피부에 충혈된 눈동자. 부스스한 머리 모습에 오만강을 찌푸리
고 산다. 세상만사가 귀찮아져 의욕이 상실되고 만성적인 욕구불만과 밤마
다 당하는 술꾼의 주정 행태에 불안신경증 환자가 되기도 한다. … 자기인
생을 체념하다시피한 중년의 술꾼 아내들은 저주하듯 말한다. "오냐, 내 인
생은 망쳤지만 내 딸만은 절대로 나같은 인생을 살게 하지 않는다. 첫째 술
꾼에게 시집보내지도 않겠지만 혹여 결혼생활중에 남편이 술꾼이 되면 두
팔 걷어붙이고 이혼을 시킬게다. 처녀로 늙혀도 술꾼에겐 시집 안 보낸다"
(이경찬 편, 1993: 94-99).

술의 이러한 부정적인 측면에 대해 옛 선조들이 경계하는 내용은 여
러 문헌에서 발견된다. 우리의 전통에 귀밝이 술이 있는데 이는 노인
이 먹으면 귀가 밝아진다고 한다. 그래서 한 노인이 귀를 밝게 하려고
한 잔 두 잔 먹다가 나중에는 만취해서 사람들이 아무리 불러도 전혀
듣지 못했다고 한다. 이는 정도가 지나치면 술 본래의 목적과 의미가

매일 끊는 술

상실된다는 것이다. 사람들과의 원활한 관계형성과 유지를 위해 마셨던 술이 너무 지나쳐 폭언과 행패로 나타나면서 오히려 인간관계가 깨지는 경우가 있고 일에 활력을 찾고자 마셨던 술이 그 다음날의 업무를 전혀 못할 정도가 되는 경우가 있다.

또한 춘향전에서는 술이 백성들의 생활을 도탄에 빠지게 하는 원흉으로 묘사된다.

금동이의 맛 좋은 술은 일천 백성의 피요
옥소반의 맛있는 안주는 일만 백성의 기름이라
촛불의 눈물이 떨어질 때 백성의 눈물 떨어지고
노래소리 높은 곳에 원망 소리 높았더라

그리고 『동문선』의 「계주교서」에는 다음과 같이 술을 경계하는 내용이 있다.

대개 들으니 옛적에 술을 만든 것은 그저 마시려고 하는 것만이 아니라 신명을 받들고, 빈객을 대접하고 늙은이를 봉양하려는 것이었다. … 대개 술이 화가 됨은 심히 크다. 어찌 특별히 곡식을 없애고 재물을 허비할 뿐이랴. 안으로는 심지를 어지럽히고 밖으로는 위의를 잃어서 혹은 부모님의 봉양을 폐하고, 혹은 남녀의 분별을 문란하게 하며 크게는 나라를 잃고 집을 망치고, 작게는 성품을 해치고 생명을 잃어버리어 강상을 더럽히고 풍속을 무너뜨리는 것은 이루 다 말하기 어렵다. … 우리나라의 일로 말하면 옛적에 신라가 포석정에서 무너졌고 백제가 낙화암에서 망한 것이 모두 술 때문이었고, 고려의 말세에 위와 아래가 서로 본떠서 술에 빠져 스스로 방자하다 마침내 망하는 데에 이르렀으니, 이것도 역시 은감이 멀지 않는 것이다.

술과 중독

이는 옛날에 술이란 것이 단지 마시고 즐기기 위한 것만이 아니라 손님을 대접하고 어른을 공경하고 조상을 숭배하기 위한 것으로 예와 덕을 쌓기 위한 하나의 의식이라고 할 수 있다. 하지만 점차 술의 도(道)를 상실하고 자신의 생활과 중심을 흐트리고 집은 물론 나라까지 망치는 원흉이 되어버렸다는 것이다. 따라서 술을 마시되 자신의 일과 건강까지 망칠 정도로 마시지 말고 술의 득실을 따져 절제된 음주를 권계하는 내용이다. 술을 마심에도 절제와 품위와 멋과 덕이 곁들어져 있어야 한다는 것이다.

결국 술이란 것은 사람들에게 많은 위안과 기쁨을 주기도 하지만 술을 어떻게 마시는가가 중요하다. 선비들이 넓은 도포자락 하나 흔들리지 않고 밤새도록 술을 마셨다는 얘기는 술 마시고 그저 흥청망청 아무렇게나 행동하는 현대인들이 다시 한번 되새겨 봐야 할 얘기다. 즉 음주의 양이 문제가 아니라 음주를 하는 자세와 예의, 권주하면서도 남을 배려하고 호탕하게 마시면서도 흐트러지지 않는 자세. 그것이 현대인이 옛 선조에게서 가르침 받아야 할 주도가 아닌가 싶다.

3. 음주행위의 사회문화적 요인

사람들의 음주행위는 개인적 체질이나 음주습관에서 나오기도 하지만 그보다는 그 사회의 문화적 특성과 관련되어 음주에 대한 가치평가, 즉 음주행위의 계기와 의미부여, 음주를 사회화하는 과정, 만취에 대한 사회적 허용도에 따라 달라질 수 있다. 한국사회는 예전에 농업국가로서 개인주의보다는 집단의식, 공동체 의식이 강했다. 그 후 자본주의가 들어오면서 개인주의가 현대인의 삶을 주도하는 원리가 되었고 그러나 서구 자본주의 사회에 만연해 있는 개인주의에 비해 우리나라는 개인주의와 집단주의의 괴리를 상당히 많이 느끼고 있으며

매일 끊는 술

이것들이 생활 속에서 뒤엉켜 나타난다. 이러한 영향이 음주관행에서도 나타나는데 서구의 음주문화가 자작문화라고 한다면 한국은 수작문화라고 할 수 있다. 서양인들은 술집에서든 집에서든 혼자서 술을 즐기는 경향이 많다. 자작문화가 좋은 것은 타인이나 집단적 분위기에 의해 마시지 않아서 자신이 어느 정도 절제, 통제를 할 수 있다는 것이다. 나쁜 점은 음주행위가 습관적이 되어 만성적 알코올 중독자가 될 가능성이 많다. 한편 수작문화가 좋은 점은 집에서 혼자 마시는 경우가 드물다. 술 마시는 동기가 개인의 내부에 있다기보다는 외부적 요인에 있으며 또한 내부적 동기에 의해 술을 마시고 싶을 때는 같이 마실 사람을 물색하고 그래도 없으면 터덜터덜 집에 오게 된다. 그래서 습관적 중독자가 서구에 비해 그다지 많지 않다. 하지만 나쁜 점은 분위기에 의해서 과음, 폭음을 하게 되는 경우가 있고, 그보다 더 나쁜 것은 술 마시기 싫을 때도 주위 사람의 권유나 강요에 의해 술을 마시게 된다는 것이다.

한국인들이 음주하는 계기를 보면 기분 좋아서 한 잔, 기분 나빠서 한 잔, 날씨 좋아서 한 잔, 비가 와서 한 잔, 축구가 이겨서 한 잔, 져서 한 잔, 월요일은 원래 마시는 날, 화요일은 화가 나서 마시는 날, 수요일은 술술 들어가서 마시는 날, 목요일은 목이 타서 마시는 날, 금요일은 금방 마시고 또 마시는 날, 토요일은 토할 때까지 마시는 날, 일요일은 일찌감치 마시는 날, 월화수목금토일 하루도 빠짐없이 그 이유와 핑계는 다양하다. 이를 보다 구체적으로, 사람들이 음주행위를 하는 외적 요인들을 조사해서 우선 순위로 정리하면 <표 1>과 같다.

<표 1>에 의하면 음주동기가 개인적이기보다는 가족, 친지, 친구, 직장 등의 사회관계가 동기가 됨을 알 수 있다. 음주동기가 제일 강한 것이 친지들과의 갈등과 집안의 경조사에 의한 것이다. 예를 들어 결혼식이나 장례식, 명절에 오랜만에 모여 이제까지의 근황을 물어보고 그동안 뜸했던 친지들간의 우애를 다지면서 술을 마신다. 또한 직장에

<표 1> 외적 알코올 연관관계

순위	외적 알코올 연관관계	N	%
1	가족이나 친척과 갈등이 있거나 다투는 경우	58	53
2	잔치, 초상, 계 등 사회적인 모임이 있을 경우	57	52
3	하는 일이 잘 되지 않을 때	54	49
4	좋아하는 친구나 반가운 사람을 만났을 때	54	49
5	직장에서 혹은 친구와 갈등이 있거나 다투는 경우	46	42
6	기념할 일이나 축하할 일이 있을 때	41	37
7	주위 사람으로부터 무시나 질책을 당했을 경우	40	36
8	이전에 같이 술 마시던 사람을 만났을 경우	37	34
9	퇴근시간	35	32
10	힘든 일을 한 후	31	28

출처: 한귀원 외(1996: 811).

서나 학교에서 그 집단의 결속력을 강화시키기 위해서 술을 마시는데 여기에는 암묵적인 철칙이 있다. 술을 사양하는 것은 예의에 어긋나고 자기 앞의 술은 다 마셔야 하며 만약 그 날 술을 안 마시려고 하면 으레 자기 앞에 잔이 2~3개 놓여져 상대방들은 잔을 돌려 달라고 아우성이다. 또 술자리 중간에 뜨면 분위기 망치는 주범으로 그리고 술자리의 행로로서 2, 3차는 필수적인데 끝까지 안 따라가면 배신자라는 낙인이 찍히면서 다음 술자리에는 안 끼워 주거나 아니면 상종을 하지 않으려고 한다.

또한 한국인들은 한 번 술 마시면 취할 때까지 정신 없이 마셔야 하고, 술자리에서 웬만한 실수나 주정은 다 이해하고 덮어두는 경향이 많다. 즉 사회·문화적으로 음주절제의 메커니즘보다는 음주만취의 메커니즘이 음주문화의 주류를 이루고, 그것이 오랫동안의 음주관행이 되어서 사람들의 음주습관을 형성하는 것이다.

한편, 해방과 더불어, 미국과 더불어, 분단과 더불어 남한 사회는 자본주의 체제가 유입되고 급격한 사회구조적 변동, 가치관의 혼란, 반

매일 끊는 술

공 이데올로기의 남용, 독재권력, 정·경유착, 빈부격차 등의 많은 문제점을 안고서 1960~70년대의 고도성장을 거쳐 80년대의 민주화운동, 90년대 말의 IMF로 이어졌다. 특히 IMF 체제 속에서 부도, 실직 등으로 알코올 중독 가장들이 많아졌다.

[술에 의지하는 실직 가장]

경기도 화성군에서 최근까지 새시제조업체를 운영하던 이모씨(43)는 3월 말부터 알코올 중독환자 전문치료기관인 오산정신병원에서 치료받고 있다. 불황으로 공장문을 닫은 뒤 상심해 매일 술을 마셔 '폐인' 상태가 되자 부인과의 상의 끝에 병원신세를 지게 된 것이다(《중앙일보》 1998. 4. 27).

또한 전국에 대략 3천여 명의 노숙자들이 생겨나면서 알코올 중독, 가족해체에 따른 범죄 증가, 자살과 같은 사회문제가 양산될 것으로 보인다. 이러한 변동과정은 사람들의 일상적인 삶을 뒤흔들어 놓았고 이 사회적 요인들은 사람들로 하여금 술 마시지 않고는 정상적으로 살 수 없게 만드는 충분조건이 되었다.

그럼에도 불구하고 인간의 노동이 상품으로 전락되고 모든 가치척도가 교환가치나 돈에 의해 이루어지는 자본주의 사회에서 노동자들이 술 마시고 다음날 업무에 지장이 생기는 것은 자본가들에게 그다지 달갑지 않은 현상이다. 자본가에게는 술을 매개로 해서라도 직장구성원들이 화합을 이루어 일을 잘 해내기를 바라지만 그 정도가 지나쳐 자신이 취득할 잉여가치에 차질이 생기지를 원하지는 않는다. 그래서 사람들에게 절제된 음주, 극단적으로는 금주를 권한다.

그러나 주조회사에서는 술 소비량을 늘이기 위해 여러 가지 광고전략으로 음주를 유인하고, 전문의사들을 대동해서 적당한 음주는 식욕이나 성욕을 돋우고 따라서 육체적, 정신적 건강에도 좋다고 호소한다. 그 타협책으로 금주가 아닌 음주절제의 이데올로기가 나온다. 결국 사회구조적으로, 문화적으로 사람들이 술을 찾게 만들면서 그 결과와 책임을 개개인의 추상적 자유와 선택으로 돌리는 것이다.

4. 알코올리즘

알코올리즘이란 만성적 음주로 인하여 사회적 직업적 기능장애를 초래하고, 알코올을 줄이거나 끊을 수 없어 거의 매일 알코올을 마셔야 하며, 악화될 것을 아는 질환이 있음에도 계속 알코올을 마시는 경우를 말하는 것이다. 이러한 알코올리즘에 대한 여러 가지 연구가 있다.

제리네크(Jellinek, 1960)는 음주양상과 병리적 양상에 따라서 알코올리즘을 5가지 유형으로 나누었다. 순전히 심리적 의존으로 알코올을 찾는 알파(alpha) 알코올리즘, 심리적 의존 없이 기질적 원인으로 알코올을 찾는 베타(beta) 알코올리즘, 내성과 신체적 의존이 있으며 오랫 동안 금주할 수 있으나 한 번 마시기 시작하면 끊을 수 없는 감마(gamma) 알코올리즘, 계속적으로 술을 찾으며 끊을 수 없는 델타(delta) 알코올리즘과 의존이나 기질적 손상 없이 일시적으로 폭음을 하는 엡사이런(epsilon) 알코올리즘이다(권정화, 1993).

감마 알코올리즘은 미국에서 흔하고 델타 알코올리즘은 프랑스에서 흔하다고 한다. 이런 분류에 의하면 한국은 엡사이런 알코올리즘에 속한다고 볼 수 있다(권정화, 1993: 200-201).

한편 주커(Zucker, 1987)는 발달단계의 측면에서 알코올리즘의 발생과의 진행양상 및 증상에 따라 알코올리즘을 다음 4가지 유형으로 구분하고 있다.

① 반사회적 알코올리즘(antisocial alcoholism)은 유전경향이 높고 예후가 나쁘며 일찍부터 알코올과 관계된 문제를 일으키고 반사회적인 유형이다. ② 성장과정에서 만들어지는 알코올리즘(devolpmentally cumulative alcoholism)은 원발상 알코올리즘으로 성장과정에서의 문제나 사회적 요소보다는 사회문화적으로 음주를 허용하는 분위기에 영향을 받아 알코올 의존으로 발전한 유형이다. ③ 부정적 정서를 지닌 알코올리즘(negative affective alcoholism)은 주로 여성들에게 일차적으로 볼 수 있으며 기분조절이나 사회적 관계형성을 위하여 알코올을 사용하게 된 유형이다. ④ 사교적 음주자(social drinker)는 자주 과음하지만 사교적 수준에 머물러 가정에서나 사회적으로 자신의 역할을 하는 유형이다. 한국인의 경우 예로부터 술을 많이 마셔 왔으며 추수기, 무속의 제의, 부락제, 관혼상제 등의 여러 모임에서 자연스레 음주습관이 생기고 사회활동이자 모임에는 으레 술을 함께 하게 된다. 한국의 남성 음주율과 연간 알코올 소모량은 외국에 비하여 높고 아직도 한국인은 음주에 대하여 상당히 관용적이며 알코올성 장애를 정신과적 문제로 보는 경향이 드물다(김광일, 1992: 9-24). 따라서 주커(Zucker, 1987)가 주장한 두 번째 유형의 알코올리즘이 많을 수밖에 없다(권정화, 1993: 200-201).

한국인들이 음주를 허용하는 사회문화적 분위기 속에서 과음을 하는 경우도 많지만 알코올 의존성에 의한 음주보다는 자신의 역할을 다하면서 마시는 사교적 음주유형도 많기 때문에 두번째와 네번째 유형이 혼합된 상태라고 볼 수 있겠다.

그러면 알코올 중독을 어떻게 진단하는가, 또한 알코올리즘은 어떠한 음주유형이나 음주행태를 띠고 있는가? 이를 알아보기 위해 국립 서울정신병원이 개발한 한국형 알코올 중독의 진단을 위한 설문지형 검사법을 제시하고자 한다.

1. 자기 연민에 빠져 이것을 술이나 약으로 해결하려 한다.
2. 혼자 술 마시는 것을 좋아한다.
3. 해장술을 마신다.
4. 취기가 오르면 계속 마시고 싶은 생각이 지배적이다.

5. 술을 마시고 싶은 충동이 생기면 참을 수 없다.

6. 최근 6개월 동안 2번 이상 취중의 일을 기억하지 못한다.

7. 대인관계나 사회생활에 술이 해롭다고 느낀다.

8. 술로 인해 직업기능에 상당한 손상이 있다.

9. 술로 인해 배우자나 보호자가 나를 떠났거나 떠나겠다고 위협한다.

10. 술이 깨면 진땀, 손떨림, 불안,좌절 혹은 불면을 경험한다.

11. 술이 깨면 공포, 몸떨림, 헛소리, 환청, 환시를 경험한 일이 있다.

12. 과거에 술로 인해 생긴 문제(골절, 창상)로 치료받은 적이 있다.

위에서 제시한 12개 질문에서 3개 이상 "예"의 경우 알코올 중독일 가능성이 높고, 4개 이상 "예"의 경우 알코올 중독 상태로 인정될 수 있다고 한다. 특히 불안이나 공포 등 금단증상을 나타내는 11번이나 12번 문항에 해당되는 사람은 다른 문항에 해당되는 사람, 다른 문항의 결과와 관계없이 알코올 중독으로 진단할 수 있다고 한다.

1번의 문항은 사람들이 왜 음주하는가의 동기적 측면에서 논의된다. 대개 정상인들은 사교성의 호전, 정신기능의 호전, 기분전환 및 조절에 맞춰지는 데 반해 자기연민에 빠져 술을 찾게 되는 것은 알코올 탐닉의 결정적 시기에 나타나게 되어 문제시 된다. 이외에도 현실 도피, 후유증을 없애기 위하여 음주하는 것도 알코올리즘의 징후로 볼 수 있다.

2번의 문항은 음주의 유형(style of drinking)과 관련하여 여럿이 마시는가 또는 혼자 마시는가, 지속적인가 또는 주기적인가, 강박적인 음주의 여부 등이 이 범주에 포함된다. 그 중 혼자 마시는 것은 일반적으로 병적인 음주형태로 인식되어져 왔다. 심한 음주자와 알코올 의존의 경우에는 98.2%가 혼자서라도 술을 마신다고 보고한 결과를 보면 문제 음주자들이 혼자 마시는 경향이 있음을 알 수 있다.

해장술을 마신다는 3번의 문항 역시 일반적으로 병적인 음주방식으로 인식되어져 왔는데 올퍼드와 하우커(Orford & Hawker, 1974)는 해장술이 알코올 의존의 중간시기(moddle phase)의 지표가 된다고 했다. 만델(Mandel, 1983)은 해장술을 마신다는 심리적 의존이 마지막 시기에서 생리적 의존의 시작 시기로 이행하는 과정과 연관되며 이는 밤시간 동안 혈중 알코올 농도의 저하에 의해 생기게 되는 금단의 증상들을 막기 위하여 아침에 알코올이 필요하기 때문이라고 설명하였다(최영희·김인·이병윤, 1989: 597-599).

4번과 5번의 문항도 음주유형의 범주에 포함되어 강박적인 음주욕구가 문제 음주의 지표가 된다.

6번의 문항은 일시적 기억상실을 나타내는 것으로 이 특성은 과거로부터 알코올리즘의 중요한 판별기준이 되어 왔다. 이러한 현상은 알코올리즘 입원환자에서 97.5%, 습관적 음주자군에서 70.2% 그리고 사교적 음주군에서 32.4%가 일시적 기억 상실을 경험을 했다고 보고되었다고 한다. 하지만 정상적인 생활이 가능한 사람도 일시적 기억 상실의 경험이 흔하기 때문에 그다지 중요한 척도는 아니라고 본다.

7, 8, 9번의 문항은 사회적 후유증(social complications)과 관련된 것이다. 음주의 결과로서 나타나는 붕괴과정 중의 하나로서 직업이나 사회활동, 가정생활, 법적인 행위와 거주의 안전성 등 개인에게 요구되는 역할기대(role expectations)에 부응할 수 있는 능력의 두드러진 상실이 있으며, 이러한 사회적 역할의 부적응(social role maladaptation)은 때때로 빈민굴 증후군(Skid Row syndrome)으로 불리어진다고 하였다. 완버그와 혼(Wanberg & Horn, 1987)은 여러 인간관계의 붕괴과정 중에 가장 흔한 것으로서 배우자의 불평을 들고 있으며, 이러한 결혼생활상의 문제점이 또다시 스트레스로 작용하고 이에 대처하기 위하여 알코올의 도움을 구한다고 하였다. 그러나 비단 결혼생활상의 문제뿐만이 아닌 직업상의 문제, 친구 이웃간의 문제 그리고 법적인 문제 등등 거의 모든 사회적 기능상의 역할이 붕괴되는 것은 문제 음주의 결과이자 또 이

<표 2> 과음자의 통계적 프로파일

기준	프로파일
음주빈도	1주일에 3회 이상 음주
구성비율	전체 음주자의 27.9%
성별	남자 90.3%, 여자 9.7%
연령대	나이가 많을수록 과음자의 비율이 높음 ·55세 이상: 39.6% ·45~49세: 37.1% ·40~44세: 32.0%
지역별	군읍면 > 중소도시 > 대도시 경북 > 충남 > 부산 > 인천 > 전남
직업별	농업 > 자영업 > 생산직 > 서비스·판매 > 영업직
학력별	저학력자일수록 과음자의 비율이 높음

출처: 조성기(1997. 12: 61).

음주에 매달리게 되는 이유로서 작용하게 되어 악순환을 되풀이하게 되는 것으로 보인다(최영희·김인·이병윤, 1989: 597-599).

10, 11번 문항은 정신신체적 후유증으로 금단의 증상을 나타내는 것이다. 이 범주에 속하는 금단의 증상들은 매우 다양하지만 술이 깨면 진땀, 손떨림, 좌절이나 불면을 경험한다. '숙취할 때가 있다,' '과음 후에 심하게 몸이 떨리거나 헛소리를 듣거나 헛것을 본 적이 있다' 등의 현상은 알코올 중독의 심각한 단계임을 나타내는 것이다. 세사스(Seixas, 1982)는 정신신체적 후유증들이 금주에 의하여 혈중알코올 농도가 떨어지게 되면 나타나게 되는데 이러한 대뇌의 과다 활동에 의한 증상들로는 진전, 불안, 경련, 환각 그리고 심한 경우에 진전 섬망과 다른 여러 증상들이 나타난다고 하였다(최영희·김인·이병윤, 1989: 597-599).

12번의 문항은 행동자제력의 상실을 나타내는 것으로 구체적 행동 특성이 폭력적, 호전적이 되거나 극단적으로는 자살시도까지 감행하는 양태로도 나타난다. 하지만 한국인들이 취했을 때의 행동을 그다지 문

매일 끊는 술

<표 3> 알코올 중독자/ 상습 남용자의 프로파일

기준	프로파일	비고
음주빈도	자주음주 : 50% 적정음주 : 44% 가끔음주 : 6%	한 달에 1회 이하의 음주빈도이면서도 중독증상을 보이는 경우는 과거에 중독자였다가 회복중인 그룹이 잘못 응답한 것으로 보임
구성비율	전체 음주자의 20%	비음주자 포함시 14.6%
성별	남자 89.8% 여자 10.2%	음주비율과 거의 유사함
연령대	젊은층의 중독자 비율이 높음 ·17~24세: 17.5% ·55세 이상: 17.5% ·40~44세: 16.3%	과음자는 나이가 많을수록 많았으나 중독증상은 나이가 젊은층의 비율이 높은 것으로 나타남
지역별	군읍면(27%) > 중소도시(21%) > 대도시(17%)	과음자의 구성비와 유사함
직업별	사무직(35%) > 농업(33%) > 서비스·판매(33%) > 생산직(32%) > 영업직(24%)	과음을 많이하는 순서와 거의 동일함
학력별	저학력자일수록 과음자의 비율이 높음	과음자의 특성과 유사함

출처: 조성기(1997. 12: 63).

제삼지 않기 때문에 정신질환적인 알코올리즘으로 여기지 않는 경향이 많다. 다음으로 우리나라에서 과음자와 알코올 중독자의 분포를 알아보았다(<표 3> 참조).

　이 통계에 의하면 과음자나 알코올 중독자의 남, 녀 성비는 대략 10:1 정도 된다. 미국의 경우는 여성음주가 60%로 남성음주 77%에 근접해 있고 중독자의 성비도 4:1 정도 된다고 한다. 이는 아마 한국의 유교적 사고방식이 여성음주에 많은 내적, 외적 제재를 가하고 있지 않나 추측된다.

　그리고 나이가 많을수록 과음자는 많지만 중독자는 젊은 층이 더 많다는 것을 알 수 있는데 이는 음주기회나 스트레스의 비중을 볼 때 중년층이 과음을 하지만 술에 의존하거나 탐닉하는 데 있어 젊은 층보다 더 절제력이 있다는 것으로 해석된다.

　지역별 차이에서는 유의미한 해석을 도출해 낼 수 없고 직업별에서는 과음자가, 농업 다음으로 자영업자인데 이는 사업상 음주빈도나 음주량이 많을 것으로 추측된다. 중독자는 무직이 제일 많은 것으로 생산현장에서 제외됨으로써 내적, 외적 통제력이 없기 때문이 아닐까 생각된다. 그리고 학력별에서 저학력자일수록 과음자나 중독자가 많은데 아마 학력과 자기 조절능력이 정적 관계에 있기 때문에 나타나는 것 같다.

　여기서 여성음주에 관한 것만 더 언급하고자 한다. 예전에는 술에 접근할 수 있는 대상이 신분과 성(gender)에 따라 한정되어 있었다. 그 이유는 술은 곧 곡식이었기 때문에 밥 먹고 살기에도 급급한 시대에서 제사나 명절 외에 아무때나 술을 마실 수 있는 것은 지극히 제한되어 있었기 때문이다. 하지만 물질적 생산력이 높아지면서 술도 대중에게 많이 보급되게 되었는데 가치기준에서 여성들에게는 아직 완전히 허용된 상태가 되지 않았다. 그러나 서구 자본주의와 함께 서구적 가치관이 급격하게 도입되면서 전통적 가치관을 추구하는 남성들과 자유주의적 가치관을 추구하는 여성들과의 관점이 대립하게 되었다. 또한 전통적인 대가족체계가 무너지고 핵가족화가 이루어지면서 가정의 통제가 약화되고 동시에 여성들의 사회적 진출이 왕성해지면서 음주기회의 증가로 인한 여성음주가 늘어나게 되었다. 그에 따라 여성음주에 대한 관용도가 높아지기는 했지만 단지 남자들의 술자리나 집에서 남편이 술 마실 때 분위기 맞추고 한 잔씩 거드는 것에 한정되어 있는 것이었지, 여자들끼리 술 마시러 가서 진탕 마시고 길거리에서 구토하는 모습에 대해서는 남자들이 하는 것보다 그다지 고운 눈길로 보지는 않는다. 그래서 음주문제에 대해서 얘기할 때 알코올 중독자의 문제, 청소년 음주문제, 여성의 음주문제가 항상 거론된다. 여성음주의 문

매일 끊는 술

제는 여성음주가 사회적 문제를 일으키기 때문에 문제시 되기보다는 (물론 여성음주자와 알코올 중독자도 많이 증가했지만) 다분히 남성 위주의 가부장적 이데올로기가 작용한 것이다.

여성 알코올 중독자는 남성에 비해 음주문제 발생시기가 남성 중독자보다 늦고 실직, 대인관계의 실패, 알코올로 인한 체포, 자살기도 등의 사회문제를 일으키는 빈도가 남성 중독자보다 낮다. 그리고 대부분의 여성 중독자는 집에서 홀로 또는 배우자와 함께 음주하는 경우가 많고 술을 마시지 않아야 한다는 강박관념에서 자신의 중독증세가 악화되고 있다는 걱정을 남성 중독자보다 더 많이 하는 것 같다.

이를 연령별로 분류하면 다음과 같다.

① 사춘기 음주: 문제음주(problem-drinking)의 징후를 보이는 20세 이하의 여성이 이 범주에 속한다. 이들은 정상 여성에 비해 더 심각한 사춘기 위기를 겪었거나 전통적인 성년 여성의 역할로 이행하는 데 장애를 겪는 경향이 있다.

② 청년기 음주: 카하란 등(Cahalan et al., 1969)은 미국인의 최대 음주기가 남녀 모두 40~50세에 나타나지만, 여성의 경우는 21세부터 24세 사이에 최대 음주기가 나타나며 이는 취업, 결혼 상대자 선택 등의 이 연령군 특유의 사회적 상황의 결과라고 주장하고 있다. 곰버그(Gomberg, 1977)는 여성의 청년기 음주가 증가하는 것은 오늘날 젊은 세대의 여성이 과거 세대에 비해 보다 자유분방한 환경에서 양육되었고 최근 이혼이 증가하고 결손가정이 늘어나면서 좌절을 극복하는 능력과 건전한 상호의존적인 인간관계를 형성할 수 있는 능력이 줄어든 결과라고 분석하고 있다.

③ 중년기 음주: 스칼레(Sclare, 1975)는 문제음주의 위험이 가장 큰 집단으로 중년 초기의 직업여성, 그리고 30~40대의 고독하고 우울증적 경향을 보이는 중년여성 등을 뽑았다. 이 중에서도 사별, 이혼으로 인한 고독, 공허감, 우울증에 시달리는 40대의 여성이 가장 위험한 그룹

술과 중독

으로 많은 연구가 지적되고 있다. 이 그룹에 속하는 환자의 특징은 남성 음주자와는 달리 다른 사람과 함께 음주하는 일이 거의 없으며 다른 사람과 함께 마시더라도 그 상대방이 배우자, 친지, 또는 동거인에 한정된다.

④ 노년기 음주: 여성의 평균수명의 증가와 배우자와 사별한 노년기 여성의 수가 늘어나면서 노년기 여성 중독자의 수도 비례하여 늘고 있다. 노년기 문제음주의 가장 큰 원인으로 반응성 우울증을 꼽았다(이길홍·권혜진, 1987: 334).

요즘 점점 늘어 가고 있는 여성 알코올 중독자들의 숫자가 심각한 사회문제로 대두되고 있다. 특히 사회적 재생산 영역에서 주도적 위치에 있는 주부들의 습관적 음주는 자신의 문제뿐만 아니라 집안일, 아이들의 교육까지 맞물리게 되면서 심하면 이혼, 가정파탄에까지 이르게 된다. 이러한 상태를 잘 나타내주는 기사가 있다.

얼마전 '대전 유성'이라고 소인이 찍힌 편지를 받았다. 발신인은 그저 '대전에서 주부'라고만 되어 있었다.

「두현이 엄마는 수시로 술에 취해 있었습니다. 처음에는 속상한 일이 있어 한 잔 했거니 하고 말았지요. 그 후로도 밤늦은 시간에 불그레한 얼굴로 우리집에 와 즐겁지 않은 생활이며, 남편의 무시함이며, 세상이야기를 구슬프게 늘어놓곤 했습니다. 힘겹게 뜨는 눈꺼풀, 정확하지 못한 발음들은 듣는 이의 가슴을 답답하게 했지요. 2~3일 간격으로 반복되는 두현 엄마의 술 마시기는 습관성으로 발전했습니다. 집안의 주방 기구들은 어지럽게 널려 있는가 하면 아이는 엄마의 흐트러진 말을 따라하는 등 엉망이었습니다. 평소 정갈하고 깔끔한 두현 엄마가 습관성 음주자가 된 것은 폐쇄성이 강한 자신의 성격과 가정에서 쌓이는 우울·불만이 맞물린 때문인듯 합니다. 어떻게 하면 좋을까요?」

발신인은 편지 말미에 주위에 의외로 습관성 음주에 빠져 든 주부들이 많

매일 끊는 술

다면서 가정의 기둥인 주부 음주는 가족에게 큰 마음의 상처를 주고 있으니 이런 문제에 관심을 가져달라고 호소했다(《중앙일보》 1996. 11. 18).

이러한 현상을 정신의학계에서는 주부증후군으로 설명하고 있다. 주부들은 자녀교육문제, 남편출세, 시부모와의 관계, 자신의 정체성 등 여러 가지 문제에 신경써야 하고 이러한 스트레스로 인해서 현실부적응 상태가 나타나는 것을 주부증후군, 주부신경증이라고 하는 것이다.

특히 전업주부에게 있어서는, 중년이 사회에서나 가정에서 자신이 진정으로 설 곳이 없다라는 고립감과 소외감으로 가장 위험수위에 이르는 단계인 것 같다. 자녀들은 성장해서 또래집단과 자신들의 삶을 형성하고 배우자는 나름대로 사회에서 자기궤도에 올라 성취감을 얻어 삶을 영위하고 그에 비해 여성들은 자신을 필요로 하는 영역이 줄어들면서 자기존재의 가치에 회의를 가지게 되는 시기이다. 이때 비교적 쉽게 접근할 수 있는 것이 술이다. 일본에서는 이러한 주부를 키친 드링키(부엌 음주자)라고 부른다. 일본의 경우 여성의 알코올 중독 30~40%를 키친 드링키가 차지한다고 한다. 한국에서 한때 떠들썩 했던 40대 여성들의 사이비종교의 광신문제도 이러한 존재상황에서 빚어지는 것이 아닌가 싶다.

결국 알코올 중독의 발병과 악화되는 조건은 자기정체성에 대한 회의와 타인과의 커뮤니케이션 단절에서 생겨나는 것이다. 사회에서, 가정에서, 자신의 내면에서 바람직한 자신의 모습을 구축하지 못함으로써 그러한 불만과 상실감을 발산해 내는 한 형태로 음주행위가 자리잡고 있는 것이다.

또한 여성음주가 심각해질 수 있는 여지는 대부분의 음주여성들이 숨어서 몰래 마시거나 타인과의 대화나 교류 없이 독백처럼 마시게 되면서 더 병적인 탐닉으로 빠지게 되는 것이다. 그리고 이러한 상태까지 이르게 된 여성들의 대부분은 가족에게서 폭행을 당하고 버림받게 되어 폐인에 이를 가능성이 더 많을 것이다.

이제는 남녀노소 구분 없이 삶의 일부분 혹은 어떤 사람에게는 삶의 전체로서 깊숙이 개입된 음주문제가 각 사회의 질병으로 다가오게 되었다. 이 문제에 대처하기 위해 가정, 학교, 대중매체, 병원, 정부 차원에서 여러 가지 노력이 시도되었지만 근본적인 해결책이 되지 못했다. 알코올 중독자들에게서 단지 술을 멀리 떼어놓기만 했지 왜 알코올 중독자가 되었는지에 대한 진정한 이해가 없었기 때문이다. 그래서 민간차원에서 단주친목모임(A.A.: Alcoholics Anonymous)이 생기게 되었고 이는 알코올 중독자들에게 상당히 도움이 되고 있다. 이 모임은 비전문적인 운동으로 1935년에 생겨났다.

단주친목모임(A.A.)은 민간의 단주운동단체로 오늘날 수많은 나라에 지부를 가지고 있으며 미국과 120여 개국에 걸쳐서 150만 명 이상의 회원을 갖고 있는 비공식적인 국제단체이다. 그리고 병원, 교도소, 요양원 등을 포함해서 세계적으로 현재 85,000개가 넘는 그룹이 있다.

우리나라에는 1980년대 주한 미군을 대상으로 시작되었다. 얼마 뒤인 1982년 민간인들을 대상으로 한 A.A. 한국연합이 처음으로 결성되었다. 그리고 1996년 현재 36개 그룹에 700여 명의 회원을 두고 있다.

단주친목모임과 관련이 있는 알라난(Al-anon)과 알라틴(Al-ateen)은 후에 만들어졌다. 이 모임들은 알코올 중독자뿐 아니라 그 주위에 있는 다른 친구, 부모 그리고 배우자에게 일어난 문제를 이해할 수 있도록 도와주는 전문기관이다.

단주가족친목모임인 알라난은 최초로 알코올 중독자의 배우자, 자녀, 친구의 음주 또는 술중독으로 피해를 받는 사람들을 위해 서로 돕는 모임으로 만들어졌다.

알라틴은 알코올 중독 가정의 10대를 위하여 만들어졌다. 부모님이 심한 알코올 문제를 갖고 있는 13~20살까지의 청소년들을 위한 모임이다. 이 모임은 10대들이 그 문제를 이해하고 부모의 문제로 감정의

매일 끊는 술

타격을 입지 않도록 도와준다. 오늘날 세계적으로 3,000여 모임을 갖고 있다. 그리고 알라스토스(Al-astots)라고 불리는 독립된 그룹도 생겨 났는데, 이 모임은 4~12세 자녀를 위한 모임이다(이영국, 1998: 160-163).

이러한 단주모임은 알코올 중독자가 알코올 중독자를 이해할 수 있으며 알코올 중독으로 인해 자신의 인격과 삶과 가정이 파경에 이르렀던 과거를 허심탄회하게 털어 놓음으로써 자신의 문제를 인식하고, 또 알코올 중독에서 벗어난 선배회복자들의 경험담을 듣고서 희망과 용기를 얻을 수 있는 모임이다.

알코올 중독이 자기상실감과 타인과의 교류단절에서 비롯된 것이라고 보았을때 일시적인 약물치료나 격리수용을 통해서 완치할 수 없었던 문제들이 자신의 뼈저린 자각을 통해서, 자신이 스스로 치료자가 되는 이러한 모임이 알코올 중독을 벗어나는 지름길일 수 있다.

5. 글을 마치며

이제까지 술이 인간 삶에 비춘 밝은 면과 어두운 면을 살펴보았고, 그 다음에 음주행위와 알코올리즘에 대한 개인적 시각이 부적절하다는 문제제기를 하면서 사회적·문화적 측면을 부각시켰다. 이러한 시각이 어쩌면 개인의 의도와 자율성을 상당히 배제했다는 비판을 받을는지도 모르겠다. 하지만 산업화 이전의 음주관행과 비교하면 현대인의 음주관행이 여유와 품위를 상실한 자기소진적인 파행적 음주행위로 비쳐진다. 예전에는 삶을 향유하기 위해 마셨던 술이 이제는 삶을 지탱하기 위해 마시는 것 같다.

중세 봉건제도가 무너지면서 인간과 세계의 인식토대가 되었던 종교적 신비와 종교의 역할에 대한 신랄한 비판이 이루어졌다. 신은 인간이성의 산물이며 일상적 삶이 빈궁하고 소외되면서 삶의 희망과 인간본질의 추구가 신에 투영되었다는 것이다. 그래서 맑스는, 종교적 소외가 세속적 기초의 자기분열과 자기모순을 통해서 설명되어야 하고 소외극복도 세속적 기초의 혁명적 실천으로 이루어져야 한다고 주장했다. 모든 성스러운 영역이 세속화된 현대인의 삶에서 예전에 신에 투영했던 인간적 욕구가 지금은 주(酒)님에 투사하는 것은 아닐까? 그렇다면 음주행위를 하는 개개인의 자제와 책임을 촉구할 것이 아니라 술에 투영된 인간들의 욕구와 소망을 실현하는 사회를 만들어 가는 것이 근본적인 해결책이 아닌가 생각한다.

게이바를 가다

▌이동일

1. 문을 열며

분명히 술을 마시는 시간과 공간은 일상과는 떨어진 이색지대이다. 그러나 술을 마시는 것과 일상이 혼재되어 가면서 '이색'이라는 딱지는 어느새 없어지게 된다. 술에 관한 한 '이색'이라는 말은 술을 마시는 것 자체에 한정되지 않고 술과 그 무엇이 덧붙어 있게 되었을 때 사용하게 된다.

술과 의례적 행사들, 술과 여자, 술과 섹스, 술과 친구 등의 용어들이 익숙한 것은 술과 자연스럽게 동화된 일상 때문일 것이다. 이러한 익숙한 용어들 속에서 또 다른 개념들이 포함됨으로 해서 이색적인 색채를 띠게 된다. 술과 여자, 술과 섹스가 다분히 남성 위주의 용어임에 틀림없다. 여기에 술과 남자, 술과 남자와의 섹스라는 개념조합이 되면 이것은 분명 술의 이색지대가 되고 만다.

이 글에서는 술의 이색지대로서 게이바를 탐구해 볼 것이다. 흔히들 게이라는 용어는 다양한 의미를 가지고 있다. '동성연애자' '호모'의 명사적 의미를 가지고 있는 반면에 '쾌활한'이라는 형용사적 의미를 가지고 있다. 사전적 의미에서 게이는 동성간의 연애 혹은 사랑을 의미한다. 게이는 레즈비언이라는 여성간의 동성애와 구분되어 설명되고 있어서 남성 성간의 관계로 한정되어 있다. 그러나 동성에 대한 감정적 애착이라는 점에서는 공통점을 가지고 있다.

여기서 게이에 대한 사회적 관심은 과거보다 확산되어 있다. 즉 성전환 수술을 통해서 호적을 바꾸려는 게이의 입장이 TV프로그램에서 소개되기도 할 정도이다. 그것은 기존에 숨어 있던 게이들의 사회적 저항이기도 하면서 그들의 인간으로서의 권리를 찾는 노력이기도 했던 것이다.

게이에 대한 사회적 관심은 인간에 대한 관심과 기존의 지배적인 성, 즉 남성의 성에 대항하는 형태로 나타난다. 영화의 경우로 예를 들어 보자. <아무도 나를 사랑하지 않는다(Keiner Liebt Mich, 영어 Nobody Loves Me)>, <8번째 징후(The 8th Seal)>, <새장(The Birdcage)> 등등의 영화[1]에서 게이들이 출현하고 있다. 또한 그들의 주된 무대는 게이바가 되고 있다. 게이의 사랑에 있어서 신부(神父)의 게이로의 정체감의 변화, 아버지가 어머니의 역할을 대신하는 또 다른 형태의 게이가 영화 속에서 등장하게 된다.

한국의 경우와 달리 외국의 경우는 인터넷 상에서 게이에 대한 인식과 정체성을 찾으려는 모습들이 보이고 있다. 독일의 인터넷 사이트는 게이바라는 제목 아래에서 웹사이트를 운영하고 있다. 이 사이트의 경우는 게이간의 통신, 만남, 장소제공, 섹스를 위한 도구판매에 이르기까지 다양한 내용을 담고 있다.[2] 한편 영국에서는 남성누드 사진과 함께 맨체스터의 게이바를 소개하고 있는 사이트도 있다.[3]

이 글에서는 한국에서 술을 마시는 이색공간으로 게이바는 어떠한 장소이며 어떠한 메커니즘에 의해서 이루어지고 있는가를 살펴보고자 한다. 이 글에서 말하는 게이는 애정의 대상을 남자로 보는 남자들이다. 소위 성전환 수술을 마친 완전한 여성 게이와 외모는 남자이면서

게이바를 가다

심리적으로 게이인 사람들 모두를 포함한다. 그러나 이 글에서는 신체상으로 볼 때 여성적인 게이를 중심으로 살펴볼 것이다. 즉 여성호르몬을 투여하고 성전환 수술을 통해 여성의 성징을 가진 게이와 그러한 성전환 수술을 희망으로 하는 게이를 대상으로 할 것이다. 그들이 생활하는 곳이 바로 게이바라는 점에서 이 글에서 보고자 하는 이색 공간으로서의 게이바와 연결되기 때문이다.

분명 게이바(gay bar)란 이색공간은 호기심의 대상일 수 있다. 그럼에도 게이바를 이해하기 위해서는 게이들을 이해해야만 정확한 이야기가 될 수 있을 것이다. 이 글을 위한 자료수집은 게이바를 탐방해서 게이바의 모습을 직접 관찰한 결과에 의한 것이다. 또한 게이들의 삶을 정확히 알기 위해 게이바를 자주 출입하는 손님과 과거 게이바를 경영했던 사람과의 면접을 통해서 그들의 삶도 아울러 살펴보았다.

2. 게이바란?

게이(gay)에 바(bar)라는 술집의 개념이 더해짐으로 해서 술의 이색지대로서의 본체가 들러나게 된다. 결국 게이바라는 의미는 남성동성연애자들이 출입하는 술집이 된다. 그런데 우리나라의 여타 외래어와 마찬가지로 게이바라는 용어는 다양한 의미와 다소 왜곡된 형태로 나타나게 된다.

게이바는 세 가지의 형태로 나누어질 수 있다.

그 첫째는 게이들이 운영하는 술집으로 일반인들과 게이 모두를 대상으로 하는 술집이다. 이러한 술집은 지금까지의 한국의 전형으로서 자리잡고 있다. 주로 일반인을 대상으로 하고 있기 때문에 게이들의 대부분은 예쁜 여자로 여장을 하게 된다는 특징이 있다. 이러한 술집은 전국에 산재해 있다.

두번째는 게이들만 모이는 술집이다. 이러한 형태의 술집은 서구의 경우와 유사한 특징을 가지고 있다. 여기에서는 손님들이 동성애에 관심이 있는 남성들로 제한되어 있다. 이러한 술집의 형태에 대한 기사를 살펴보자.

《한국일보》의 1996년 11월 9일자 기사에 의하면 서울의 경우 70여 곳의 게이바가 산재해 있다고 한다.

[깊숙한 골목 창 가린 카페/ 6색 줄무늬의 레인보 깃발/ 애정표현의 '자유지대']
서울 탑골공원 뒷편 낙원동과 이태원 일대는 동성애자들의 천국이다.「쉘부르」「랭보」「섬씽」「프리타임」「레떼」「아프리카」「유토피아」「버클리」「좋은친구들」「포럼」「쿨」「스파르타쿠스」「트랜스」「터널」「째즈」등 게이바가 밀집해 있다. P극장, L사우나 등도 동성애자들이면 누구나 알 만한 명소다. 외부의 시선이 비집고 들어올 수 없는 곳, 이성간의 사랑만이 통념인 사회에 남자와 남자, 여자와 여자가 껴안고 입맞춤을 할 수도 있는 '그들만의 천국.' 현재 남자동성애자들의 공간인 게이바는 서울에만 70여 개나 된다. 게이바는 하나같이 남의 시선이 미치지 못하도록 창이 없거나 완전히 가려져 있으며 쉽게 찾기 어려운 뒷골목에 자리잡고 있다. 빨강 주황 노랑 초록 파랑 보라색 등 6색 줄무늬의 레인보 깃발이 걸려 있는 것도 공통점이다. 78년 샌프란시스코 동성애자 자유의 날 시가행진에 처음 사용된 이래 6색 레인보 깃발은 전 세계 동성애자들의 상징이 됐다. 이태원 해밀턴 호텔 맞은편 뒷골목 지하의 S클럽. 외부 네온사인 간판 등은 주변의 여느 카페와 다를 바 없다. 안으로 들어서면 60평 남짓한 홀 가운데 정사각형의 바가 있고 레인보 기가 걸려 있다. 입구 오른쪽에는 춤을 출 수 있는 무대가 있고 사이키 조명이 눈을 어지럽게 한다. 취재팀이 찾았을 때 40대 초반과 30대 중반으로 보이는 정장차림의 두 남자가 바싹 붙어 앉아 서로 감싸안고 있었다. 몸짓이 자연스러웠고 눈치를 보

게이바를 가다

는 기색도 없었다. 보통 연인들의 데이트 장면과 아무런 차이가 없었다. 30
대 남자가 40대 짝의 목을 휘감고 무언가 속삭이며 귓볼을 만지작거리더니
텅빈 무대로 나가 둘만의 춤을 추기 시작했다. (중략) 동성애자들의 세계가
가장 적나라하게 드러나는 곳은 탑골공원 주변의 낙원동 일대. 동성애 문
화를 「낙원동 문화」라고 부를 만큼 이 일대의 동성애 역사는 뿌리깊다.
이 곳에 게이 카페가 하나 둘 들어서고 동성애자들이 모여들기 시작한 지
20년이 넘었다. 특히 동성애자들의 짝찾기 무대로 유명하다. 낙원동 문화
는 게이들 사이에서도 질이 낮은, 문란한 섹스와 향락의 문화로 치부된다.
그러나 동성애자들이 떳떳이 자신의 모습을 드러내고 짝을 만날 수 있는 곳
은 아직은 낙원동이 유일하다. (중략) 낙원동 게이 카페의 종업원들은 손님
들에 짝을 소개해 주기도 하고 직접 옆에 앉아 술시중을 들기도 한다. 취
재팀이 찾아간 탑골공원 뒤편 S카페의 종업원 한 명은 자신을 김○○(32)라
고 소개한 뒤 어떤 스타일을 좋아하느냐고 물었다. 서로 소개도 해주느냐
고 묻자 '고정 손님들이 100여 명이나 되니 좋아하는 스타일을 말하면 거
기에 맞춰 짝을 골라 주겠다'고 제의했다. 이태원의 한 게이바 주인 조모
씨는 "동성애자들은 주로 낙원동에서 1차를 한 뒤 이태원의 게이바에 들
렀다 3차로 여관을 가는 경우가 많다"고 말했다. 남성 동성애 모임인 <친
구사이> 회원들은 "낙원동의 동성애 문화가 이성애 문화의 매춘이나 퇴
폐 향락을 연상시키는 것은 사실"이라며 "그러나 동성애 문화의 퇴폐적
인 일면만 보고 자생적 동성애 지역인 낙원동 전체를 성적 타락의 구렁텅
이로 보거나 동성애자 전체를 변태 또는 비정상적 인간으로 몰아서는 안된
다"고 주장했다.

세번째는 여자손님을 접대하는 호스트바를 일명 게이바라고 통칭하
기도 한다. 이러한 술집도 두번째 유형과 마찬가지로 손님에 있어서 대
상을 제한한다는 점에서 동일하지만 손님의 성을 구별한다는 점에서
차이가 있다.

술의 이색지대

《동아일보》의 1997년 10월 18일자 기사를 보면 남자접대부를 둔 술집을 게이바라고 표현하고 있다.

남자접대부를 고용해 여자손님을 접대하게 하는 '게이바'를 차려 놓고 여자손님뿐만 아니라 동성연애자들을 손님으로 받아 동성연애까지 알선한 술집주인에게 사회봉사명령이 선고됐는데 … 서울지법 형사 2단독 여상조 판사는 17일 7월부터 한 달 동안 이모씨(26) 등 남자 3명을 고용한 뒤 동성연애까지 주선한 Y주점 업주 박모씨(42. 서울 성동구 군자동)에 대해 식품위생법 위반죄를 적용, 징역 1년 6월에 집행유예 3년과 보호관찰 1년에 사회봉사명령 120시간을 선고 … 여 판사는 판결문에서 '사회의 기본적인 성윤리를 무너뜨리는 박씨의 행동은 결코 가볍지 않다'며 '성에 대한 박씨의 잘못된 가치관을 바로 잡기 위해 사회봉사명령을 내렸다'고 설명….

이러한 형태의 게이바는 단지 남성 접대부를 게이라고 부른다는 점에서 다른 호스트바와는 다를 바 없는 유형이다.

이 글에서는 세 가지 형태의 게이바 중에서 일반인들을 고객으로 하고 있는 첫번째 유형을 그 탐구 대상으로 살펴볼 것이다. 일상생활에서 게이바는 일상의 공간이 아닌 이색공간으로서 구별되지만 또 한편으로 일반인들이 접근할 수 있다는 점에서 일상의 공간 속에서 음주자들에게 접근성이 가장 높은 공간이라고 할 수 있을 것이다. 자, 이제 게이바라는 이색술집의 문을 열어 보자.

3. 또 다른 경험

게이바는 여타의 단란주점의 입구와 다를 바 없었다. 우리가 주위에서 흔히 볼 수 있는 형태의 간판이었다. 그 곳이 게이바라는 어떠한 특

게이바를 가다

징도 찾아 볼 수 없었다. 또한 호객꾼(삐끼)들 또한 그 곳이 게이바라
는 것을 전혀 알려 주지 않았다.

계단을 내려 가 입구에 들어서면 여느 단란주점과 같은 음악소리가
들려온다. 그러나 문을 열고 들어가는 순간 우리가 일반적으로 가 보
는 단란주점과는 다른 형태의 인테리어가 눈에 들어온다.

지금은 거의 없어졌지만 예전의 가라오케라는 형태의 술집에서 보
았던 원탁의 긴 테이블이 놓여 있었다. 스탠드 바와 같이 손님은 테이
블 바깥에 자리를 잡고 게이들은 안에서 노래와 술시중을 들고 있는
형태였다.

한 가지 특징은 노래방 기계를 만지고 도와주는 남자 종업원이 한
사람 있다는 것이다. 게이들이 손님과 대화를 나누고 술시중을 들 때,
기계적 조작은 그 남자 종업원이 담당하고 있었던 것이다.

테이블에 있던 손님들은 남녀 4명 2쌍과 일본인 남자 2명으로 그리
많은 편은 아니었다. 게이바를 탐방한 시간이 새벽 1시였는데 대체로
게이바가 시작하는 시간이 밤 12경부터라는 점을 감안할 때 그 정도
의 손님은 적당한 수준이라고 한다(또 다른 날 1시경에 탐방했을 때는
손님이 모두 17명이었다. 그 날이 일요일이었음에도 다소 의외였다).

테이블 위에는 여느 단란주점과 같이 양주를 마실 수 있는 잔들이
세팅되어 있었다. 한편 손님이 앉은 의자 뒤의 벽은 유리로 꾸며져 있
어서 공간이 다소 넓게 보이도록 되어 있었다.

게이바의 게이들은 키가 대체로 175cm 이상은 되어 보였다. 원체 그
들이 남자의 키와 골격을 닮았는 데다가 높은 굽의 힐을 신고 있어서
상당히 큰 키들이었다. 또한 여느 단란주점과 같이 손님들을 대하는 호
칭은 '오빠'였다. 키 작은 오빠와 키 큰 여동생과의 어색한 만남이
었다.

술이 들어오고 얼음 케이스가 분주히 오가는 사이에 다른 손님들이
시킨 노래로 인해 게이바는 상대방의 소리가 들리지 않을 정도였다. 아

무대도 개방된 형태의 홀이기 때문이었을 것이다. 술이 오가면서 노래를 부르는 순서가 돌아오면 과거의 가라오케와 달리 손님들이 테이블 내부에 들어가는 것에 대해 저지하지 않았다. 술 취한 손님은 테이블을 넘어가는 것이 게이바에서는 용인되었다. 물론 손님이 많을 때는 단골손님에게 양해를 구하면서 저지하기도 하지만 10명이내의 경우는 허용되는 편이었다. 4명의 게이들은 각각 손님들 앞에서 술시중을 들면서 노래를 선곡해 주고 테이블 안에 들어와서 춤을 추는 손님과 같이 춤을 추기도 했다. 물론 부르스 곡이 나오면 기꺼이 함께 춤을 추었다.

게이바에 오는 손님들은 대부분 술이 어느 정도 취해서 들어오기 때문에 많은 술을 마시는 것은 아니다. 그래서 손님들은 노래소리 때문에 어쩔 수 없이 지르는 큰 소리로 게이와 대화들을 나누거나 그들과 춤을 추는 것이 일반적인 모습들이었다. 여성 접대부가 나오는 단란주점과 다른 점은 술을 그다지 많이 마시지 않는다는 점이다.

시간이 어느 정도 흐르면 홀 안이 갑자기 어두워지면서 유일한 남자종업원이 멘트를 통해 쇼가 시작됨을 알린다.

화려한 의상, 즉 마치 라스베이거스에 나오는 무희와 같은 화려한 의상을 입은 1명의 게이가 스포트라이트를 받으면서 원탁의 테이블 속으로 들어온다. 탐방 당시의 쇼 제목은 '캐츠,' '시집가고 싶어요'였다. '캐츠'는 뮤지컬 캐츠를 패러디한 것으로서 의상은 뮤지컬에 나오는 의상과 같았다. 한편 '시집가고 싶어요'라는 쇼는 웨딩드레스를 입고 춤을 추는 것으로 진행되었다. 마치 그들의 희망을 춤으로 말하는 것 같았다.

여느 극장식 쇼와 다를 바 없었다. 단지 다르다면 그들은 화려한 쇼와 스트립쇼가 결합되어 있다는 점이다. 쇼는 화려한 의상을 다 벗어던진 전라의 모습으로 끝나게 된다.

물론 이런 형태의 쇼는 성전환 수술을 한 경우에 한정된다. 풍만한 가슴과 남성의 흔적이라곤 전혀 찾아볼 수 없는 하체의 모습에서 여

게이바를 가다

성의 성징이 그대로 드러났다. 전라가 된 그들의 모습은 여성 그 자체였다. 그들의 모습에서 과거 그들이 남성이었다는 어떠한 증거도 찾을 수 없었다.

이러한 쇼가 끝나면 다시 어두운 조명이지만 주변에 불이 켜지게 된다. 다시 노래와 춤으로 이어지는 게이바의 일상으로 돌아온다. 그러나 이미 분위기가 고조되어 있는 상태에서 게이들은 거의 가슴을 드러낸 채 술시중을 들게 된다. 물론 춤을 추는 상황에서도 그러한 복장은 그대로 유지된다. 심지어는 손님들을 접대하다가 기본 중에 기본만 걸치고 있는 경우도 있다.

물론 이런 형태의 술 시중은 단골 혹은 소수의 손님이 있을 때 나타나는 모습이다. 대개의 경우 게이들은 자주 옷을 갈아 입고 손님을 접대하고 있었다. 그 이유에 대한 게이의 대답은 손님들이 한 가지 옷만 입고 시중을 들 경우 식상해지기 쉽기 때문이라고 한다.

이윽고 2시가 넘어 일군의 3명의 만취한 남자들이 들어오면서 게이바는 다소 활기를 띠게 되었다. 마담이라는 게이들은 이쪽 저쪽을 돌면서 단골인 듯한 손님들을 더욱 깍듯이 대하는 것을 볼 수 있었다.

게이바를 나오면서 지불한 술값은 양주 1병에 맥주, 팁을 포함해 40만 원 정도였다. 서울의 경우 대개 양주가 주종인 데 비해서 부산에서는 맥주도 제공된다는 점이 차이가 있었다. 팁은 정해져 있는 것이 아니라 손님이 상황에 따라 주는 형태가 일반화되어 있었다.

이러한 게이바의 모습은 여타의 여성이 나오는 단란주점과는 달리 신체적 노출을 꺼리지 않는다는 점이 큰 차이점이라고 할 수 있을 것이다. 진한 화장과 여성스러운 애교, 몸매가 그대로 들러나는 원피스 그리고 게이바의 어두운 조명 때문에 그들은 상당한 미인들로 보인다는 것이다. 대개의 경우 게이들은 얼굴에 비해서 나이가 어리다고 한다. 따라서 게이바에서 일하는 연령대가 30대 후반까지 가능한 것이다. 그들은 일반 여성들과 달리 출산의 경험이 없고 양육을 비롯한 일상의 가사노동을 하지 않는다 점에서 그 원인을 찾을 수 있을 것이다. 또한 대부분의 수입은 자신들의 미를 가꾸는 데 투자함으로써 얻은 결과이기도 하다.

그 곳이 게이바라는 것을 알고 들어갔지만 이들은 기존의 여성 접대부와 다르다는 느낌을 받지는 못했다. 만약에 그 곳이 게이바라는 것을 모르고 들어가더라도 결과는 마찬가지일 것이다. 단지 그들의 키가 크고 얼굴이 크다는 점만 빼고는.

게이바를 나오면서 느낀 점은 그 곳도 우리나라의 여느 유흥업소와 다를 바 없었다는 점이었다. 술을 마시면서 가무를 즐기는 우리들의 술 문화는 그 곳에서도 그대로 나타났다.

이제부터는 게이바라는 공간을 둘러싼 이야기를 해볼 것이다. 즉 분위기와 대화의 모습, 손님의 모습을 이야기할 것이다. 그러나 이것도 그 곳이 게이바라는 이색공간이기에 게이에 대한 이해가 선행되어야만 가능할 것이다.

4. 게이바와 게이

사실 부산지역의 게이바는 초량과 사상 그리고 속칭 완월동이라는 곳에 산재해 있다. 본 연구를 위해 탐방한 곳은 완월동 지역의 게이바였다. 이 곳에는 「목마」, 「명」, 「데뷔」 등을 비롯한 5∼6곳의 게이바가 있었다.

이 곳의 분위기나 규모는 전국 특히 서울의 이태원 지역과는 많은 차이가 난다. 따라서 서울지역의 게이바와 비교해가면서 이야기를 풀어가도록 한다.

게이바를 가다

1) 게이바의 분위기

소위 일반인들이 출입할 수 있는 게이바는 룸식의 폐쇄된 형태의 술집이 아닌 개방된 형태의 '홀'식으로 되어 있다. 따라서 손님과 게이들과의 대화는 노래와 소음이 깔린 상태에서 가능하다. 이러한 형태의 술집 모습은 나름대로의 의미를 가지고 있다. 모든 게이들이 예쁠수는 없다. 만일 룸식의 술집이라면 외모가 받쳐주지 못하는 게이는 삶의 터전인 게이바에서 살아갈 수가 없는 것이다.

부산의 경우는 가라오케 식의 테이블로 되어 있지만 서울 이태원의 경우 작은 나이트클럽의 형태로 되어 있다. 부산의 게이바는 규모나 게이의 수에 있어서는 소위 C급에 해당된다고 볼 수 있다.

서울의 경우는 70평에서 큰 경우는 200평에 이르는 규모를 가지고 있다고 한다. 극장식 형태로 되어 있어서 각각 한 개의 테이블과 4개의 의자로 구성된 형태가 5석에서 많게는 100석으로 되어 있다.

적은 규모의 경우는 노래도 부를 수 있고 쇼도 진행된다. 쇼는 기모노, 아다조쇼(성행위를 묘사하는 형태의 쇼) 등이 있다고 한다. 화려하게 진행되는 쇼는 4부까지 이어지기도 한다. 대규모의 게이바는 한 번의 쇼에 등장하는 게이의 수가 20명에 달하기도 한다. 결국 소규모의 게이바든 대규모의 게이바든 간에 화려한 쇼가 진행되고 있는 점에는 여느 가라오케나 극장식 나이트클럽과는 다를 바 없다는 것이다.

2) 게이의 손님접대 방식

게이들은 스스로를 여자로 생각한다. 그렇지만 그들이 손님을 대하는 방식은 일반 여성 접대부와는 다르다. 오히려 그들은 프로의식이 강하다. 자신이 완전한 여성이 아니기 때문에 더 여성스럽게 애교와 술시중을 들게 된다.

소규모 게이바의 경우는 자신이 여성임을 나타나기 위해서 과도한 노출도 마다하지 않는다. 대규모 게이바의 경우는 테이블에 앉아서 손님들과 대화를 나누게 된다. 그 곳에서는 과도한 노출은 힘들지만 대화내용에 있어서도 여성스러움이 그대로 드러난다.

또한 손님과 그들 간에 술시합이 벌어진다고 해도 그들은 절대로 취한 표시를 내지 않는다. 상당한 정신적 무장을 하면서 술을 마신다는 것이다. 왜냐하면 술이 취해 자신도 모르는 사이에 자신의 남성적 대화나 행동이 나오는 것을 상당히 두려워하기 때문이다.

게이들은 자신이 게이임에도 좋아하는 사람에게는 상당한 집착력을 가지고 헌신적으로 행동하게 된다. 또한 그들이 손님이나 연인을 만날 때 자신이 게이라는 것을 속이지 않는다. 왜냐하면 그 자신이 여자이기 때문이다. 특히 신세대 게이의 경우는 당당하게 게이임을 밝히면서 교제를 하기도 한다.

3) 게이바를 찾는 손님

대부분 게이바를 찾는 손님은 동행자가 있기 마련이다. 단골의 경우는 혼자 오는 경우도 있지만 일행을 동반하고 오는 경우가 일반적이다.

주로 연령대는 30대에서 40대가 주종을 이루고 있다. 그들의 직업은 자영업이 대부분이다. 특히 경제적 부담과 스트레스 해소라는 심리적 측면에서 보면 일반 회사원들에게는 그리 맞는 술집은 아닌 것이다. 술값이 일반 여성 접대부가 있는 술집에 비해 비싸다는 점과 폐쇄된 룸식의 술집에서 이루어질 수 있는 남성의 노골적인 성적 표현과 남성권력의 행사가 자유롭지 못하다는 점에서 회사원들에게는 흥미를 유발할 수 있는 술집은 아닌 것이다.

특이한 손님들을 살펴보면 우선 게이이면서 현실에 적응된 사람들, 즉 게이로 나서지 못했던 사람들이 자주 게이바를 찾는다. 즉 게이이

게이바를 가다

면서 결혼해서 아내와 자식을 둔 사람들이 자신의 성정체감과 애정의 갈증을 이 곳 게이바에서 게이들과 함께 하면서 해소하는 것이다. 그들을 게이들간에는 '보갈'(게이를 동경하는 사람)이라는 은어로서 말하고 있다. 이들 '보갈'은 현재의 삶은 남성으로 살아가지만 그들은 자신이 남성으로만 살아 갈 수 없다는 점을 잘 알고 있는 것이다. 그럼에도 벗어나지 못하는 자신을 이 곳에서 그리고 그 시간에서 해소하고 그들과 생각을 공유하는 것이다.

한편 게이바를 찾는 손님 중에 드물지만 특이하게 레즈비언도 있다. 게이와 레즈비언 간의 만남은 일반인으로서는 상당히 생각하기 어려운 관계가 형성된다. 즉 게이는 남성이지만 여성이기에, 여성인 레즈비언과 서로 이해의 교감이 이루어지기가 쉽다는 것이다. 그러면서도 특이한 것은 레즈비언이 남자행세를 한다는 점이다. 레즈비언 커플의 경우 똑같은 여성이지만 그 중에서도 남자의 역할과 여자의 역할로 나누어진다. 남성의 역할을 담당하는 레즈비언인 손님이 게이인 접대부와 "김양 이리와봐"라는 식의 대화가 이루어진다는 점이다. 레즈비언은 김양이라고 부르고 게이는 오빠라고 부르는 술집의 대화인 것이다. 즉 레즈비언은 남성의 역할을 하면서 여자인 게이와 술자리를 하게 된다는 것이다.

그리고 또 다른 손님으로 유흥업소 종사자인 여성 접대부들이 있다. 흔히들 호스티스바라고 일컬어지는 남자들의 술 공간에서 여성 접대부들은 상당한 정신적 상처를 받게 된다. 남자라는 권력이 가장 솔직하게 표현되는 공간, 그리고 돈이라는 목적에서 자신의 정체감마저 버려야 되는 공간으로서 호스티스바는 여성접대부의 직업공간인 것이다. 게이바에서 여성 접대부는 자신들의 잃었던 정체감을 게이들에게서 찾게 된다. 우선 자신들이 손님으로서 권력을 행사하는 것이다. 명령과 수모를 받던 그들이 호스트바가 아닌 게이바에서 자신의 스트레스를 풀고 있는 것이다. 또한 호스티스바의 여성접대부들은 게이와 마찬가

지로 남자 손님을 주고객으로 본다는 점에서 그들의 숨어 있는 경쟁
자이기도 하다. 따라서 호기심에서 찾는 여성 접대부들도 다수 있다고
한다.

그러나 무엇보다도 가장 많은 다수를 차지하는 손님은 일반 손님들
이다. 그들이 게이바를 찾는 것은 호기심 때문이다. 대부분의 게이바
가 일반 업소와 다를 바 없다고 하지만 손님은 그 곳이 게이바임을 알
고 들어간다는 것이다. 그런데 재미있는 것은 한 번 찾아온 손님들 중
에서 쉽게 단골이 생기는 것은 여타의 여성 접대부를 둔 유흥업소와
는 다른 점이다. 그것은 다른 여성 접대부보다 소위 술 시중과 손님의
비위를 잘 맞춘다는 점이다. 그래서 이것에 매력을 느낀 손님은 계속
해서 게이바를 찾게 된다는 것이다.

5. 그들의 이야기

1) 게이로의 삶

보통 자신이 게이로 인식되는 시기는 12세에서 14세에 나타난다고
한다. 게이가 되는 요인은 생물학적인 요인으로 인한 선천적 원인과 주
변환경으로 인한 후천적 원인이 있다. 선천적 원인은 생물학적으로 염
색체의 잘못으로 태어난 경우이다. 즉 남성 성징의 발육에 이상이 있
는 것을 말한다. 후천적인 원인은 우선 프로이트(G. Freud) 식으로 말
하자면 오이디푸스 컴플렉스(Oedipus complex)를 굴절되게 극복한 경우
라고 말할 수 있다. 즉 사랑의 대상이 되어야 어머니가 아들에게 애정
을 주지 못할 때 아버지를 애정의 대상으로 봄으로써 남자에 대한 애
정이 생긴다고 보는 것이다. 또한 주위의 여자 형제들이나 여자들이 많
음으로써 여자들의 사회화 과정을 겪는 것이 원인이 되기도 한다. 그

게이바를 가다

러나 이러한 원인들에 대한 결정적인 요인이 분명하지는 않다는 것이다.

여자 옷에 대해 호감을 느끼거나, 남자 짝에 대한 호기심, 그리고 신체적 변화가 다른 남자아이들과 차이가 날 경우 본인의 성 정체감에 혼동을 느끼게 된다. 여기서 신체적 변화라는 것은 신체상 남성의 성장이 미성숙한 경우를 말한다. 주로 청소년기에 이러한 상황을 맞게 되는데 이들에게 있어서 성 정체감의 혼동은 상당기간 지속된다. 실제로 중·고등학교의 생활은 그들을 성 정체감의 혼동에서 해결책을 제시해 주지는 못한다. 학교생활에서 그들의 성 정체감을 표현하게 되면 정상적인 학교생활이 불가능하기 때문이다. 또한 가족으로부터 남자의 성을 받아들이기를 강요 당하는 시기이다.

게이의 삶을 이해하는 데 있어서 가장 중요한 것은 마음이 먼저 여성화되어 간다는 점이다. 또한 의도적이거나 자의적으로 그러한 의식이 생기는 것이 아니라는 점이다. 결과적으로 여성화의 과정은 외모에 대한 치장이라는 구체적인 행동으로 나타나게 된다.

그들이 여자로서 자신의 성 정체감을 갖는 것은 사회에 나가야 되는 고등학교 졸업 이후가 된다. 당장 그들에게 닥친 것은 군대라는 사회적 압력 때문이다. 막상 자신이 정상적인 남자와 다르다는 성 정체감의 혼란은 그들에게 상당한 고민을 가져오게 된다. 우선 또래의 친구집단으로부터의 소외이다. 고등학교 졸업 후에 여성적인 옷과 장신구로 꾸민 그들을 친구로서 대하는 남자친구들은 우리의 현실에서 찾아보기 힘들다. 그리고 무엇보다 견디기 힘든 것은 가족으로부터의 곱지 않은 시각이다. 즉 가족으로부터 소외당하게 된다. 이런 상태에서 그들은 정상적인 경제구조에 편입되기도 쉽지 않다. 결국 일반사람과의 인간관계, 가족과의 관계 그리고 경제적 어려움은 그들의 생활을 더욱 어렵게 하는 요인이 되는 것이다. 그러나 이러한 생활에서의 고뇌는 그리 오래 가지는 않는다.

그런데 군대라는 한국의 제도는 그들을 더 이상 성 정체감의 방황 속에 내버려 두지 않는다. 여기에서 두 부류의 게이들이 나타나게 된다.

우선 자신이 남성이지만 여성으로 살아 갈 수밖에 없는 상황을 인식하게 되면 여성 호르몬을 투여함으로써 가슴을 부풀려 여성의 모습을 갖추는 것이다. 여성 호르몬은 주기적으로 한 달에 2번 내지 3번 정도 투여하게 된다. 그러나 그들의 가슴은 사춘기 여성의 정도라고 한다. 또한 벌어진 어깨와 큰 손발은 어쩔 수 없는 신체적 한계일 수밖에 없는 것이다. 호르몬 투여와 함께 중·고등학교 시절에는 입지 못했던 여자 옷을 걸침으로써 여성으로 자신의 성 정체감을 가지는 것이다.

이러한 게이는 입영을 위한 신체검사에서 불합격하게 된다. 이제 본격적인 게이의 생활에 접어들게 되는 것이다. 한편 고등학교 졸업 후에 성 정체감의 혼란 속에서 고민하다가 신체검사라는 현실적 위기를 계기로 해서 게이의 삶을 택하기도 한다.

두번째는 의식적으로 자신의 성 정체감의 혼란을 피하기 위해 군대에 자진해서 가는 경우도 있다. 자신의 혼란스러움을 남자들의 세계인 군대에서 극복하기 위한 노력인 것이다. 그러나 많은 경우 다시 자신이 게이에서 벗어날 수 없음을 깨닫고 제대 후 게이로서의 생활을 시작하는 것이 대부분이라는 것이다.

일단 게이로서의 생활을 시작하게 되면 그들에게 있어서 돈은 상당히 중요하다. 우선은 여성의 모습을 갖추기 위해 성전환 수술이 필요하게 된다. 옷과 치장에 필요한 돈도 상당히 들게 된다. 자신이 여성이라는 점은 외모에서 우선 표현되어야 한다. 그런 의미에서 그들은 장래를 위해 부를 축적한다든가에 대한 관심은 일반 여성 접대부들과는 다르다. 성전환 수술은 과거에는 주로 필리핀에서 해왔지만 요즘은 주로 일본에서 하고 있다. 문제는 성전환 수술이 생식기에 한정되는 것이 아니라는 점이다. 턱을 깎는 것과 같은 성형수술을 동반한다는 점

게이바를 가다

이다. 심지어 성대를 깎아서 마지막 남은 남성의 흔적을 없애버리는 수술까지 포함하는 A급의 수술을 하는 경우도 있다. 따라서 상당한 비용이 들게 된다.

보통 수술을 위해서는 1,500만 원에서 3,000만 원 이상의 돈이 필요하게 된다. 서울의 경우이지만 이들의 수입은 주로 200만 원에서 300만 원 이상이다. 그들의 수입은 사실 수술을 받기 전에는 수술을 위해 투자되지만 한꺼번에 많은 돈이 모이기는 힘들다. 계속적으로 호르몬 주사와 옷, 화장품에 드는 비용도 만만치 않은 것이 사실이다. 그래서 소위 성전환만 우선하고 다음에 돈이 모이면 성형수술을 하는 경우도 많다. 그렇지만 모든 게이들이 이러한 소원을 이루는 것은 아니다. 따라서 그들의 최대 희망이 성전환인 것이다.

완전한 수술을 하더라도 골격 자체가 큰 것은 어쩔 수가 없다. 따라서 그들은 외모에 있어서 남자의 흔적이 남아 있게 된다. 큰 키와 큰 얼굴인 것이다. 그래서 그들의 대부분은 머리가 긴 것이 특징이다. 긴 머리는 그들의 큰 얼굴을 어느 정도 덮을 수 있는 장식적 도구가 되는 것이다.

2) 게이바에서의 생활

게이들의 생활은 주로 게이바에서 이루어진다. 이것은 상당히 중요한 의미로서 게이들의 삶을 규정하는 요인이 된다. 게이바에서 그들의 하루일과를 알아 보자.

주로 영업을 마치는 시간은 여는 술집과 달리 새벽 4~5시 사이이다. 따라서 잠은 오후 1시까지 자게 된다. 출근 시간은 주로 밤 11시에서 12시가 된다. 나머지 시간들은 우선 자신들의 외모를 꾸미는 데 쓰게 된다. 화장과 머리손질에 상당한 시간을 보내게 된다. 1주일에 두 번 정도는 쇼핑을 하게 되는데 단순한 쇼핑은 아니다. 주로 쇼핑은 여자들이 많이 다니는 곳을 택한다. 그 곳에서 게이는 지나가는 여성들의 옷, 화장, 대화들을 보고 배우는 의미 있는 시간을 보내게 된다.

분명히 그들은 사회적으로 수용될 수 있는 평범한 사람들이 아니다. 따라서 그들이 기본적인 의식주를 해결할 수 있는 곳은 게이바가 유일한 것이다. 게이들 중 열에 아홉은 그들의 가족으로부터 소외되어 있다. 우리나라의 상황에서 어떠한 가족이 그들을 가족으로서 인정하겠는가! 심리적 안식처인 가족으로부터 소외된 그들이 모이는 곳이 게이바인 것이다. 우선 게이들은 자신의 처지와 비슷한 사람, 즉 게이적 성향을 가진 사람들끼리 모이게 된다. 그것을 계기로 자신의 경제적 문제를 해결할 수 있는 게이바의 생활에 들어가게 되는 것이다.

또한 현실적인 측면에서 보면 게이바는 그들의 경제적 원천이 되는 것이다. 그들이 게이임을 내세우고 일할 수 있는, 즉 생계를 이어갈 수 있는 경제적 기반은 게이바 이외는 전무한 것이다. 일반적인 남자의 경우 고등학교를 졸업한 뒤 대학을 가거나 사회적으로 공인된 일자리를 얻게 된다. 그러나 게이들은 갈 곳이 없다. 장사를 하려고 해도 부모들은 게이인 자식에게 결코 투자하지 않는다. 결국 게이바에서 자신의 생활과 미래를 꾸려나가야 되는 상황에 처하게 되는 것이다.

이러한 절박한 사정은 사실 과거보다는 나아졌다. 과거의 경우, 즉 가라오케나 단란주점이 일반화된 술집으로 자리잡지 못할 때 과연 어디에서 그들의 경제적 원천을 삼았을까? 과거에 나이트클럽이 주된 유흥업소였을 때 그들은 무대에서 쇼를 하던 무희들이었다. 우리가 여자라고 착각하면서 보았던 무희들 중에는 게이들이 상당수 있었다는 것이다.

그러던 것이 가라오케와 단란주점이 술집의 대부분을 차지하면서 지금의 게이바로 자리잡게 되었던 것이다. 중요한 것은 게이들이 이러한 게이바에서 퇴출되면 갈 곳이 없다는 점이다. 경제적인 면과 심리적인 면에서 그들이 갈 곳이 없다는 말이다.

게이바를 가다

또한 정신적으로 여자인 그들이 찾아야 할 애정의 대상은 남자이다. 실제의 일상생활에서 게이들이 애정의 대상을 찾는다는 것은 상당히 힘든 일이다. 결국 게이바는 남자라는 애정의 대상을 접할 수 있는 사귐의 장소이기도 한 것이다.

따라서 게이바에서 그들은 손님들에게 최선을 다한다. 그리고 그 손님들이 다시 자신을 계속 찾아오게 만드는 것이다. 여성 접대부보다 그들은 그래서 프로의식이 더욱 강하다는 것이다.

손님들이 자신을 여성이 아닌 남성으로 비추어 거부감을 느끼게 되면 그들의 삶은 끝이 나게 되는 것이다. 그래서 그들은 일반 여성 접대부보다 소위 '오버'를 할 수밖에 없다. 비록 가성이지만 여성스러운 목소리와 도를 넘는 애교를 부리게 되는 것이다. 그들은 행동이나 언어 그리고 의상에 있어서도 상당히 신경을 쓸 수밖에 없는 것이다. 이것은 자신과 게이 전체를 위한 행동이기도 한 것이다. '더 아름답게 더 여자답게'가 그들에게 있어서 더 중요한 것은 없다.

문제는 자신의 외모가 여성스럽고 예쁘다면 문제가 없지만 그렇지 못할 때는 상당한 어려움을 겪게 된다. 그래서 그들은 남다른 노력을 하게 된다. 외모가 받쳐 주지 못할 때는 쇼를 통해서 자신을 내세우게 된다. 이를 위해서 그들은 무용학원에서 춤과 노래를 배우기도 한다, 상당한 비용을 지불하면서. 쇼에 참가하지 못할 정도의 외모와 춤과 노래가 되지 않을 때에는 코미디 쇼를 개발함으로써 자신의 상품성을 높이기도 한다.

한편 성전환을 하지 않은 게이들의 경우를 살펴보면 물론 외견상으로는 여자이다. 즉 상체는 호르몬 주사를 통해 여성의 가슴을 가지게 된다. 이런 경우 전라의 모습은 보여줄 수가 없게 된다. 그들은 결코 하체를 전라로 노출하지는 않는다고 한다.

상당히 드물기는 하지만 여성 접대부를 둔 여느 술집과 마찬가지로 게이바에도 '외박'이라는 2차가 있다. 그들의 용어로는 '파킹(parking'이라고 한다. 그런데 일반 여성 접대부와는 달리 게이들은 돈에 크게 집착하지 않는다고 한다. 2차까지 동행한다는 것은 그들을 여성으로 본다는 점에서 게이의 입장을 이해하는 것처럼 생각되기 때문이다. 보통 '파킹'에 지불하는 돈, 즉 화대는 10만 원에서 20만 원 정도라고 한다. 특이한 것은 아침에 받는 후불이라는 것이다. 심지어는 마음에 드는 손님이 있을 경우에는 화대를 받지 않는 경우도 있다고 한다. '파킹'이 이루어지는 곳은 주로 그들의 집이다. 그들은 주로 2~3명이 한집에서 각각의 방을 가지고 생활하는 것이 일반적 주거형태인데 그들의 집에서 '2차'가 이루어진다고 한다. 물론 성전환 수술을 한 경우와 그렇지 않은 경우에 있어서 '파킹'의 모습은 달라질 것이다. 즉 성전환 수술을 한 경우는 정상적인 성관계가 가능하지만 그렇지 않은 경우는 호모간의 성관계 형태가 나타날 것이다. 그러나 이러한 '2차'는 드문 경우이며 손님은 대부분 호기심 때문에 게이를 찾는다고 한다.

이상에서 본 바와 같이 게이바는 게이들의 유일한 경제적, 심리적 원천인 것이다. 따라서 그들의 게이바에서의 모습은 기존의 여성 접대부들과는 다른 삶을 구성하게 된다.

6. 문을 나서며

지금까지 살펴본 게이바의 모습은 사실 극히 일부분인 게이들의 삶일 것이다. 그리고 모든 이야기들을 전체 게이들의 삶으로 일반화시키기는 힘들 것이다. 게이바를 중심으로 그들의 삶을 살펴보았지만 서두에서 언급했듯이 게이바에 대한 이해는 게이들에 대한 이해 없이는 불가능하다.

취재에 응해준 분에 의하면 서울에만 2,000명에서 3,000명의 게이들

게이바를 가다

이 살고 있다고 한다. 상당한 수의 사람들이 그들도 어쩔 수 없는 성정체감의 혼란 속에서 게이의 삶을 택하게 되었다는 말이다.

그들의 최대 희망은 여자가 되는 것이다. 말하자면 육체적으로도 사회적으로도 말이다. 성전환 수술을 통해서 육체적으로 여자가 되었더라도 그들은 법적으로 그리고 사회적으로는 인정되지 않는다. 따라서 호적변경은 그들의 인생에 있어서 최종 목표인 것이다. 그들이 꺼려하는 것 중의 하나가 자신의 신분증인 주민등록증을 제시하는 것이다. 심지어 금융실명제 이후 신분증을 제시해야 되는 은행통장 개설까지 피할 정도이다. 신분증에는 자신이 거부했던 남자의 성이 주민등록증 뒤번호 첫 자리 '1'이라는 숫자로 각인되어 있기 때문이다.

이러한 상황에서 그들은 자신의 삶의 터전을 게이바에 두게 된다. 그리하여 이색지대로서의 게이바는 다른 술집과는 다른 형태를 띠게 된다. 프로의식을 갖춘 게이들의 행동과 술시중에는 여느 술집에서는 느끼지 못한 진지함과 절박함이 숨어 있다. 대다수의 손님들이 그러한 게이들의 삶을 이해하지 못하면서 호기심의 대상으로 삼고 있는 것이 사실이다.

술을 마시는 인간의 행동은 다양하며 그 공간 역시 다양하다. 문제는 일상과 구별되는 이색공간에는 우리가 알지 못하는 이색인들의 삶이 있는 것이다.

술을 마시고 춤과 노래를 즐기는 술의 공간으로서 게이바는 여느 술집공간과 구별되지 않는다. 쇼를 구경하고 접대부와 대화를 나누는 모습에서도 그 차별성을 찾아 볼 수 없다. 그러나 게이바는 일상적 삶과는 떨어져 있는 게이가 접대부로 있다는 점에서 굳이 구별을 하게 된다. 분명한 것은 우리가 일상의 술집을 찾는 이유와는 다르게 게이바를 찾는 이유는 호기심에 있다는 점이다. 소위 손님은 구경꾼으로서 게이바를 대하게 된다. 그것은 게이바가 여는 술집이 갖고 있는 일상성을 벗어난 이색지대라는 점을 확인시켜 주는 것이다.

술의 이색지대

그러나 우리는 그들이 여전히 우리들과 같은 한 인간이라는 점을 인식하는 데는 상당히 인색하다. 무엇보다 중요한 것은 그들도 우리와 같은 삶을 살아가기를 원하고 여성으로 대우받고 싶어하는 사람이라는 것이다.

"그들을 한 사람의 여자로 대하면 됩니다"라는 면접에 응해준 분의 말이 뇌리 속에 맴돈다. 그들의 삶을 이해하게 될 때 게이바를 단지 이색의 공간으로만 대하는 상식의 아집은 조금이나마 해소될 수 있을 것이다.

▶ 주

1) <패왕별희>, <해피 투게더(Happy Together)>와 같은 영화는 너무나 잘 알려져 있다. 퀴어(Queer) 영화제는 동성애를 소재로 한 대표적인 영화제로 잘 알려져 있다.
2) 인테넷 상의 주소는 http://www.gaybar.de/Start.htm이고 제목은 Willkommen auf dem gaybar.de server!로 되어 있다. 그 외에 인터넷 상에는 호주게이협회를 비롯해서 수많은 사이트(site)들이 있다. 대부분 남성간의 동성애 사이트라기보다는 여성간의 동성애인 레즈비언도 같이 소개하고 있다.
3) 주소는 http://www.truenet.co.kr/schizo/database/schizo/link/link.htm이다.

게이바를 가다

쉰세대의 술집, 신세대의 술집

▌ 김문겸

1. 머리말

술집이 인간의 삶에서 지니는 의미는 매우 크다. 그 공간은 일상적인 일에서 벗어나 휴식을 취하는 쉼터이자 놀이터이며, 인간관계의 교류가 펼쳐지는 장소이다. 또한 이 곳은 낮의 문화가 아닌 밤의 문화가 펼쳐지는 장소이기도 하다. 낮의 공식적인 세계에서 이루어지지 못하는 각종 거래가 이루어지기도 하고, 이성의 그늘에 가리워졌던 억압된 감성이 분출되는 곳이기도 하다.

인간 삶의 총체성이 낮뿐만 아니라 밤과의 조화 속에서 이루어진다고 할 것 같으면 술집에 대한 조명은 그 중요성에 비해 너무나 학문적으로 주목받지 못했다. 이것은 비단 술집에 대한 문제에 국한되는 것은 아니다.

공식적인 용돈이 있다면 몰래 숨겨둔 비자금도 있고, 공식적인 수입이 있다면 뒷거래에 의해 이루어지는 수입도 있으며, 지상 경제가 있으면 지하 경제도 있다. 이 후자의 경우가 우리의 일상생활에 미치는 영향력을 무시할 수 있는 사람은 거의 없다. 이 영역에서는 공식적인 통제나 규범의 메커니즘에서 벗어나 자신의 자유의지를 더욱 융통성 있게 발휘할 수가 있기 때문이다. 이러한 여백이 인간의 삶에 미치는 영향은 누구라도 느낀다. 그럼에도 불구하고 여기에 대해서는 그동안 조사의 어려움 때문도 있지만, 부차적인 것으로 치부되어 학문적으로 그렇게 조명되지 못했다.

그런데 이러한 영역에 대한 관심은 이제 점차 커지고 있다. 후기구조주의와 포스트모더니즘에서 그간에 행해진 허구적인 이원적 대립의 세계를 해체하기 시작한 것이다. 이성과 감성, 남성과 여성, 중심과 주변, 중앙과 지방, 낮과 밤, 고급문화와 대중문화, 정상과 광기 등등은 모더니즘의 맥락에서는 전자가 후자에 비해 우위에 있는 것으로 파악되었다. 그러나 이제 후자에 대한 중요성이 인식되면서 이러한 위계적인 대립 구조는 해체된 것이다.

술집에 대한 관심도 이러한 문제의식에 기인한다. 특히 술집은 모더니즘적 관점에서는 종종 비난의 대상이 되어 왔다. 노동과 생산성, 진보라는 산업주의적 가치관이 팽배하던 근대화의 과정에서 술집은 이를 좀먹는 타락의 장소로까지 규정되었던 것이다. 심지어 이성의 세계를 좀먹는 악으로 규정되어 악명 높은 '금주법'까지 생기지 않았던가.

그러나 술집은 계몽주의 이후 이성과 합리성의 이름으로 억압 받았던 감성의 세계를 조명하는 데 매우 적합한 연구대상이다. 특히 대중소비사회로 접어든 오늘날의 시점에, 인간의 욕구는 미래를 위해 억압되거나 유보되어야 할 대상이 아니라, 현재의 시점에서 충족되고 즐겨야 한다는 가치관에 의해 지배된다. 이러한 맥락에서 술집은 변화된 욕구의 세계를 구명하는 데 더없이 좋은 연구 소재라고 할 수 있다. 또 나아가서는 인간의 실존적인 삶의 세계를 보다 입체적이고도 총체적으로 파악하는 데 많은 시사점을 던져줄 수 있다.

이 글에서 살펴보려고 하는 것은 특히 1980년대 이후에 나타난 특징적인 술집에 관한 것이다. 왜냐하면 80년대 들어 한국사회에는 커다

쉰세대의 술집, 신세대의 술집

란 변화가 일어났기 때문이다. 그 변화의 가장 중심 축은 증대된 사회적 생산력을 바탕으로 소비주의가 접목하기 시작한 것이다. 여기에는 몇 가지 이유가 있다.

80년대는 60, 70년대 고도성장의 결실이 맺어지는 시점이기도 하지만, 3저 호황이라는 국제적인 환경도 뒷받침된 것이다. 또한 정당성이 결여된 제5공화국의 성립은 한편으로는 정권유지에 걸림돌이 되는 각종 비판집단을 규제하기 위해 악법을 강화하기도 하지만 다른 한편으로는 일반 대중의 지지를 확보하기 위해 억압된 욕구를 해소할 수 있는 출구를 마련해 주기도 한다. 이른바 3S 정책의 활성화가 그것이다. 프로야구와 프로씨름이 출범하고, 각종 향락퇴폐업소들이 급증하게 된다. 더욱이 컬러 텔레비전의 등장과 자가용의 보편화, 통행금지의 폐지 등은 더욱 많은 여가정보의 접촉기회를 제공하고 지역적, 시간적 생활반경을 확장시켰다. 이와 같은 배경을 바탕으로 80년대는 생활문화의 다양화 시대로 접어들고 이것은 술집의 사회사에 큰 영향을 미친다.

특히 우리나라의 술집 문화에 큰 영향을 미친 변수는 82년도부터 시행된 통행금지의 해제였다. 이것은 일상적인 생활시간구조를 새롭게 재편시켰고, 심야영업을 하는 술집을 크게 증가시켰다. 이러한 맥락에서 예전에는 볼 수 없었던 새로운 유형의 밤 문화가 생성된다. 그리고 80년대 이후에는 대중들이 선호하는 술의 종류가 달라진다. 종래에 막걸리와 소주가 가장 대중적인 술로 인기를 모았다면, 80년대로 접어들면서 막걸리는 연평균 10% 이상씩 감소한다. 이 자리에 맥주, 양주, 청주 등이 들어서고, 입맛은 점점 고급화의 추세를 보인다. 여기에 발맞추어 술집의 종류 또한 다양해진다.

술집의 종류는 예전부터 지속되어 오면서 다소간의 변화는 있지만 크게 변화가 없는 형태의 술집이 있고, 이에 반해 사회적 환경과 시대의 변화에 발 맞추어 새롭게 등장하는 형태의 술집이 있다. 이 글에서는 80년대 이후에 나타난 새로운 형태의 술집에 주목한다. 그것도 필자가 보기에 몇몇 특징적인 술집의 형태에만 한정한다. 왜냐하면 80년 대 이후에 생성된 새로운 형태의 술집을 모두 살펴본다는 것은 필자의 능력을 넘어서는 것이기도 하고, 변화된 욕구의 세계를 구명하는 데 모든 형태의 술집을 살펴보아야 할 필요성도 느끼지 않기 때문이다.

한편 어느 사회든 그 사회에서 변화의 물결을 가장 먼저 몰고 오는 것은 기성세대보다는 젊은 세대이다. 더욱이 근대사회 이후 대중문화에 가장 민감하게 반응하는 것도 젊은 세대들이다. 따라서 이들의 의식구조와 가치관은 그들의 행동에 반영되고, 이것은 그들이 즐겨 찾는 술집의 형태에도 나타나게 마련이다. 이러한 맥락에서 한 사회의 변화, 특히 취향구조의 변화를 가장 먼저 감지할 수 있는 장소로서 신세대들이 즐겨 찾는 술집을 살펴보는 것은 의의가 있다고 생각된다.

그리고 이 글은 1997년 후반기부터 나타난 IMF의 영향은 고려하지 못했다. 이것은 술집뿐만 아니라 생활문화 전반에 상당한 타격을 가한 사건이기 때문에 독립된 글로서 다룰 필요가 있고, 지면관계상으로도 한계가 있기 때문이다.

2. 쉰세대의 술집

1) 성인 쇼를 하는 술집과 카페의 확산

80년대 들어오면 우리나라 술집 역사에 중요한 변화를 내포하는 현상이 나타난다. 그것은 카페라고 불리우는 술집이 크게 확산된 것이다. 이러한 유형의 술집은 워낙 다양해서 일관된 기준으로 분류하기는 매우 어렵다. 최고급 룸살롱에 비견할 수 있는 술집이 있는가 하면, 값싼 호프집의 형태를 띠는 것도 있고, 파는 술 종류나 안주, 인테리어, 영업장소, 경영방식, 종사하는 여종업원의 유형도 매우 다양하다. 그 중

쉰세대의 술집, 신세대의 술집

에서 가장 특기할 만한 것은 여종업원과 영업장소에 관한 것이다.

카페라는 간판을 내건 술집의 경우, 대부분은 술시중을 드는 여종업원을 두고 있었다. 그런데 이 여종업원의 성격이 종래에는 비교적 저학력이거나 가정 형편이 어려운 경우가 많았으나 이제는 다양화된다. 고학력의 여성과 집안 형편이 그리 나쁘지 않은 젊은 여성, 직장을 가진 여성들도 부업삼아 술시중을 드는 종업원으로 편입되기 시작하고 연령층도 낮아진다.

> 80년대 이후 번창해온 퇴폐 향락산업과 우리사회의 타락한 도덕성이 맞물려 빚어낸 10대 매매춘은 이제 유흥업소와 사창가의 주된 '상품'이 되어버렸다. 타락한 기성세대의 '수요'에 맞추느라 인신매매·납치행위가 극성을 부려 큰 사회문제로 대두되어 있는 가운데 과소비풍조에 따른 허영심을 채우기 위해 스스로 찾아드는 탈선 10대가 늘어나 더 큰 충격을 던져주고 있다. … 방배동 카페 호스티스 최모양(16)은 "중 3때 친구들과 어울려 다니다가 카페주인 아줌마가 '돈 벌고 싶지 않느냐'고 권유해 그 날로 이 생활을 시작했다"며 "친구들과 함께 방 얻어 살면서 마음대로 돈을 쓸 수 있어 즐겁다"고 말한다. 최양의 아버지는 교육정도는 낮지만 꽤 큰 슈퍼마켓을 갖고 있는 알부자이다. "공부만 강요하고 용돈을 거의 주지 않는 집이 싫었다"는 것이 최양의 유일한 가출이유이다. 이 곳 카페주인 박모씨(34)는 "인신매매로 여자를 구하던 것은 옛날얘기"라며 "요즘은 일 시켜달라고 찾아오는 10대들을 달래서 돌려 보낼 정도로 공급이 충분하다"고 말했다(《한국일보》 1991. 8. 12).

더욱이 이런 유형의 카페는 일반 주택가까지 깊숙이 침투한다. 즉 영업장소가 유흥오락업소가 밀집되어 있는 지역뿐만 아니라 일상생활을 영위하는 장소로까지 확산된 것이다.[1] 이것은 여종업원이 있는 술집이 대중화되었다는 것을 의미한다. 또한 일부의 카페에서는 룸살롱과 같이 매매춘을 하는 곳도 적지 않게 생긴다.

이러한 현상은 당시에 사회적 지탄을 받았던 퇴폐이발소의 급증과 함께 성규범에 있어서 중요한 변화를 내포하고 있다. 성개방 풍조가 일상의 영역에까지 확산된 것이다. 당시에 술집 여종업원들 사이에서는 결혼해서 아이를 낳고 사는 보편적인 생활을 부정하고 독신주의를 공공연히 표방하는 사람도 적지 않았다. 더욱이 낮에는 학교나 직장생활을 하고 밤에는 부업으로 술집 여종업원으로 진출하는 경우도 어렵지 않게 눈에 띄었다. 비록 이러한 행동과 가치관을 지닌 사람이 다수는 아니라 할지라도 변화된 가치관을 상징적으로 말해준다.

또한 성인들이 주로 출입하는 디스코테크나 나이트클럽은 통행금지 해제 이후 심야영업이 활성화되면서 새로운 모습으로 변질된다. 각종 퇴폐적인 성인 쇼를 하는 것이 그것이다.[2] 뱀쇼, 샤워쇼, 황진이쇼, 각설이쇼, 어우동쇼, 홀딱쇼 등등 각종 명칭을 붙여 일종의 스트립쇼를 하는 곳이 우후죽순처럼 생겨난다. 이것은 사회적인 지탄의 대상이 되었지만, 소비성향이 높아진 80년대 중반 이후 급속히 확산되면서 왜곡된 우리나라 밤 문화의 대명사가 된다.

몸 흔드는 것이 버릇이 되어버린 ㅅ양은 디스코경력 4년의 스물네 살. 84년도 미인콘테스트에 입상경력도 있는 중류가정 출신. 여고 때 배운 국악과 고전무용을 팽개치고 디스코걸이 되었다. '좋아하는 춤을 실컷 추며 사는 화끈한 인생'이 오히려 즐겁다는 ㅅ양의 특기는 히프 율동. 그래서 '힙순이'로 통한다. 같은 디스코걸 세 사람—잠잘 때 이를 간다는 '이갈이,' 춤출 때 얼굴표정이 일품인 '클라이맥스' ㅇ양, 가슴율동이 특기인 ㄱ양 등과 아파트를 빌려 함께 산다. '화끈한 인생'이기 때문에 사랑도 화끈한 단발형이어서 평범한 결혼은 체념한 상태. '디스코와 스트립쇼는 전연 별개'라는 것이 이들의 주장이지만 경쟁이 치열하다 보니 그 '한계가 모호해지는 것이 안타깝다'는 프로의식이 엿보이기도 한다(《경향신문》 1986. 7. 3).

쉰세대의 술집, 신세대의 술집

이렇게 80년대 후반기에 급증한 각종 퇴폐적인 성인 쇼와 더불어 심야영업 술집은 90년 10월부터 시행한 '범죄와의 전쟁'으로 대대적인 단속 대상이 된다. 이로 인해 심야영업을 하는 술집이 대폭 줄어들고 2차, 3차로 이어지는 음주관행에도 다소 변화가 온다. 그럼에도 불구하고 카페와 단란주점에서부터 대중화되기 시작한 여종업원이 있는 술집은 이후에 룸단란주점이라는 형태로 나타난다. 이 유형의 술집은 노래를 자기들끼리 부를 수 있다는 것과 여종업원을 독점할 수 있다는 이점이 있어서 90년대 후반기에 크게 확산된다.

2) 노래하는 술집: 가라오케의 전성기

술집과 노래가 결합된 대중적인 술집은 80년대 중반기 무렵부터 성행하기 시작했다. 그 시발점이 된 술집의 형태는 가라오케이다. 노래 부를 수 있는 술집은 룸살롱이나 스탠드바, 일부의 나이트클럽 같은 데가 있었지만 이런 곳은 대부분 전문 악사들이 기타나 신디사이저를 연주하는 데 맞추어 노래하는 곳이었다. 따라서 손쉽게 기계반주에 맞추어 부르는 가라오케만큼 대중적으로 확산되는 데는 한계가 있었다.

초기 가라오케 술집의 내부 형태와 운영방식은 보통 다음과 같이 이루어진다. 각종 노래의 반주가 들어 있는 카트리지와 기계장치가 있고, 그것을 술 손님의 요구에 따라 갈아끼우는 마스터 여종업원과 보조 여종업원, 술과 안주를 운반하는 웨이터, 여러 사람이 둘러 앉을 수 있는 원탁 테이블, 노래가 연주되면 분위기를 고양시키기 위해 마련된 실내 조명장치 등이 있다.

여기서 손님이 자리에 앉으면 기본으로 보통 맥주 몇 병과 안주 2접시가 나오고(양주를 마시는 사람은 극히 드물었음), 술을 마시면서 노래를 신청한다. 그러면 여종업원이 정해진 곡을 찾아 틀어주고, 손님은 마이크를 들고 노래 가사가 적혀 있는 노래책을 보면서 노래를 한다. 이러한 과정에서 여종업원의 역할은 대단히 중요하다. 주어진 술집 공간 내부에서 전체 분위기를 장악하여 부드럽게 끌고 나가야 하기 때문이다. 노래 순서를 기다리는 손님들간에 충돌이 일어나지 않아야 하며, 술이 조금밖에 남지 않은 손님 테이블에는 술을 더 시키도록 만들어야 하고, 술을 많이 팔아주는 테이블 앞에서는 적당하게 애교를 떨면서 기분을 맞추어주기도 한다.

가라오케라는 술집이 생긴 초창기에는 여종업원들이 실내 분위기를 장악하는 데 별 어려움이 없었다. 왜냐하면 평소에는 잡아보지 못했던 마이크를 잡는다는 것과, 타인들 앞에서 노래를 부른다는 것, 완벽한 반주에 맞추어 노래를 해 본다는 것 등이 개인적인 흥미를 유발하기에 충분했기 때문이다. 즉 80년대 전반기만 하더라도 타인들 앞에서 혼자 노래를 부른다는 것은 대단히 큰 용기를 필요로 했다. 이것은 각종 게임에서 노래시키는 것이 패자에게 주는 가장 보편적인 벌칙이었다는 사실에서도 반증된다. 그리고 그 때까지만 하더라도 노래를 통해 자기 감정을 밖으로 드러낸다는 것이 조금은 겸면쩍고 부끄럽다는 정서를 가지고 있는 것이 일반적이었다. 게다가 노래는 혼자하는 것이 아니라 같이 부르는 것이 보편적이었다.

이러한 맥락에서 가라오케 초창기에는 주어진 술집 공간내에서 공동체적 분위기를 조성하기란 그리 어려운 것이 아니었다. 손님들간에 마이크를 서로 잡으려고 하기는 커녕, 다른 사람이 노래를 부를 때 장단을 맞추어 주거나 노래부르고 나면 박수를 쳐주고, 노래 잘 하는 사람이 있으면 앵콜을 신청하는 경우도 적지 않았다.

그러나 가라오케가 번창하면서 노래를 해 본 사람이 증대할수록 새로운 문제가 발생하기 시작한다. 공동체적인 전체 분위기를 조성하기가 어렵게 된 것이다. 처음에는 자신의 노래를 반주에 맞추어 본다는 호기심과 타인들 앞에서 마이크를 잡고 노래한다는 사실이, 듣기 싫은 타인의 노래를 들으면서 자신의 순서를 기다리는 인내심을 발휘하는

데 별 무리가 없었다. 그런데 노래를 불러본 빈도수가 많아질수록 그 인내심에는 한계가 온다. 더욱이 가라오케는 보통 다른 데서 술을 마시고 2차나 3차로 가는 경우가 많았기 때문에 술취한 손님들간에 충돌이 빈번해진다. 여기서 전체 분위기를 장악해야 하는 가라오케 여종업원의 역할이 더욱 중요해진다.

노래순서를 기다리는 데 인내심이 떨어진 손님들을 잘 추스려야 하며, 한편으로는 술을 많이 팔아주는 테이블에는 눈치껏 다른 데보다 더 많은 곡을 부를 수 있도록 배려해야 한다. 또한 술자리를 파장하려는 테이블에는 노래를 부를 수 있는 기회를 새롭게 제공함으로써 손님을 일어서지 못하게 잡아두기도 하고, 때로는 매상을 올리기 위해 술취한 손님의 테이블에서는 아직 마시지도 않은 술병을 갈아치우기도 한다. 이러한 역할이 가중됨으로써 여종업원은 많은 곡의 번호를 외워 카트리지를 재빨리 바꿔 끼우거나 탬버린을 잘 치는 것 이상의 능력이 요구되게 된다.

이렇게 노래와 술이 결합된 가라오케는 80년대 후반기에 번창 일로로 확산되다가 1990년도 10월 제6공화국이 시행한 이른바 '범죄와의 전쟁' 선포 이후 심야영업 단속이 이루어지면서 주춤거린다. 그러다가 90년대 초반기에 등장한 '노래방'은 가라오케 술집에 치명적인 타격을 가한다. 노래방은 공식적으로 술집은 아니지만, 술 마시는 사람에게 2차나 3차의 장소로 많이 애용되었고, 때로는 공공연하게 술을 팔기도 했으며, 무엇보다 가라오케에서 단란주점으로 넘어가는 데 중요한 가교역할을 했다는 점에서 따로 독립된 절로 살펴볼 가치가 있다.

3) 가라오케의 쇠퇴와 노래방의 전성기

가라오케가 쇠퇴하고 단란주점이 탄생하는 데 중요한 연결고리를 제공한 것은 노래방이었다. 1991년 무렵에 부산에서부터 등장한 노래

술과 술집

방(노래연습장)은 급속도로 전국에 확산된다. 국세청 자료에 의하면 전국의 노래방은 91년 2월 말 현재 559군데, 4월 말 2천 56군데였고(《세계일보》 1991. 6. 19), 92년 10월에는 공식적으로 등록된 것만해도 6천 680개 업소로 전년도에 비해 2배 이상 증가한다(《경향신문》 1992. 12. 4).[3] 그리고 93년 8월 무렵에는 전국의 노래연습장은 모두 1만 703곳으로 폭증한다. 노래방이 확산된 일차적인 이유는 당시 유흥업소 최대의 장애물인 영업시간 제한과 미성년자 출입제한으로부터 자유로웠기 때문이다(《서울신문》 1993. 8. 5).

최근 3개월 사이(92년 3월에서 5월까지: 필자주) 전국의 주요도시에 '노래방'이 폭발적으로 늘어나고 있다. 이에 따라 청소년 학생층 등에 미치는 영향도 적잖아 노래방이 건전한 문화공간으로 바뀌지 않으면 안된다는 우려의 목소리도 높다. 노래방은 1.5평 규모의 밀실에 가사가 비치는 TV화면과 컴퓨터 무인반주기계가 설치되어 500원짜리 동전을 투입하면 현란한 사이키 조명이 작동되면서 반주가 흘러나온다. 밀실을 10~30개씩 갖추고 시간당 2천 원의 입장료를 받고 있는데 4명이 1시간 동안 사용할 경우 1만 원가량 소요된다. 한국음악저작권협회에 따르면 전국에 5천여 개의 업소가 성업중인 것으로 추정된다. … 특히 유흥음식점이 밀집해 있는 영등포, 청량리 등지와 대학이 자리잡고 있는 거리에는 더욱 번창하고 있다. 연세대앞 서대문구 창천동의 경우 지난 3월 초 3개소에서 현재 50여 개소로 늘어나 2~3개월 사이에 '노래방신드롬'으로 불릴 만큼 다른 업종까지 노래방으로 바뀌고 있다. 이처럼 노래방이 급속히 전국적으로 확산된 이유는 신종업종이다보니 관련된 법규가 전혀 없어 세금을 내지 않으며 심야영업 등 단속이 미치지 않아 개업만 하면 '황금알을 낳는 거위'로 인식되고 있기 때문이다. 노래방은 구청의 허가 없이 24시간 영업이 가능하며 미성년자 출입제한도 없어 청소년층이 붐비고 있다(《세계일보》 1992. 5. 26).

쉰세대의 술집, 신세대의 술집

 노래방은 원칙적으로 술은 판매하지 못하는 곳이다. 그럼에도 불구하고 이 곳이 술꾼들에게 인기가 있었던 것은 몇 가지 이유에 연유한다. 가라오케와 마찬가지로 노래방은 2차나 3차의 장소로 주로 이용되었는데, 이 곳은 심야영업의 단속에서 벗어나 있었기 때문이다. 여기서는 기존의 가라오케에서 강요되다시피한 '기본'의 개념이 아직 성립되지 않았고, 500원짜리 동전을 넣거나 시간당 사용료를 내면 누구나 기계반주에 맞추어 원하는 노래를 부를 수 있었다. 또한 노래방은 내부 구조가 몇 개의 룸으로 구성되어 있기 때문에 노래순서를 기다릴 필요가 없다. 이러한 점은 가라오케에서 다른 집단의 노래가 끝날 때까지 인내력을 발휘해야 했던 불편함을 해소시키기에 충분했다. 이제 자신들의 내집단간에 마음껏 떠들며 실컷 노래부르며 스트레스 해소를 할 수 있다는 이점이 있었다.

 또한 노래방은 청소년과 부녀자층에게도 인기였다. 여가시설의 혜택에서 사각지대에 있다시피한 이들에게, 이 곳은 일종의 해방구였다. 평소에 억압된 감정을 손쉽게 분출하기에 여기만한 곳이 없었다. 또한 원칙적으로 술대신 각종 음료만 팔기 때문에 가족끼리 모여 적은 비용으로 재미있는 한때를 보내기에 적합했다.

 이와 같이 여러 계층의 사람으로부터 인기를 모았던 노래방은 폭발적으로 증가하고,[4] 이것은 당국의 심야영업 단속의 강화와 맞물려 한국인의 음주풍속도를 일시적으로 바꾸어놓기까지 했다. 즉 '마시는 문화'에서 '부르는 문화'를 창출한 것이다. 물론 가라오케에서 이미 부르는 술문화가 생성되기는 했지만 유흥업소의 술소비량이 가정용보다 적어진 것은 1992년도의 일이다. 90년 10월 범죄와의 전쟁 선포로 심야영업 단속이 이루어진 시점에 유흥업소 등 접객업소의 술소비량이 가정용에 비해 51% 대 45%로 높았으나, 92년 후반기에는 42% 대 58%로 역전된다. 또한 당시 내무부에 의해 조사된 자료에 따르면,[5] 일반인들이 2차로 가는 장소로 선호하는 것은 노래방이 24%로 랭킹 1위를 차지했고, 그 다음이 포장마차 19%, 나이트클럽 17% 순으로 나타 나 부르는 문화의 성립을 증명해 주고 있다(《경향신문》 1992. 10. 13).

노래방이 성업을 이룸에 따라 여기에 발맞추어 여러 가지 부작용도 노출되기 시작한다. 무엇보다 사회적으로 지탄을 받은 것은 청소년의 탈선이 부추겨진다는 것과 원칙적으로 반입 금지가 되어 있는 술이 심 야에 판매된다는 것, 접대부를 고용하는 변태영업이 성행한다는 것 등 이다. 여기에 관한 비판적 여론이 확산된 것은 92년도 중반기 이후의 일이고, 급기야 정부에서는 관계 법령체제를 재정비하여 대대적인 단 속에 나서기로 한다. 그 이전에는 노래방을 규제할 만한 법령이 없어 그대로 방치되었기 때문이다.

노래방에 대한 비판여론이 높아지자 당국이 최초로 방침을 세운 것 은 1992년 6월 무렵에 '풍속영업규제에 관한 법률시행령'을 개정한 것이다. 여기서는 노래방 출입제한 연령을 18세 미만으로 하고 심야영 업, 소음공해, 퇴폐행위 등을 단속하기로 한 것이다. 그러나 당시의 실 정을 무시한 단속 방침의 표방은 업자들의 반발을 거세게 불러일으 켰다.

당시에 대구, 대전, 광주, 마산시 노래연습장협회는 정부의 노래방 규 제 움직임과 관련하여, 성명을 내고 '극히 일부업소의 불건전한 모습 을 전체 노래방의 실태인양 매도하고 각종 규제법안으로 노래방을 단 속하려는 것은 4천 500여 업자들의 생계를 위협하는 처사'라고 비난 한다. 이들은 또 '노래방을 단속하면서 선정적이고 퇴폐적인 방송을 규제하지 않는 것은 형평의 원칙에 어긋난다'고 주장하고, 노래방을 '풍속영업에 관한 법에 포함시키려는 개정작업을 중단하지 않을 경 우 헌법재판소에 위헌청구소송은 물론 국가를 상대로 손해배상청구소 송을 낼 것'이라고 반발한다(《국민일보》 1992. 6. 10). 그런데 이러 한 노래방 업소들의 반발도 있었지만 일반 시민들의 노래방 예찬론도 만만치 않았다. 즉 일반인들도 노래방의 폐해가 없는 것은 아니지만 여

쉰세대의 술집, 신세대의 술집

가시설이 부족한 우리나라의 실정에서 유익한 면도 많다고 주장하는 것이다.

4) 노래방의 쇠퇴와 단란주점의 전성기

노래방의 변태영업이 정점을 이루는 곳은 불법적인 술 판매와 접대부(여종업원) 문제였다. 이것은 우후죽순처럼 번창한 노래방의 변태영업과 금지된 심야영업을 하는 가라오케 등이 아직 많이 있었다는 당시의 여건을 감안할 때, 당국은 새로운 법령의 제정을 서두르게 된다. 즉 접대부 없이 음식물과 술을 동시에 팔 수 있는 대중음식점 허가를 받은 뒤, 접대부를 고용하여 변태영업을 하는 업소가 급증함에 따라 이루어진 조처였다.

법 개정이 이루어지기 전인 1992년 중반기, 당시의 식품위생법 시행령에 따르면 '식품접객업'(외식산업 업종구분)은 대중음식점, 일반유흥접객업, 무도 유흥접객업, 외국인전용 유흥접객업,[6] 과자점영업, 다방영업, 휴게실영업, 일반조리판매업, 이동조리판매업, 출장조리판매업 등 10가지로 세분되어 있었다. 그러나 개정안에는 술을 취급하는 단란주점 및 유흥주점 영업, 음식물을 취급하는 음식점, 다방영업, 휴게실영업 등 5가지로 줄이게 된다.

이 중 단란주점영업은 술을 팔면서 안주류로 음식물을 조리, 판매하는 영업으로 접대부 없이 노래반주시설을 갖추고 손님이 노래하며 즐길 수 있는 새로운 형태의 건전술집을 의미했다. 이것은 당시 총리실의 한 당국자가 인터뷰한 내용에서 잘 드러난다. 그에 의하면, 단란주점과 유흥주점을 구분하는 이유는 과소비 억제와 호화사치 낭비풍조 추방을 위해 극장식당, 룸살롱, 요정 등 고급 유흥업소의 증설을 강력히 억제하고, 고급 유흥업소의 단란주점으로의 업종 전환을 유도하기 위한 것이라고 말한다. 또한 정부는 단란주점과 유흥주점에 대한 과세를 대폭 차등화시켜, 단란주점은 현재의 대중음식점에 준하는 세금을 부과하되 유흥주점에 대해서는 중과세하는 방안을 추진하고, 단란주점도 주거지역에는 절대 불허한다는 원칙아래 현재 주거지역에서 변태영업을 하고 있는 카페 등은 단란주점으로의 업종전환을 불허, 지속적인 단속을 통해 폐업을 유도한다고 밝혔다(《세계일보》 1992. 7. 6).

그러나 당국의 이러한 방침에도 불구하고 개정된 식품위생법 시행령이 발효한 1993년 6월 22일 무렵에는, 이미 주택가에 단란주점들이 우후죽순처럼 들어서 불법, 변태영업을 일삼고 있었다. 당시 서울시 집계에 따르면, 서울시내에서 이미 영업중인 단란주점은 무려 1천 970여 곳에 이르고, 이 가운데 보사부가 처음에 단란주점 허가요건에 맞는 곳은 28곳뿐이었다. 나머지 업소 중 266곳은 상업지역 안 근린시설에 있으며, 1천 680여 곳은 아예 유흥성 접객업소의 설치가 금지된 주거지역 안에 자리잡고 있는 것으로 조사되었다(《한겨레신문》 1993. 6. 23).

단란주점에는 여자(호스티스)를 두지 못하게 되어 있다. 그러나 이미 법이 시행되기 전부터 우후죽순처럼 성업중인 이들 업소에서 벌어지고 있는 갖가지 변태·불법영업의 행태에서 보듯 앞으로 단란주점의 퇴폐행위는 불을 보듯 뻔한 것이다. 단적인 예로 전국의 도시에 산재해 있는 퇴폐 이발관들이 어디 당국의 허가를 받고 하는 업태들인가 묻고 싶다. … 이 추세대로 간다면 허가 이후 단란주점의 주택가 집중은 충분히 예측할 수 있는 일이다. 상업지역보다 주거지역으로 분류된 곳의 건물임대료가 훨씬 싸기 때문이다. 당국이 단란주점의 허가지역 범위를 상업지역으로 국한해 고시했을 때도 주거지역에서 영업을 시작하는 상인들의 의도는 일을 벌여 놓고 업자들끼리 집단민원을 제기하면 결국 당국이 허가해 줄 것이라는 배짱에서 비롯되었다. 당국의 허가지역 확대조치는 결국 이들의 배짱에 굴복한 결과로밖에 비쳐지지 않는다(《중앙일보》 1993. 6. 23).

단란주점영업이 공식적으로 허가된 93년 6월 이후, 이것은 더욱 폭발적으로 증가하고, 그 반면 노래방은 쇠퇴기로 접어든다.[7] 94년 12월 부동산뱅크가 전국 42개 상권의 상가전문중개업소를 대상으로 조사한 결과 가장 쇠퇴해 가는 업종으로 노래방을 꼽은 것도 이를 반증한다.[8] 그에 비해 단란주점은 서울시내의 경우, 94년 초에는 2천 700여 곳이던 것이 11월 무렵에 오면, 4천 600여 개 업소로 2천 개 가량 증가한다(《국민일보》 1994. 12. 29).

이러한 단란주점이 90년대 후반기 무렵으로 접어들면서부터는 또 다른 모습으로 변모한다. 룸단란주점의 출현이 그것이다. 이것은 변형된 룸살롱의 형태로 여성 접대부를 제각기 파트너로 정하고 노래하고 춤추고 술마시는 장소로서 많은 남성들을 유혹한다. 이러한 형태의 룸단란주점이 탄생하는 데에는 이미 80년대부터 형성된 성개방 풍조와 쾌락주의 가치관이 많은 젊은 여성들을 술집 접대부로 손쉽게 유인하는 사회적 환경도 한 몫을 담당했다. 그러나 이러한 형태의 룸단란주점과 기존의 단란주점은 97년 IMF 환경하에서 치명적인 타격을 입는다. 휴·폐업하는 업소가 속출한 것이다. 여기에 대한 논의는 지면관계상 다음 기회로 미루기로 한다.

3. 신세대의 술집

한 시대의 문화를 이끌어가는 중요한 축으로 젊은 세대가 등장한 것은 역사적으로 그렇게 오래되지는 않았다.[9] 매스 미디어의 발달로 자본의 눈이 젊은 층을 중요한 소비시장으로 주목한 것은 2차대전 이후의 일이다. 1950년대의 미국 음반시장이 이것을 상징한다. 이 때부터 소비능력을 갖춘 젊은 세대는 급속도로 대중문화의 상권으로 편입되고, 젊은이 또한 기성세대와는 또 다른 자기 나름의 삶을 위해 힘차게

도약한다. 이제 사회화의 주요 기제는 부모세대와 같이 전통에 얽매인 것이 아니라 매스컴과 동료집단의 영향력이 결정적인 것이 된다.

서구의 경우 60년대부터 대중소비사회로 접어듦에 따라 다원주의 사회는 본격적인 궤도로 진입한다. 물론 르네상스 이후로 인간중심주의 사고와 개인주의를 확고하게 틀 지우는 합리주의와 경험주의 철학이 이전부터 있었지만, 젊은이들이 본격적으로 자기 목소리를 내는 것은 2차대전 이후부터이다. 이 때부터 고리타분한 전통성과 획일성에 반기를 들고, 기존의 사회질서를 비판하는 목소리를 내기 시작하는 젊은이들은 각종 실험정신을 표출하며 청년문화를 형성한다.[10] 비트 제너레이션과 히피족, 펑크족의 출현, 반전운동, 환경운동, 여성운동, 인종운동 등 다양한 목소리로 분출된다.

우리나라의 경우 이와 유사한 움직임이 나타나는 것은 1970년대 후반기부터이다. 유신독재에 억눌린 젊은이의 가슴은 새로운 해방구로 통기타, 청바지, 장발에서 찾았다. 그리고 여기에는 도피적 낭만이 있었다. 엄청난 부조리 앞에 계란으로 바위를 치는 격인 학생운동을 하는 젊은이에게는 무척이나 많은 용기를 필요로 했기 때문이다.

이 시절 대학가의 젊은 세대는 집단주의 이념이 주도하는 시기였다. 아직 폭탄주나 뽕가리주는 없었지만 집단적 분위기에서 술 마시고, 노래 일발 장진하면 모두 다 젓가락을 들고 두들기며 제창을 하는 것이 그 시대의 분위기였다. 여기는 개성보다는 모두라는 공동체가 중요했다. 따라서 술집 또한 여러 명이 한데 모여 마실 수 있는 넓은 공간을 필요로 했고, 칸막이로 폐쇄적인 공간을 마련하는 술집은 극히 드물었다. 70년대 당시에 젊은이들이 주로 즐겨 찾는 술집은 막걸리를 파는 대폿집이나 소주를 파는 대중음식점이었고, 맥주를 마시는 경우는 특별한 경우에 한했다.

그 이후 80년대 들어 젊은이들의 세계에는 새로운 환경이 펼쳐져 있었다. 우리나라도 3저 호황에 힘입은 소비주의 시대로 접어든 것이다.

쉰세대의 술집, 신세대의 술집

물론 과외금지조치로 대학가의 소비력이 다소 주춤했지만, 단속의 손길은 멀었고 부모에게서 받은 땀흘리지 않은 돈의 위력은 대학가의 상권을 활성화시키기에 충분했다. 이 때 젊은 세대를 겨냥하며 나타난 대표적인 술집이 디스코테크와 록카페이다.

1) 젊은 세대 전용 술집

80년대 전반기부터 나타난 가장 특징적인 술집은 과거의 고고장이 변형된 디스코테크의 등장이다. 디스코테크는 70년대 후반과 80년대 초반에 걸쳐 디스코 춤의 열풍이 밀려오면서 확산되기 시작한 새로운 유형의 술집이었다. 80년대 전반기에 확산된 이 곳은 음반이나 테이프를 틀 수 있는 최소한의 시설을 갖추고 비교적 저렴한 가격으로 술과 춤을 즐길 수 있는 장소였다.

그 이전에도 춤과 술을 동시에 즐길 수 있는 술집은 있었다. 나이트클럽이나 카바레 등이 그 대표적인 것이다. 그런데 이러한 술집은 젊은이들이 가기에는 가격이 비싸거나 연령층이 맞지 않았다. 거기에 비해 디스코테크는 상대적으로 가격이 비싼 나이트클럽에 비해 경쟁력을 갖추고 있었고,[11] 젊은이들이 선호하는 춤을 추기에 적합했다.

초기에는 약간의 입장료를 내면 음료수를 주고 술 없이 춤만 추는 곳으로서 젊은 층이 주류를 이루었다. 그러나 얼마 되지 않아 술을 판매하는 디스코테크가 증가하면서 가격도 비싸지고 기성세대들이 점차 잠식해 들어가기 시작한다. 이에 따라 디스코테크는 10대 후반과 20대 초반의 젊은이들만 출입할 수 있는 특화된 업소가 생긴다. 즉 이런 업소는 20대 후반 이상으로 보이는 연령층에게는 출입을 입구에서부터 통제시킨다. 이것은 술집의 사회사에 큰 변화를 내포하고 있다.

예전에는 술집의 출입을 제한적으로 통제하는 곳은 소수 특권층만 출입이 가능한 멤버십 술집을 제외하고는 극히 찾아보기 힘들었기 때

술과 술집

문이다. 그러나 디스코테크는 대중적인 차원에서 술집 출입을 제한하는 곳이 생겼다는 것을 의미하기 때문에 매우 중요한 변화라고 할 수 있다. 지금도 그렇지만 청소년을 위한 여가시설이 더욱 부족한 당시의 상황에서는 젊은 세대 전용의 디스코테크란 폭발적인 인기를 누리기에 충분했다. 이 곳은 아직 나이트클럽에 가기에는 부담스럽고, 그렇다고 청소년들의 마땅한 놀이터가 없는 시점에, 저렴한 비용으로 마음껏 춤을 출 수 있는 장소였다. 물론 술도 팔지만 음료수를 마셔도 되었고, 무엇보다 거추장스러운 어른들의 눈길을 피할 수 있다는 것이 장점으로 작용했다. 그 이후 젊은이들의 전용 술집으로 대학가를 중심으로 해서 등장한 것이 록카페이다.[12]

디스코테크가 한때 젊은이들을 끌어들였으나 이내 기성세대가 물을 흐려놓았다. 그들은 퇴폐·저질의 음란한 무희를 요구했고, 경제력을 앞세워 가격만 올려 놓았다. 젊은이들은 이 지저분한 곳으로부터 독립하길 원했다. 그래서 찾아낸 것이 록카페다. 록카페는 무대가 없다. 자기 자리가 곧 무대이다. 이는 사회적 권위로부터 벗어나려는 신세대들의 의식세계를 반영한 것이다(《한겨레신문》 1992. 10. 27).

현재 일부 대학생과 청소년층 사이에 선풍적인 인기를 끌고 있는 록카페는 기존 카페의 테이블 사이에 공간을 넓히고 귀청을 찢을 듯한 록음악과 사이키 조명으로 분위기를 조성해 싼 값에 앉은 자리에서 술과 춤을 즐길 수 있도록 한 신종업소··(《한국일보》 1992. 3. 18).

10대 후반, 20대 초반의 젊은이들에게 폭발적 인기를 끌었던 록카페는 확실히 새로운 형태의 문화유형이었다.[13] 비교적 적은 비용으로 술과 음악, 춤을 함께 즐기면서 동시에 이성과의 데이트 기회를 가질 수 있는 공간이 이전에는 거의 없었기 때문이다.

그러나 귀청을 찢을 듯한 강렬한 음악, 환각적이라 할 만한 조명, 심한 노출과 기괴한 옷차림, 어둠 속에서 이루어지는 은밀한 부킹 등으로 이미지가 박힌 록카페에 대한 인식은 유흥가 일반의 폭력, 성적 문란행위 등과 맞물려 '젊은이들을 병들게 하는 퇴폐적 공간'이라는 비판으로 직결되기도 했다(《한겨레신문》 1992. 10. 27). 이러한 부정적 시각은 대학생들의 자치적인 정화운동으로 나타나기도 한다.

한양대생들은 최근 한 달 사이에 학교 앞에 록카페 2곳이 들어선 데 이어 인근 업소들도 업종 전환의 움직임을 보이자 총학생회 주관으로 지난 10일 부터 록카페 퇴치를 위한 서명운동을 벌여 1천 500여 명의 서명을 받았다. 학생들은 대표 50명을 선발, 16일 하오 이들 업소를 방문, 서명부를 전달하고 "퇴폐·불법영업 록카페를 추방하자" 등의 구호를 외치며 30여 분간 시위했다. … 총학생회는 … 당초 허가내역대로 대중음식점으로 업태를 바꿀 것을 요구하고 이를 거부할 경우 교수와 인근 주민들로부터도 지원을 얻어 폐쇄토록 하겠다고 경고했다. 동국대 총학생회도 생활문화운동의 일환으로 지난 주 학교 주변 록카페, 노래업소들에 대한 실태조사를 마쳤다. … 특히 총학생회는 록카페·노래방 추방운동을 대학간 연대운동으로 발전시키기 위해 19일 서울 남부지역 대학 학생복지위원회 대표자들의 모임에서 이 문제를 공식 거론할 방침이다. 중앙대, 숙대, 숭실대 등 다른 대부분 대학에서도 주변 록카페나 노래방에 대한 추방운동을 모색하고 있다(《한국일보》 1992. 3. 18).

그런데 이러한 대학가의 자체 정화운동은 집행부를 장악하고 있던 당시 학생운동권이 처한 상황과도 직결된다. 즉 80년대를 거치면서 대중성이 약화된 학생운동권은 자체적인 이념 구축과 조직력은 탄탄해졌지만, 소수 정예부대로 전락함으로써 변화된 시대 상황에 걸맞는 대중적인 운동대상을 모색하는 시기였기 때문이다. 그러나 그들의 시각

술과 술집

은 다소 경직되어 있었고, 변화된 욕구의 세계와 환경 앞에서는 역부
족을 드러내었다.

한편 록카페에 대한 비판 일변도의 분위기를 제어하는 움직임도 대
학가에서 흘러나온다. 그것은 연세대학교 사회학과 학생회의 주도로
'신촌 문화의 올바른 자리매김을 위한 대안 모색'이라는 토론회가
개최된 것이다(1992년 10월 23일 개최됨). 이 토론회는 록카페의 주요
소비자인 학생들 스스로가 록카페에 대한 허와 실을 살펴보고 심층적
인 진단을 통해 대안을 찾아본 최초의 자리였다는 점에서 의미가 있다.

여기서 학생들은 우선 언론·행정당국 등 사회 일반의 록카페에 대
한 비판이 다분히 과장되어 있고 심지어 조작된 '마녀재판'의 측면
이 강했다고 실지조사 결과를 밝히고 있다. 이들 록카페에 대한 비판
의 초점은 '향락·퇴폐 일변도로 외래·소비문화를 무조건 추종한
다'는 것인데 실제로 많은 부분이 그렇지 않았다는 것이다. 록카페가
눈맞춤 → 합석 → 춤 → 여관행이란 '부킹의 천국'으로 소문나 있으나
실제로 살펴본 결과 록카페의 부킹은 소문만큼 그렇게 많지 않은 것
으로 나타났으며, 또 퇴폐란 측면에서 볼 때도 텔레비전 같은 언론매
체에서 실제 이상으로 부풀린 측면이 강했다고 주장한다. 물론 이 토
론회에서 록카페의 부정적인 측면으로 고립성과 규격성, 기계로 상징
되는 새로운 권위체계로의 복속, 자본주의 문화상품에 의한 욕구의 왜
곡 등이 지적되면서, 록카페를 젊은이들의 진정한 해방구로 상정하는
데는 부정적인 견해를 보인다. 그럼에도 불구하고 그들은 학생운동권
에서 록카페를 찾는 젊은이들을 '의식 없는 날라리'로만 폄하하지
말고, '대중'으로서 끌어 안을 수 있는 대안문화 찾기운동이 건전문
화 육성이라는 캠페인 식의 운동에 앞서 전개되어야 할 것으로 지적
한다(《한겨레신문》 1992. 10. 27).

이와 같은 항변은 당시에 학생운동권과 비학생운동권 간에 대중문
화를 보는 시각의 한 단면을 여실히 보여준다. 즉 운동권의 시각은 리

쉰세대의 술집, 신세대의 술집

276

비스주의식의 엘리트주의적 시각에서 크게 벗어나 있지 않다. 그럼에도 불구하고 이들이 취하는 비판의 목적은 각종 언론매체나 기성세대의 비판과는 일정한 차별성을 보인다. 왜냐하면 기성세대의 비판은 전통고수의 목적이 담겨 있는 규범주의적 토대에서 발로하는 데 반해, 운동권의 비판은 2차원적 사유의 마비라는 삶의 본질에 대한 문제의식에서 발로하기 때문이다.

한편 80년대 들어 소비주의와 접목한 가장 대표적인 현상은 오렌지족의 등장이다. 그들은 부모의 막강한 경제력과 사회적 지위에 힘입어 젊은 세대 중 가장 호화스러운 소비생활을 즐기게 된다. 이들은 몇몇 회원들만 출입이 가능한 폐쇄적인 멤버십 술집을 이용하기도 하나, 그들 생활에서 그래도 보편적인 곳은 고급 나이트클럽이었다.

16일 밤 10시, 서울 강남 영동대로변 주택가에 자리한 A나이트클럽. 대리석 조각상 3개로 치장한 입구에 화려한 네온사인이 번쩍였고, 주변 골목길은 손님들이 타고온 승용차 100여 대로 주택가 대문 앞까지 꽉찼다. 대개 차 안팎을 요란하게 장식한 중·대형 승용차들이었으며, BMW나 벤츠 같은 외제승용차도 10여 대 눈에 띄었다. 그러나 이 업소의 고객은 나이 지긋한 '사장님'들이 아니라 모두가 20세 안팎의 젊은 남녀들. 이 곳은 고급 승용차를 모는 '부잣집 따님' 고객들이 남자보다 더 많고, 인기 연예인도 자주 찾아 요즘 강남에서 가장 '물 좋은' 업소로 소문이 나 있다. 잠시 후 20대 후반의 회사원들이 입구에서 승강이를 벌이다 건장한 청년들에게 쫓겨났다. 한 종업원은 "업소 이미지 관리를 위해 젊은 여자라도 미모가 빠지면 이런 저런 이유를 대서 돌려보낸다"고 했다. … 이들 업소는 10~30만 원의 선금을 받거나, 단골 손님들에게 무료로 '멤버십'을 발행하며, 강남 부유층 자녀를 일컫는 속칭 '압구정족'들은 멤버십 개수를 자기를 과시하는 수단으로 여기고 있다. "과소비요? 여기는 불황이 없어요. 이렇게 화려하고 '신분차별'을 하는 업소일수록 장사가 더 잘 된답니다. 여기가 '소

술과 술집

공자, 소공녀' 나라인지…." A나이트클럽에 기자와 함께 들어간 담당 경
찰관은 … 혀를 찼다(《조선일보》 1992. 6. 18).

이 신문기사에서 주목할 만한 것이 세 가지가 있다. 신세대 여성의
개방성, 외모를 중시하는 풍토, 차별화 전략의 상업성 등이다. 그런데
이러한 경향이 일부 부유층 신세대들이 즐겨 찾는 고급 술집에서 전
형적으로 나타나기는 하지만, 이것이 여기에만 국한되지는 않는다.

어쨌든 이러한 젊은이 전용의 고급 나이트클럽은 92년도에는 서울
시내에 4~5개 업소가 있었으나, 94년도 2월 1일부터 '한국방문의
해'를 맞이하여 외국관광객을 위해 영업시간을 새벽 2시까지로 연장
할 무렵에는 약 41개 업소에 달한다.[14] 당시에 이 곳을 취재한 기자는
이들 유흥업소 거의 대부분의 손님은 내국인들로 20대가 주류를 이루
고 있었고, 한 병에 20만~30만 원씩하는 양주와 한 접시에 10만 원이
넘는 안주를 시키는 게 예사이고, 부유층 자녀들인 오렌지족 등 일부
계층의 향락장소로 변하고 있다고 보도한다(《동아일보》 1994. 2. 16).
이러한 고급 나이트클럽의 출현에서 우리는 두 가지 중요한 현상을 발
견할 수 있다. 그것은 술집의 계층차별화 현상과 연령차별화 현상이다.
80년대 전반기 들어 부산대학교 앞에 속칭 부르주아 거리, 프롤레타
리아 거리로 불리우는 2개의 차별적인 상권이 형성되는 것도 이를 반
증한다. 후자의 지역에는 아직 70년대의 정서가 깔려 있는 대중음식점
이 주축을 이루고, 막걸리와 소주를 파는 집이 대부분이었다. 반면에
전자의 지역에는 경양식집이나 레스토랑, 또 당시로 볼 때는 고급스러
운 실내장식을 갖추고 맥주를 파는 술집 등이 들어서 있었다. 이런 집
은 대부분 실내구조가 칸막이로 공간과 공간을 구분하는 형태를 갖추
고 있었다. 프롤레타리아 거리의 술집 내부가 광장을 연상시킨다면, 부
르주아 거리의 술집 내부는 사적인 공간의 개념을 가지고 있었다. 이
러한 맥락에서 대학생들의 소비성향도 크게 이원화되는 경향을 보인다.

쉰세대의 술집, 신세대의 술집

2) 신세대 취향의 술집

80년대와 90년대 초반을 거치면서 가속화된 계층차별화 현상과 연령차별화 현상은 소비주의와 접목되면서 90년대 중반기에 오면 더욱 다양한 형태의 술집을 탄생시킨다. 그것의 상징적인 것이 속칭 '신세대 카페'이다. 이 카페는 젊은 신세대층이 주고객으로 주로 외제면세품 맥주를 판매하는 술집이다.

24일 오후 신촌 S카페. 최신유행곡이 흐르고 카페안 곳곳에 설치되어 있는 비디오에서는 일본-미국 만화영화가 상영중이었다. 손님 대부분은 대학생들로 보였으며 대개 잔 없이 병째로 마시고 있었다. 메뉴판에는 밀러, 버드와이저, 미켈롭, 쿠어스, J&B 등 낯선 술이름들만 적혀 있었다. 이 카페의 특징은 국산술을 팔지 않는다는 것. 같은 날 오후 강남구 청담동 P카페. 재즈음악이 흘러나오는 가운데 50여 개의 테이블이 20대 손님들로 가득 찼다. 이들이 마시는 밀러, 버드와이저, 라이트맥주 등은 모두 바코드 첫 숫자가 0인 면세품들. 병당 1만~1만 2천 원으로 국산맥주에 비해 비싼 편이다. 이 카페가 입주해 있는 복도에도 외제면세 빈 맥주병이 박스째 쌓여 있었다. 김모씨(27. 회사원)는 "이국풍 실내장식에다 외제술 등 메뉴가 다양해 친구들과 종종 찾는다"며, "적당량만 마시는 분위기여서 별 부담이 없다"고 말했다(《세계일보》 1994. 5. 25).

이 술집은 어떤 의미에서 신세대의 특징을 가장 상징적으로 나타내는 술집이다. 신세대의 중요한 특징인 집단주의적인 구속에서의 탈피, 전통주의의 거부, 개성 존중, 다원주의 등의 현상이 잘 드러난다. 즉 이국풍의 실내장식에다 외제술을 선호한다는 점에서 경직된 국수주의에 대한 거부의식, 잔 없이 병째로 마신다는 점에서 전통적인 주도관행의 파괴가 엿보인다. 이는 자연히 다원주의에 입각한 개성 존중, 자유주의라는 사고방식에 의해 뒷받침된다.

신세대들의 즐겨 찾는 다양한 형태의 술집은 기성세대나 일부 경직된 학생운동권으로부터는 종종 비난의 대상이 되기도 했지만, 변화된 신세대의 취향과 이들의 욕구를 시장화시키는 자본의 전략은 대학가를 중심으로 다양한 형태의 술집을 등장시킨다. 이러한 경향은 90년대 중반으로 접어들면서 더욱 두드러지게 나타난다. 그것의 대표적인 예를 우리는 대학가 앞에서 등장한 칵테일 전문점, 편의방, 록클럽, 재즈 클럽 등에서 찾아볼 수 있다. 그 중에서도 칵테일바의 등장은 변화된 신세대의 욕구 구조를 극명하게 보여준다.

젊은이들이 모이는 대학가에는 칵테일 전문점이 늘어나고 있고 능숙한 입담과 현란한 플레어(칵테일을 만드는 손동작) 묘기로 손님을 끄는 바텐더가 신종 인기직종으로 등장했다. 신촌, 압구정동, 홍대 입구, 화양리 등 유흥가에는 예전의 레게바, 스포츠바 등의 인기를 압도하며 칵테일바가 급속도로 늘고 있다. 수백여 종의 다양한 칵테일을 구비한 칵테일바에는 대학생과 20대 셀러리맨의 발길이 끊이지 않는다. 칵테일 가격은 3,000~10,000원 선까지로 다소 비싼 편. 그러나 반드시 안주를 시켜야 할 필요가 없어 오히려 부담이 덜하다는 사람도 많다. 대학생 신희원(22. 여)은 "술을 마실 기회가 있으면 향기를 즐길 수 있는 칵테일을 주로 마신다"며 "배도 부르지 않고 여럿이 함께 마셔도 각자 취향에 맞춰 주문할 수 있으니 주종을 통일할 필요가 없어 좋다"고 말했다. 신촌 M칵테일바 주인 임승묵씨(36)는 "칵테일바를 정기적으로 찾는 단골손님이 50여 명에 이른다"며 "자신이 원하는 술을 지정해 특별히 제조할 것을 요구하는 '개성파' 손님도 많다"고 말했다(《한국일보》 1996. 2. 8).

칵테일바의 등장은 기존의 술 문화와는 대립적인 어떤 것을 보인다. 즉 전통적인 술 문화에 의하면, 술은 취할 때까지 2차, 3차를 가는 것

쉰세대의 술집, 신세대의 술집

이고, 술잔은 돌려가며 마시는 것이다. 그러나 칵테일바는 각자의 취향에 따라 술을 선택하고, 술잔은 돌릴 수 없다. 여기에는 젊은이들의 의식구조가 반영되어 있다. 다원주의 사회에서 자기개성의 추구라는 일면이 들어 있는 것이다. 개성과 다양성을 추구하는 젊은이들의 술집은 이외에도 여러 가지 유형으로 나타난다. 그 중의 하나가 다음과 같은 대학가 앞의 클럽이다.

비슷한 취향을 가진 젊은이들이 모이지만 취향 이외에 비슷한 점은 없다. 클럽은 소집단화·개인화의 새 문화를 생산한다. 음악과 춤이 있는 술집, 클럽이 성업중이다. 록밴드나 재즈음악인의 연주를 들을 수 있고, 전위예술가들의 퍼포먼스가 벌어질 때마다 '끼' 있는 젊은이들이 클럽을 가득 채운다. 클럽에서는 이른바 '클럽 문화,' 신세대의 '노는 문화'가 만들어진다. 넓고 확 트인 '광장'에서 문화가 형성되던 80년대와는 다른 모습이다. … 이제 사람들은 자신의 방에서 컴퓨터 통신으로 모르는 이들과 대화하고, 시네마테크와 비디오방에 가서 보고 싶은 영화만 골라 본다. 지하 소주방에 내려가서 술 마시고, 칸막이 노래방에 들어가서 노래를 부른다. 이런 경향을 잘 보여주는 곳이 바로 서울 홍익대 앞과 신촌, 대학로에 몰려 있는 클럽들이다. … 클럽은 최근 2~3년 사이 급속히 늘어났다. 클럽은 일반적으로 록클럽, 재즈클럽처럼 음악이 있는 술집이다. 예전에는 음반을 트는 곳이 많았으나, 생음악을 들려주는 곳도 늘고 있다. 생음악을 들을 수 있는 클럽은 서울에만 30여 군데에 이른다. 심지어 요즘은 퍼포먼스, 전시회 등이 더해지기도 한다. … 그 안에서 마시고, 춤추고, 떠들고, 노래하고, 음악을 듣는 모든 것이 손님들의 자유이다. 남의 자유를 해치지 않는 범위에서 무엇이든 할 수 있다. 그래서 '열려 있는 공간'으로 불린다(《한겨레신문》 1996. 11. 30).

4. 80년대 이후 생성된 술집의 주요 특징과 의미

술집의 변천사에서 그 변화의 가장 주된 요인은 무엇보다 경제논리라고 할 수 있다. 이것은 두 가지 의미에서 그러하다. 술집을 운영하는 입장에서는 기존의 술집에 비해 경쟁력을 가져야 특정한 형태의 술집을 만들 수 있고, 술 손님의 입장에서는 기존의 술집보다 가격경쟁력을 가져야 찾아가기 쉽기 때문이다. 물론 후자의 경우에는 더욱 많은 변수가 있지만, 술집 선택에 있어서 술값이 중요한 변수임은 분명한 사실이다. 그런데 1980년대부터 우리사회는 대중소비주의가 만연하면서 소비양식에 있어서 일대 혁명적인 변화가 일어났고, 술값에 대한 부담도 과거에 비해서는 상대적으로 줄어들게 된다. 또한 사람들의 취향과 욕구의 세계도 크게 변하며, 이것은 대중이 선호하는 술집의 형태에도 영향을 미친다.

한국 술집의 역사에서 80년대 이후에 두드러지게 나타나는 경향은 술집과 음향기계와의 결합, 술집과 노래의 결합, 성인 쇼 술집의 확산, 여종업원 술집의 대중화, 술집의 주택가 침투, 젊은 세대 전용 술집의 등장, 술집 인테리어의 고급화, 술집 공간구조의 변화 등이다. 물론 이러한 현상이 예전부터 전혀 없었던 것은 아니지만 현저하게 대중화되는 것은 80년대부터이다. 특히 디스코테크, 가라오케, 단란주점 등과 같이 '기계와의 놀이'는 더욱 부각되는 현상이다.

춤추거나 노래하는 술집이 80년대 이전에는 전문 악사의 직접적인 반주에 의존하는 것이 대부분이었다. 그러나 음향기기의 발달은 기계 반주에 맞추어 춤추거나 노래할 수 있는 술집의 출현을 가능하게 만들었다. 게다가 디스코 리듬의 빠른 박자나 댄싱뮤직의 유행은 기존의 전문 악사들이 가진 실력이나 빈약한 연주기계로는 고객들의 욕구를 충족시키기에는 한계가 있었다. 이러한 맥락에서 음향기계 장치설비를 갖춘 나이트클럽이 증가하고, 나아가서는 전문 악사는 전혀 없고 디스크자키만 있는 디스코테크가 크게 확산된다. 그 과정에서 전문 악사들의 일자리는 급격히 줄어들고, 대신 디스코걸이라는 신종 직업에 종사하는 여성들의 수가 증가한다. 또한 80년대 이후에 등장한 가라오케나 단란주점 등도 기계와의 놀이라는 점에 있어서는 전자와 유사하지만, 여기서는 노래라는 요소가 지니는 의미가 크다. 여기서 우리는 술집과 노래의 결합이 지니는 의미를 살펴볼 필요가 있다.

술집은 보통 규범적인 문화와 이성의 테두리에서 벗어나 상대적으로 감성적인 활동이 활발히 전개되는 곳이다. 여기에 노래라는 감성적 행위가 접목될 수 있는 개연성은 크다. 그러나 외국의 경우에서 보듯이 술집에서 노래 부르는 것이 보편적인 현상은 아니다. 여기에 한국인의 독특한 정서가 담겨 있다. 즉 우리나라에서는 노래가 감성적인 자기표현의 중요한 커뮤니케이션 채널로 자리잡고 있다는 것이다. 이러한 민족적 정서가 결핍으로부터 해방되기 시작한 80년대에 노래 부르는 술집의 대중화라는 데 일익을 담당했다고 해석할 수 있다. 다시 말해 60년대와 70년대의 고도성장의 과정에서 일벌레가 요구되던 시대에, 감성적인 욕구를 충족시킬 수 있는 다양한 훈련이 결여된 상태에서 노래라는 채널은 한국인에게는 가장 용이한 자기표현의 수단이었던 것이다. 또한 마이크가 주는 매력도 있다. 모래알처럼 원자화된 대중사회에서 마이크는 스타라는 환상을 심어주기에 적합하기 때문이다.

한편 술집의 변천사에서 80년대에 특징적인 것은 성의 상품화 현상이 현저해졌다는 것이다. 각종 퇴폐적인 성인 쇼의 범람, 여종업원이 술시중을 드는 카페의 주택가 침투, 술집 여종업원의 출신 성분의 다양화 등의 현상이 나타난다. 이와 같이 성의 상품화가 현저해진 것은 여러 가지 요인이 복합된 결과였다.

야간 통행금지의 해제로 심야영업을 하는 술집이 확산될 수 있었던 이유도 있지만 경제적인 소비능력의 향상, 정당성이 결여된 5공화국의 3S 정책, 2·3차로 이어지는 음주관행,[15] 기업의 접대문화, 부동산 투

술과 술집

기로 인한 불로소득의 증가, 여가 향유 능력의 미성숙, 성규범의 변화, 쾌락을 추구하는 가치관의 확산 등등의 요인이 복합된 것이었다. 특히 이 중에서 성개방 풍조와 즐기는 가치관의 확산은 욕구의 변화와 밀접한 상관관계가 있다.

60, 70년대 고도 성장기에는 보다 나은 미래를 위해서 현재의 욕구는 억압하거나 지연시키는 것이 당연했다. 상품의 구매와 같은 소비행위도 노동의 결과에 의해서만 윤리적으로 정당화될 수 있었다. 즉 현재의 욕구를 참고 땀흘려 일한 뒤 받은 대가로 물건을 사는 것만이 윤리적으로 정당화될 수 있었다. 그러나 80년대의 시점으로 접어들면 소비주의가 접목되면서 욕구의 지연이 아니라 욕구의 즉시적 충족을 요구하는 사회적 압력이 높아진다.[16]

이러한 맥락에서 이제 욕구는 보다 나은 미래를 위해 유보되어야 할 대상이 아니라 현재의 시점에서 향유되어야 한다는 가치관을 보편화시킨다. 이러한 사회적 분위기가 쾌락주의 가치관을 확산시키고 나아가서는 성개방 풍조를 더욱 조장했으리라고 짐작하기는 어렵지 않다. 이것은 여종업원을 구하기 위해 한때 인신매매가 성행하면서 커다란 사회문제를 야기시켰으나 90년대 들어와서는 자발적으로 술집을 찾아오는 여성들이 늘어나면서 공급의 범위가 10대와 심지어 초등학생, 가정주부로까지 확장되는 것과도 무관하지 않다.

또한 여성 접대부가 있는 술집의 번창은 우리나라의 유교적인 성억압 구조와도 관련이 있다. 남녀공학이 극히 드문 한국의 학교제도에서 이성교제에 대한 감각을 성숙시킬 수 있는 기회가 구조적으로 차단된 현실이고 보면 성에 대한 신비감은 기형적으로 더 커질 수 있다. 서구의 경우에는 일찍이 청소년 시기부터 남녀교제에 대한 훈련이 시작되고 성에 대한 억압이 해소될 수 있는 사회적 여건이 조성되어 있다는 점을 감안할 때, 한국사회에서 성폭력이 빈번하고 각종 성인대상의 성상품이 확산되는 것은 구조적인 문제에서 파생된다고 보여진다.

쉰세대의 술집, 신세대의 술집

그리고 80년대 이후에 일어난 중요한 특징 중의 하나는 술집의 범위가 일반 주거지인 주택가로까지 확장된 것이다. 술집의 주택가 침투는 비단 카페뿐만 아니라 가라오케나 단란주점의 경우에도 현저히 나타나는데, 이러한 현상이 나타나는 주된 이유 중의 하나는 80년대 들어와 자가용이 보편화되면서 음주단속에 대한 규제가 강화되었기 때문이다. 이것은 특히 중산층이 밀집해 있는 고급 아파트 지역 주변에서 흔히 찾아볼 수 있는 현상이다.

다른 한편 빈곤과 결핍을 경험하지 못한 신세대에게 이러한 사회적 분위기는 새로움을 추구하는 그들의 감성과 결합되어 더욱 다양한 형태의 술집을 생성시킨 것으로 보인다. 앞 절에서 살펴본 바와 같이 젊은이 전용의 디스코테크, 록카페, 나이트클럽의 등장이 그 대표적인 것이고, 외제면세품 맥주를 파는 신세대 카페나 칵테일바 등도 있다.

그런데 신세대들이 즐겨 찾는 술집이 기성세대의 술집과 일정하게 차별성을 보이는 것은 개별화와 사사화(私事化) 현상이 두드러진다는 것이다. 물론 성인들의 세계에서도 과거에 비해 이러한 경향이 증가하지만 신세대들에게는 더욱 특징적으로 부각된다. 이것은 기성세대를 배제하는 젊은층 전용 술집의 등장에서도 찾아볼 수 있고, 대학가 앞 술집의 실내공간 구조의 배치에서도 찾아볼 수 있다. 즉 대학가 앞의 술집 실내공간이 과거에는 많은 사람이 앉을 수 있도록 배치가 되었으나 이러한 유형의 술집은 점차 줄어들고 개별적으로 끼리끼리 앉아서 자기 취향대로 마시는 술집이 증가했다는 데서 나타난다. 또한 술잔을 돌리거나 권하는 기성세대의 음주관행이 신세대에서는 점차 줄어드는 경향에서도 나타난다.

1980년대가 한국인의 생활문화에서 지니는 의미는 매우 크다. 중장년층에게는 가난과 결핍 및 성장 이데올로기 속에 복류되었던 잠재된 감성의 폭발을 맞이하는 시기이고, 신세대에게는 내면적인 감성의 표출이 자연스럽다는 감각을 보편화시키는 시기이기 때문이다. 특히 여

술과 술집

가향유 능력에 대한 훈련이 결여된 기성세대에게는 술집이라는 것이 자아를 확장하는 재창조의 공간이기보다는 단지 스트레스 해소와 기분전환의 장소로서만 기능하는 측면이 적지 않았다. 또한 대화나 토론 문화가 성숙되지 못한 현실에 주어진 공간을 꽉 채우는 시끄러운 노래소리와 쇼걸과 여종업원의 교태는 어색함의 빈 공간을 메워 주기에 용이했다. 이렇게 단순 오락적이고 소비적인 술집 문화가 확산된 데에는 무엇보다 사회적인 스트레스가 그만큼 크다는 것을 의미한다.

치열한 경쟁사회에서 일의 영역에서 오는 스트레스, 인구밀도가 높고 수천 년의 역사 속에 예법 문화의 발달에서 오는 인간관계의 스트레스, 급격한 사회변동으로 안정된 시민사회의 규범이 결여되는 데서 오는 스트레스 등은 한국의 중장년층들에게 자아계발을 위한 여백을 그렇게 많이 남겨 놓지 않았다. 일과생활에서 오는 중압감이 커질수록 기분전환의 방식은 더욱 자극적이고 소모적인 방식으로 행해질 개연성이 크다.

라틴어인 심포지엄(symposium)이라는 용어가 원래 함께 술을 마시는 것이라는 뜻을 지닌 그리이스어 심포시아(symposia)와 향연 또는 향응이라는 뜻을 지닌 심포시온(symposion)에서 유래했다는 점을 감안할 때,[17] 술집이라는 공간이 인간성 교류의 장으로서 보다 건강한 생활문화의 장으로 기능할 수 있는 방안도 앞으로는 진지하게 모색되어 나가야 할 것이다. 이를 위해서는 무엇보다 일의 영역에서 오는 지나친 중압감에서 벗어나야 하고, 여가 향유 능력이 성숙되어 억압된 욕구를 해소할 수 있는 다양한 채널이 개발되어 나가야 할 것이다.

▶ 주

1) "지난해(1987년: 필자주)부터 일기 시작한 붐을 타고 고급 아파트촌 일원에 앞다투어 생기고 있는 카페 형식의 주점들이 접대부 고용, 밴드 동원, 바가

지요금 등 변태영업을 일삼고 있다. 이들 주점들은 낮에는 음식과 커피류, 밤에는 간단한 주류를 팔게끔 허가된 대중음식점들이다. 그러나 최근 아파트촌 일원에 설립붐이 일어 손님끌기 경쟁이 심해지면서 밀실은 예사로 대학생 접대부까지 고용, 요리집보다 비싼 술값을 받는 등 사실상 유흥음식점 형태의 변태영업에 탈세까지 일삼고 있다. … 이같은 변태영업은 남천동 아파트촌 일원, 광안리, 대연동 등 고급주택가 주변이 가장 심하다"(《중앙일보》 1988. 3. 16).

2) 성인 쇼를 하는 곳은 성인 디스코테크나 나이트클럽뿐만 아니라 81년 말부터 생기기 시작한 극장식 스탠드바도 있다(《중앙일보》 1983. 3. 2).

3) 1992년 10월 동자부는 급속히 늘고 있는 노래방의 전기안전 점검을 위해 전국적인 실태조사를 실시했다. 당시의 전국 노래방은 모두 6천 680개로 전년도에 비해 2배 이상 늘어난 것으로 집계되었다. 이들 노래방을 시·도별로 보면, 서울이 2천 76개로 전체의 31%를 차지, 제일 많았고, 다음이 경기 995개, 부산 549개, 전남(광주 포함) 506개 등의 순으로 나타났으며 관광지인 제주도는 95개로 가장 적었다(《경향신문》 1992. 12. 4).

4) 92년도 중반기에 노래방 업소의 폭발은 다음과 같은 신문기사가 웅변으로 증명한다. "…가히 파죽지세요 우후죽순이다. 하루라도 속히 개업하고 싶은데, 기기공급이 따라주지 않아 노심초사 하는 예비업자가 줄을 서있다고도 한다. 노래손님이 예약 없이는 두세 시간씩 방이 나가기를 예사로 기다리는 상황이라니 애가 타도 보통 타겠는가. 마이크 차례 오기를 학수고대하는 그 노래손님들, 철이 덜든 청소년들이겠거니 지레 어림한다면 천만의 말씀이다. 중·고교생에서 대학생, 직장인, 주부, 노인에 이르기까지 노래손님은 성별, 연령, 세대불문. 오피스 빌딩가의 점심시간, 노래방은 직장인들로 만원사례. 회식이나 계모임의 '2차'도 이제는 노래방이란다. '국민오락장'이라는 별칭이나 '국민개창운동이라도 벌어질 것 같은 착각을 느낀다'는 표현이 부풀린 말로 들리지 않는다"(《세계일보》 1992. 6. 19).

5) 1992년 10월 12일 내무부는 '범죄와의 전쟁' 선포 이후 2년간 벌인 심야영업 단속결과를 분석하면서, 음주풍속이 '귀가음주문화' 형태로 바뀌고 있다고 발표한다. 또한 여기서 1차로 가는 술집은 음식점이 57%로 1위를 차지했고, 호프집 20%, 포장마차 17% 순으로 나타났다.

6) 92년 당시의 식품위생법시행령에 따르면, '유흥접객업'은 노래와 연주 춤을 즐길 수 있는 극장식당, 바, 룸살롱, 요정 등 '일반유흥접객업'과 카바레, 나

이트클럽, 디스코클럽 등의 '무도유흥접객업' 및 '외국인전용 유흥접객업'으로 세분되어 있었다.

7) 단란주점과 노래방이 성업을 이루고, 룸살롱에까지 가요반주기계가 보급됨에 따라 기타나 신디사이저를 치며 생업을 유지했던 전문 악사들의 많은 수가 직장을 잃게 된다.

8) 이 조사에서 당시 가장 잘 되는 업종으로 42개 상가전문중개업소 중 15개가 '호프집'을 들었고, 그 다음으로 14개 업소가 커피전문점, 10개 업소는 캐주얼 의류, 9개 업소는 비디오방을 들었다. 하락업종으로는 13개 업소가 노래방을, 5개 업소가 다방을 지목했다.

9) 세대라는 변수를 중요한 변수로 보는 학자는 만하임(Mannheim, 1952)이다. 그는 세대를 이데올로기 형성의 독립변수로 간주한다.

10) 전후에 나타난 청년문화는 독특한 현상이기 때문에 여기에 대한 많은 연구가 이루어졌다. 청년문화에 대한 연구로 참조할 만한 것은 Hebdige(1979), Willis(1977, 1978), Corrigan(1979), Hall & Jefferson(1976) 등이 있다.

11) 당시에 10대들은 물론이고 20대 젊은이들도 나이트클럽에 가기란 특별한 날이거나 큰 마음을 먹어야 갈 수 있는 곳이었다. 그래서 젊은이들은 야외에 놀러갈 때 휴대용 축음기나 중형 녹음기를 들고 가서, 이것을 틀어 놓고 춤추는 것이 상례였다. 이것이 기성세대의 눈에는 못마땅하게 비쳐지기도 했다.

12) 젊은 세대 전용의 술집이 확산되자 여기에 대응하여 30, 40대 전용의 술집도 등장한다. 여기에 관한 기사를 인용하면 다음과 같다. "이른바 '젊은 거리'에서 30대를 전후한 건전한 생활인들은 소외되어 있다. 20대 못잖게 '끼' 있는 세대이지만 록카페나 나이트클럽에는 아예 들어갈 수조차 없다. 웬만큼 잘 차려놓았다 싶은 카페에 들어서면 막내동생뻘되는 젊은 이들뿐이어서 거북하고 눈치도 보인다. 하지만 좋아하는 음악을 들으며 친구들과 한 담도 나누고, 부담 없는 음주, 어쩌다 신나게 몸을 흔들며 즐기는 낭만은 20대만의 특권일 수 없다. 그래서 거꾸로 '풋내기들은 입장을 사절한다'는 '입장연령 하한제' 카페들의 '반란'이 시작됐다. 서울에서 대표적인 젊은이들의 거리 압구정동. '피자골목'으로 이름난 갤러리백화점 맞은 편 골목에 있는 「신사 숙녀 여러분」은 이름 그대로 신사 숙녀들을 위한 카페이다. 입구에 '남자 25세, 여자 23세 이하 입장 사절'이라고 써붙여 놓았다. 50평 남짓한 홀 한쪽에는 피아노와 통기타, 봉고들을 갖춰 손님들이 직접 연주하며 노래를 부를 수 있게 해놓았다. '요즘 20대들에게 댄스곡과 랩이 있다면

우리에게는 포크송과 올드팝이 있었습니다. 우리에게 익숙하고 편안한 노래를 듣고 부르며, 젊은 사람들 눈치보지 않고 편안하게 즐길 수 있어서 좋습니다.' 액세서리 제조업체를 운영한다는 윤석규씨(47)는 '이 곳에서 한 번 어울리고 나면 스트레스가 확 풀리는 기분'이라고 말했다. 주인 김영호씨(45)는 '압구정동이라고 젊은 사람들만 다니는 곳이 아닌데도 30~40대가 들어가 쉴 만한 곳이 없다 싶어 가게를 냈다'고 했다(《조선일보》 1992. 9. 7).

13) 고려대 공대 학생을 중심으로 조직된 '생활문화연구회'는 1992년 9월 무렵 고려대 주변을 조사한 결과, 룸살롱 4곳, 록카페 7곳, 노래방 7곳이 있다고 밝히고, 이들 업소들은 대중음식점 허가를 받아놓고 접대부를 고용하거나 술을 파는 등 탈법 영업을 하고 있다고 주장한다. 그리고 이들 세 종류의 유흥업소들을 1차 추방대상으로 정했다(《중앙일보》 1992. 9. 28).

14) 서울시는 1994년 10월경 '지존파사건'을 계기로 사회적 지탄의 대상이 되는 속칭 '야타족'이나 '오렌지족' 등 부유한 젊은층들이 자주 출입하는 대형 나이트클럽 72곳에 대해 일제단속을 벌여 46개 업소를 적발하여 22곳은 정업처분을 내리기도 했다(《경향신문》 1994. 10. 6).

15) 2차, 3차로 이어지는 음주관행은 술취한 손님들의 욕구를 더욱 자극적으로 해소하는 업소들을 증가시킬 개연성이 크다.

16) 이것의 대표적인 예는 할부판매제도의 발달과 크레디트 카드의 대중화에서 찾을 수 있다.

17) 오늘날에는 이러한 의미보다도 화기애애한 분위기에서 진행되는 학술적인 토론회나 그밖에 신문·잡지 등에서 특정한 테마를 놓고 2명 또는 그 이상의 사람들이 각자의 견해를 발표하는 지상토론회의 뜻으로 널리 통용된다.

술, 그 빛과 그림자

▌일상성·일상생활연구회

김형균　술의 사회학의 에필로그를 위한 좌담을 시작하겠습니다. 술의 연구가 가지는 사회학적 의미와 각 테마별 특징, 의의, 주요한 측면, 연구과정 속의 에피소드에 대해 얘기해보도록 하겠습니다. 먼저 술의 연구가 가지는 사회학적 의미에 대해 박재환 교수님께서 말씀해 주시겠습니까?

박재환　술에 대한 관심은 최근의 한국사회에 소개된 캠페인도 그렇고, 일간지―가장 부수가 많다는 일간지―부터 방송 프로그램 특집에 이르기까지 술의 문제를 제기할 정도로 우리 생활에 비중이 크나 대부분은 부정적인 의미에서 얘기되었지요.

이러한 맥락하에서 우리 연구회 자체가 일상생활을 보다 사회학적으로 클로즈업시켜서 구체적 삶을 조명하는 것이 중요하다는 공통의 인식하에서 연구를 계속해 왔습니다. 처음에는 일상생활에 대한 이론적인 작업을 번역이나 다른 글을 통해서 스터디 해왔으며『일상생활의 사회학』을 출판했던 것도 그런 연장선상에서였고 그리고나서 일상생활의 구체적인 모습을 살펴보아야 하는데 어떤 측면을 잡을 것이냐에 대한 고민을 하였습니다. 그동안 주로 낮에 대한 부분이나 바깥

활동 이른바 공식적 활동에 대한 부분은 한국사회학계에서 많이 나왔습니다. 주로 노동문제라든지 정치문제와 같은 소위 맨정신으로 일해야 되는 부분에 대한 논의들은 많았기 때문에, 그에 비해 안 다루어졌던 부분을 클로즈업 시키기로 했지요. 일상생활에서 각종의 주제가 있겠지만 우리 삶에서 뗄래야 뗄 수 없는, 일상에서 벗어난 영역이기도 하고, 하루로 치면 일과 후 밤의 시간으로 이어지는 상징적인 영역이 술-음주의 영역이라는 생각이 들어서 이 주제를 잡게 된 것입니다. 우리가 노동을 입체적으로 조명하려면 노동 자체만으로 부족하며 여가라는 뒷면을 통해 노동을 다시 클로즈업해 볼 수 있는 것처럼, 우리 삶의 또 다른 한쪽 부분—깨어 있음에 반대되는 취한 상태, 몽롱한 상태—의 대표적인 영역이 술이라고 할 것 같으면, 그것을 조명해 보면 깨어 있는 낮시간을 입체적으로 볼 수 있다는 생각을 한 것입니다. 따라서 술을 보다 사회학적으로 규명해 보자는 생각에 술의 사회학적 의미와 다양한 측면을 연결해서 보려고 했습니다. 결국은 술과 삶이지요. 술과 삶, 삶과 술의 총체적인 시각에서 술이 삶에서 어떤 의미를 갖는가를 일상생활에서 조명해 보고자 하였습니다. 그런 관점에서 술의 사회학적인 조명, '술의 사회학'이라는 원론적인 문제제기를 해보려는 것입니다.

그럴 경우에 구체적인 삶에서 술이 가지는 사회학적 의미는 각론이 있겠지만, 내가 다루려고 했던 것은 우리 삶의 가장 핵심적인 부분이 무엇이냐, 그것은 노동과의 커뮤니케이션이라고 봅니다. 그래서 노동과 술과 커뮤니케이션의 역동적인 부분을 원론적으로 제기를 하고, 거기서 출발해서 각 영역별로 각론으로 가면 술의 사회학적 의미가 거칠게나마 파악될 수 있다고 보았습니다. 종래에는 술이 주로 문학적 대상, 풍류의 대상이 되었지만 요즘은 술이 그야말로, 다른 각론에서도 발견되었지만, 술의 소비에서 건강까지 갖가지 언급되고 있습니다. 술 자체가 가지고 있는 의미가 이전에는 노동 속에 술이 있고, 또한 노동안에 여가가 있듯이 작업현장에 술이 같이 있었는데, 술이 노동현장에 서부터 점차 축출당해서 직장생활에서 가정으로 돌아가는 길목에 내 팽겨쳐져 있는 중간단계를 거쳐, 지금은 술 자체가 독립적인 영역으로 그렇게 흘러가는 것으로 보여집니다. 옛날에는 술을 먹으면서 일하고 지금도 고된 경우에는 술이 노동과 불가분의 관계를 맺고 있었으며 제 의에서도 술은 필수적이었습니다.

그러나 자본주의 생산으로 들어오면서 노동현장과 가정의 분리, 노 동과 여가의 분리처럼 술도 작업현장으로부터 축출당하고 나중에는 그 것이 비대해져서 그자체가 하나의 음주산업을 이루게 되었지요. 현대 자본주의 사회는 그렇게까지 되어왔습니다. 그 과정을 커뮤니케이션과 노동, 술의 역동적 과정을 원론적으로 살펴본 것입니다.

김형균 분명히 술을 마시는 현장은 하나의 사회적 사실, 사회적 현 상입니다. 그럼에도 불구하고 전통적인 사회과학적 패러다임 및 접근 방법과 술을 마시는 너무나 보편화되고 친근한 현상을 학문적으로 접 근하는 패러다임이나 방법론은 어떠한 차별성, 중요성을 가지는지요?

박재환 지금까지 술에 대한 연구는 건강과 연관된 알코올리즘과 알 코올 중독 등 술의 부정적 효과라 할 수 있는 건강관계가 대부분이었 고, 인문학적인 접근의 경우에는 문학적인 찬사 혹은 문학적인 낙수에 대한 논의가 있습니다. 더러 민속학쪽에서 의례(儀禮)와 관련해서 잠깐 언급하거나, 주도(酒道)에 대한 얘기가 나오지만 사회학적으로 분석한 예는 우리나라에는 그리 많지 않고, 외국의 경우도 최근에서야 알코올 리즘과 관련해서 사회학적으로 분석한 경우가 있는 것 같아요. 그리고 최근에 외국에서 공부하고 오신 분들이 술을 보다 정신의학적으로 연 구해야 할 필요가 있다는 글은 있습니다만, 우리나라 사회과학계에서 술을 가지고 독립적으로 논의한 경우는 거의 없습니다. 민속학이나 인 류학에서 민속지처럼 나온 경우는 있을지 몰라도… 되풀이해서 보면 알코올리즘, 정신장애, 음주의 주도에 대해서는 얘기를 했으나, 사회학적 의미에 대해서는 별로 언급을 하지 않았다는 것입니다. 이것이 상당히 중요한 의미를 갖습니다. 특히 술에 관해서는 상식적으로 다 얘기하는데, 즉 즐겨 마시고, 기분전환을 하고, 피로를 풀고 등등의 얘기는 되어왔습니다. 그러나 그 자체를 도마 위에 올려서 여러 각도로 면밀하게 관찰하여 보려는 사회학적 분석은 너무나 희소했습니다. 이처럼 중요한 문제인데도 사회과학에서 다루지 않았던 것은 이상할 정도지요.

김형균 그렇다면 일상생활에 관한 패러다임을 가지고 최근에 글을 쓰신 임범식 회원께서 이러한 술이라는 일상생활의 가장 친근한 테마를 다룰 때 접할 수 있는 유의사항에 대해 연구를 하시면서 느꼈던 점에 대해서 말씀을 해주시길 바랍니다.

임범식 방금 사회자도 얘기를 했지만 술이 사회적 사실라는 것은 분명하고 또 그와는 다르게 생활 속에서 술이라는 것은 죽 접해 왔던 것, 즉 과거에는 축제나 놀이 심지어는 종교의식 등의 상징으로도 쓰여지고 있습니다. 이러한 술이 속(俗)된 생활 속에 들어왔을 때, 왜 술의 의미가 자꾸 달라지고, 술의 부정적인 측면, 잘못된 측면만 부각되어질까라는 측면이 있습니다. 술이 사회적 사실이라는 그 자체는 결국 생활 속의 본능, 자유스러움, 즐거움, 예를 들어 자연스럽게 만지고 싶은 것, 하고 싶은 것, 자기가 원하고 싶은 것 등의 부류와 또한 사회적 사실이라는 것은 그 속에는 깔려 있는 구속력이라든가, 강제력, 다시 말하면 하지 말라고 못하게 하는 부분과 충돌되는 데 있어서 중요한 고리를 하는 것 역시 술이지 않은가, 그에 따라서 사람들의 반응이라든지 태도라든지 어떤 자리에서는 강요받을 수 있는 것 등으로 달라질 수 있습니다. 어떻게 보면 우리가 가질 수 있는 본능적이고 즐거운 쾌락적인 부분들 그 자체가 술을 통해서 표현되는데, 그것을 용납하지 못하는 여러 가지 사회적인 제재 및 기제가 있으며 우리들을 속박하고 있다는 것입니다. 예를 들면 저는 생활 속에서 보여지는 음주

형태라는 것이 과거 20~30년만 해도 다른 사람, 선배들의 강요에 의해서 마셨지만, 최근에는 개인적인 사정, 특수성 등이 고려되고 상당히 우선시 되어짐으로써 여태까지 이어져왔던 술자리의 분위기와는 달라지지 않았습니까? 그러한 과정 속에서 어떤 사람들은 술자리가 또 다른 사회적 제재의 수단이 된다는 사실입니다. 저의 입장은 술은 항상 좋은 것이다. 일단은 우리를 기쁘게 해주는 매력을 가진 음식임에 분명합니다. 그런데도 술 그 자체가 또 다른 스트레스로 다가오고 있다는 현실이 일상 속에서 보여주는 모습이 아닐까 생각합니다.

김형균 한편으로는 술 만드는 제조회사로서는 반가운 학술적인 결과가 나올 것 같기도 하고, 술로 지긋지긋한 경험을 하고 있는 가정으로서는 뭔가 이상한 책이 나올 것 같은 생각이 듭니다. 이러한 술에 대한 일반론적인 시각을 정리해 보았는데, 그러면 구체적으로 개인적으로는 술을 마시는 것이지만 사회구조적 차원에서는 거대한 산업적 소비를 통해 우리에게 다가오는 것이 분명한 현실일 것입니다. 고영삼 회원께서 술의 경제적, 산업적 차원에서 거대한 사회적 현상이 어떠한지를 설명해 주시기 바랍니다.

고영삼 저는 넘치는 술, 술 '주(酒)'자를 써서 주본주의라는 제목을 달고 글을 구성해 보았습니다. 제가 글을 쓰는 데 있어서 주요 초점은 술이라는 것은 단지 알코올을 위장에 들어붓는 이상의 차원이라는 것입니다. 술이 우리사회의 조직과 함께 굴러가는 데서 어떤 의미를 갖는가, 혹은 사회문화적 차원에서 술을 마시자라는 것이 어떠한 의미를 가지는가 하는 것입니다. 술은 우리나라 사람들에게 사회적 결속감과 연대감을 형성하는 데서 가장 효과적이라고 봅니다. 우리가 보통 술을 마실 때 '피 같은 술'을 엎지르지 말라고 하는데, 이 피 같은 술을 마시면서 동일한 문화적 혈액형을 가지는 모습을 볼 수 있습니다. 산업적 측면에서도 생각보다도 술은 우리 경제구조에 굉장한 연관성을 가지고 있는데, 통계적으로 볼 때 우리나라 1990년도의 주류생산지수를 100으로 잡을 때 80년대 초반부터해서 90년대 지금에 이르기까지 술의 생산량이 폭발적으로 증가하였고, 주세 부가액도 상당히 증가하였으며, 주류 유통업 종사자들도 굉장히 늘어났습니다. 사업체는 주정업과 식당업을 합치면 약 43만 개 업체가 있고, 종사자가 1백만 명입니다. 우리나라 주류법상에 슈퍼마켓이나 그 밖의 편의점에서도 술을 팔 수 있게 되어 있으므로 주류업계 종사자 수는 엄청나다고 할 수 있겠습니다. 결국 우리나라에서 술과 음주라는 것은 금주를 하자고 해서 되는 것이 아니라, 우리사회를 구성하는 하부기반구조―그것이 좋든 나쁘든간에―로 이미 정착되었다고 할 수 있겠습니다.

김형균　술이 엄청난 하나의 산업구조로 정착되어 있다는 점에서 주본주의라는 재미있는 표현을 써주셨습니다. 술의 산업적 확대·팽창을 가장 상징적으로 나타낼 수 있는 모습을 일상생활에서 찾는다면, 그 구체적인 사례나 모습을 어디에서 찾을 수 있습니까?

고영삼　가장 편리하게 접할 수 있는 것이 술집 네온사인, 자본주의 사회에서 가장 상징적인 것이 광고간판이라고 할 수 있다면, 그 중에서 가장 대표적인 것이 즐비하게 늘려 있는 술집 광고간판에서 쉽게 접할 수 있지요.

김형균　이러한 산업화된 술은 구체적인 공간을 통해 발달하리라고 봅니다. 그 구체적인 공간은 술집이라고 볼 수 있습니다. 김문겸 회원은 술집의 변화를 추적했는데, 중요한 점들을 소개해 주시죠.

김문겸　저는 술집에 대해서 정리를 해보았는데, 사실상 술집의 종류가 너무나 다양하기 때문에 총체적인 지형을 그려낸다는 것이 그리 쉽지 않았습니다. 그래서 제가 초점을 맞춘 것은 1980년대 이후로 나타난 특징적인 술집을 중심으로 글을 구성했습니다.

김형균　그런데 80년대 이후로 잡은데는 연구편의상의 목적 외에도 좀 또 다른 중요한 원인이 있다고 생각되는데요?

김문겸　1980년대라는 시기는 우리나라의 생활문화에서 혁명적인 변화가 온 시기입니다. 그것은 추상적으로 얘기해서 대중소비주의의 시대로 접어든 시대로 생활문화의 혁명적 변화가 있었고, 또 한 가지는 81년부터 야간통행금지가 해제되었습니다. 그래서 밤문화가 시간적으로 상당히 연장이 되면서 80년대의 독특한 술집이 생겼습니다.

그런데 사실상 자신이 없었던 부분은 제가 노래는 좋아해서 그런 술집은 자주 가봤는데, 춤추고 쇼하는 술집은 못 가봤기 때문에 이 부분에 관해서는 여러 각도로 추적한 끝에 그 당시의 체험자에게 인터뷰를 땄습니다. 물론 그 사람의 기억도 명쾌하지 못하고 해서 특정한 부분만 인용을 해서 글을 구성했습니다. 80년에 나타난 술집의 중요한 특징을 요약해 보면, 소위 나이트클럽같은 경우에 기존의 그것과 많이 다릅니다. 각종 성인 쇼를 하는 나이트클럽이 급증하게 됩니다. 춤의 속도감각이 급속도로 빨라지면서(디스코테크도 물론 기계반주에 의한 춤이지만) 나이트클럽에서도 전문악사들의 연주능력이 빨라진 리듬을 따라가지 못하게 되면서, 디스크자키가 판을 틀면서 젊은 세대의 노래를 들려주는 현상들 이것이 80년대의 중요한 변화, 즉 기계와 사람과의 놀이가 된다는 것입니다. 이것이 연장되어 나이트클럽에서 나왔다가 그 다음에 가라오케라는 곳에서 노래하는 술집이 폭발적으로 나옵니다. 노래하는 술집으로 가라오케가 노래방에 배턴을 넘겨 주고 그것은 다시 단란주점으로 이어지고, 지금은 룸단란주점의 형태도 출현하고 있습니다.

김형균 그러면 그 중의 가라오케라는 것처럼 말 그대로 일본문화의 수입과정인데, 그 앞의 나이트크럽이나 노래방의 확산은 우리 자체의 음주공간의 변화라고 볼 수 있는지요. 가라오케의 유입과정도 그것을 받아들이게 되는 사회적 토양과 친근감이 있기 때문이라고 해석할 수 있겠습니까?

김문겸 그렇지요. 우리의 민족성이 반영되어졌다고 봅니다. 세계 어느 나라 민족에 비해서 우리나라 사람처럼 노래를 좋아하는 민족이

술, 그 빛과 그림자

드뭅니다. 물론 이태리 같은 경우도 있지만, 우리는 전통적으로 볼 때 『위지동이전』에도 나오듯이 음주가무를 즐긴다는 민족성의 기록들이 많이 있습니다.

김형균 왜 그 민족성이 유독 80년대 초반에 폭발적으로 두드러지게 되었는지요?

김문겸 그것은 아주 중요한 것입니다. 80년대 이전과 이후 시기로 나뉘는데 80년대 이전에는 사실상 급격한 산업성장이라는 성장이데올로기와 경제발전이라는 대전제 속에서 사람들의 욕구 자체가 억압되거나 지연(遲延)되어야 하는 풍토였습니다. 그렇기 때문에 사람들이 욕구를 분출할 수 있는 채널 자체가 그렇게 개발되지 못했죠. 그래서 노래를 좋아하지만 노래를 하더라도 같이 함께 부르는, 아주 단순한 예를 들면 젓가락을 두들기면서 함께 부르는 문화가 지배적이었습니다. 그런데 80년대 이후 점차 소비주의라는 부분이 사람들의 욕구를 밖으로 표출시키면서 충족시키라는 사회적 압력이 높아지게 됩니다. 이런 가운데 집단적인 놀이보다는 개인적인 놀이, 개인적으로 노래할 수 있는 마이크의 의미가 증대되고, 마이크를 잡고서 완벽히 맞추어 부른다는 것이 노래를 좋아하는 민족성과도 결합이 되고, 대외적으로 사회적으로 욕구를 충족시키라는 환경과 결합되어 상승작용을 일으키면서 폭발적으로 늘어났다고 봅니다.

박재환 내가 그 글을 읽으면서 느낀 점은 왜 가라오케라는 것만 다루느냐라는 것입니다. 예를 들어 전통적으로 보면 옛날 식당은 방석을 깔고 식사를 했는데 요즘 도시의 식당은 의자를 놓고 홀이 넓은 공간 배치가 많고, 방에 들어가서 방석깔고 앉아서 먹는 식당의 비율이 현저하게 줄어들었습니다. 그러나 지금도 시골에는 아직도 방방이 들어가서 밥을 먹는 경우가 많습니다. 이러한 생활양식의 변화가 술집 양식의 변화와 대응관계는 아닌지, 예를 들어 방석을 깔고 퍼져 앉아서 주고 받는 소위 '니나노' 술집이나 요정이 전통적 생산양식과 대응이 된다면, 요즘에 와서는 기동성 있는 술집으로 바뀌는 부분이 분명히 있을 것입니다. 그것이 지금은 단속의 대상이 되면서 문란하다고 하는 '뽀쁘라 마치'(주: 부산에 있는 술집거리)나 이른바 '방석집'들이 숫자적으로 협애하게 줄어들었지요 그러나 술집의 역사를 얘기할 때 전통적 양식이 축소되고 근대적 생산양식이 확장되듯이, 술소비에 있어서나 음주행태에 있어서도 카페식, 단란주점식으로 바뀌는 이유에 대해서도 앞으로 좀더 밀도 있게 논의해야 되어야 할 것입니다.

컴컴한 술집보다는 화려한 조명 아래서 한두 잔 마시는 청년음주문화의 분위기가 기성세대에까지 영향을 미쳐서인지 기존의 술집형태도 부산대 앞에도 거의 없어지고, 전에는 개발지역같은 데에 있다가 지금은 철거되고 거의 없습니다. 룸살롱도 의자나 소파에 앉아서 마시지 대부분 방석에 앉아서 마시지 않는 이유와 같은 술집의 역사가 변화되는 것도 우리가 추적해야 할 부분이라고 생각해요. 앉아서 마시는 공간들이 아직도 서민들층에서는 슈퍼가게 앞에 앉아서 '새우깡' 하나에 소주 마시는 그런 풍경들이 보입니다. 그 동네의 조그만 구멍가게 같은 선술집은 어떻게 변형되고 있는지, 예를 들어 아파트 앞의 포장마차같은 경우가 그 변형된 형태로 확산해서 살펴볼 수는 없는지 등도 살펴볼 필요가 있습니다.

소위 주본주의 사회 속의 화려하고 도시적인 술집 말고 그런 전통적인 술집의 변화과정도 살펴볼 수 있을 것입니다. 만약 가라오케같은 것이 지배적으로 확장된다고 한다면 마치 도시의 지배적인 음식점—고기집, 가든이 시골집으로 확장되듯이 그런 카페도 시골의 선술집을 대체하면서 빠른 속도로 바꾸고 있는지에 대한 논의를 하면 더 좋을 듯합니다.

김문겸 저도 고민했던 것 중의 하나가 술집의 유형분류였습니다. 아주 일반적으로 말해서 전통적으로 별다른 변화 없이 지속되는 술집, 전통적이면서도 상당한 변화를 가져오는 술집, 전혀 새로운 유형의 술

술, 그 빛과 그림자

집으로 나눌 수 있을 것입니다. 이렇게 했을 때 처음의 술집의 지형을 그리는 데는 도움이 되고, 입체적인 논문이 될 수 있는데 이를 하자니 상당히 힘에 부치기도 하고 힘들었습니다.

김형균 술집의 변화를 분석하는 데 있어서 술집 자체의 내재적인 변화로 볼 수 있고 고영삼 회원께서 주본주의를 다루면서 술의 소비의 상당부분을 접대문화나 기업의 문화변화를 논했는데, 특히 글 중의 시나리오에 접대문화의 변화와 관련해서 몇 가지 상당히 재미있는 표현이 많았는데요?

고영삼 지금 현재 우리나라에서 접대비라는 것이 있는데, 우리나라 기업회계에서 접대비라는 것은 공식적으로 국가에서 세제상의 혜택―손비처리―를 해주게 되어 있습니다. 모건설회사의 경우 공식접대비가 7억 2천만 원인데 비공식 접대비가 14억 6천만 원이었습니다. 이번에 제도가 바뀌면서 비공식 접대도 카드로 결제하여 가시화시켰습니다. 제가 조사한 건설회사 중소기업의 경우, 접대비가 공식적·비공식적인 것 합쳐 21억 8천만 원이고 연구개발비 20억 7천만 원으로 연구개발비보다도 접대비가 더 많다는 것입니다. 이것이 우리나라의 경제성장의 명백한 표현이 아닐까 합니다.

또 다른 지표도 있습니다. 예를 들어 95년도에 우리나라의 알코올로 인한 경제적 비용은 GNP의 2.8%인 9조 7천 840억 원인데, 이 당시의 서울시 1년 예산이 9조 6천 550억 원으로 서울시 1년 예산보다도 많습니다.

김형균 정말 엄청난 규모이군요. 그러면 80년 이후로 오늘날까지 술집의 역사적 변화가 가지는 사회학적 의미, 가장 뚜렷한 변화는 무엇이라 요약할 수 있을까요?

김문겸 소비자본주의 사회 혹은 대중소비주의 시대에 나타나는 일반적인 양상이 술집에서도 확인할 수 있다는 것인데, 생활문화의 다양화시대에 술집유형도 매우 다양화되었습니다. 특히 신세대들이 주로 찾는 술집에서 이러한 사실이 예각적으로 드러납니다. 구세대들이 예전의 집단주의 풍토 속에서 술 마시는 풍토가 조성되었다면, 신세대들이 주로 찾는 술집, 즉 록카페, 멤버십 나이트클럽 같은 데서는 기성세대를 완전히 배제하고 젊은 세대만이 출입하는 술집이 생겼다는 것은 아주 중요한 시대적인 변화를 나타냅니다. 전통적인 음주관행이 술잔을 따르고 권하면서 주거니 받거니 하는 것이었다면, 신세대 카페에서는 맥주를 들고 자기가 각자 마시는 음주문화의 관행 변화는 생활문화의 다양화도 있는 한편 음주관행의 사사화(私事化) 현상이 나타나고 있습니다. 또 한 가지 여종업원이 접대하는 술집이 상당히 보편화되었다는 것은 성개방 풍조와 물질주의 황금만능의 가치관의 확대라는 문맥 속에서 살펴볼 수 있을 것입니다. 특히 이러한 술집이 일반 가정이 있는 주택지역까지 확산되었다는 것이 바로 80년대의 두드러진 특징이라고 하겠습니다.

박재환 아파트단지까지 술집이 들어가는 이유는 음주운전과 관련되는 것으로, 전에는 술집이 일반 가정에서 멀었는데 이제는 아파트단지 가까이에 술집이 있어서 주부들이 영업시간 이후로 영업하는 업주를 고발하는 경우도 생겨나고 있습니다.

임범식 그것은 아파트뿐만 아니라 인천지역 노동자들의 문화, 놀이 연구에 따르면 아파트지역이 중산층이 사는 곳이라 할 것 같으면, 노동자들이 사는 지역의 경우에도 주택가 곳곳으로 술집이 스며들고 있는 모습들이 95년도 조사에서도 보여지고 있습니다. 또한 과거의 술집은 술집지역이 집촌화되어 있었다면 오늘날은 확산화되어서 어디를 가든지 손쉽게 술집에 갈 수 있을 정도로 되어 있습니다. 과거에는 생활 속에서 차단되어 있어서 근접공간하고는 떨어져 있었는데, 지금은 문 밖만 나서면 볼 수 있는 것이 술집이 되었습니다.

김형균 문 밖에 나서지 않더라도 자기집에 홈바를 소유하고 있는 사람도 있지 않습니까. (일동 웃음) 그런데 술집의 변화가 갖는 최근

술, 그 빛과 그림자

의 특징을 사사화 현상으로 설명한 것을 염두에 둔다면 윤명희 회원의 술집과 공동체 관계의 변화라는 것은 대조적인 테마입니다. 그러면 술집은 사사화되어 간다고 하는데 술과 관련된 공동체관계는 어떻게 변하고 있는지 설명해 주시기 바랍니다.

윤명희 제가 쓴 글은 술의 공동체인데, 술의 공동체라는 것은 술을 마시는 사람들, 집단, 모임에 대한 시각이 굉장히 부정적이고 술 먹고 흥청망청하는 그런 외형적인 것에 집착하는 경향이 있습니다. 따라서 공동체라는 이름에 초점을 두는 것은 술을 마시는 사람들간에 형성되는 공감적 관계들이 존재한다는 것입니다. 술집의 사회사를 말씀하실 때 술을 마시는 것은 개별화되고 기동성을 가지는 의자문화의 술집으로 나타나기도 하지만, 변형된 형태라고 하더라도 공동체적인 공감관계를 볼 수 있는 것이 아닌가 하는 문제의식에 천착했습니다. 특히 한국사회에 대한 평가를 보면 연줄지향적이고, 특히 체면, 눈치, 인사치레같은 것이나 폐쇄적이고 비공식적인 의사소통을 지향한다고 하는데, 이것이 한국인의 술자리 문화, 알코올 연줄문화에 들어오면 어떤 형태로 되는지 살펴보았습니다.

박재환 사이버공간상에서 연락하여 술 마시는 경우도 있다지요?

윤명희 흔히 번개라고 하는 모임인데 천리안, 하이텔의 채팅실에서 '술 한 잔 하지'라고 방제를 내걸면, 즉석에서 모르는 사람끼리 만나서 온라인에서 오프라인으로 이어져 술 한 잔 하는 모임입니다. 부정적으로 보는 사람들은 사람들의 만남이 표피적이고 즉흥적인 것이라고 문제제기를 하지만, 그 만남이 깊은 관계로 발전하는 경우도 있습니다. 그 안에서도 보면 지속적이고 깊이 있는 공감적 관계로 이어지는 경우도 드물지 않은 현상으로 나타나고 있으며 어떤 경우는 결혼으로까지 발전하기도 하더군요. 이러한 온라인 관계에서 이루어지는 관계는 종래의 면대면(面對面) 관계보다 오히려 산뜻하다고 볼 수 있는 점도 있습니다. 예를 들면 기존의 알고 있는 사람은 종래의 편견을 가지고 있을 수도 있기 때문에, 일상적인 인간관계에서 생활적으로 쉽게 말하지 못하는 부분을 오히려 이해관계에서 떠나기 때문에 적나라하게 솔직하게 되거나 얼굴을 보고 말하지 않으니 더 쉽게 속내를 털어 놓을 수 있는 경우도 있구요. 물론 장단점이 다 있겠지만.

김형균 번개는 술번개팅밖에 없습니까?

김희재 그 외에도 술번개, 번섹 등의 여러 가지가 있습니다.

김형균 필자는 술번개팅을 해보았습니까?

윤명희 자주 합니다. (일동 웃음) 실제로 저도 그렇고 통신족들은 보통 통신동호회에 하나 정도는 다 가입되어 있고 활동하기 때문에 오프라인 모임에서 술한 잔씩은 하게 되지요. 저같은 경우엔 일반 대화실 번개모임보다는 동호회 회원모임에 주로 참여합니다.

임범식 번개에 참여하는 사람들은 주변 사람들과 관계가 많은 사람들이 주로 참여하는지… 아니면 기계와 대화하는 사람들은 폐쇄적인 인간관계의 경계를 정한다고 보는데 어떻게 생각합니까?

박재환 술친구가 많은 사람, 술공동체가 많은 사람들도 많이 참여합니까? 그리고 40대 이후의 사람들은 컴퓨터에 익숙하지 않거나 통신활용도가 낮으므로 번개술자리는 익숙하지 않은 모임일 것 같은데요.

윤명희 네. 보통 통신을 많이 하는 연령을 20~30대로 볼 수 있습니다. 그리고 기본적으로 컴퓨터를 갖고 있거나 통신을 할 만한 조건이거나 시간이 필요하기 때문에 대학원생이나 유난히 소위 백수, 백조라고 불리는 실업자군이 많습니다.

고영삼 이들은 주로 기존의 사회관계에서 소외된 자들은 아닙니까?

윤명희 기존의 사회관계에서 소외되었다고 보기보다는, 현대의 인간관계 자체가 예전에는 하나의 공동체 안에서 태어나 죽을 때까지 사는데, 현대인은 오히려 스치는 인연 내지는 단지 한 번 보더라도 사적이든 공적이든 중요한 의미를 갖거나 제대로 일을 처리해야 자신이 살아남는 그러한 갖가지 다양한 인간관계 속에 있습니다. 그것이 더욱 극단화되면 채팅실이나 통신에서 만나는 인간관계가 되는 것이지요. 이것은 실제로 아주 극단적인 인간관계의 예일 수도 있습니다. 보통 술을 마시면 인간관계가 깊어진다고 하지만, 많은 술번개모임은 오히려 술을 마시고 돌아서면 끝인, 별의미 없는 관계로 끝나버리기도 합니다. 하지만 통신동호회 같은 경우엔 번개모임을 통해 술을 한 잔 하고나서는 정적인 인간관계가 더욱 공고하게 되는 경우가 많습니다.

임범식 그러나 번개모임은 통신동호회에서는 하는 모임이 아니지 않습니까?

김희재 물론 통신인구 같은 경우에 전화접속이 대부분이기 때문에 빨리빨리 만나서 건수를 올려서 해보겠다는 생각으로 할 수도 있겠지만, 동호회같은 경우는 지속적이고 주제가 있기 때문에 다르다고 하겠지요. 그리고 인터넷 채팅의 경우에는 아무나 인터넷을 쓰지 못하고 랜이 물려 있는 상태라 학교나 기업단위 아니면 힘듭니다. 한 사람 한 사람에 대해서 제법 알고 있는 만남일 수 있습니다. 저 역시 오늘 7시에 서울에서 번개팅 약속이 있었거든요. (일동 웃음) 기존의 만남에서 못 느끼는, 직업들도 다양하고, 술을 매개로 해서 만나기 때문에 매우 재미있습니다.

고영삼 그런데 기존의 사회관계 속에서는 시간이 없어서라도 채팅이나 번개를 할 만한 시간이 없습니다. 상대적으로 번개나 채팅에 몰입하는 사람들은 기존의 사회적 관계에서 배제되거나 소외를 경험하는 사람들은 아닌지 하는 의구심이 일반적일 것입니다. 저도 번개팅을 한 번도 안 해봤으며, 이런 의구심이 사회적 변화 그 자체로 보지 않는 편견일 수도 있다고 생각합니다. 농경사회에서는 지연과 혈연이 주를 이뤘다면 현대에 들어와서는 학연이 그것을 대체하고, 정보사회에서는 정연-정보연(情緣-情報緣)이라는 새로운 연줄관계를 특징으로 합니다. 정보연 같은 경우에는 동호회를 통해서든 혹은 일시적인 만남을 통해서든, 오히려 어떤 경우는 아는 사람들은 항상 접할 수 있기 때문에 서로의 이야기를 공개할 수 있는 이야기를 기피할 수 있는 반면에, 이와 같은 일시적인 만남을 하는 사람들은 뒷끝이 없기 때문에 오히려 더욱 더 사적인 정보를 털어놓고 상담할 수도 있지요. 앞으로 정보연에 대한 연구는 심도 깊은 연구가 되어야 한다고 생각합니다.

김형균 그러면 과연 술과 연관된 최근 우리사회의 공동체문화의 핵심적 특징은 무엇이라고 할 수 있겠습니까?

윤명희 일반적으로 한국인의 인간관계가 체면, 눈치, 인사치례라고 했는데 이것들이 술자리문화에도 침투되어 있는 것이 사실입니다.

김형균 젊은 세대들도 술자리가 기성세대만큼 중요한 것으로 인식합니까?

윤명희 전통적으로 술자리에서 눈치를 본다든가 하는 것은 – 눈치라는 것이 반드시 부정적인 의미만 가진 것은 아니지만, 최근 젊은 세대의 경우에는 기호나 취향이 강조되는 경향이 있습니다. 예를 들어 맥주면 맥주, 소주면 소주로 동일화되었는데 지금은 술자리에서도 커피를 마시고 싶다고 하면 그것이 인정되는 분위기에 이르고 있지요. 긍정적으로 본다면 자신의 목소리나 개성을 주장할 수 있는 문화에까지 이른 것이고, 부정적으로 보면 집단적 기풍아래 술 마시는 분위기는 줄어드는 것이라고 할 수 있습니다.

박재환 술 마실 때 유유상종이 가장 잘 드러난다고 봐요. 술자리에 끼이는 사람과 그렇지 못한 사람, 술자리에 끼이지 못하면 우리 집단의 멤버가 아니라고 극단적으로 말하기도 하지 않습니까.

김형균 그렇지만 요즘의 젊은 세대들에게는 술을 같이 마신다, 밥을 먹는다, 차를 마신다는 각각의 것이 동일한 등급을 갖지는 못하는 것 같습니다. 술을 같이 마신다 안 마신다라는 것이 중요한 의미를 띠지 않는다는 것이지요.

박재환 하지만 사람들이 못 들어가게 하는 폐쇄적인 술집도 있듯이, 폐쇄적인 공간의 술 공동체가 있을 수 있지요. 이와 같은 유유상

술, 그 빛과 그림자

종의 술자리가 있을 수 있습니다. 예를 들어 청년집단내에서도 압구정 동 같은 경우에는 어른들도 마시기 힘든 고급술을 마시는 경우가 있 는가 하면 상대적으로 낮은 집단에 속하는 사람들이 이루는 술자리같 은 끼리끼리 어울리는 폐쇄적 공동체가 이루어지기도 합니다. 이것은 술의 소비에 있어서도 일종의 계급성이 드러나는 것입니다. 그리고 사 이버공간에서 이루어지는 젊은이들의 술자리도 있을 것입니다. 이러한 사이버공간이 중하류층의 손쉬운 만남이라면, 상층부에서는 완전히 다 른 폐쇄적 술자리관계가 만들어질 수 있습니다. 하여튼 이와 같은 끼 리끼리의 술공동체를 잘 살펴볼 필요가 있다고 하겠습니다.

윤명희 네, 그렇습니다. 술집 자체가 세분화되고 술이 세분화, 술 마 시는 방식도 세분화되어 누구와 어떻게 어떤 방식으로 마시는가 하는 술자리의 스타일이 다양해지고 있습니다. 개인들의 특성, 스타일, 지향 에 따라서 조그마한 규모의 술자리 공동체가 이루어지는 경향이 그것 이죠.

박재환 그러한 특징은 예전의 술친구가 지속적이고 한정된 테두리 내에서 이뤄지고 소위 연줄의 계기 안에서 이루어지는 고정되고 지속 되는 술자리 공동체 — 친구이면서 술친구인 관계 — 를 형성했다면, 오늘 날의 술공동체는 계기나 상황에 따라 가변적인 관계라는 현대의 인간 관계를 반영하는 것으로 볼 수 있겠지요.

김형균 술자리 공동체가 끼리끼리의 문화와 연관된다면 이것이 요 구하는 의례가 있을 것입니다. 술과 연관된 의례의 형식과 내용의 변 화중에 최근의 특징은 무엇이라 볼 수 있겠습니까?

오재환 변화의 특징보다는 글의 내용을 설명하자면 원래 의도했던 주제와는 다소 달라졌습니다. 집사람과 저의 공동작이라고 할 수 있는 데, 애초 저의 테마와 더불어 민속학적인 의미에 대한 사회학적 해석 을 시도했습니다. 글의 흐름은 전통적인 술 마시기 의례의 의미에 관 한 것입니다.

우리의 전통적 술 마시기는 끼리끼리의 술 마시기라기보다는 집단과 공동체, 인간과 인간을 매개해 주는 의미가 강했습니다. 과거의 전통적 의식에서는 절제되고 금기시되는 술이 아니라 신성성이 강조되는 술자리가 많았습니다. 특히 과거의 신, 인간, 자연의 세 가지의 교류 매개체로서 술이 제공되었습니다. 신성성(神聖性)이 강조되었던 것은 신과 교류하는 것, 결혼에서는 술을 한 잔 마심으로써 두 사람을 이어주는 과정이 되며, 성인식에서 술은 사회적 인정을 의미합니다. 현재의 통과의례나 성인식 등, 다양한 의식에서 술은 빠져 있습니다. 예를 들어 20세의 세 가지 기념 선물은 초콜릿, 장미, 첫 키스 등으로 바뀌고 이제 술은 빠져 있습니다. 술은 그것의 사회적 승인이라는 의미보다 개별적인 행위자체로만 초점이 바뀌어져 가고 있습니다.

그리고 세시의례마다 사용되었던 시양주만 보더라도, 지금은 전통주로서만 남아 있지만, 오늘날은 술을 담아서 기다리는 기다림의 문화가 없어졌다는 것을 지적할 수 있습니다. 또한 술은 보통 어둠이라고 비유하는 데 비해 전통인 의례에서 술은 낮을 통해 이루어졌으며, 밝음과 기다림, 어울림이라는 의례의 의미가 강조되었습니다.

김형균 술과 현대사회에서 강력하게 광범하게 나타나는 또 다른 탐닉 혹은 중독 현상에 대해서는 어떻게 이해를 해야 할까요?

김희재 탐닉이라는 것은 즐겨서 그것에 빠져드는 것으로 정의할 수 있습니다. 술을 좋아해서 그것에 빠지는 것, 그것의 편차는 무척 큽니다. 결과에 대한 제재방식도 크며 시대에 따라서 달라집니다. 앞서 오재환 회원이 의례의 부분에서 밝음이고 기다림이고 자연이라고 했지만, 현실에 있어서는 자연의 부분들이 기계적 흐름에 맞춰서 살아야 하고 밝음이라는 것이 어둠의 영역까지 침투했기 때문에 술의 필요성이 증대된다고 하겠습니다. 「또 다른 탐닉: 약물과 도박」에서 술에 대한 탐닉이라는 것은 일상의 질곡을 회피하는 수단으로서 이해되며, 이전의 자연의 흐름에 맞춰서 살 때의 술을 즐길 때와 현대의 일상의 질곡에서 벗어나려는 수단으로 봤을 때 그 대비되는 의미를 찾으려고 했습니다.

김형균 술과 마약이나 도박과 같은 다른 탐닉의 기제와는 어떤 연관을 가집니까? 일반적으로 술 탐닉이 마약이나 도박의 탐닉으로 대체될 수도 있습니까?

김희재 그런 경우는 거의 없습니다. 마약이나 도박에 비하면 술은 사회적 관용도가 높습니다. 특히 마약 같은 경우는 자신과 가정의 직접적인 파괴로 이어지기 쉽지요. 따라서 마약중독의 경우 원규나 관습과 같은 것으로 쉽게 제재를 받습니다.

김형균 중독의 여러 종류들간의 기능적 대체가 가능하지 않습니까?

박재환 알코올 중독에 빠져드는 사람의 퍼스널리티 유형을 보자면, '술을 좋아하는 사람치고 나쁜 사람, 악한 사람이 없다,' '술 좋아하는 애주가들은 대부분 물팅이다'라는 말이 있지요. 혹시 인간의 약한 부분이 중독으로 가는 부분은 없는지요? 술 잘 하는 사람치곤 나쁜 놈은 없다라는 것처럼 퍼스널리티 유형이라든가 개인적 유형이라는 차원에서 구분해서 볼 수 없을까요? 성장과정이라든지….

임범식 도박, 마약 이런 것들은 뉴스나 현상적으로 볼 때, 마약이나 도박하는 사람들 모두 술이 곁들여지면서 문제가 일어납니다. 예를 들어 도박을 하는 사람은 돈을 잃으면 홧김에 먹고 문제를 일으킵니다. 술이라는 것이 일상적으로 깔고 있지만 사건성으로 드러나면서 문제를 발생시킵니다. 즉 도박하는 사람도 도박중에는 술을 마시지 않고 도박이 끝난 후나 잃은 후에 마시게 됩니다. 술 자체로 빠져드는 퍼스널리티와 함께 술, 도박, 마약이 한데 혼용되어 나타나는 유형들이 존재할 것입니다. 앞서서 박재환 교수님이 지적한 그런 심성은 퍼스널리티 부분과 밀접히 연관될 듯합니다. 나약하거나 자신의 의지로 통제가 잘 안되는 사람들은 알코올 중독으로 가기도 합니다.

김희재 알코올 대신 본드나 가스를 사용하는 청소년들의 경우 술을 마시긴 하지만 술을 통해서 그들이 직면한 현실을 도피하는 데는 술이 너무 약하다고 볼 수 있습니다. 빠른 시간내에 갈 수 있는 데는 오히려 본드가 훨씬 효과적이죠.

김문겸 탐닉이나 중독이라는 개념 자체에 대한 원론적 언급이 필요하다고 생각합니다. 중독이란 개념이 본격적으로 만들어진 시점을 기든스는 19세기로 잡으며, 이 시기부터 중독이란 개념이 보편적으로 되었다고 봅니다. 중독이란 개념에는 알코올 중독이 기본적이지만 섹스 중독, 쇼핑 중독, 음식 중독 등의 다양한 중독증상이 존재합니다.

19세기 이후로 왜 중독이란 현상이 보편적으로 드러나게 되었는가를 이해할 필요가 있습니다. 근대사회로 접어들면서 자기가 자신을 관리하는 부분이 상당히 강조되면서 개인이 스스로를 통제해야 할 의무가 더욱 드러나게 되는 것이지요. 그래서 이것에 실패하게 되는 사람들은 비정상적이라는 분류가 발생하게 되고 이 규칙에서 어긋나면 가두고 감금하는 시대가 되었거든요. 이런 자기성찰성이나 관리가 철저히 요구되는 시대에 접어듦으로써 탐닉이나 중독이란 범위의 의미가 더욱 강박적으로 조성되는 환경이 마련된 것입니다.

박재환 특히 이것은 현대의 개인주의적인 특성의 활성화에 기인하기도 합니다. 예전에 개인은 엄마가 안아주고, 그 마을에서 안아주고, 공동체에서 안아주는 그런 공동체주의적 환경에 있었어요. 하지만 개인이 공동체에서 벗어나면서 점점 외로워지고 또한 개인이 자신의 운명을 결정해 간다는 논리, 개인의 책임과 권리로 가는 개인주의의 논리 앞에 얼마나 각자의 스트레스가 크겠습니까? 즉 예전에는 공동체 전체로 가게 되면 옆에서 해결해 주기도 하지만, 이젠 홀로서기를 하게 되면 혼자서 결정해야 하니까 긴장도는 더욱 증대되는 거죠. 오늘날은 심지어 죽음까지도 공동체 속에서 바라보았던 때와는 차원을 달리 합니다.

김문겸 결국 중독과 탐닉에 대한 낙인찍는 강도가 더욱 커진다는 것입니다.

박재환 실제로 예전에는 부부같은 경우에 정신병자라할지라도 함께 살았어요. 별도의 수용소가 나온다는 것은 그것을 분리, 배척하는 것을 말합니다.

김문겸 여기서 강조하고 싶은 바는 소위 미국에서 많이 쓰는 기준이나 의학계에서 쓰는 기준으로 볼 때 우리나라의 알코올 중독자의 수는 상당히 많을 것입니다. 이 낙인찍는 과정이나 기준에 관심을 기울여야 할 것입니다.

김희재 실제로 술 같은 경우에는 탐닉자와 중독자를 구분하기가 힘듭니다.

김형균 엄밀히 개념규정을 해보면 중독이라는 상위개념하에 한편으로는 긍정적 중독으로서 탐닉자와 부정적 중독인 혐오증이 있을 수 있습니다. 예를 들면, 음식 중독을 보면 음식을 폭식하는 환자는 탐닉환자이고, 음식을 거부하는 거식증(拒食症) 환자는 혐오에 대한 중독환자라고 할 수 있거든요. 중독의 개념을 상위개념으로 본다면 중독 당사자의 입장에서 보면 탐닉은 긍정적 중독현상, 혐오증은 부정적 중독현상으로도 볼 수 있을 겁니다. 이 둘은 동전의 양면처럼 똑같은 것인데 폭식증이나 거식증이나 중독이라는 틀에서는 같이 나오는 것이라고 봅니다.

박재환 술을 죽어도 안 마시겠다고 하는 것도 중독이군요.

김형균 그렇지요. 그것은 술에 관한 혐오적 중독이라고 할 수 있습니다.

김문겸 아주 바람직한 결론이 나오고 있군요. (일동 웃음)

김형균 또 다른 논의가 필요한 것이 중독의 다양한 현상들이 기능적으로 대체를 할 수 있는가라는 것인데, 분명히 화학적 생물학적 개념으로는 대체가 힘들 것입니다. 왜냐하면 그 강도가 화학, 생물학적으로는 서열화될 수 있기 때문입니다. 그러나 사회적, 심리적으로 기능적 대체는 가능한지 아닌지는 좀더 생각해봐야 할 과제입니다.

박재환 회피메커니즘에서 하나의 계기가 된다든가 하는 것, 그리고 도박의 관용성, 술에 대한 관용성, 그리고 마약에 대한 관용성에 대해 언급을 했는데, 서구의 엄격한 통제기제가 들어왔다 하더라도 우리같은 유교문화에서는 약물이나 광기에 대해서 전통적으로 대단히 인색했습니다. 예를 들어, 중국에는 아편을 허용했던 반면에 우리나라는 그런 경우가 거의 없지요. 도박은 투전판의 형태로 있었지만 약물은 드물었다고 볼 수 있습니다. 이것은 우리 문화의 독특한 한 단면입니다.

김형균 이제 좀 짜릿한 주제인 술과 성에 대한 주제로 넘어가겠습니다. 술과 섹스가 연결되는 데에서 가장 특징적으로 나타나는 점에 대해 말씀해 주시기 바랍니다.

김상우 먼저 섹스라는 부분은 얼마 전까지만 해도 비밀스러운 영역으로 간주되어 왔습니다. 낮의 영역에 잘 드러내 놓지 않는 것, 섹스라는 것은 밤의 영역 중에서도 아주 은밀한 비밀스러운 그런 이야기지요. 이것이 술과 섹스가 연관이 되어 있다는 것을 상식적인 수준에서 인식하고 있습니다. 저는 이러한 상식적인 수준에 있는 연관 메커니즘이 어떻게 일어나는가에 초점을 두고 얘기를 전개했습니다. 그 메커니즘을 보면 일상을 탈출하는 것, 즉 술이라는 것이 촉매로 하여 일상의 빡빡한 곳을 잊어버리고자 하는 것, 술을 마실수록 이성적인 것보다 감성적인 것이 나타나고, 숨겨졌던 광기들이 나타나고, 막 발버둥하면서 숨겨졌던 야성들이 나타나게 됩니다. 사회적으로 혹은 이성적으로 또는 도덕적으로 금기되어 왔던 사실들이 술을 통해서 넘어서게 되는데, 여기서는 섹스에 그 초점을 두었습니다.

그리고 여기서는 자기의 배우자와 관계가 아니라, 다른 여성―특히 직업여성―을 취함으로써 그 광기를 해소하는 부분을 다루며 이것이 사회적으로 어떤 의미를 가지는가에 초점을 두고 있습니다. 이러한 접근은 부부간의 관계는 너무나 깊숙이 있는 것이라 끄집어내기 힘들고,

이왕 금기를 다루려고 한다면 무언가 새로운 것을 다루어야겠다는 이유에 있습니다. 그리고 섹스가 금기의 영역을 넘어서서 유기적 연대 속에서의 기계적 연대를 더 공고하게 하는 하나의 기제라는 입장을 취할 것입니다.

박재환 그게 무슨 말이죠…? (일동 웃음)

김상우 딱딱한 일상 속에서의 유기적 연대라고 하면 일상 속에서 어차피 결합을 하지 않으면 안되는 것, 그 속에서도 인간적인 정을 나눌 수 있는, 더욱 더 발달이 되는 것이 아닐는지….

박재환 마페졸리는 그것을 거꾸로 얘기를 했어요. 즉 기계적 연대 속에서 유기적 연대로…. 현대사회는 기계적이고 전통사회는 유기적이라고 했습니다. 방금 그런식으로 표현한다면 기계적으로 삭막한 인간관계에서 섹스라는 유기적인 인간관계를 회복한다는 것인가요?

윤명희 그런데 술과 섹스에서 여자를 취한다라는 표현을 했는데, 요즘에는 여성들도 워낙 술을 많이 마시고 사회적으로 터부시되지 않기 때문에 여자들끼리도 마시는 술이 있고 오히려 역전되어 여자가 남자를 취할 경우도 있습니다. 그리고 술이라는 것을 일탈이나 비정상으로 보는 것이 아니라 또 다른 정상의 영역으로 본다면, 술과 섹스라는 주제에서 맞춘 초점이 주로 소위 불륜과 바람과 같은 영역에만 국한되는 듯 하네요.

김상우 일반적으로 다 알려졌던 사실인데 어떻게 자료를 ㄲ집어내는가 하는 것이 문제였습니다. 어제 한국여성개발원에서 낸 보고에 따르면 경제난 때문에 남성들이 한 달에 0.8회 정도 가는데, IMF 이후에는 0.5회로 줄어들었다는 것입니다. 산업형 매매춘을 하는 경우가 단란주점 이용자들은 44.8%라고 응답을 했다는 것입니다. 두 번 가면 한 번은 매매춘을 한다는 얘기지요. 유흥주점 54%, 티켓다방 56%, 제일 높은 곳은 안마시술소 95.8%인데, 술과 섹스의 연관관계, 반드시 직접적이라 하지 않더라도 술 마시고 가는 곳이라는 것입니다. 이런 경우

문제가 되는 것은 남성위주라는 것과 실제로 우리 주변의 대부분의 사람이 그렇지 않다라는 측면도 지적될 수 있습니다.

김형균　최근의 술과 관련한 유흥업소들의 성적 퇴폐적인 서비스들이 사회적 문제가 되고 있는데도, 술집들이 경기침체로 장사가 안되니까 극단적인 성적 서비스를 행하는 경우도 있습니다. 그런데 불륜이나 외도 이런 것은 반드시 술과 연관되지 않는 수도 있습니다. 술과 연관된 섹스라는 것은 일반적인 일탈적인 섹스와 어떻게 구분해서 봐야 할까요?

김상우　술이 직접적으로 매개는 하지 않더라도 항상 그러한 자리에는 술이 있다는 것입니다. 술은 부끄러움을 없애주는 작용, 용기를 북돋아주는 작용을 합니다. 특히 신혼여행 가는 과일바구니 안에 술이 들어 있다든가 등….

박재환　그것은 합환주의 개념, 즉 정상적인 부부관계에서 분위기를 고취하는 것으로 파악할 수 있지요. 그러나 문제는 왜 우리나라에서는 술이 혼외정사(extra-marrital relation)로 가느냐하는 것입니다. 술은 일상을 넘어서는 매체가 됩니다. 외국의 경우는 술을 마시고 유흥업소에 가서 혼외정사를 하지 않습니다. 한국은 그렇게 하기 때문에 문제가 있다고 평가합니다. 그러나 이것은 현상적인 평가에 불과합니다. 외국은 성문화에서 우리와 비교가 안될 정도로 개방되어 있습니다. 일상적으로 10대도 성적인 개방을 자유롭게 하지요. 즉 낮의 성이 개방되어 있습니다. 우리는 낮에 성이 개방되어 있지 않으며, 비밀스럽게 되어 있습니다. 서구에서는 아무 거리낌없이 섹스를 합니다. 물론 우리의 신세대도 그렇게 할지는 모르지만요. 또한 거기서는 굳이 술을 매개로 할 필요가 없습니다. 우리의 경우 소위 혼외정사로 가는 방법이 옛날부터 억압되어 있었고 특히 남녀칠세부동석이라 하여 섹스의 에너지를 풀어볼 기회가 없었습니다. 그러니 술 마시게 되면 그런 영업장소로 가게 되는 것이죠. 외국인의 경우에는 굳이 돈을 들여서 그런 데를 왜 가느냐라고 반문할 것입니다. 이러한 기본적인 사회적 배경을 고려하지 않고 무조건 현상적으로 나타나는 것만 볼 경우 문제가 있습니다.

그러나 평소의 한국사회의 남녀관계가 상대적으로 성적으로 문란하지 않다는 측면도 강조해야 할 필요가 있습니다. 그것은 금욕적인 성격이 강한 것에서 기인하는 것이고, 그러나 이에 대한 역작용으로 섹스산업으로 가게 되는 것입니다. 그러나 서구의 경우 남녀가 섹스면 섹스, 사랑은 사랑으로, 사랑 없이 섹스가 가능한 것으로 풀이되고 해소되는데, 전통적으로 우리의 경우에는 그렇지 못해 왔습니다. 그러니 항상 일상을 넘어서야 섹스를 얘기할 수 있는 그런 분위기가 될 수밖에 없는 것이지요. 청소년 성교육에서 한계점을 노정하는 것도 이와 연관되는 것입니다.

김형균 중요한 지적이었습니다. 그러니까 술이란 것은 섹스와 다양하게 연결된 것으로 가정됩니다. 그것은 광고의 이미지만 보더라도 술의 이미지는 성적인 에로티시즘의 이미지와 연결되어 있습니다. 술과 연관된 광고의 잠재적 이미지에 관해서는 어떨까요?

임범식 술이 들어가게 되면 이 때까지 자기를 제어하고 있던 이성적인 부분이 줄어들고 감성의 부분이 강화됩니다. 서양은 감성표현을 어릴 때부터 훈련받아 왔다면 우리는 이성적인 부분들에 의해 매여져오다가 술이 들어가면서 자연스럽게 감성의 부분이 이성의 부분을 억누르고 유혹하는 부분들도 많고 그래서 그 유혹에 넘어가기 쉬운 것이란 생각이 듭니다.

김형균 감성의 폭발이 일어날 수 있는 방법은 여러 가지가 있습니다. 격정적인 노래를 한다든지의 격정적인 방식으로 표출되는 것인데, 결국 성적인 억압이 정서적 억압의 가장 상징적인 것이라 여겨집니다.

김문겸 성관계에서 남성과 여성의 커뮤니케이션 채널 자체가 훈련이 되지 않았다고 봅니다.

박재환 그건 사회화과정에서 기인한 것으로 볼 수 있습니다. 예를

에필로그를 위한 좌담

들면, 남자고등학교, 여자고등학교처럼 남자, 여자를 갈라놓은 교육제도에 기인하는 것이죠. 그건 합쳐야 합니다. 그렇게 갈라놓으니 이성에 대한 제대로 된 감각이 없는 아이들이 술을 배우면 어디로 가겠습니까?

김문겸 사실상 남녀공학이란 제도로 가면서 커뮤니케이션의 다양한 채널들이 청소년시기에 훈련되어야 합니다.

김형균 신선영 회원이 여자로서 가장 불편한 술자리 문화는 어떤 것이 있었나요?

신선영 오늘 이 자리에 끝까지 남아서 뭔가 할 말이 있겠거니 했는데‥(웃음). 술을 별로 안 좋아하기도 하지만 술자리에서 그렇게 불편했던 적은 없습니다.

오재환 오히려 남을 불편하게 만들었던 적은 있겠죠? (일동 웃음)

김형균 술과 연관된 에로티시즘 이미지가 가장 극적으로 일어나는 질적으로 다른 공간, 이런 것들이 성적인 다양성과 맞물린 게이바로 볼 수 있습니다. 술의 이색지대란 주제로 게이바를 다녀오신 이동일 회원께서 말씀을 좀 해주시죠.

이동일 게이바가 성의 분출지대는 아닙니다. 질적 탐방과 실제로 경험한 사람들을 기준으로 했기 때문에 간략하게 소개를 하고, 여기에 담지 못하는 부분도 있음을 양해 바랍니다. 일반손님을 받을 수 있는 게이들이 운영하는 게이바만 대상으로 했습니다. 게이들의 삶의 조건들—경제적 삶과 심리적 생활을 할 수 있는 조건들—이 게이바밖에 없다는 것입니다. 게이바를 조명해보는 데 게이들의 삶을 조명해 보지 않고서는 그들의 얘기를 할 수 없을 것입니다. 또 하나는 실제로 면접을 했던 분들이 게이바를 직접 운영하는 사람과 게이바를 아주 자주 다닌 사람들입니다. 게이바는 전국 어디든 홀식으로 개방되어 있으며 룸식으로 된 곳은 없다고 할 수 있습니다. 여기에는 아주 합리적인 이유가 깔려 있습니다. 게이 중에서도 외모상으로 예쁜 게이가 있고 그렇지 않은 게이도 있는데, 예쁜 게이는 룸식의 게이바가 된다면 자주 불려가서 경제적으로 높은 수익을 올릴 수 있지만, 얼굴이 받쳐 주지 않는 게이의 경우는 룸식의 게이바 운영에서는 살아남을 수 없다는 것입니다.

특히 부산지역의 게이바는 전국의 규모에 비하면 작은 규모입니다. C급 정도의 수준이며, 게이들이 4~5명이 있고 거기에서 유일한 남자는 기계를 조정하는 남자 종업원에 국한됩니다. 게이들이 손님들을 접대하는 방식에서는 프로의식이 강하게 나타납니다. 왜냐하면 이들의 삶의 터전이 게이바밖에 없기 때문에 이 곳에서 퇴출당하게 되면 갈 곳이 없기 때문입니다. 게이들을 찾아오는 손님들은 일반인이 대부분인데, 호기심에서 그들을 찾아오기는 하지만 단골이 쉽게 된다는 것입니다. 이는 어느 여성 접대부보다 열심히 접대한다는 데서 이유를 찾을 수 있습니다. 게이들이 어떻게 게이가 되는가라는 부분의 얘기를 해야 할텐데, 많은 면접을 통해서 게이의 얘기를 들었는데, 결코 의도적이나 혹은 자의적으로 되는 것이 아니라는 것입니다. 남자를 보면 애정을 받고 싶어하고 여자옷에 대해 관심을 갖게 되는, 자기도 모르는 사이에 게이가 되어간다는 것입니다. 대부분 고등학교 시절의 제도권 교육까지는 자신의 정체성을 표출하지 못하다가, 실제로 밖으로 터져 나오는 계기는 보통 군대를 통해 폭발적으로 표출된다는 것입니다. 게이가 되려고 마음먹은 게이는 한 달에 두세 번 호르몬 주사를 맞고 가슴이 나오게 되고, 보통 수술을 통해서 하는데, 부산의 경우에는 D병원, 요즘에는 일본에 가서 하기도 한답니다. 게이들이 제일 싫어하는 것은 신분증을 내놓는 것입니다. 주민등록번호 뒷자리가 1로 되어 있기 때문에 특히 금융실명제 이후에 그들은 은행통장 개설하기를 꺼려한다는 것입니다. 이럴 경우 왕게이―왕언니―가 하게 되는데, 전국에는 게이바를 통솔하는 왕게이가 세 명 있다고 합니다. 왕게이 눈 밖에 나면 게이바에서 생활을 할 수 없을 정도로 조직화되어 있고, 왕게이가 돈을 주로 관리하는데 거기서 나오는 팁이라든가, 기본급이라든가, 그들의 최소한의 의식주생활은 게이바에서 제공해 주며, 그래서 그들은 게이바를 나가면 생활하기가 힘듦으로 그들은 게이바에서 아주 열심히 일합니다. 수술을 하고 쇼를 할 경우에―제가 탐방한 경우에―전라가 되는 쇼의 경우, 라스베이거스풍의 화려한 복장을 하고 나와서 온갖 음악에 맞춰 춤을 추는데 다 벗어도 혐오스럽지 않을 만큼 아름다웠습니다. 성전환 수술을 하지 않은 게이들은 밑의 옷은 절대 벗지 않습니다. 거기에서 무희들이 춤을 추는데 얼굴이 안되는 게이들은 춤으로 승부를 하고, 안되면 코미디라도 개발합니다. 춤을 추다가 손님 테이블 위를 돌게 되는데 손님들은 젓가락으로 팁을 주는데 1만 원을 넘지 않습니다.

그들의 삶에 있어서 가장 큰 부분들은, 항상 이해를 해달라고 하는 것은, 그들이 원해서 된 것이 아니라는 것입니다. 일반 손님들이 게이바를 오는 경우에 호기심 때문에 찾아오는데, 호기심이라는 것을 저는 저의 주제인 이색의 부분과 연관이 될 수 있다고 봅니다. 일상의 술자리, 술집의 경우 우리가 구경꾼이 아니라 직접 참여하게 되는데, 게이바의 경우에는 구경꾼이라는 것입니다. 그래서 그 곳에서는 술을 그다지 많이 마시지 않습니다. 보통 한 테이블당 40만 원 정도의 돈이 듭니다. 양주 한 병에 팁까지 포함해서입니다. 15석의 게이바는 테이블당 40만 원이면 하루 600만 원 정도의 수입입니다. 게이들의 퇴근시간은 4~5시이고 다음날 1시까지 잠을 자고, 그 외 시간에 하는 일은 화장과 치장, 머리만지는 것과 여자들이 자주 가는 곳에 간다. 예쁜 여자들이 어떻게 하는가를 보는 것입니다. 게이들은 대부분 긴머리입니다. 왜냐하면 얼굴 큰 것을 가릴 수 있기 때문입니다. 손은 숨길 수 없습니다. 게이인 줄 모르고 동거를 하다가 애가 안 생겨, 결국 밝혀지게 되고, 이 때 백이면 백 다 헤어지게 됩니다. 게이인 줄 알면서 동거하는 사람은 거의 희박합니다. 어느 술집에나 2차는 있는데, 여기서는 파킹이라고 하는데 이들의 화대는 20만 원 정도이고 후불제입니다. 그런데 그들한테 손님들이 '이놈,' '저놈' 하면 무척 기분 나빠하고, '이○아 저○아' 하면 제일 좋아한다는 것입니다. 아침에 일어나면 국도 끓여 놓고 대부분의 여성들이 꺼려할 가사노동에 집착하고, 빨래나 꽃꽂이, 뜨개질 등의 취미를 가지고 있습니다.

게이들은 성전환 수술이 일차적 희망이고 호적변경을 무척 바라고 있습니다. 완벽한 여성이 되어서 좋은 남자 만나서 결혼하는 것이 그들의 꿈이라는 것입니다. 그리고 게이바에서 어느 정도의 수입이 되면 자신 스스로 자영업을 하고 싶어 한다는 것입니다. 선물가게나 화장품 가게나 옷가게 등입니다. 제가 조사를 한 은퇴한 게이들의 삶에 대해서는 전혀 알려지지 않습니다. 왜냐하면 알려진다해도 게이들 스스로 도와줄 수 있는 방편이 현실적으로 없다는 것입니다.

결국 중요한 부분은 많은 이해가 되었습니다. 그들도 한 인간이라는 것입니다. 변태하고는 다릅니다.

박재환　원하지 않았다는 것은 무엇을 의미하는 것입니까?

임범식　무당에게 신병내리듯이 자기도 모르는 사이에 된다고 합니다.

이동일　선정적으로 표현하면 오이디푸스 신의 저주라고 표현하기도 합니다. 정상적인 오이디푸스 콤플렉스를 벗어나는 것은 어머니 사랑을 독차지하는 아버지를 닮아가는 것인데, 굴절된 오이디푸스 콤플렉스는 어머니 사랑을 못받는다는 거죠. 어머니로부터 사랑을 못 받은 남자애가 그것을 감싸주는 아버지를 애정으로 생각하게 되고 결국 게이적인 삶을 살아가게 된다는 것입니다. 그리고 대부분 얘기되는 것이 사회화 과정에서 끊임없이 여성스러움을 강조하는 가정환경이 게이적인 삶을 만들었다는 것이 있습니다. 또한 남성의 성기가 아주 작아 발육이 안된다는 것입니다. 아까 말한 호르몬은 항시 맞고 있습니다.

신선영　흔히 생각할 때 XX가 여자로 태어나고 XY는 남자로 태어난다고 하는데, 그러나 따지고보면 그렇게 분명하게 태어나는 삶뿐만 아니라, 그렇지 않은 사람도 꽤 많다고 합니다. 성염색체는 모태에 있을 때 4개월 때부터 활발하게 세포분화나 그런 부분이 되는건데, 요즘에는 워낙 환경적인 부분이 많기 때문에 호르몬상에 성염색체가 문제가 있는 경우도 있고 성염색체는 XY인데 여성호르몬이 많이 분비되는 사람이 선천적으로 있다고 합니다. 남자, 여자가 아주 분명한 것 같지만 성염색체나 호르몬을 따져 봤을때는 그다지 분명하지 않다고 합니다.

이동일 그래서 이들이 게이바에서 일하는 이유는 경제적 원천도 되겠지만 어디서 사람들을 만날 수 있겠는가라는 것입니다. 유일하게 게이바에서 애정의 대상이 되는 남자를 만난다는 것입니다. 어느 곳이나 게이바에서 파킹을 가는 곳에서 성적 만족을 해소합니다. 그러나 대부분 손님들이 호기심으로 그 곳에 오기 때문에, 게이바 속에서 그냥 노출을 하면서 성적인 욕구를 해소하는 거죠.

김희재 실제로 게이바 말고 일반 가라오케에 흩어져 있는 게이들도 많이 있지 않습니까?

이동일 그러나 게이집단에서 나와 있을 때는 게이들에게서 소외된 경우라고 할 수 있습니다. 우리의 생각과는 다를 수 있습니다. 그리고 하나 사소한 것이지만 이들은 목욕탕을 못간다는 것입니다. 성전환 수술을 해도 가기를 꺼려합니다.

고영삼 가족의 반응은 어떻습니까? 게이의 성향을 가진 경우, 즉 유전적 영향은 어떻습니까?

이동일 자기 자식이 게이가 되면 열의 아홉은 거부한다는 것입니다. 대부분 가족들에게 소외당하는 것입니다. 그런데 게이 중에서도 가족을 부양하는 경우도 있는데, 이것도 두 가지로 첫째는 게이임을 속이고 가족을 부양하는 경우이고, 둘째로는 게이인데 생활고 때문에 돈을 받고 그런 경우도 있다는 것입니다. <브룩클린으로 가는 마지막 비상구>에서 보면 게이가 된 동생을 형이 구타하는 장면이 있는데, 우리의 경우 부모는 게이가 된 자식을 멀리하는데 형제는 포용하는 경우도 있다고 합니다. 미국과 우리의 차이를 엿볼 수 있는 건 아닌지 모르겠네요. 최근 일본에서 나왔듯이 성전환 수술에 대해 사회적 인식확대 차원에서 호적에 관한 법적 제도의 변화도 필요합니다. 물론 그들도 어렵다는 것을 알고 있지만.

김형균 저는 마지막으로 술과 폭력이란 주제를 다루었습니다. 앞의 주제들은 술과 관련한 긍정적 연관을 다루었는데, 제가 다룬 술과 폭력은 부정적인 것을 다루어야 하므로 접근 자체가 좀 달랐습니다.

마침 이 주제를 염두에 두고 종합병원 응급실에 며칠 있어 보니, 응급실에 실려오는 80~90% 이상이 술로 인해서 추한 모습으로 끌려 오는 것을 보았는데, 정말 술에 관해서 또 다른 자세를 갖게 되었습니다. (일동 웃음) 술과 관련해서 간략히 정리해 보자면, 술 마시고 폭력이 일어나는 순간부터 술자리는 사건의 세계로 넘어가게 됩니다. 더군다나 술 마시고 성과 연관되고 술 마시고 탐닉과 연관되는 것도 새로운 사건의 세계로 진입하는 것이지만, 가장 확연하게 일상의 세계에서 사건의 세계로 넘어가는 것은 술로 인한 폭력이 발생했을 때 그 뚜렷한 전환을 볼 수 있습니다. 술 마시고 사고쳤다라는 속어가 이의 언어적 증거라고 볼 수 있겠죠. 앞에서 많은 분들이 말을 했지만 사회 자체가 긴장도가 높을 때는 술로 인한 긴장관계가 더욱 빈번하게 일어나게 된다는 것은 사실입니다. 최근 우리사회만 보더라도 경제적인 어려움, 즉 실업과 연관된 실직상태에서 술을 많이 마시고, 술로 인한 다양한 폭력현상이 더욱 많이 발생하기도 합니다.

그런데 술로 인한 폭력의 현상을 크게 저는 세 가지 각도로 봤습니다. 하나는 술로 인해서 일어나는 일반적인 폭력현상과 가정에서 일어나는 가정폭력들, 그리고 세상을 향한 질주라고 할 수 있는 음주운전입니다. 그래서 이 세 가지를 보는데 공통적인 속성으로 술로 인한 폭력은 우발적인 속성, 술을 먹고 나면 사소한 것에 집착하는 정서적인 특징 때문에 정말 너무나도 사소한 것 때문에 폭력이 일어나고, 그런데 그러한 이유로 일어난 폭력은 매우 격렬하다는 것입니다. 따라서 우발성과 사소함, 격렬함이 나타난다고 하겠습니다.

일반적으로 술을 먹고 일어나는 폭력은 생각하기 힘든 의외의 행동으로 나타납니다. 신분의 고하도 상관없고, 연령의 노소도 관계없고, 대상 자체도 불문하는 의외성으로 나타납니다. 최근 모대기업의 중견간부가 귀가도중에 길가는 여성을 성폭행하는 사례에서 보듯이 멀쩡한 사람이 우발적인 행동을 합니다.

우리나라의 경우 형사처벌을 받는 자 중―폭력행위 등 처벌에 관한 위반이나 형법상의 특별법을 어기는 사람 중―에 24.9%가 술이 취한 사람들에 의해서 일어납니다. 4건 중에 1건은 술로 인한 폭력이라는 것이죠. 또한 그 이전에 전과가 있는 사람이 술로 인해 그런 폭력을 행사할 가능성이 30% 가까이 됩니다. 그리고 또 하나는 술로 인한 가정폭력의 증대입니다. 남편이 아내를 향한 폭력이 증가되는 것뿐만 아니라, 아내가 남편을 향한 폭력도 빠른 속도로 증대한다는 것입니다. 술로 인한 폭력이 가정을 해체하는 이혼의 중요한 이유로 대두하고 있습니다. 최근 실직자의 18.5%가 이혼을 했거나 이혼을 심각하게 고려하고 있는 가정파탄에 도달하고 있습니다. 실직자 5명 중의 1명이 가정이 해체되는 안타까운 현실에 직면하고 있다는 것이죠. 음주운전 사고는 최근 10년간 음주와 관련한 통계치로 보면 교통사고로 죽는 사람은 10만 명, 부상자가 300만 명 가까이 됩니다. 교통사고의 15% 정도는 음주운전에 의한 것입니다. IMF 이후로 잠깐 주춤하던 음주운전의 행태들이 최근에는 홧김에 일이 잘 풀리지 않는다는 이유로 급증하고 있습니다.

이런 점을 볼 때 현대사회에서 술과 폭력은 전통사회에서 가졌던 공동체적인 희생적, 제의적(祭儀的) 의미가 거의 상실되고, 특히 폭력은 공동체 해체를 가속화시키는 역할을 하고 있다고 하겠습니다. 그런데

술, 그 빛과 그림자

현대사회에서 긴장된 중독과 탐닉현상 자체가 술과 관련된 폭력을 친근화시키는, 폭력을 가깝게 느끼는 상황과 연관됩니다. 즉 탐닉의 일상화와 폭력의 친근화가 서로 연결되어 있습니다. 그래서 이러한 것을 접근하고 이해하는 데는 전통적인 도식적인 패러다임이나 방법론에서 일대 전환이 필요합니다. 그래서 일상적인 현상들을 조직화해낼 수 언어구조가 필요한 것이고, 고착화되고 제도화된 언어구조를 일상적 담론으로 전환시키는 그런 패러다임과 방법론의 변화가 필요하다고 하겠습니다. 이것이 술과 연관된 폭력현상에 접근하면서 가지는 소감입니다.

박재환 가정폭력 외에 일반폭력범죄를 다룬 것도 좋은데, 어떤 느낌이 드는가 하면 폭력이라는 것 자체의 정의가 정향감을 못 느끼게, 예측을 할 수 없게 물리적 제재를 가하는 것이라고 한다면 술취할 때는 반드시 그것과 연관된다는 것이죠. 술 마신 사람은 일상의 궤도를 벗어나니까 상대방에게서는 희한하게 예측할 수 없는 말로 시작되었다가 예측할 수 없는 행동으로 달려드니까 이성의 통제를 넘어서는 것입니다. 폭력이 술과 아주 친근합니다. 마치 주색이 연결되어 상례를 넘어서는 것으로 나타났듯 술과 폭력은 밀접할 수밖에 없습니다. 폭력의 정의와 딱맞습니다. 그리고 또 하나 술과 폭력과 관련해서 논의할 것은 이 때까지 금주법이 있을 때 누가 술을 담가서 팔았느냐 하면 갱들입니다. 즉 술과 폭력배가 연관되어 있습니다. 술집에 찾아와 분탕질을 하는 사람들을 통제하는 데도 완력이 있는 사람들이 효과적이었을테고, 금주된 물건을 파는 데도 폭력조직이 효과적으로 팔 수 있을테고 더욱더 시니컬하게 표현하면 이는 정치폭력과도 연관이 있었을 것입니다.

정치가 폭력이니까요. 정치집단과 폭력집단은 닮아 있다고 할 정도로 사회적으로 얘기를 합니다. 정치판에 반드시 술이 들어가 있고, 정치적 음모를 할 때도 술이 있습니다. 혁명적 모의를 할 때 정치가들은 술을 잘 해야 정치가가 되는 것처럼 그것이 하나의 유리한 고지를 점하는 것이죠. 처칠은 술을 잘했어요. 옐친도 술을 잘해서 망했다고도 하지만…. 정치가에게 술이란 것은 상궤를 벗어나는 부분입니다. 이는 친화력을 만들 수도 있고, 조직을 만들어갈 수도 있는거죠. 특히 위험스러운 결연을 할 때, 정치입문 때는 술은 반드시 지나는 통과의례입니다. 따라서 우리는 여기서 정치폭력, 정치권력, 즉 정치와 술에 관한 논의가 아쉬운 부분입니다. 경제와 술은 다뤘는데…. 정치와 술이 연결되는 메커니즘, 실제로 예전에는 술도가가 하나의 미시정치였습니다. 술도가가 부자이기도 하고 전매식품이기도 하지만, 그러한 독특한 정치력, 정치권력, 정치폭력이 술과 연관되어 있다는 것이죠. 술과 폭력논의에 이어 차후 고려되었으면 합니다.

고영삼　일종의 사회적 동원을 유도한 것으로 술, 거기다가 폭력까지 연관될 수 있겠지만 술자리에서 배신행위를 하는 것에 대한 지탄, 즉 술 먹을 수밖에 없는 사회적 환경들 그것 자체가 폭력은 아닌가요?

김형균　저도 마지막 부분에서 다루었는데, 구조적 폭력이란 표현을 활용할 수도 있고 거친 술문화가 일상화되어 있는 이런 것들에도 명시적인 폭력이 스며들어와 있다는 것이죠. 그러나 사회전체의 긴장과 폭력구조가 보편화되면 사소한 언어구조도 폭력화되듯이, 평화라는 상태는 단지 전쟁의 부재가 아니라, 폭력이 없는 적극적 상태, 당사자들의 가장 안전함이 진정으로 보장되어야 한다는 것으로 정의될 수 있습니다. 그렇다고 한다면 우리사회도 분단구조라는 긴장구조, 게다가 고도자본주의, 천민자본주의라는 구조적 환경은 필연적으로 삶 자체를 긴장과 폭력으로 몰아가는 현실입니다.

이러한 가운데 21세기적 삶의 모습이라는 것은 명시적인 폭력이 없는 상태, 신체적 폭력이 없는 소극적 폭력이 없는 상태가 아니라 구조적 폭력이나 간접적 폭력, 스며들어 있는 폭력이 문제인 것입니다. 폭탄주의 문화가 정경유착적 군사적 문화에서 흘러나오고 틀림없이 정

술, 그 빛과 그림자

치권력의 술문화라는 것이 보통 사람들의 술문화와 결코 유리되지 않는 원천으로 작용하리라는 것은 분명합니다. 그래서 IMF라는 구조적인 상황이 구조적인 상황으로 끝나는 것이 아니라, 사람들의 마음을 어둡게 만들고 언어구조나 술 먹는 태도와 방식까지도 강퍅하게 몰아가는 그런 측면이 분명히 있습니다. 구조가 일상화되어 가는 것이죠. 술 마시는 것 자체가 폭력이나 어두운 이미지와 연결되기보다는 전통적인 공동체의 유대감을 확인할 수 있는 결속의 중요한 매개체로서의 술의 의미로 회복 혹은 복원되었으면 하는 느낌을 더욱 강하게 갖게 됩니다.

박재환 그것이 우리가 부각하려는 것이죠. 술에 대한 일반론을 하고 각론을 하는 목적이 무엇이냐 하면 술과 우리의 삶이 바람직한 관계가 회복되어야 한다는 것입니다. 술은 원래적으로 커뮤니케이션 미디어입니다. 술이 교류의 핵심적인 것인데—내가 썼지만은—술에서 태어나서 술에서 죽는다고 할 정도로 술이 일상화되어 있는데, 노동이 소외되듯, 여가가 소외되듯 술이 추락되고 소외되었습니다. 그래서 지금 현재 술에 대해서 나오는 것은 술에 대한 부정적인 영향만 나옵니다. 술이 간을 부수고 내장을 바꾸고 공동체를 파괴하는 것만 강조하는데, 술이 참된 의미에서 우리의 인간사회를 만들어 주는 신화에서 나오듯이 처음에 역사가 시작될 때부터 전체가 어우러지는 통합적인 미디어, 신성성하고 연결되는 커뮤니케이션 미디어로 술이 복원될 필요가 절실합니다.

오늘날의 노동이 추락되고 또한 여가가 추락된 데서 이제 탈소외화의 경향으로 제 자리로 되돌아듯이 술 역시 탈소외하여 그 나름의 긍정적 기능으로 돌아오게 하자는 것이 술의 사회학 연구가 갖는 의도입니다. 이렇게 보면 모든 금주문화, 모든 술에 대한 비난, 어떻게 하면 술을 끊느냐라는 이 모든 것은 어떻게 보면 천박한 생명사상과도 연관이 있습니다. 오래 살면 가장 좋은 것으로 생각하는 현세주의적 가치관이 술의 금주 부분, 술의 추락된 부분과 연결되어 술에 대한 평가를 부정적으로만 해왔다는 것이죠. 하지만 술의 효과는 부정적인 측면과 긍정적인 측면을 같이 가지고 있습니다. 이제 노동과 여가가 소외되듯 술도 소외되어 있는 현재에서 술의 참된 본래적 의미를 되찾는 일이 반드시 필요한 것입니다.

술을 폭탄주로 마시는 것이 아니라 술을 참된 교류로서 마실 수 있어야 하고, 정말 천상병씨의 시처럼 몽롱한 것이 장엄하다는 것처럼, 일상의 세계를 넘어서 천상으로 갈 수 있는 통로가 되는 그런 부분까지도 술이 복권화되는 여건이 되어야 잘 사는 삶이 될 것입니다. 술과 삶이 통합적으로 될 수 있는 방향으로 나아가야 된다면, 술에 대한 조망도 단견적이고 편협하지 않고 사회학적으로 실존적 의미를 따져야 할 것입니다.

김형균 마지막에 보완하실 말씀이 있으십니까?

김문겸 글 쓰면서 마지막으로 느낀 부분을 말씀드리면, 심포지엄이란 말 자체가 술을 함께 마신다는 향연에서 만들어진 것입니다. 80년대의 예를 들었지만, 기계와와 놀이, 쇼하는 것, 여종업이 있는 술집, 이런 것들은 취하고 스트레스를 해소하는 것으로서 주류를 이루는 술의 기능입니다. 그러나 진정한 심포지엄이라는 것으로서의 술자리의 의미로, 인간성을 교류하는 커뮤니케이션의 장으로서 술집 개념이 정립되어야 할 필요가 있지 않으냐 하는 생각입니다.

임범식 통상적으로 술 마시고 나서 술 마신 사람마다 각각 다른 생각을 하리라고 생각합니다. 술 마시면서 가능한 후회하지 않는 술자리가 되면 얼마나 좋겠습니까? 이는 무엇보다도 긍정적이고 낙천적인 마음으로 술을 대하면 술자리가 좀더 나아질 것이라고 생각합니다.

김형균 그럼 이상으로 좌담을 마치겠습니다. 수고 많이 하셨습니다. (일동 박수)

참고문헌

강인수·박재윤·신각철. 1995, 『교권확립을 위한 법률』, 한국교원단체연
　　합회.

경찰청. 각년도, 「교통사고통계」.

고려대 민족문화연구소. 1980, 『한국민속대관 1·2』.

국세청. 각년도, 『국세통계연보』.

권이종 외. 1994, 『10대 청소년의 생활세계(청소년용)』, 삼성복지재단.

＿＿＿. 1994, 『10대 청소년의 생활세계(교사·부모용)』, 삼성복지재단.

권정화. 1993, 「알코올 중독 제1형과 제2형의 비교 조사」, ≪정신의학≫
　　제18권 제4호

김광일. 1992, 「한국인의 음주양상」, 『문화와 주정중독』, 세계보건기구.

김동일. 1993, 「청소년 음주와 비행의 관계에 관한 연구」, 한국형사정책연
　　구원.

김응모 편. 1997, 『어문학에 담긴 술의 멋』, 박이정.

김익기·심영희 외. 1991, 『가정폭력의 실태와 대책에 관한 연구』, 한국형
　　사정책연구원.

김종석. 1994, 「지존파의 예비후예: 어둠의 10대들을 찾아서」, 월간 ≪말≫ 11월호.

김형섭. 1997, 『남자가 마시는 술엔 눈물이 반이다』, 느낌.

노성환. 1996, 『술과 밥』, 울산대 출판부.

노인철. 1997, 「음주의 사회적 비용과 정책과제」, 한국보건사회연구원 정책토론회 자료 97-03.

대검찰청. 1995, 『범죄분석』.

대한주정판매주식회사. 1978, 『주정공업편람』.

라파르그, P. 1997, 『게으를 수 있는 권리』(조형준 역), 새물결.

마스페로, 앙리. 1995, 『고대 중국』(김선민 역), 까치.

문화체육부. 1993, 『청소년백서』.

박재환. 1978, 「인간의 비언어적 교류에 관한 소고」, ≪서울대 신문연구소 학보≫ 제15집.

_____. 1990, 「전통문화에 있어서의 한국인의 커뮤니케이션관」, 부산대학교, ≪사회과학논총≫ 제9권 제1호.

_____. 1998, 「술, 노동, 커뮤니케이션」, 부산대 언론정보연구소, ≪언론과 정보≫ 제4호.

박재환·김문겸. 1997, 『근대사회의 여가문화』, 서울대 출판부.

박천우. 「우리나라 주류산업의 국제화 과제에 관한 연구」, 중앙대 무역학과 석사논문.

반게넵, A. 1985, 『통과의례』(전경수 역), 을유문화사.

서정기. 1993, 「향음주례 해설」, 이경찬 편, 『한국인의 주도』, 자유문고.

설재훈. 1997. 3. 4, 「교통사고예방토론회 발표문」, 손해보험협회.

송대헌. 1997, 「직장인 용돈의 절반이 술값으로」, SBS 보도국 기자들 편, 『한국인과 술에 관한 48가지 리포트』, 서지원.

송진택. 1990, 「주류에 대한 소비자 의식에 관한 통계학적 연구」, 숭실대 정보과학대학원 석사논문.

양창수. 1988, 「우리나라 주류유통시스템의 합리화 방안에 관한 연구」, 중앙대 경영학과 석사논문.

엘리아데, 미르시아. 1998, 『성과 속』(이은봉 역), 한길사.

여성특별위원회. 1998, 『실직자 및 가족의 생활실태』.

오문영 편. 1995, 『고사성어, 숙어 대백과』, 동아일보사.

유만공. 1993, 『우리 세시풍속의 노래』(임기중 역주), 집문당.

유진수. 1991, 「우리나라 서비스산업의 생산성 변화와 생산성의 국제비교」, 대외경제정책연구원.

유태종. 1993, 「술의 내력」, 이경찬 편, 『한국인의 주도』, 자유문고.

유희준. 1997, 「여성 음주도 위험수위」, SBS 보도국 기자들 편, 『한국인과 술에 관한 48가지 리포트』, 서지원.

이경찬 편. 1993, 『한국인의 주도』, 자유문고.

이규태. 1983, 『한국인의 의식구조』(시리즈 2), 신원문화사.

_____. 1984, 『한국인의 생활구조(1 · 2)』, 조선일보사.

이길홍·권혜진. 1987, 「여성 알콜 중독자의 치료 및 간호중제」, 《한국의 과학》 제19권, 제4호.

이남진. 1997, 「임산부가 취하면 태아도 취한다」, SBS 보도국 기자들, 『한국인과 술에 관한 48가지 리포트』, 서지원.

이민규. 1997, 『생각을 바꾸면 세상이 달라진다』, 양서원.

이병한. 1992, 「술」, 『한국문화상징사전』, 동아출판사.

이상학. 1991, 『우리나라 서비스교역의 구조와 추이』, 대외경제정책연구원.

이영국. 1998, 『술 권하는 사회, 술에 먹힌 사람』, 예영커뮤니케이션.

이종기. 1997, 『술을 알면 세상이 즐겁다』, 한송.

이철형. 1998, 「부산 청소년의 비행, 무엇이 문제인가?」, 청소년 시민대토론회 발표자료.

임종국. 1980, 『한국사회민속야사』, 서문당.

임희섭. 1994, 「한국청소년의 문화적 성격」, 권이종 외, 『10대 청소년의 생활세계(교사·부모용)』, 삼성복지재단.

장재식. 1990,『조세법』, 서울대학교 출판부.

정순태. 1991,「주류산업의 환경변화와 마케팅관리에 관한 연구」, 부산대 경영대학원 석사논문.

정헌배. 1987,『세계 주류시장의 국제 마케팅 전략과 전망』, 대한주류공업협회.

_____. 1994,『우리나라 주류산업의 장기발전전략』, 국제무역경영연구소.

정현종. 1989,『거지와 광인』, 나남.

조성기. 1997. 12,「우리나라 음주문화 실태와 알코올 문제 해결방안」, 대한주류공업협회,《주류공업》통권 제55호.

조흥윤. 1990,『무(巫)와 민족문화』, 민족문화사.

중부지방국세청. 1995,『세무편람』.

지라르, 르네. 1993,『폭력과 성스러움』(김진식 외 역), 민음사.

진로그룹홍보실 편. 1988,『술의 세계』, 주식회사 진로.

챈서, 린. 1994,『일상의 권력과 새도매저키즘』(심영희 역), 나남.

최광식. 1994,『고대 한국의 국가와 제사』, 한길사.

최문형. 1982,「금주법」,『동아원색 세계대백과사전』(제6권), 동아출판사.

최영희·김인·이병윤. 1989,「한국형 알코올리즘 선별검사를 위한 예비연구(1)」,《신경정신의학》제28권 제4호.

최인섭·김지선. 1996,「존속범죄의 실태에 관한 연구」, 한국형사정책연구원.

통계청(경제기획원조사통계국). 각년도,『한국통계월보』.

_____. 각년도,『사업체기초통계조사보고서』.

_____. 각년도,『사회통계조사』.

_____. 각년도,『산업생산연보』.

_____. 1995,『한국의 발자취』.

_____. 1996,『통계분석자료모음』.

_____. 1998,『한국의 사회지표』.

퍼스트, 피터 T. 1992, 『환각제와 문화』(김병대 역), 대원사.

한국관광공사. 1986, 『국민 여가생활 실태분석과 대책』.

한국정신문화연구원. 1994, 「"술" 민속과 그 의미」, 『한국민족문화대백과사전』(제13권), 웅진출판.

한국청소년학회. 1993, 『청소년 약물남용 예방 지도서』, 문화체육부.

한국형사정책연구원. 1991, 「조직폭력의 실태와 대책」.

한귀원·김명정·김성곤·변원탄. 1996, 「알콜의존환자에서 음주욕구를 유발하는 조건화 자극에 관한 연구」, 《신경정신의학》 제35권 제4호.

해리슨, J. 1989, 『영국민중사』(이영석 역), 소나무.

홉스봄, J. 1983, 『자본의 시대』(정도영 역), 한길사.

Amirou, R. 1989, "Sociability/Sociality," *Current Sociology*, vol.37, no.1, Spring.

Baudrillard, Jean. 1970, *La société de consommation*, 이상률 역, 1995, 『소비의 사회』, 문예출판사.

Braudel, F. 1979, *Civilisation matérielle, économie et capitalisme*, XV-XVIII si cle; tome I: *Les structures du quotidien: Le Possible et L'impossible*, 주경철 역, 1995, 『물질문명과 자본주의 1-1: 일상생활의 구조(상)』, 까치.

Cahalan, D. and I. H. Cisin. 1968, "American Drinking Preactices: Summary of Findings from a National Probability Sample I. Extent of Drinking by Population Subgroups," *QJ Stud. Alcohol* 29.

Cazeneuve, J. 1971, *Sociologie du rite*, P.U.F.

Cloward & Ohlin. 1960, *Delinquency and Opportunity*, New York: The Free Press.

Corrigan, Paul. 1979, *Schooling the Smash Street Kids*, London: Macmillan.

Douglas, M. 1987, *Constructive Drinking: Perspective on Drink from Anthropology*, Cambridge University Press.

Dumazedier J. 1967. *Toward a Society of Leisure*, N.Y.: The Free Press.

Durning, Alan Phein. 1993, 「소비사회의 극복」, 《녹색평론》 7·8월호 통권 제11호.

Foucault, Michel. 1961, *Historie de la folie à l'âge classique*, 김부용 역, 1997, 『광기의 역사』, 인간사랑.

Frazer, J. G. 1922, *The Golden Bough*, 김상일 역, 1996, 『황금의 가지』, 을유문화사.

Freud, Sigmund. 1941, "Die 'kulturelle' Sexualmoral und die moderne Nervositt," *Gesammelte Werke* 7, 김석희 역, 1997, 「'문명적' 성도덕과 현대인의 정신병」, 『문명속의 불만』, 열린책들.

_____. 1948, "Das Unbehagen in der Kultur," *Gesammelte Werke* 14, 김석희 역, 1997, 「문명속의 불만」, 『문명속의 불만』, 열린책들.

Galtung, J. 1990. "Cultural Violence," *Journal of Peace Research*, vol.27, no.3.

Gomberg, E. L. et al.(ed.). 1982, *Alcohol, Science and Society Revisited*, Ann Arbor, Mi.: University of Michigan Press.

Gomberg, Edith S. 1977, "Women with Alcoholic Problems," in F. A. Seixas, 1982, *Alcoholism — Development, Consequences, and Interventions: The Course of Alcoholism*, Saint Louis, USA: The C. V. Morsby Company.

Hall, Stuart and Tony Jefferson(eds.). 1976, *Resistance Through Rituals: Youth Subculture in Post-War Britan*, London: Hutchinson.

Hebdige, Dick. 1979, *Subculture the Meaning of Style*, London: Methuen.

Hirschi, T. 1969, *Causes of Delinquency*, Berkeley: Univ. of California Press.

Jellinek, E. M. 1960, "The Disease Concept of Alcoholism," *Can. Med. Ass. Journal* 83.

Lefebvre, Henri. 1968, *La vie quotidienne dans le monde moderne*, 박정자 역, 1990, 『현대세계의 일상성』, 세계일보.

Maffesoli, Michel. 1982, *L'Ombre de Dionysos, Contribution une sociologie de l'orgie*, Paris: M ridiens/ Anthropos.

_____. 1988, *Le temps des tribus: Le d clin de l'individualisme dans les sociétés de masse*, Meridiens Klincksieck.

_____. 1993, *La Contemplation du Monde*, 박재환·이상훈 역, 1997, 『현대

를 생각한다: 이미지와 스타일의 시대』, 문예출판사.

Mandel, W. 1983, *Recent Developments in Alcoholism,* Volume 1: *Types and Phases of Alcohol Dependence Illness*, New York: Plenum Press.

Mannheim, Karl. 1952, "The Problem of Generations," in *Essays on the Socology of Knowledge*, London: Routledge & Kegan Paul.

Marcuse, Herbert. 1962, *Eros and Civilization*, New York: Vintage Books, 김인환 역, 1989, 『에로스와 문명』, 나남.

Mauss, M. Oeuvres. 1968, t.1.: *Les fonctions sociales du sacré*, Minuit.

Mead, M. 1960/1958, "The Patterns of Leisure in Contemporary American Culture," in E. Larrabee and R. Meyershon(eds.), *Mass Leisure*, Glencoe, Illinoise: Free Press.

Medick, H. 1982, "Plebian Culture in the Transition to Capitalism," in R. S. Samuel & G. S. Jones(eds.), *Culture, Ideology and Politics*, Routledge & Kegan Paul.

Orford & Hawker. 1974, "Note on the Ordering of Symptoms in Alcohol Dependence," *Psychol. Med. Journal* 4.

Rorabaugh, W. J. 1979, *The Alcoholic Republic*, New York.

Rosenzweig, R. 1983, *Eight Hours for What We Will: Workers and Leisure in an Industrial City*, 1870~1920, Cambridge University Press.

Sclare. 1975, "The Woman Alcoholic," *Journal Alcsm.* 10.

Seixas, F. A. 1982, *Alcoholism – Development, Consequences, and Interventions: The Course of Alcoholism*, The C. V. Mosby Company.

Sutherland, E. H. & D. R. Cress. 1978, *Criminology*, Philadelphia: J. B. Lippincott Co.

Wanberg, K. & J. L. Horn. 1987, *Treatment and Prevention of Alcohol Problems: The Assessment of Multiple Conditions in Persons with Alcohol Problem*, *Orlando*, Academic Press, Inc.

White, H. R. 1982, "Sociological theories of Etiology of Alcoholism," in E. L.

Gomberg et al.(ed.), *Alcohol, Science and Society Revisited*, Ann Arbor, Mi.: University. of Michigan Press.

Willis, Paul E. 1977, *Learning to Labour: How Working Class Kids Get Working Class Jobs*, Farnborough, Hants: Saxon House.

_____. 1978, *Profane Culture*, London: Routledge & Kegan Paul.

Wolfenstein, Martha. 1960/1958, "The Emergence of Fun Morality," in E. Larrabee and R. Meyershon(eds.), *Mass Leisure*, Glencoe, Illinoise: Free Press.

Zucker, R. A. 1987, "The Four Alcoholisms: A Developmental Account for the Etiologic Process," in P. C. Rivers(ed.), *Alcoholism and Addictive Behavior*, Lincoln: Nebraska Univ. Press.

참고문헌

‖ 글쓴이들

고영삼 부경대 강사, 부산대 사회학과 문학박사
김문겸 부산대 사회학과 교수, 부산대 사회학과 문학박사
김상우 창원대 강사, 부산대 사회학과 박사과정 수료
김정오 신라대 강사, 부산대 사회학과 문학박사
김형균 부산교대 강사, 부산대 사회학과 문학박사
김희재 후쿠오카대 연구원, 부산대 사회학과 문학박사
박재환 부산대 사회학과 교수, 파리대(소르본느) 사회학박사
오재환 부경대 강사, 부산대 사회학과 박사과정 수료
윤명희 영산대 강사, 부산대 사회학과 박사과정
이동일 부경대 강사, 부산대 사회학과 박사과정 수료
인태정 경남대 강사, 부산대 사회학과 박사과정

한울아카데미 293
술의 사회학

ⓒ 박재환, 일상성·일상생활연구회, 1999

지은이 / 박재환, 일상성·일상생활연구회
펴낸이 / 김종수
펴낸곳 / 도서출판 한울

편집책임 / 오현주
편집 / 박정미

초판 1쇄 발행 / 1999년 4월 17일
초판 3쇄 발행 / 1999년 8월 20일

주소 / 120-180 서울시 서대문구 창천동 503-24 휴암빌딩 3층
전화 / 편집 336-6183(대표) 영업 326-0095(대표)
팩스 / 333-7543
전자우편 / newhanul@nuri.net
등록 / 1980년 3월 13일, 제14-19호

Printed in Korea.
ISBN 89-460-2628-6 94330

* 가격은 겉표지에 있습니다.